Insurance Contract Law

보험계약법

崔詠淏

2023년판

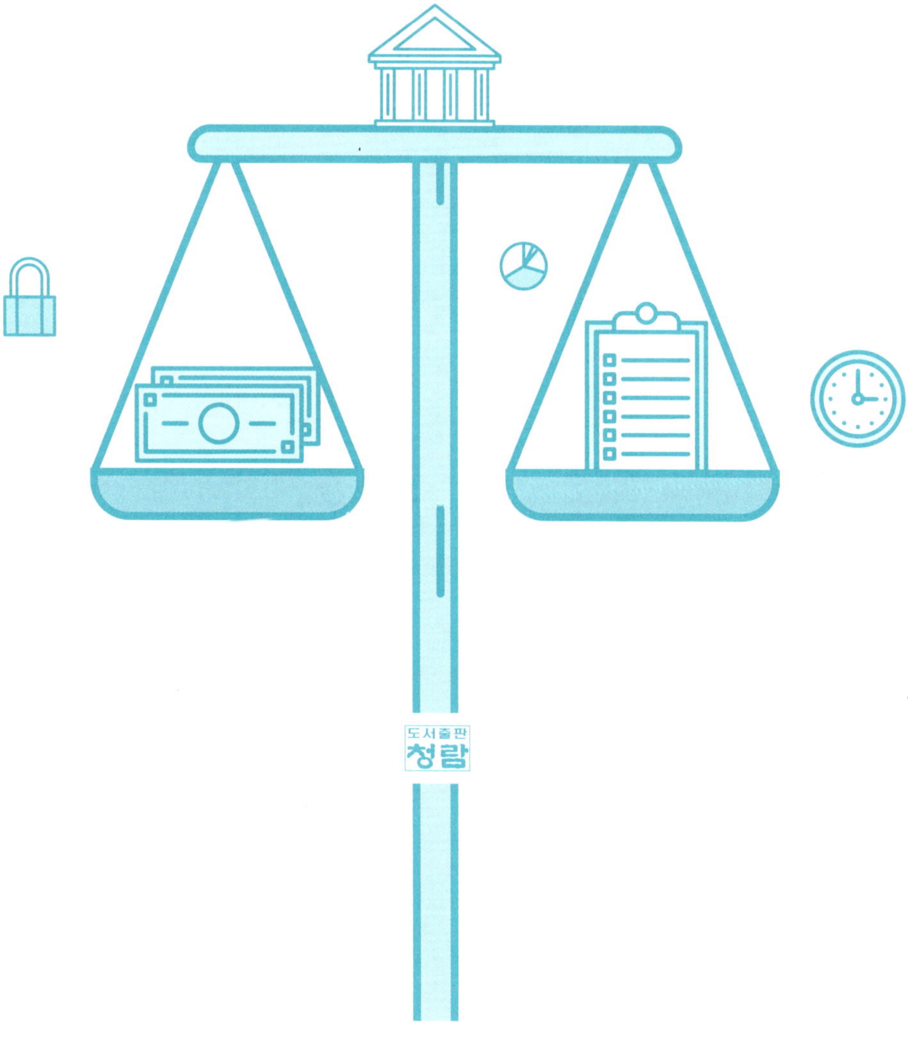

도서출판
청람

머리말 preface

내가 보험계약법을 처음 만난 것은 경영학과 1학년 수업 당시 이범찬 · 최준선 교수님의 상법개론 제2판을 통해서였고 이후 보상실무를 하면서 본격적으로 인연이 깊어졌다. 특히 실제로 맞닥뜨리는 다양한 업무를 해결하기 위해 판례와 분쟁례를 깊이 있게 다루면서 보험계약법의 실천적인 측면을 꾸준히 공부해왔다.

그동안의 경험상 하나의 생각이 자리를 잡게 되었는데 보험계약법을 실무에 적용할 때에는 보험계약자를 보호하면서도 동시에 선의의 보험계약자 단체를 고려해야 한다는 것이다. 이 책에 나의 생각을 모두 담을 수 없었던 점은 아쉽지만 학생과 실무자의 쓸모를 고려하여 기본적인 보험계약법의 내용만은 충실하게 언급하려고 노력했다.

이 책은 내가 꾸준히 해왔고 좋아하는 일에 대한 간략한 정리이고 십수 년간 만나왔던 학생들과 보험실무자들을 위한 감사의 표시이다. 부족한 점이 있더라도 그런대로 의미가 있기를 바랄 뿐이다.

2022년 12월

崔 詠 淏

차 례 contents

PART 1 보험계약법 통칙

CHAPTER 01 | 보험계약법의 개요

Ⅰ. 보험계약법의 적용 · 3

Ⅱ. 보험계약법의 특징 · 4
1. 공공성 · 사회성 4
2. 기술성 4
3. 단체성 5
4. 상대적 강행법규성 5
5. 윤리성 · 선의성 7

Ⅲ. 보험계약의 정의와 특성 · 7

Ⅳ. 보험계약의 성질 · 8
1. 불요식의 낙성계약 8
2. 유상 · 쌍무계약 9
3. 상행위 10
4. 사행계약 10
5. 최대선의계약 10
6. 부합계약 11

■ 보험계리사 · 손해사정사 기출문제 / 12

CHAPTER 02 | 보험계약법의 요소

Ⅰ. 보험계약의 요소 · 16

Ⅱ. 보험자와 보조자 · 16
1. 보험자 16
2. 보험대리상 17
3. 보험중개인 19

4. 보험설계사 20
5. 보험의 21
6. 보험보조자의 행위에 대한 보험자의 책임 22

Ⅲ. 보험계약자 등 · 24
1. 보험계약자 24
2. 피보험자 24
3. 보험수익자 25

Ⅳ. 보험의 목적 · 26

Ⅴ. 보험사고 · 26
1. 보험사고의 발생가능성 27
2. 보험사고의 주관적 우연성 27
3. 그 외의 요건 28

Ⅵ. 보험기간 · 28
1. 보험기간 28
2. 소급보험 29

■ 보험계리사 · 손해사정사 기출문제 / 30

CHAPTER 03 | 보험약관 · 보험증권

Ⅰ. 보험계약법의 법원 · 36
1. 제정법과 관습법 36
2. 법원의 적용순서 36

Ⅱ. 보험약관의 구속력 · 37
1. 보험약관의 의의 37
2. 보험약관의 구속력 37

Ⅲ. 보험약관의 규제와 효력 · 39
1. 약관에 대한 규제 39
2. 약관변경의 효력 등 41

Ⅳ. 약관해석의 원칙 · 42
1. 개별약정우선의 원칙 43
2. 신의성실의 원칙 43
3. 객관적 · 통일적 해석의 원칙 44
4. 작성자 불이익의 원칙 44

5. 제한적 엄격해석의 원칙 45
6. 약관해석을 위한 추가 고려사항 46

Ⅴ. 보험증권 47
1. 의의 47
2. 보험증권 기재사항 47
3. 보험증권의 법적 성질 49

Ⅵ. 보험증권의 교부 52
1. 보험증권의 교부의무 52
2. 보험증권 교부의 효과 53
3. 보험증권의 멸실 · 훼손과 재교부 53

■ 보험계리사 · 손해사정사 기출문제 / 54

CHAPTER 04 | 보험약관의 교부 · 설명의무

Ⅰ. 보험약관의 교부 · 설명의무 58
1. 의의 58
2. 의무의 주체와 상대방 59
3. 의무의 내용 59
4. 교부 · 설명의 시기 61
5. 약관에 대한 설명의 정도 62
6. 입증책임 62

Ⅱ. 보험약관의 교부 · 설명의무 위반의 효과 63

Ⅲ. 약관규제법 제3조에 의한 효과 63
1. 약관규제법 63
2. 상법 제638조의3과 약관규제법 제3조의 관계 64
3. 고지의무 위반과의 관계 65

Ⅵ. 민법과 금융소비자보호법의 적용 65
1. 민법 제109조에 따른 효과 65
2. 금융소비자보호법 제45조에 따른 효과 66

■ 보험계리사 · 손해사정사 기출문제 / 67

CHAPTER 05 | 고지의무

Ⅰ. 의의 • 72

Ⅱ. 특성 • 73

Ⅲ. 고지의무의 당사자 • 73

1. 고지의무자 73
2. 고지의 상대방(고지수령권자) 74

Ⅵ. 고지할 사항 • 74

1. 중요한 사항 74
2. 서면으로 질문한 사항 76

Ⅴ. 고지시기와 방법 • 76

1. 고지의 시기 76
2. 고지의 방법과 범위 77

Ⅵ. 고지의무의 위반 • 77

1. 주관적 요건 78
2. 객관적 요건 78
3. 고지의무 위반에 대한 입증책임 79

Ⅶ. 고지의무의 위반으로 인한 해지 • 79

1. 보험자의 계약해지권 행사 79
2. 보험계약해지의 효과 79
3. 해지권 제한사유 80

Ⅷ. 고지의무의 위반과 보험금지급책임 • 83

1. 계약해지와 면부책 83
2. 인과관계 83
3. 입증책임 전환조항 84

Ⅸ. 고지의무의 위반과 착오 · 사기 • 85

1. 착오 · 사기에 의한 의사표시와 취소권 85
2. 취소권의 인정에 대한 견해 85

■ 보험계리사 · 손해사정사 기출문제 / 87

CHAPTER 06 | 보험계약의 성립과 보험금지급

Ⅰ. 보험계약의 성립 · 92

1. 보험계약의 청약과 승낙 92
2. 승낙전 사고담보와 보험자책임 93

Ⅱ. 보험자의 보험금지급의무 · 94

1. 보험금지급의무 94
2. 보험금의 지급기일 95
3. 보험금의 지급방식 96
4. 보험금의 청구 96

Ⅲ. 보험자의 면책사유 · 97

1. 의의 97
2. 고의 · 중과실에 의한 보험사고 98
3. 전쟁 등으로 인한 보험사고 101
4. 손해보험편, 인보험편의 면책사유 101

Ⅵ. 보험금청구권의 소멸시효 · 102

1. 소멸시효기간 102
2. 소멸시효의 기산점 103
3. 소멸시효의 정지 · 중단 104
4. 소멸시효와 신의성실의 원칙 104

■ 보험계리사 · 손해사정사 기출문제 / 105

CHAPTER 07 | 보험료의 지급

Ⅰ. 보험료 · 115

1. 의의 115
2. 보험료의 종류 115
3. 보험료의 산출 · 변경 116

Ⅱ. 보험료지급의무 · 118

1. 의의 118
2. 보험료지급의무자와 수령권자 118
3. 보험료지급방법 119
4. 보험료지급시기, 지급장소 121
5. 소멸시효 121

Ⅲ. 보험료지급해태의 효과 · 122
1. 의의 122
2. 제1회 보험료지급해태의 효과 123
3. 계속보험료지급해태의 효과 123
■ 보험계리사 · 손해사정사 기출문제 / 125

CHAPTER 08 | 보험계약자의 통지의무 등

Ⅰ. 위험변경 · 증가의 통지의무 · 130
1. 의의 130
2. 통지의무의 요건 131
3. 통지의무의 이행 133
4. 통지의무 위반의 효과 134
5. 손해보험과 생명보험의 위험변경 · 증가 134
Ⅱ. 위험유지의무 · 136
1. 의의 136
2. 위험유지의무의 요건 136
3. 의무 위반의 효과 137
Ⅲ. 사고발생 통지의무 · 137
1. 의의 137
2. 통지의무의 요건 138
3. 통지의무 위반의 효과 138
4. 배상책임보험의 청구사실 통지의무 139
■ 보험계리사 · 손해사정사 기출문제 / 140

CHAPTER 09 | 보험계약의 무효와 변경 · 소멸

Ⅰ. 보험계약의 무효 · 144
1. 보험계약에 공통적인 무효사유 144
2. 손해보험계약에서의 무효사유 147
3. 인보험계약에서의 무효사유 147
4. 보험계약의 무효와 보험료반환 148
Ⅱ. 보험계약의 변경 · 소멸 · 148
1. 위험의 변경 · 소멸 149

2. 보험기간의 종료 149
3. 보험자의 파산 149
4. 계약당사자에 의한 해지 150

■ 보험계리사 · 손해사정사 기출문제 / 152

CHAPTER 10 | 보험계약의 부활

Ⅰ. 의의 ● 156

Ⅱ. 법적 성질 ● 157

Ⅲ. 부활계약의 요건 ● 157
1. 계속보험료 미납으로 인한 해지 157
2. 해지환급금의 미반환 157
3. 보험료와 이자의 지급 158
4. 일정한 기간 158

Ⅳ. 부활계약의 효과 ● 158
1. 해지된 계약의 회복 158
2. 보험자의 책임 159

Ⅴ. 보험계약 부활과 관련된 주요 의무 ● 159
1. 보험계약의 부활과 고지의무 159
2. 보험계약의 부활과 약관교부 · 설명의무 159

■ 보험계리사 · 손해사정사 기출문제 / 161

CHAPTER 11 | 타인을 위한 보험계약

Ⅰ. 타인을 위한 보험계약 ● 163
1. 의의 163
2. 법적 성질 164

Ⅱ. 타인을 위한 보험계약의 성립요건 ● 165
1. '타인을 위한다'는 의사표시 165
2. 타인의 위임 166

Ⅲ. 타인을 위한 보험계약의 효과 ● 167
1. 타인에게 미치는 효과 167
2. 보험계약자에게 미치는 효과 168

■ 보험계리사 · 손해사정사 기출문제 / 170

PART 2 손해보험계약

CHAPTER 1 | 손해보험의 기초

Ⅰ. 손해보험계약 · 175
1. 의의 175
2. 인보험과 비교되는 손해보험의 특징 176
Ⅱ. 손해보험계약의 목적 : 피보험이익 · 176
1. 의의 176
2. 피보험이익의 지위 177
3. 피보험이익의 요건 178
4. 피보험이익의 기능 179
5. 피보험이익 흠결의 효과 179
Ⅲ. 손해보상의무 · 180
1. 의의 180
2. 손해보상의무의 발생요건 180
3. 손해액의 산정 183
4. 보험료 체납과 보상액의 공제 185
5. 이득금지의 원칙 185
■ 보험계리사 · 손해사정사 기출문제 / 187

CHAPTER 2 | 보험가액과 보험금액

Ⅰ. 보험가액 · 192
Ⅱ. 보험가액의 평가 · 192
1. 미평가보험 193
2. 보험가액불변경주의 193
3. 기평가보험 194
Ⅱ. 보험금액 · 195

Ⅳ. 보험가액과 보험금액의 관계 · 195
1. 전부보험 195
2. 일부보험 196
3. 초과 · 중복보험 197
■ 보험계리사 · 손해사정사 기출문제 / 198

CHAPTER 3 | 초과보험 · 중복보험

Ⅰ. 초과보험 · 202
1. 의의 202
2. 초과보험 성립요건 203
3. 초과보험의 효과 203

Ⅱ. 중복보험 · 205
1. 의의 205
2. 발생원인 205
3. 중복보험의 요건 206
4. 중복보험의 효과 208
5. 수개의 책임보험 209
■ 보험계리사 · 손해사정사 기출문제 / 210

CHAPTER 4 | 손해방지의무

Ⅰ. 의의 · 법적 성질 · 214

Ⅱ. 손해방지의무 · 215
1. 의무의 발생시기 215
2. 손해방지의무를 부담하는 자 215
3. 손해방지행위의 범위 215
4. 손해방지를 위한 노력과 효과 216
5. 의무 위반의 효과 216

Ⅲ. 손해방지비용 · 217
1. 의의 217
2. 손해방지비용을 부담하는 자 217
3. 일부보험의 손해방지비용 217
4. 공동불법행위자들의 손해방지비용 218

■ 보험계리사 · 손해사정사 기출문제 / 219

CHAPTER 5 | 보험자대위

Ⅰ. 보험자대위 · 222
1. 의의 222
2. 인보험에서의 대위금지 222
Ⅱ. 잔존물대위 · 223
1. 의의 223
2. 잔존물대위의 요건 223
3. 효과 : 권리의 취득 224
Ⅲ. 청구권대위 · 225
1. 의의 225
2. 청구권대위의 요건 226
3. 청구권대위의 효과 229
4. 재보험에서의 청구권대위 231

■ 보험계리사 · 손해사정사 기출문제 / 232

CHAPTER 6 | 보험목적의 양도

Ⅰ. 의의 · 237
Ⅱ. 보험계약상 권리 · 의무의 승계추정 · 238
1. 보험계약상 권리 · 의무의 승계추정을 위한 요건 238
Ⅲ. 보험목적의 양도의 효과 : 권리와 의무의 승계 · 239
1. 이전되는 권리와 의무 239
2. 권리 · 의무 승계와 보험료 240
Ⅳ. 보험목적양도와 통지의무 · 240
1. 양도의 통지 240
2. 통지의무자 등 240
3. 통지의무 위반의 효과 241
4. 권리 · 의무 이전의 추정 241
Ⅴ. 선박과 자동차의 양도 · 242

■ 보험계리사 · 손해사정사 기출문제 / 243

CHAPTER 7 | 화재보험

Ⅰ. 의의 • 245

Ⅱ. 보험사고 • 245

Ⅲ. 보험의 목적 • 246

Ⅳ. 보험자의 보상책임 • 247

1. 위험보편의 원칙과 보상의 범위 247
2. 면책사유 247
3. 보험금청구권 상실조항 248
4. 소방 등의 조치로 생긴 손해 248
5. 관련문제 248

Ⅴ. 집합보험 • 249

1. 의의 249
2. 특정보험 249
3. 총괄보험 250

■ 보험계리사 · 손해사정사 기출문제 / 251

CHAPTER 8 | 운송보험

Ⅰ. 의의 • 255

Ⅱ. 보험사고 • 256

Ⅲ. 보험의 목적 • 256

Ⅳ. 보험가액 • 257

Ⅴ. 보험기간 • 257

Ⅵ. 보험자의 보상책임 • 258

Ⅶ. 운송보험계약의 변경 • 259

■ 보험계리사 · 손해사정사 기출문제 / 260

CHAPTER 9 | 해상보험

Ⅰ. 해상보험의 의의와 특성 · 262
1. 의의 262
2. 특성 263
Ⅱ. 해상보험계약의 종류와 특징 · 265
1. 해상보험의 보험의 목적과 피보험이익 265
2. 보험가액 267
3. 확정보험과 예정보험 269
Ⅲ. 해상보험증권 · 270
1. 기재사항 270
2. 해상보험증권의 법적 성질 270
Ⅳ. 보험자의 보상책임 · 271
1. 담보위험, 보험사고 271
2. 보험기간 271
3. 법정면책사유 272
4. 해상보험에서의 위험의 변경 274
5. 손해보상책임의 범위 : 전손(全損) 277
6. 손해보상책임의 범위 : 분손(分損) 278
7. 해상보험에서 보상하는 특별한 비용 280
Ⅴ. 인과관계 · 282
■ 보험계리사 · 손해사정사 기출문제 / 283

CHAPTER 10 | 해상보험 : 보험위부

Ⅰ. 의의 · 289
Ⅱ. 성립요건 · 290
1. 실질적 요건(위부의 원인) 290
2. 형식적 요건(위부의 절차) 291
Ⅲ. 위부의 승인과 불승인 · 293
1. 위부 293
2. 위부의 불승인 294
Ⅳ. 위부의 효과 · 295

1. 보험자의 권리 · 의무 295
2. 피보험자의 권리와 의무 296

Ⅴ. 잔존물대위와 보험위부 · 297

■ 보험계리사 · 손해사정사 기출문제 / 298

CHAPTER 11 | 책임보험

Ⅰ. 책임보험의 의의 · 301

Ⅱ. 책임보험의 목적과 보험가액 · 302
1. 보험의 목적 302
2. 피보험이익 302
3. 보험가액 303

Ⅲ. 책임보험계약의 효과 : 보험자의 손해보상 · 303
1. 법률상 배상책임 303
2. 보험사고 304
3. 손해보상액의 범위 305
4. 보험금지급시기 307
5. 보험금청구권의 소멸시효 307

Ⅳ. 책임보험계약의 효과 : 피보험자의 의무 · 308
1. 배상청구사실 통지의무 308
2. 채무확정통지의무와 보험자에 대한 협력의무 309

Ⅴ. 보험자와 제3자와의 관계 · 310
1. 의의 310
2. 피보험자에 대한 보험금지급의 제한 310
3. 피해자(제3자)의 직접청구권 311

Ⅵ. 상법상 책임보험의 종류 · 316
1. 의의 316
2. 영업책임보험 316
3. 보관자책임보험 317
4. 재보험 317

Ⅶ. 수개의 책임보험 · 319

■ 보험계리사 · 손해사정사 기출문제 / 321

CHAPTER 12 | 자동차보험

Ⅰ. 의의 ∙ 329
Ⅱ. 종류 ∙ 331
1. 자동차배상책임보험 331
2. 자기차량손해보험 331
3. 자기신체사고보험 331
4. 무보험자동차에 의한 상해보험 332
Ⅲ. 자동차보험증권의 기재사항 ∙ 332
Ⅳ. 자동차보험의 손해보상 ∙ 333
1. 보험사고 333
2. 면책사유 333
3. 손해보상범위 333
Ⅴ. 자동차의 양도 ∙ 334
■ 보험계리사 · 손해사정사 기출문제 / 335

CHAPTER 13 | 보증보험

Ⅰ. 보증보험의 의의 ∙ 339
1. 의의 · 기능 339
2. 보증보험의 종류 340
Ⅱ. 법적 성질 ∙ 340
1. 민법상 보증으로서의 성격 340
2. 보험으로서의 성격 342
Ⅲ. 민법상 보증과 보증보험의 차이점 ∙ 343
1. 계약당사자 343
2. 최고 · 검색의 항변권 343
Ⅳ. 적용 제외 ∙ 344
1. 상법 제639조 제2항 단서 344
2. 상법 제651조 내지 제653조 344
3. 상법 제659조 제1항 345
Ⅴ. 보증보험계약의 효과 ∙ 346
1. 계약의 요소 346

2. 보증보험자의 손해보상책임 346
3. 보증보험자의 구상권 347

Ⅵ. 다른 보험과의 비교 • 348
1. 신용보험 348
2. 책임보험 349

■ 보험계리사 · 손해사정사 기출문제 / 350

PART 3 인보험계약

CHAPTER 1 | 인보험의 기초

Ⅰ. 인보험의 의의 · 특성 • 355
1. 의의 355
2. 특성 356
3. 인보험증권의 기재사항 358

Ⅱ. 생명보험 • 359
1. 의의 359
2. 종류 359

Ⅲ. 생명보험계약의 주요사항 • 361
1. 사망보험금청구권의 법적 성질 361
2. 면책사유 361
3. 생명보험에서의 무효 365
4. 보험료적립금의 반환 367
5. 관련문제 : 보험계약대출 369

■ 보험계리사 · 손해사정사 기출문제 / 370

CHAPTER 2 | 타인의 생명보험

Ⅰ. 의의 • 375

Ⅱ. 타인의 생명보험계약의 제한 • 376

Ⅲ. 피보험자의 서면동의 • 376

1. 동의가 필요한 경우 376
2. 피보험자의 동의 377

Ⅳ. 동의 없는 계약의 효력 ● 380
1. 확정적 무효 380
2. 신의성실원칙과의 관계 381
3. 설명의무와 보험법법상 손해배상책임 381

Ⅴ. 단체보험과 동의 ● 382
1. 단체보험의 제731조 배제 382
2. 단체보험 382
3. 보험증권의 교부 383
4. 피보험자가 아닌 자를 보험수익자로 지정한 경우 383

■ 보험계리사 · 손해사정사 기출문제 / 384

CHAPTER 3 | 타인을 위한 생명보험

Ⅰ. 의의 ● 390
1. 타인을 위한 생명보험 391
2. 보험수익자의 권리 391

Ⅱ. 보험계약자의 보험수익자 지정 · 변경 ● 391
1. 의의 391
2. 성질 392
3. 보험수익자 지정 · 변경권 392
4. 지정 · 변경의 통지 394
5. 타인의 생명보험의 지정 · 변경 394

■ 보험계리사 · 손해사정사 기출문제 / 395

CHAPTER 4 | 상해 · 질병보험

Ⅰ. 의상해보험 ● 398
1. 의의 398
2. 보험증권의 기재사항 399
3. 생명보험에 관한 규정의 준용 399
4. 손해보험에 관한 규정의 적용 400
5. 보험사고 401

6. 면책사유 404
7. 보험금의 지급 405

Ⅱ. **질병보험** 407

1. 의의 407
2. 생명보험 · 상해보험규정의 준용 408
3. 보험사고 409
4. 암보험 410

■ 보험계리사 · 손해사정사 기출문제 / 412

◈ **참고문헌** / 421

◈ **찾아보기** / 422

PART

1 보험계약법 통칙

제 1 장 | 보험계약법의 개요
제 2 장 | 보험계약법의 요소
제 3 장 | 보험약관 · 보험증권
제 4 장 | 보험약관의 교부 · 설명의무
제 5 장 | 고지의무
제 6 장 | 보험계약의 성립과 보험금지급
제 7 장 | 보험료의 지급
제 8 장 | 보험계약자의 통지의무 등
제 9 장 | 보험계약의 무효와 변경 · 소멸
제10장 | 보험계약의 부활
제11장 | 타인을 위한 보험계약

보 · 험 · 계 · 약 · 법

CHAPTER 1

보험계약법의 개요

I 보험계약법의 적용

보험법을 넓게 보면 공보험과 사보험에 적용되는 모든 법이라고도 할 수 있다. 즉, 국가 또는 공공단체가 사회정책 및 산업정책의 수단으로 운영하고 주로 가입이 강제되는 보험인 공보험 관련법규(예 고용보험법 · 산업재해보상보험법 · 선원보험법 · 군인보험법 · 국민건강보험법 및 수출보험법)와 민간부문에서 운영하는 사보험(영리보험과 상호보험)에 관련된 보험계약법규(예 상법 제4편, 자동차손해배상보장법(이하, 자배법)) 그리고 보험업의 주체 · 운영 · 감독에 관한 법규(예 보험업법) 등을 모두 포괄하여 보험법이라고 부를 수 있다.

이 중에서도 보험계약법(상법 제4편)은 사보험에 대하여 기본적으로 적용되는 법규이다. 보험계약법에서 명시적으로 정하지는 않았지만 보험계약법의 기본이념은 보험소비자인 보험계약자를 보호하는 것이다.

상법

제664조【상호보험, 공제 등에의 준용】 이 편(編)의 규정은 그 성질에 반하지 아니하는 범위에서 상호보험(相互保險), 공제(共濟), 그 밖에 이에 준하는 계약에 준용한다.
[전문개정 2014.3.11.]

상법의 일부인 보험계약법(상법 제4편)은 기본적 상행위에 해당하는 보험계약을 규율하기 위한 것이다. 그러므로 영리목적의 보험(상행위)에 대해 보험계약법이 적용되는 것은 당연하다. 다만 보험계약법은 영리보험 외에 상호보험, 공제(비영리보험)에도 적용될 수 있다. 이와 관련하여 개정상법은 기존의 상호보험뿐만 아니라 '공제 그 밖에 이에 준하는 계약'까지도 보험계약법의 적용범위라고 명시하였다. 공제보험 등의 소비자(공제계약자)까지도 폭넓게 보호하기 위한 것이다.

Ⅱ 보험계약법의 특징

1. 공공성 · 사회성

보험은 불특정 다수의 보험가입자가 모여 위험을 분산하려는 목적으로 체결되는 계약으로서 사회구성원 전체에 미치는 영향력이 크기 때문에 영리사업임에도 불구하고 여러 가지 사회적 · 공익적 관점에서의 제약을 받는다. 구체적으로 보험업을 영위하기 위하여 일정한 요건을 갖추고 금융위원회의 허가를 받도록 규제하고 있고(보험업법 제4조, 제6조), 보통보험약관이나 보험료에 대하여도 행정적 감독규정을 두고 있다(보험업법 제5조 제3호, 제127조, 제128조). 또한 상법 제4편(보험)을 강행규정으로 두고 보험계약자 측의 이익을 침해하지 못하도록 정하고 있다(상법 제663조).

2. 기술성

보험제도는 위험단체가 직면할 위험을 예측함으로써 운영된다. 이때 대수의 법칙, 수리 · 통계적 기법, 수지상등의 원칙 등의 전문적이고 기술적인 특성을 반영하게 된다. 일반적인 계약에서 중요하게 고려하지 않는 고지의무, 통지의무는 보험의 기술적인 특성이 적용된 대표적인 제도이다.

3. 단체성

보험제도에 의해 유사한 위험에 놓인 다수의 가입자가 위험단체를 구성하고 있으므로 보험계약을 해석하고 보험을 운영함에 있어서 보험단체를 함께 고려해야 한다. 개별적인 보험계약자와 보험자 사이의 단순한 채권 · 채무관계로만 해석할 수는 없는 것이다.

보험자에게 위험선택권(underwriting)을 부여한 것이나 고지의무 또는 통지의무를 위반한 경우에 해지권을 인정한 것도 단체성을 고려한 것이며, 특정 보험계약자에게 이익을 제공하는 행위를 금지하는 보험업법의 규정(보험업법 제98조 제2호)도 단체성에서 비롯된 것이다. 그 외에 보험약관을 해석함에 있어서 보험계약자 평등대우의 원칙을 적용하거나, 변경된 보험약관을 소급적용하는 경우도 보험의 단체성을 유지하기 위한 것이다.

4. 상대적 강행법규성

상법

제663조【보험계약자 등의 불이익변경금지】 이 편의 규정은 당사자 간의 특약으로 보험계약자 또는 피보험자나 보험수익자의 불이익으로 변경하지 못한다. 그러나 재보험 및 해상보험 기타 이와 유사한 보험의 경우에는 그러하지 아니하다.

보험제도는 공공성 · 사회성의 특성이 있기 때문에 보험계약법에서는 보험소비자를 보호하는 규정을 두고 있다. 즉, "이 편의 규정은 당사자 간의 특약으로 보험계약자 또는 피보험자나 보험수익자의 불이익으로 변경하지 못한다"고 정

强行法規 강행법규
계약당사자의 사적자치의 원칙보다 우선하여 강제적으로 적용되는 법규이다. 강행법규를 위반한 법률행위는 무효이다. 공법(公法)뿐만 아니라 사회적·경제적 약자를 위한 법규는 강행법규로서의 성격을 갖는 것이 일반적이다.

함으로써 상법 제4편이 계약자 측에게 불리하게 변경되는 것을 막고 있다. 만일 이 규정을 위반할 경우 강행법규 위반에 해당하여 당사자 간에 정한 내용(해당 약관조항)은 무효가 된다. 그러나 이 규정은 상법 제4편에 비하여 계약자 측에게 유리하게 변경하는 것까지도 금지하는 것은 아니므로 그 유리한 변경내용의 효력은 그대로 인정된다.

불이익변경금지원칙은 보험지식이나 협상력이 약한 일반대중을 보호하는 데 입법취지가 있으므로 가계보험에 국한하여 적용된다. 그러므로 '재보험 및 해상보험 기타 유사한 보험의 경우'에는 상법 제4편의 규정보다 계약자 측에게 불리하게 변경된 약관조항이 있더라도 그 내용이 무효로 되지 않는다.

상법 제663조 단서에서 정하고 있는 재보험이나 해상보험은 기업을 운영하는 자와 체결하는 보험계약을 대표하므로 '기타 유사한 보험'에는 기업보험, 항공보험 등이 포함된다. 하지만 형식상 해상보험, 기업보험 등과 유사한 외양을 가지고 있다고 해서 무조건 상법 제663조 본문의 적용이 배제되고 제663조 단서가 적용되는 것은 아니다. 예를 들어 해상보험의 일종이라고 해도 영세어민이 가입하는 어선공제계약의 경우에 그 약관에 상법보다 계약자에게 불이익하게 변경된 내용이 있다면 그 조항은 무효이다.

2005다21531 판결

상법 제663조에 규정된 '보험계약자 등의 불이익변경금지원칙'은 보험계약자와 보험자가 서로 대등한 경제적 지위에서 계약조건을 정하는 이른바 기업보험에 있어서의 보험계약 체결에 있어서는 그 적용이 배제된다. 신원보증보험계약은 금융기관인 원고와 피고가 서로 대등한 경제적 지위에서 계약조건을 정한 이른바 기업보험계약에 해당하여 상법 제663조에 규정된 '보험계약자 등의 불이익변경금지원칙'이 적용되지 아니하므로, 이 사건 각 신원보증보험계약에 적용되는 보통약관 제3조 제2항이 비록 상법 제680조 제1항을 피보험자에게 불이익하게 변경한 것이라고 하더라도 원고와 피고 사이에서는 유효하고, 따라서 원고는 피고에게 위 보통약관 제3조 제2항을 위반하여 피고의 동의 없이 지출한 손해방지비용의 지급을 구할 수 없다고 판단한 것은 정당하다.

5. 윤리성 · 선의성

보험자는 불확실한 보험사고가 발생할 경우에 보험계약자가 납입한 보험료에 비해 거액의 보험금을 지급한다. 이러한 특성은 도박이나 주식과 같은 사행계약과 다르지 않으므로 보험계약 또한 다른 사행계약과 마찬가지로 투기 · 사기목적으로 악용될 여지가 있다.

보험계약법은 이러한 도덕적 위험(moral hazard)이 발생하는 것을 막고, 보험계약당사자의 선의성을 유지하기 위한 규정을 두고 있다. 보험자에게 승낙권한을 부여(상법 제638조2), 승낙전 사고에서의 '거절할 사유'가 있는 경우의 면책(상법 제638조의2 제3항), 보험사고의 객관적 확정의 효과(상법 제644조), 보험계약자 등의 고지의무(상법 제651조), 위험변경 · 증가의 통지의무(상법 제652조), 보험계약자의 보험사고발생 통지의무(상법 제657조), 고의 · 중과실로 인한 보험사고에 대한 보험자의 면책(상법 제659조), 손해보험에서의 피보험이익이 없는 경우의 보험계약 무효, 초과보험 시 보험금 감액(상법 제669조 제1항), 중복보험의 비례보상(상법 제672조 제1항, 제2항), 사기로 인한 초과중복보험의 무효(상법 제672조 제3항), 보험계약자와 피보험자의 손해방지의무(상법 제680조), 보험자대위(상법 제681조, 제682조), 인보험에서의 타인의 사망보험 시 피보험자 동의(상법 제731조), 15세 미만자 등의 사망담보계약금지(상법 제732조) 등이 대표적인 규정이다.

Ⅲ 보험계약의 정의와 특성

상법

제638조【보험계약의 의의】 보험계약은 당사자 일방이 약정한 보험료를 지급하고 재산 또는 생명이나 신체에 불확정한 사고가 발생할 경우에 상대방이 일정한 보험금이나 그 밖의 급여를 지급할 것을 약정함으로써 효력이 생긴다. [전문개정 2014.3.11.]

보험계약은 당사자 일방이 약정한 보험료를 지급하고 상대방이 재산 또는 생명이나 신체에 관하여 불확정한 사고가 발생할 경우에 일정한 금액(보험금) 기타의 급여를 지급할 것을 약정하는 채권·채무계약이다(상법 제638조). 우리나라와 이탈리아에서는 손해보험과 생명보험을 동시에 규정함으로써 보험계약을 하나의 통일적 이론으로 정의(일원설)하는 반면, 일본은 이들을 각각 규정하고 있으며(일본 상법 제629조, 제673조. 이원설), 독일·프랑스 등에서는 보험계약의 정의규정 자체가 없다(개념정립 무용설).

상법상 보험계약의 정의에 따르면 보험계약은 우연적 계약(contingent contract)에 해당하며 위험담보계약으로서의 특성이 있다.

Ⅳ 보험계약의 성질

1. 불요식의 낙성계약

諾成契約 낙성계약
청약과 승낙이라는 의사표시만 있으면 성립되는 계약이다. 우리 민법은 낙성계약을 기초로 한다. 그러나 계약이 유효하려면 계약상 급부의 이행이 있어야 한다.

보험계약은 계약당사자의 의사가 합치함으로써 성립하는 낙성계약(consensual contract)이며(상법 제638조), 급여를 요건으로 하는 요물(要物)계약이 아니다. 그러므로 보험료의 납입은 보험자의 책임개시요건에 불과할 뿐 계약의 성립요건이나 효력발생요건은 아니고, 보험증권의 교부도 보험계약의 성립·효력발생과는 무관하다.

보험계약의 체결에는 별도의 방식이 필요하지 않다(불요식계약). 그러므로 구두계약, 전화계약도 가능하다. 실무는 거래상의 편의를 고려하여 청약서 작성으로 청약하고 보험증권의 교부로 승낙하는 방식으로 요식화(사실상 요물계약화)되어 있다.

한편, 보험계약은 계약의 성립과 함께 효력이 발생하므로 어떠한 조건이 달성되었을 때 효력이 발생하는 조건부계약이라고 할 수는 없다. 그러나 보험약관의 어떠한 조건(예 통지의무, 손해방지의무)을 불이행할 경우에 보험금이 지급되지 않는 점에서 보험계약을 조건부계약(conditional contract)으로 보는 견해도 있다.

2. 유상 · 쌍무계약

보험자가 지급하는 보험금과 보험계약자가 납입하는 보험료는 서로 대가관계에 있으므로 보험계약은 유상계약(onerous contract)이다. 또한 보험계약은 보험자의 위험부담의무와 보험계약자의 보험료지급의무로 서로 구속되므로(의무부담의 동시이행관계에 있으므로), 계약당사자가 계약상의 채무를 부담하는 쌍무계약(bilateral contract)이다.

한편, 외상계약(보험업 감독규정 제4-33조)이 허용되는 경우에는 계약자의 보험료지급채무와 보험자의 지급채무는 동시이행관계에 있는 채무가 아니라는 점에서 편무계약이 된다는 견해가 있다.

99다67413 판결

공제제도를 운영하는 원고(전국택시운송사업조합연합회, 보험자)가 피고(운수합자회사 외, 보험계약자)들의 월납분담금 미납을 이유로 피고들과의 각 공제계약을 해지한 후에 "보험자가 제650조에 의하여 계약을 해지한 때에는 이미 지급한 보험금액의 반환을 청구할 수 있다"는 상법 제655조 규정을 들어 미납이 시작되기 이전에 일어난 공제사고에 대하여 원고가 이미 지급한 공제금의 반환을 청구한 사례에서 계속보험료의 연체로 인하여 보험계약이 해지된 경우에는 보험자는 계약해지 시로부터 더 이상 보험금을 지급할 의무만을 면할 뿐, 계속보험료의 연체가 없었던 기간에 발생한 보험사고에 대하여 이미 보험계약자가 취득한 보험보호를 소급하여 사라지게 하는 것이 아니다. 그러므로 보험계약의 유상 · 쌍무계약성, 보험료 산정 내지 보험료와 보험금의 대가관계 등의 법리에 비추어 보험자는 보험계약자에 대하여 이미 지급한 보험금의 반환을 구할 수 없다.

3. 상행위

보험의 인수를 영업으로 하는 행위는 기본적 상행위(business contract, 상법 제46조 제17호)이므로 보험계약은 상행위로서 상법이 적용된다. 영리를 목적으로 하지 않는 상호보험계약은 본질적으로 상행위에 해당하지 않지만 그 성질에 반하지 않는 한 상법 제4편 보험편이 적용된다(상법 제664조).

4. 사행계약

보험계약은 우연한 사고에 기초하여 보험금이 지급되는 계약으로서 도박과 유사한 사행(射倖)계약(aleatory contract)의 성질이 있다. 보험의 사행계약적 성격은 보험제도의 악용을 초래할 수 있으므로 상법은 고지의무(상법 제651조), 위험변경 · 증가(제652조, 제653조), 면책사유(제659조), 피보험이익(제668조), 초과 · 중복보험규정(제669조, 제672조), 손해방지 · 경감의무(제680조), 사망보험의 피보험자 제한(제731조, 제732조), 수익자의 지정 · 변경(제733조) 등의 규정을 통해 보험제도의 악용을 방지하고 있다.

5. 최대선의계약

보험계약은 사행계약이므로 보험가입자의 정직성(honesty)이 필수적으로 요구되기 때문에 사법(私法)상의 신의칙의 원칙보다 윤리적 의무가 더욱 강조된다.[01] 이러한 이유로 상법은 고지 · 통지의무에 따른 계약해지(제651조, 제652

01 기존에 논의되던 상법 개정안에서는 영국해상보험법(MIA: Marine Insurance Act)과 같이 우리나라의 경우에도 보험계약의 최대선의계약성(contract based upon the utmost good faith)을 명시하는 방향을 제시했으나 이번 개정상법에서는 이를 반영하지 않았다. 비록 상법상 최대선의계약이 명시적으로 언급되지 않았다고 해도 보험계약이 최대선의계약으로서의 성격을 가지는 것은 여전하다.

조, 제653조), 면책사유(제659조), 초과 · 중복보험의 무효(제669조, 제672조), 손해방지 · 경감의무(제680조) 등을 두어 최대선의원칙에 기초한 규정을 두고 있다.

6. 부합계약

보험계약은 보험자에 의해 작성된 약관에 의하여 체결되고, 보험계약자는 보험자가 정한 내용에 따라 계약체결 여부만을 결정할 수 있을 뿐이다(부합계약성). 그 결과 보험계약자는 상대적으로 불리한 지위에서 계약을 체결하게 된다. 이들을 보호하기 위하여 약관의 불공정한 내용 등을 규제해야 할 필요가 생긴다. 불이익변경금지의 원칙(상법 제663조)이나 보험약관의 교부 · 설명의무(상법 제638조의3), 약관의 제정 · 변경 시 관련규정(보험업법상 허가 · 인가 · 신고) 등은 보험계약의 부합계약성(contract of adhesion)에서 비롯된 대표적 규정이다.

보험계리사 · 손해사정사 기출문제

01 상법 보험편의 규정의 적용에 관한 설명 중 옳은 것은? ▶25회

① 상호보험은 영리보험이 아니므로 상법 보험편의 규정이 적용될 수 없다.
② 공제사업은 보험회사가 영위하는 보험사업이 아니므로 공제계약에는 상법 보험편의 규정이 적용될 수 없다.
③ 자가보험(自家保險)도 보험이므로 상법 보험편의 규정이 적용된다.
④ 수출보험계약도 통상의 보험계약과 마찬가지로 상법 보험편의 규정이 적용될 수 있다.

해설 ① 상호회사의 성질에 상반되지 않는 한도 내에서 상법의 보험계약법의 규정을 준용하도록 하고 있다(상법 제664조).
② 공제계약도 영리보험계약에 해당하므로 상법 보험편의 규정이 적용된다.
③ 자가보험은 보험의 명칭을 사용하고 위험의 결합에 의하므로 보험의 일종으로 볼 여지도 있으나, 보험계약은 아니기 때문에 보험계약법(상법 보험편)을 적용하지 않는다.
④ 수출보험계약은 민영보험이 아닌 공영보험이지만, 특별법인 수출보험법에서 정한 규정 이외에는 보험계약법의 내용을 적용할 수 있다.

02 다음 중 상법 제4편(보험)의 규정이 적용되거나 준용되는 경우가 아닌 것은? ▶45회

① 상호보험　　② 무역보험
③ 자가보험　　④ 공제

해설 자가보험은 보험계약법에서 말하는 상행위로서의 보험으로 보기 힘들다.

03 상법 제663조(보험계약자 등의 불이익변경금지)에 관한 설명으로 옳은 것은? ▶24회

① 상법 제663조에 의하여 보험약관은 상대적 강행규정이 된다.
② 대법원 판례에 의하면 어선공제약관은 선박보험약관성을 지니고 있으므로 이 약관에 의해 계약을 체결하는 자가 영세어민이라고 하더라도 상법 제663조가 적용되지 않는다고 한다.
③ 상법 제4편의 규정을 그대로 원용하는 보험약관조항이라도 상법 제663조에 의한 별도의 유효성심사가 필요하다.
④ 상법 제4편에서 규율하지 아니하는 사항을 보험약관에서 규정하는 경우에는 상법 제663조가 적용되지 않는다.

해설 ① 상법 제4편을 계약자 측에게 불이익하게 변경하는 것은 무효이므로 강행법규로 적용된다. 다만, 기업보험

등의 경우 불이익한 변경도 가능하므로 상대적으로 적용된다는 점에서 상대적 강행법규라고 한다. 그러나 상법 제663조에 의하여 보험약관 자체가 상대적 강행법규가 되는 것은 아니다. 보험약관은 법규로서의 효력이 아닌 계약당사자의 의사표시가 반영되어 구속력을 가질 뿐이다.

② 영세어민을 계약자로 한 경우 비록 외양으로는 기업보험의 일종인 해상보험이라고 해도 영세어민을 보호할 필요가 있다. 96다23818 판결은 "어선공제계약 당사자들의 계약교섭력이 대등한 기업보험적인 성격을 지니고 있다고 보기는 어렵고 오히려 공제가입자들의 경제력이 미약하여 공제계약 체결에 있어서 공제가입자들의 이익보호를 위한 법적 배려가 여전히 요구된다 할 것이므로, 상법 제663조 단서의 입법취지에 비추어 그 어선공제에는 불이익변경금지원칙의 적용을 배제하지 아니함이 상당하다"라고 하면서 분납 공제료가 소정의 시기에 납입되지 아니하였음을 이유로 상법 제650조 제2항 소정의 절차를 거치지 아니하고 곧바로 공제계약이 실효됨을 규정한 수산업협동조합중앙회와 선박 소유자 사이의 어선보통공제약관 조항은 상법 제663조의 규정에 위배되어 무효라고 하였다.

③ 약관조항이 상법에 위배하지 않는다면 상법상 별도의 유효성 심사를 할 근거가 없다. 다만, 보험업법에 의한 약관규제는 별개로 유효하다.

④ 상법에서 규율하지 않은 것을 약관에서 별도로 정하거나 추가한 경우에는 원칙적으로 상법 제663조가 적용되지 않는다. 예를 들어 '청약의 철회조항'이나 '보험금청구권 상실조항'의 경우이다. 한편, 약관에 추가한 조항이 적용된 결과 상법에 비하여 계약자 측에게 불이익한 결과가 된다면 상법 제663조의 적용 여부를 검토하여야 한다.

04 다음 중 상법상 보험계약자 등의 불이익변경금지원칙과 관련하여 허용되지 아니하는 것은? (표준약관의 규정은 고려하지 않음) ▶40회

① 항공기기체보험에서 고지의무 위반 시의 계약해지권 행사기간을 2년으로 규정한 약관조항

② 자살은 고의사고이므로 보험계약 체결 시부터 자살할 의도가 명백하였던 피보험자가 자살한 때에는 보험효력발생일로부터 2년이 경과하여 자살한 때에도 보험금을 지급하지 아니하겠다는 생명보험 약관조항

③ 단체가 사망보험계약을 체결할 당시 피보험자인 15세 미만의 자가 단체보험의 구성원으로서 의사능력이 있었다면 사망사고 발생시점에서 15세를 넘어선 경우에는 당해 보험계약은 유효한 것으로 본다는 약관조항

④ 생명보험계약자가 보험증권의 멸실 또는 현저한 훼손으로 인하여 증권의 재교부를 청구할 때에 증권작성의 비용을 보험자가 부담하겠다는 취지의 약관조항

해설 ① 기업보험이므로 불이익한 변경도 가능하다.

② 2년 이후 자살을 지급하는 조항은 상법에 비해 계약자에게 유리하게 변경된 조항이므로 다시 자살을 면책한다고 변경해도 상법에 비하여 불이익한 변경이 아니다.

③ 상법은 계약 당시를 기준으로 15세 미만자에 대한 사망담보를 무효로 규정한다. 이 규정은 피보험자의 생명침해를 방지하기 위한 강행규정이므로 예외 없이 적용되어야 한다.

④ 상법은 증권작성비용을 계약자가 부담한다고 했으나 보험자가 부담하도록 계약자에게 유리하게 변경되었으므로 문제가 없다.

05 상법상 보험계약자 등의 불이익변경금지의 원칙에 대한 설명으로 옳지 않은 것은? (다툼이 있는 경우 판례에 의함) ▶44회

① 이 원칙은 사적자치의 원칙에 대한 예외 규정으로 보아야 한다.

② 보험계약자 등의 불이익변경금지의 원칙에 위반하여 체결된 보험계약은 불이익하게 변경된 약관조항에 한해서 무효가 된다.

③ 수협중앙회가 실시하는 비영리공제사업의 하나인 어선공제사업은 소형 어선을 소유하며 연안어업 또는 근해어업에 종사하는 다수의 영세어민들을 주된 가입 대상으로 하고 있다면 불이익변경금지의 원칙의 적용 대상이 될 수 있다.

④ 불이익변경금지의 원칙은 재보험에도 적용이 된다.

해설 불이익변경금지의 원칙은 가계보험에 대하여 적용하므로 영세어민을 대상으로 한 어선공제에도 불이익변경금지의 원칙이 적용된다. 그러나 기업보험에 해당하는 재보험에는 불이익변경금지의 원칙이 적용되지 않는다.

06 보험제도와 관련성이 가장 적은 개념은? ▶29회

① 유한책임　② 대수(大數)의 법칙
③ 위험단체　④ 경제상의 위험

해설 ① 보험자는 보험계약상 한도 내에서 유한책임을 부담한다. 그러나 배상책임보험계약의 경우 피해자의 손해액에 대하여 별도의 한도를 정하지 않고 책임을 지는 경우도 있다.
② 대수의 법칙이란 어떤 위험에 대한 측정대상 수를 늘리면 예측값이 실제에 가까워진다는 원칙으로서 보험제도의 핵심원칙 중의 하나이다.
③ 대수의 법칙이 성립하기 위해서는 동질 위험을 보유한 다수의 위험참가자, 즉 위험단체가 전제가 되어야 한다.
④ 보험의 대상이 되는 위험은 경제적인 위험(손해)에 국한한다. 비경제적인 위험(손해)은 객관적으로 측정하기 어렵기 때문에 원칙적으로 보험의 대상이 될 수 없다.

07 보험계약은 법적으로는 낙성계약(諾成契約)이지만, '사실상의 요물계약(要物契約)'이라고 하는 이유는? ▶32회

① 청약에 대해 승낙이 항상 즉시 있게 되는 것이 아니기 때문이다.

② 외상보험의 약정에 의하여 보험료의 지급이 없더라도 보험자가 책임을 지는 경우도 있기 때문이다.

③ 보험계약자가 계약의 성립사실을 알게 되는 때가 보통 보험증권을 받은 때가 되기 때문이다.

④ 보험료가 지급되어야 보험자의 책임이 시작되기 때문이다.

해설 ② 편무계약을 지지하는 입장에서의 근거주장이다.

④ 낙성계약은 계약의 성립에 청약과 승낙 외에 다른 요건이 필요하지 않다는 것이다. 그러나 우리 보험계약은 청약과 함께 제1회 보험료를 납입하는 것이 관행화되어 있고, 보험자가 승낙하였다고 하여도 보험계약자가 제1회 보험료를 납입하지 않는 이상 보험자의 책임이 개시되지 않으므로, 형식상으로는 제1회 보험료를 요건으로 하는 요물계약으로도 볼 수도 있다.

08 보험계약의 도박화를 막기 위한 상법상의 규정 또는 제도와 가장 관련이 없는 것은? ▸28회

① 피보험이익
② 고지의무
③ 인위적인 보험사고에 대한 보험자 면책
④ 보험약관의 교부 · 설명의무

해설 보험계약에서는 우연한 사고에 기초하여 보험금이 지급되고, 보험금이 납입한 보험료보다 큰 경우가 일반적이므로 보험계약을 사행목적으로 이용하는 경우가 있다. 이러한 도박화를 방지하기 위하여 고지의무제도, 고의 · 중과실사고에 대하여 보험금지급을 면하는 제도를 두고 있으며, 손해보험에서 피보험이익이 없는 계약을 무효로 하는 조항 등을 두고 있다. 한편, 보험약관의 교부 · 설명의무는 부합계약성에서 비롯된 보험자의 의무로서 보험의 도박화 방지를 위한 제도로 보기는 힘들다.

09 보험계약의 부합계약성과 관계가 없는 것은? ▸33회

① 보험계약자의 이해관계의 현실적 반영
② 보험약관에 의한 계약의 정형화
③ 다수인을 상대로 대량으로 체결하는 계약
④ 기술적 · 반복적 계약

해설 부합계약은 다수의 거래상대방을 대상으로 반복적인 계약이 이뤄지기 때문에 발생하는 문제이다. 보험자는 다수의 계약자에게 일률적으로 적용되는 일반화 · 표준하된 약관을 적용한다. 이러한 경우 개별적인 보험계약자의 이해관계를 현실적으로 반영하기 어렵게 된다.

[정답]
01 ④ 02 ③ 03 ④ 04 ③ 05 ④ 06 ① 07 ④ 08 ④ 09 ①

CHAPTER 2

보험계약법의 요소

I 보험계약의 요소

보험계약은 낙성계약이므로 계약당사자(보험자와 보험계약자)의 청약과 승낙의 의사표시가 합치되면 유효하게 성립한다. 보험계약은 그 체결의 과정에 보험자의 보조자(보험대리점, 보험설계사 등)가 필요하며, 보험계약의 내용 중에서는 보험의 목적(보험사고의 대상), 보험사고(구체적인 보험금지급채무의 발생요건), 보험기간(보험자가 보험금지급책임을 지는 기간) 등의 사항이 고려되어야 한다.

意思表示 의사표시
어떤 법률효과를 의도하고 그것을 외부에 나타내는 것이다. 청약이나 승낙과 같은 법률행위가 성립하려면 그 행위의 당사자와 행위의 내용 그리고 의사표시가 필수적이다.

II 보험자와 보조자

1. 보험자

보험자(insurer)는 보험사고가 발생한 경우에 보험금지급의무를 부담하는 보험계약의 당사자이다. 보험의 공공성 · 사회성 때문에 보험업법은 보험자의 자격을 제한하고 있다.[01] 보험자가 계약을 체결하는 경우에는 다른 상행위와 마

01 보험업법에 의하면 인보험이든 손해보험이든 300억원 이상의 자본금 또는 기금(사업 중 일부

찬가지로 많은 보조자를 필요로 한다.

2. 보험대리상

가. 의의

상법
제646조【대리인이 안 것의 효과】 대리인에 의하여 보험계약을 체결한 경우에 대리인이 안 사유는 그 본인이 안 것과 동일한 것으로 한다.

보험대리상(insurance agent)은 일정한 보험자를 위하여 계속적으로 보험계약의 체결을 대리하거나(체약대리상) 중개하는 것을 영업으로 하는(중개대리상) 독립된 상인(상법 제87조[02])이며, 보험계약의 체결과 관련하여 보험자를 보조하는 자이다. 보험실무에서는 상법상 명칭이 아닌 보험업법상 명칭인 보험대리점이라고 부르고 있다. 보험업법상 보험대리점은 금융위원회에 등록되어 있으며, 특정한 보험회사에 소속[03]되어 계약체결을 대리하므로 상법의 구분에 의하면 체약대리상에 해당한다. 그러므로 보험대리상은 보험자의 대리인으로서 보

종목만 영위할 경우는 차등)을 갖는 주식 · 상호회사 및 외국보험사업자로서 금융위원회의 보험사업 허가를 받은 자가 보험자가 된다. 그러므로 개인은 물론이고 합명회사 · 합자회사 · 유한회사는 보험자가 될 수 없다. 허가 없는 보험자에 대하여는 법적 제재가 있고, 그와 계약을 체결한 자도 과태료의 제재가 있으나 보험계약 자체가 무효가 되는 것은 아니다. 한편, 최근에는 인터넷을 이용한 온라인 보험회사도 많아졌는데, 이들을 통신판매전문보험회사라고 한다.

02 상법 제87조(의의) 일정한 상인을 위하여 상업사용인이 아니면서 상시 그 영업부류에 속하는 거래의 대리 또는 중개를 영업으로 하는 자를 대리상이라 한다.

03 보험업법 제2조 제9호, 제87조 제1항에 의하여 등록된다. 보험업법 시행령 제26조에 의하면 특정 보험회사(다수의 특정 보험사도 가능)에 소속되어 그 밖의 소속되지 않은 회사에 대하여는 대리나 중개를 하지 못한다. 따라서 특정되지 않은 보험자를 중개하는 보험중개사와도 다르고, 보험사를 대리할 권한 없는 보험설계사와도 다르다. 한편 다수의 보험사의 상품을 취급하는 독립대리점의 경우에는 상법상 대리상에 해당하지 않는다고 볼 수 있겠으나, 대리상의 자격이 중첩되는 것으로 해석하고 있으며, 이 경우 보험중개사의 기능을 동시에 가진다고 볼 수 있다.

험자를 대신하여 계약의 체결권한을 가지며, 보험대리상의 행위는 보험자에 대하여 효력이 생긴다(민법 제114조). 또한 보험대리상이 안 것은 보험자가 안 것으로 한다(상법 제646조). 보험대리상이 자신에게 부여된 권한 내에서 대리행위를 하였다면 보험자는 보험대리상의 행위에 대한 책임을 져야 한다(보험업법상 보험자의 사용자 책임. 보험업법 제102조).

98다62909 판결

보험계약자 등의 통지가 없었다고 하더라도 보험대리인이 피보험 건물의 증 · 개축공사와 이로 인한 보험사고발생의 위험이 현저하게 증가된 사실을 알았거나 중대한 과실로 알지 못한 경우에는 보험자는 화재보험보통약관상의 통지의무 위반을 이유로 보험계약을 해지할 수 없다.

나. 보험대리상의 권한

상법

제646조의2【보험대리상 등의 권한】 ① 보험대리상은 다음 각 호의 권한이 있다.

1. 보험계약자로부터 보험료를 수령할 수 있는 권한
2. 보험자가 작성한 보험증권을 보험계약자에게 교부할 수 있는 권한
3. 보험계약자로부터 청약, 고지, 통지, 해지, 취소 등 보험계약에 관한 의사표시를 수령할 수 있는 권한
4. 보험계약자에게 보험계약의 체결, 변경, 해지 등 보험계약에 관한 의사표시를 할 수 있는 권한

② 제1항에도 불구하고 보험자는 보험대리상의 제1항 각 호의 권한 중 일부를 제한할 수 있다. 그러나 보험자는 그러한 권한 제한을 이유로 선의의 보험계약자에게 대항하지 못한다.

④ 피보험자나 보험수익자가 보험료를 지급하거나 보험계약에 관한 의사표시를 할 의무가 있는 경우에는 제1항부터 제3항까지의 규정을 그 피보험자나 보험수익자에게도 적용한다.

기존의 상법은 보험대리상의 권한에 대하여 아무런 규정을 하고 있지 않았

으나 개정된 상법은 '보험대리상 등의 권한' 규정을 신설하여 보험대리상의 권한을 명확히 하고 분쟁을 방지할 수 있도록 하였다.

보험대리상은 보험계약자, 피보험자, 보험수익자로부터 i) 보험료수령권, ii) 보험증권교부권, iii) 청약, 고지, 통지, 해지, 취소 등의 의사표시 수령권을 가지며, iv) 보험계약자에 대한 계약체결, 변경, 해지 등의 의사표시를 할 수 있는 권한이 있다(상법 제646조의2 ①). 예를 들어 계약체결에 관한 의사표시의 착오 · 사기가 있었는지 유무, 계약자의 고지사항의 인지 여부 등은 보험대리상을 기준으로 결정된다(98다62909 판결).

한편, 개정상법은 보험자가 보험대리상의 권한을 제한할 수는 있으나 그러한 권한의 제한을 이유로 선의의 보험계약자에게 대항하지 못한다고 정하였다(상법 제646조의2 ②).[04] 그러므로 보험자는 대리상의 권한제한을 모르고 있는 보험계약자에게 권한제한을 이유로 대항할 수 없다. 선의의 제3자를 보호하는 표현대리의 원칙(민법 제25조, 제26조 등)이 적용된 것이다.

表見代理표현대리
대리인이 그의 권한을 넘는 법률행위를 하고 제3자가 권한이 있다고 과실없이 믿은 경우에 본인이 그 법률행위의 책임을 지는 원칙이다.

3. 보험중개인

가. 의의

특정 보험사에 소속되지 않고 독립적으로 보험계약의 체결을 중개하는 자를 보험중개인(insurance broker)이라고 한다. 보험중개인은 보험설계사나 보험중개대리상과 마찬가지로 계약체결의 중개(계약이 체결되도록 힘쓰는 사실행위)를 하는 보험자의 보조자로서 상법상 중개인(상법 제93조)에 해당한다.

보험업법은 보험중개인을 보험중개사라고 한다. 보험중개사가 되려면 관련 시험에 합격한 후 금융위원회에 등록하여야 한다(보험업법 제89조 제1항). 일반

事實行爲사실행위
의도가 표시되는 것을 요건으로 하지 않고 그 행위만으로 어떤 법적 효과가 생기는 경우 사실행위라고 한다. 이런 점에서 법률적 효과에 대한 의도가 표시되어야만 하는 법률행위와 구분된다. 사무관리, 고객유치, 상담, 보험계약의 권유 등이 대표적인 사실행위이다. 사실행위는 대리가 허용되지 않으므로 사실행위에는 표현대리도 성립되지 않는다.

04 상법 제87조는 체약대리상과 중개대리상을 규정하고 있는데, 상법 제646조의2 제2항은 체약대리상을 위한 규정에 해당한다. 체약대리상은 보험자의 대리인으로서 위의 권한을 가지지만, 중개대리상은 보험계약의 체결을 중개하는 것을 영업으로 하는 독립된 상인에 불과할 뿐 대리인으로서의 권한은 없다. 한편, 보험업법 제87조는 보험대리점이 되고자 하는 자가 금융위원회에 등록하도록 하였고, 보험업법 제2조 제9호는 체약대리점만을 규정하고 있다.

적인 중개인은 쌍방 중개인으로 추정하지만, 보험중개사는 보험계약자를 위한 일방중개인으로 추정된다(보험업법 제92조, 제133조 참조).

나. 보험중개인의 권한

보험중개인은 중개인에 불과하므로 계약체결권, 고지수령권, 통지수령권, 보험료수령권 등 계약과 관련한 일체의 권한이 없으며, 업무의 성격상 보험요율의 협상권 정도만 인정될 뿐이다. 최근에는 보험거래 현실을 반영하고 보험계약자를 보호하기 위한 취지로 보험중개사에게도 보험료수령권을 인정하자는 견해가 제기되고 있다.

4. 보험설계사

가. 의의

보험설계사(insurance salesman)는 특정한 보험자를 위하여 보험계약의 체결을 중개(상법 제646조의2 ③)하는 보험자의 사용인이다. 보험설계사는 주로 자연인이지만 사단이나 재단법인도 가능하다. 보험회사는 소속 보험설계사가 되고자 하는 자를 금융위원회에 등록하여야 하며(보험업법 제84조), 보험설계사는 보험가입자에게 보험상품을 소개하고 보험가입을 권유하는 등의 사실행위를 주로 담당한다. 기존의 보험설계사는 하나의 회사에 전속하여야 했으나 현행 보험법상으로는 생 · 손보사 교차판매가 가능하다(보험업법 제85조).

보험설계사는 보험회사에 의해 지배 · 관리된다고 할 수 없으므로 민법 제655조에 의한 고용관계에 있지 않고, 근로기준법 제2조 제1항 제1호에서 정하는 근로자에도 해당하지 않는다(98두9219 판결). 보험회사와의 위촉관계에서 정한 업무만을 수행하는 수탁자에 불과할 뿐이다(88다카28112 판결). 한편, 산재보험법에서는 보험설계사를 특수형태근로종사자로 보고 산재보험의 적용대상이 될 수 있도록 하였다.

나. 보험설계사의 권한

상법
제646조의2【보험대리상 등의 권한】 ③ 보험대리상이 아니면서 특정한 보험자를 위하여 계속적으로 보험계약의 체결을 중개하는 자는 제1항 제1호(보험자가 작성한 영수증을 보험계약자에게 교부하는 경우만 해당한다) 및 제2호의 권한이 있다.

판례는 보험판매의 현실을 고려하여 생명보험설계사에 대하여 제1회 보험료 수령권한이 있음을 인정한 바 있다(88다카33367 판결). 개정상법은 보험설계사(보험대리상이 아니면서 특정한 보험자를 위하여 계속적으로 보험계약의 체결을 중개하는 자)에게 ⅰ) 보험료수령권한(영수증교부조건)과 ⅱ) 보험증권교부권한이 있음을 명시하였다(제646조의2 ③). 보험설계사는 위 권한 이외에 보험계약과 관련한 다른 권한을 행사할 수 없다. 예를 들어 보험설계사에게는 고지수령권 및 통지수령권이 없다.

2006다19672 판결

보험모집인은 특정 보험자를 위하여 보험계약의 체결을 중개하는 자일 뿐 보험자를 대리하여 보험계약을 체결할 권한이 없고 보험계약자 또는 피보험자가 보험자에 대하여 하는 고지나 통지를 수령할 권한도 없다. 그러므로 보험모집인이 통지의무의 대상인 화재보험 대상 건물의 업종변경 등 '보험사고발생의 위험이 현저하게 변경 · 증가한 사실'을 알았다고 해서 곧 보험자가 안 것으로 볼 수 없다.

5. 보험의

생명보험의 경우에 피보험자의 신체를 검사하는 보험자의 사용인을 보험의(保險醫, medical examiner)라고 하고 보험자는 그의 소견을 기초로 청약의 승낙 여부를 결정한다. 보험의는 일정한 범위의 대리권을 갖고 영업상의 업무에 종사하는 자가 아니므로 상업사용인은 아니다. 그러므로 계약체결권, 보험료

수령권 등은 인정되지 않으며, 보험의의 판정시점은 보험계약의 성립시점이 아니다(75다605 판결).

그러나 보험의는 업무 성질상 피보험자의 병력에 대한 고지사항에 한하여 보험자를 대리하므로 병력에 대한 고지수령권한이 있다고 보는 것이 일반적이다. 이 경우의 고지의무에 관한 한 보험의의 고의 · 중과실은 곧 보험자의 고의 · 중과실과 동일하다.

한편, 진사(診査)를 요하는 보험에서 신체검사를 받지 않은 경우에 보험자는 승낙전 사고담보규정에 의한 책임을 부담하지 않는다(상법 제638조의2 제3항).

6. 보험보조자의 행위에 대한 보험자의 책임

보험업법

제102조【모집을 위탁한 보험회사의 배상책임】 ① 보험회사는 그 임직원 · 보험설계사 또는 보험대리점(보험대리점 소속 보험설계사를 포함한다. 이하 이 조에서 같다)이 모집을 하면서 보험계약자에게 손해를 입힌 경우 배상할 책임을 진다. 그러나 보험회사가 보험설계사 또는 보험대리점에 모집을 위탁하면서 상당한 주의를 하였고 이들이 모집을 하면서 보험계약자에게 손해를 입히는 것을 막기 위하여 노력한 경우에는 그러하지 아니하다.

② 제1항은 해당 임직원 · 보험설계사 또는 보험대리점에 대한 보험회사의 구상권(求償權) 행사를 방해하지 아니한다.

③ 제1항에 따라 발생한 청구권에 관하여는 「민법」 제766조를 준용한다.

금융소비자보호법 제45조(舊 보험업법 제102조)는 보험자의 임직원, 보험설계사, 보험대리점이 보험모집을 함에 있어서[05] 보험계약자에게 손해를 가한 경우

05 2004다45356 판결. 이 판결은 보험업법 제102조 1항(구법 제158조 제1항)에 정한 '모집을 함에 있어서'라는 규정은 보험모집인의 모집행위 그 자체는 아니더라도 그 행위를 외형적으로 관찰할 때 객관적으로 보아 보험모집인의 본래 모집행위와 밀접한 관련이 있거나 유사하여 마치 그 모집행위범위 내에 속하는 것과 같이 보이는 행위도 포함하므로, 보험모집인인 남편이 처(妻)로부터 보험에 가입해 달라는 부탁과 함께 보험료 명목으로 1억원을 수령한 후 6,000만원

에 보험자에게 무과실책임에 가까운 손해배상책임을 부담시키고 있다.[06]

예를 들어 타인의 생명보험에서 보험설계사 또는 보험대리점이 피보험자의 서면동의가 필요함을 설명하지 않은 채 계약자가 대신 서명을 함으로써 계약이 무효가 된 경우에 보험자는 보험업법 제102조에 의하여 손해배상책임을 부담한다(2007다30263, 2003다60259, 98다54830 판결 등).

다만, 보험설계사가 보험료 할증을 피하고자 화물자동차의 운전자에게 교통사고 전력을 숨기도록 하여 고지의무 위반으로 보험계약이 해지된 경우에 대해서는 보험설계사와 보험계약자의 암묵적 공모로 보고 보험자의 손해배상책임을 부인한 사례(2000다11065 판결)도 있다.

2012다91590 판결

소속구성원의 사망 또는 상해를 보험사고로 하는 단체보험계약의 체결에 있어서 보험모집인으로서는 보험계약자가 단체보험 유효요건을 몰라 보험계약 체결 당시에 그 체결된 보험계약이 무효가 되지 않도록 보험계약자에게 단체보험의 유효요건에 관하여 구체적이고 상세하게 설명하여 적어도 보험계약자로 하여금 그 요건을 구비할 수 있는 기회를 주어 유효한 보험계약이 체결되도록 조치할 주의의무가 있다.

그런데 이 사안의 보험모집인은 A회사의 직원 갑으로부터 B회사의 직원 을을 피보험자로 하는 보험계약의 체결을 의뢰받고, B회사와 A회사의 근로자들이 같은 작업장에서 혼재되어 근무하고 있음을 잘 알고 있었음에도 A회사에게 피보험자가 A회사 소속 근로자가 아닐 경우 유효한 보험계약이 체결되지 않을 수도 있다는 점을 설명한 적이 없고, 나아가 재직증명서를 제출받는 등의 절차를 통해 피보험자인 을의 실제 소속을 확인하지도 아니한 채 보험을 가입하였다.

이와 같이 보험모집인이 보험계약의 유효요건에 관하여 충분히 설명을 하지 아니하는 바람에 요건의 흠결로 보험계약이 무효가 되고 그 결과 보험사고의 발생에도 불구하고 보험계약자가 보험금을 지급받지 못하게 되었다면 보험자는 보험업법 제102조 제1항에 기하여 보험계약자에게 그 보험금 상당액의 손해를 배상할 의무가 있다.

을 개인용도로 사용한 행위에 대하여 이러한 보험료 수령행위는 외형상 그의 보험모집과 상당한 관련성이 있는 것으로서 그 모집행위범위 내에 속하는 것으로 보이는 행위로서 보험회사의 배상책임을 인정한 것이다.

06 보험자는 모집을 할 수 있는 임직원, 보험설계사 그리고 보험대리점이 금융상품의 계약체결업무를 대리 · 중개하면서 금융소비자에게 손해를 발생시킨 경우에 그 손해를 배상할 책임을 부담한다. 다만 보험자가 그 선임과 업무감독에 대한 적절한 주의와 손해방지를 위하여 노력한 경우라면 배상책임을 부담하지 않는다(금융소비자보호법 제45조). 이 책임은 사용자가 피용자의 행위에 대하여 부담하는 손해배상책임(민법 제756조, 사용자책임)의 특칙으로 해석되고 있으며 민법에 우선하여 적용된다(94다19600판결 외 다수 판결).

Ⅲ 보험계약자 등

1. 보험계약자

보험계약자(insurance policy holder, contractor)는 보험자의 상대방으로서 자기명의로 보험계약을 체결하고 보험계약의 주된 의무인 '보험료지급의무'를 부담하는 자이다. 생명보험의 보험계약자는 보험수익자를 지정 · 변경할 수 있다. 권리능력이 있는 한 보험계약자의 자격에는 제한이 없으며, 대리인을 통하여 보험계약을 체결할 수도 있다. 대리인이 계약을 체결한 경우 대리인이 안 사유는 그 본인이 안 것과 동일한 것으로 한다(상법 제646조).

수인의 보험계약자가 공동보험계약자가 되어 하나의 보험계약을 체결할 수 있으며, 이 경우에 그 중 1인 또는 수인에게 상행위가 되면 이들 보험계약자는 각각 연대하여 보험료지급채무 등을 부담하게 된다(상법 제57조).

2. 피보험자

가. 피보험자의 구분과 자격

상법 제4편에서는 피보험자(insured, assured)를 구분하지 않는다. 그러나 손해보험의 피보험자는 보험목적물에 대한 경제적 이해관계를 가진 자로서 보험사고가 발생하였을 경우 보험금을 지급받을 자를 말하며, 생명보험의 피보험자는 보험사고(생명 또는 신체)의 대상이 되는 사람(자연인)을 말한다.

손해보험은 피보험이익이 있는 한 피보험자를 별도로 제한하지 않는다. 그러므로 여러 명이 될 수도 있고, 제3자로 특정되거나 피보험자의 가족까지 확장되기도 한다. 그러나 인보험의 피보험자에 대하여는 보험의 악용을 막기 위하여 ⅰ) 타인의 생명보험에서 피보험자의 서면동의를 계약효력의 발생요건으로 하는 규정(상법 제731조), ⅱ) 15세 미만자, 심신상실자 또는 심신박약자를 피보험자로 하는 사망보험계약을 무효로 하는 규정(상법 제732조)을 두고 있다.

나. 권리 · 의무

피보험자는 계약당사자가 아니지만 손해보험의 경우 타인을 위한 보험(계약자와 피보험자가 다른 손해보험)의 피보험자는 보험사고에 따른 보험금청구권을 가지며(상법 제639조 제2항), 보험계약자가 파산한 경우 또는 보험료지급지체의 경우에는 2차적인 보험료지급의무도 부담한다(상법 제639조 제3항). 그리고 피보험자는 보험계약상의 권리를 포기하지 않은 이상 고지의무 및 상법에서 정한 각종 통지의무를 부담한다.

3. 보험수익자

보험수익자(beneficiary)란 인보험계약(생명 · 상해 · 질병보험)에서 보험금을 지급받을 자로 지정 · 예정된 자이다. 보험계약자는 자신의 권리로서 수익자의 지정 · 변경권을 가진다(상법 제733조). 보험수익자는 수인으로 정할 수 있으며, '상속인'과 같이 추상적으로 정할 수도 있다. 인보험에서 계약자와 수익자가 같은 계약을 '자기를 위한 계약'이라고 하며, 계약자와 수익자가 다른 계약을 '타인을 위한 계약'이라고 한다.

보험수익자는 보험사고가 발생한 경우에 보험자에 대해 보험금청구권을 행사할 수 있다. 또한 보험수익자에게는 2차적인 보험료납입의무가 있다. 손해보험에서는 피보험자가 보험금청구권을 행사하므로 보험수익자 개념을 별도로 사용하지 않는다.

Ⅳ 보험의 목적

보험의 목적은 보험사고의 대상이 되는 재산 등(재화, 재산, 유체물, 채권, 책임)으로서 보험계약을 통해 구체적으로 정한다. 하나의 보험의 목적을 대상으로 한 계약뿐만 아니라 수개의 보험의 목적이 하나의 보험계약으로 담보되는 집합보험, 총괄보험의 형태로도 계약이 체결될 수 있다. 인보험계약에서 보험의 목적은 피보험자의 생명 또는 신체이다. 다수의 피보험자를 담보하는 형태인 단체보험계약도 가능하다.

보험의 목적은 보험사고의 대상(exposure)을 의미하는 것이므로 보험계약을 체결하는 목적(피보험이익)과 구별된다.

Ⅴ 보험사고

상법

제644조【보험사고의 객관적 확정의 효과】 보험계약 당시에 보험사고가 이미 발생하였거나 또는 발생할 수 없는 것인 때에는 그 계약은 무효로 한다. 그러나 당사자 쌍방과 피보험자가 이를 알지 못한 때에는 그러하지 아니하다.

보험사고(the event insured against, accident)는 '보험자의 책임을 발생시키는 조건이 되는 사건으로서의 위험(risk covered)'을 말한다. 상법은 보험사고를 불확정한 사고(제638조), 보험사고(제665조)로 표현한다. 또한 상법에서의 '위험'은 보험사고의 발생가능성을 말한다(제647조, 제652조, 제653조). 보험자는 화재, 도난, 사망 등으로 보험사고를 정할 수 있으며 다음과 같은 공통된 요건을 가지고 있다.

1. 보험사고의 발생가능성

달성할 수 없는 조건으로 계약내용을 구성하게 되면 계약이 유효할 수 없기 때문에 보험계약에서 정하는 보험사고는 발생이 가능해야 한다. 그러므로 보험계약 당시에 보험사고의 발생이 불가능하거나 이미 사고가 발생한 경우라면 그 계약은 무효가 된다(상법 제644조).

2. 보험사고의 주관적 우연성

보험사고는 우연해야 한다. 이는 보험계약의 악용을 막기 위함이다. 여기서 '우연'이란 사고발생의 여부, 시기, 방법, 정도 등의 불확정을 말한다.[07] 그러므로 보험계약 당시에 보험사고가 이미 발생하였거나 또는 발생할 수 없는 경우라면 그 계약은 무효가 되고(상법 제644조 본문), 보험계약자, 피보험자 등의 고의 · 중과실로 보험사고가 발생한 경우에 그 사고는 우연성이 없으므로 보험자는 보험금지급책임을 면한다(상법 제659조).

無效 무효
법률행위의 효력이 처음부터 발생하지 않는 것이다. 무효인 계약을 기초로 이행청구권을 행사할 수는 없으며, 이미 이행한 경우 반환청구권을 행사할 수 있다.

보험사고발생에도 불구하고 계약당사자와 피보험자가 계약 당시에 이를 알지 못한 경우(계약자 등의 선의성, 주관적 우연성)에는 보험계약은 유효하게 성립된다(상법 제644조 단서). 상법에서 계약당사자 등의 주관적인 우연성을 요건으로 하는 것은 소급보험(상법 제643조)을 인정하는 근거가 된다.

2010다66835 판결

상법 제644조는 보험계약 당시 보험사고가 이미 발생한 때에 그 계약을 무효로 한다고 규정하고 있으므로, 설사 시간의 경과에 따라 보험사고의 발생이 필연적으로 예견된다고 하더라도 보험계약 체결 당시 이미 보험사고가 발생하지 않은 이상 상법 제644조를 적용하여 보험계약을 무효로 할 것은 아닌바, 피보험자가 비록 이 사건 보험계약 체결 이전에 근이양증

07 대표적인 예는 다음과 같다. i) 사고발생 여부의 우연성은 화재, 해상보험, ii) 사고발생시기의 우연성은 사망보험, iii) 사고발생 정도의 우연성은 풍수해 등 재해관련보험, iv) 사고발생금액의 우연성은 제조물책임보험 등이다.

진단을 받았다고 하더라도 보험사고(사망 또는 제1급 장해발생)가 위 보험계약 체결 이전에 발생하지 않은 이상 위 보험계약이 무효라고 할 수 없다.

3. 그 외의 요건

보험사고는 보험목적에서 발생하여야 하고, 화재 · 도난 · 책임 등 보험계약에서 정한 사항에 한하여 사고범위가 특정된다(한정성). 사고의 범위는 보험자의 책임범위가 되므로 보험사고의 범위를 벗어난 사고는 보험사고로 인정하지 않는다. iii) 보험사고는 적법한 사고에 한한다. 그러므로 불법행위 중의 사고는 보험사고로 보지 않는다.

Ⅵ 보험기간

1. 보험기간

상법

제656조【보험료의 지급과 보험자의 책임개시】 보험자의 책임은 당사자 간에 다른 약정이 없으면 최초의 보험료의 지급을 받은 때로부터 개시한다.

보험기간(policy period)이란 보험자의 보험금지급의무가 시작하여 종료할 때까지의 기간으로서 보험자의 책임기간 혹은 위험기간을 말한다. 그러므로 보험기간 전 또는 후에 생긴 보험사고에 대하여는 보험자가 책임지지 않는다. 별도의 약정이 없는 한(예 소급보험의 약정 또는 면책기간약정 등) 보험기간은 보험자가 최초의 보험료를 받은 때로부터 시작되며(상법 제656조), 보험기간 내에 보험사고가 생긴 경우에는 보험기간이 지나 손해가 발생하였더라도 보험자가 책임을 부담한다(2000다19281 판결).

이와 비교하여 보험계약기간은 보험계약이 성립해서 소멸할 때까지의 기간이다. 보험기간과 보험계약기간이 일치하지 않는 보험계약도 흔하다. 소급보험의 경우 보험기간이 보험계약기간에 앞서 시작하며, 현재 판매되는 암보험에서는 보험기간이 보험계약일 이후 일정한 기간(예 90일)이 지난 후에 개시한다.

2. 소급보험

상법
제643조【소급보험】 보험계약은 그 계약 전의 어느 시기를 보험기간의 시기로 할 수 있다.

소급보험은 보험계약의 성립 이전에 발생한 사고에 대해서도 보험자가 책임을 부담하기로 약정한 보험계약이다. 이 약정에 의하면 보험자는 보험료납입 이전의 일정한 시기부터 책임을 부담한다. 하지만 소급보험도 일반보험과 마찬가지로 보험계약자의 보험료 납입을 전제로 하여 보험자의 책임이 개시되는 것은 마찬가지다.

소급보험에서는 보험계약당사자 및 피보험자의 선의성(상법 제644조 단서)이 계약유효성의 중요한 요건이 된다(2009다81623 판결).

소급보험은 승낙전 사고담보(상법 제638조의2)와 비교할 수 있다. 승낙전 사고담보는 상법상 강제되는 보험자의 의무로서 보험자가 유효한 청약과 함께 보험료를 수령한 경우를 전제로 청약 이후에 발생한 사고에 대한 책임을 부담하는 것이며, 소급보험은 계약당사자들의 약정에 의하여 보험자가 계약 성립 이전의 일정한 시점부터 책임을 부담하기로 정한 것이다.

보험계리사 · 손해사정사 기출문제

01 상법에서 규정하고 있는 보험대리상의 권한을 모두 고른 것은? ▶38회

A. 보험계약자로부터 보험료를 수령할 수 있는 권한
B. 보험자가 작성한 보험증권을 보험계약자에게 교부할 수 있는 권한
C. 보험계약자로부터 청약, 고지, 통지, 해지, 취소 등 보험계약에 관한 의사표시를 수령할 수 있는 권한
D. 보험계약자에게 보험계약의 체결, 변경, 해지 등 보험계약에 관한 의사표시를 할 수 있는 권한

① B
② A, B
③ A, B, C
④ A, B, C, D

해설 상법상 보험대리상은 보험료수령권, 보험증권교부권, 의사표시수령권 그리고 의사표시행사권을 가진다.

02 보험중개대리점과 보험중개사의 차이점을 모두 고른다면? ▶30회

A. 독립된 상인인지의 여부
B. 특정한 보험자를 위하여 일하는지의 여부
C. 계약체결권 유무
D. 보험료수령권 유무

① A, B, C
② A, B, D
③ B, D
④ C, D

해설 보험중개대리점과 보험중개사 모두 계약의 체결을 중개하는 상인이라는 공통점이 있다. 또한 이들은 모두 중개자이므로 계약체결권을 갖지 못한다. 다만 보험중개대리점은 보험회사를 위한 자이며, 보험대리점으로서 보험료수령권을 갖는다는 차이점이 있다.

03 보험중개사와 보험설계사에 공통되는 설명으로서 옳은 것은? ▶32회

① 보험료수령권이 없다.
② 계약체결권이 있다.
③ 고지수령권이 없다.

④ 각종 통지의 수령권이 있다.

해설 ① 기존의 판례와 개정상법에 의해 보험설계사에게는 보험료수령권이 인정된다.
②, ③, ④ 보험중개사와 보험설계사는 모두 계약의 체결에 힘쓰는 중개행위자이므로 계약체결권과 고지수령권, 통지수령권이 없다.

04 보험대리점, 보험설계사, 보험중개사에 관한 설명 중 옳은 것은? ▶32회

① 보험대리점과 보험중개사는 상법상의 상인이지만 보험설계사는 상법상의 상인이 아니다.

② 보험중개사는 보험회사를 위하여 보험료를 받을 권한이 있다.

③ 보험업법은 보험대리점으로서 중개대리점과 체약대리점을 규정하고 있다.

④ 보험설계사는 불특정 다수의 보험회사를 위하여 보험계약의 중개를 할 수 있다.

해설 보험대리점은 상법 제87조의 대리상에 해당하며, 보험중개사는 상법 제93조의 중개인에 해당한다. 보험설계사는 보험회사와의 위촉관계에서 정한 업무를 수행하는 수탁자로서 사용인과 유사한 지위에 있다. 그러나 엄밀히 말해서 민법 제655조에서 말하는 고용관계에 있는 자도 아니고, 근로기준법상의 근로자로 보기도 힘들기 때문에 사용인으로 보지는 않는다. 상법상의 상인이 아님은 물론이다.
② 보험중개사는 보험회사를 위하는 자가 아니다. 게다가 보험료를 받을 권한도 없다.
③ 상법 제87조에서는 대리상에 대하여 "일정한 상인을 위하여 상업사용인이 아니면서 상시 그 영업부류에 속하는 거래의 대리 또는 중개를 영업으로 하는 자를 대리상이라 한다"라고 정하고 있다. 따라서 상법에서는 대리상을 중개대리상과 체약대리상으로 구분하고 있다. 이에 비하여 보험업법 제2조 제10호에서는 대리점에 대하여 "보험대리점이란 보험회사를 위하여 보험계약의 체결을 대리하는 자(법인이 아닌 사단과 재단을 포함한다)로서 제87조에 따라 등록된 자를 말한다"라고 정하고 있으므로 체약대리점만을 보험대리점으로 보고 있다.
④ 보험설계사는 계약의 체결을 힘쓰는 중개인의 역할을 한다. 그러나 특정한 보험회사(교차모집설계사의 경우 생 · 손보 각각 1개의 회사)에 소속되어 그 보험회사만을 위하여 보험계약의 체결을 중개한다.

05 보험자의 보조자에 관한 설명으로 옳지 않은 것은?(다툼이 있는 경우 판례에 의함) ▶42회

① 보험목적인 건물에서 영위하고 있는 업종이 변경된 경우 보험설계사가 업종변경사실을 알았다고 하더라도 보험자가 이를 알았다거나 보험계약자가 보험자에게 업종변경사실을 통지한 것으로 볼 수 없다.

② 자동차보험의 체약대리상이 계약의 청약을 받으면서 보험료를 대납하기로 약정한 경우 이 약정일에 보험계약이 체결되었다 하더라도 보험자가 보험료를 수령한 것으로는 볼 수 없다.

③ 보험자의 대리상이 보험계약자와 보험계약을 체결하고 그 보험료수령권에 기하여 보험계약자로부터 1회분 보험료를 받으면서 2, 3회분 보험료에 해당하는 약속어음을 교부받은 경우 그 대리상이 해당 약속어음을 횡령하였다 하더라도 그 변제수령은 보험자에게 미치게 된다.

④ 보험설계사는 특정 보험자를 위하여 보험계약의 체결을 중개하는 자일 뿐 보험자를 대리하여 보험계약을 체결할 권한이 없고 보험계약자 또는 피보험자가 보험자에 대하여 하는 고지를 수령할 권한이 없다.

해설 ① 보험설계사는 위험변경에 대한 통지권이 없기 때문이다.
② 체약대리상은 보험계약의 체결과 관련된 대리권을 가지기 때문에 체약대리상이 보험료 대납을 약정한 경우 보험계약자와 보험자의 관계에 있어서도 그 대납약정이 유효하게 인정된다.
③ 보험대리상이 보험료를 받고 횡령한 경우 그 보험료 지급의 영향은 보험자에게 미친다.
④ 보험설계사에게는 고지수령권한이 없다.

06 보험모집 종사자에 관한 설명 중 틀린 것은? (다툼이 있는 경우 대법원 판례에 의함) ▶37회

① 보험회사의 영업소장은 상법상의 표현지배인이 될 수 있다.
② 보험설계사는 상법상의 상업사용인에 해당한다고 할 수 없다.
③ 보험중개사는 특별한 사정이 없는 한 보험회사를 위한 어떠한 권한도 없다.
④ 보험회사는 그 임직원이 모집을 하면서 보험계약자에게 손해를 입힌 경우에는, 보험회사가 그 임직원에게 모집을 위탁하면서 상당한 주의를 하였고, 그 임직원이 모집과 관련하여 보험계약자에게 손해를 입히는 것을 막기 위하여 노력한 경우라도, 보험계약자에 대해 보험업법상의 손해배상책임을 져야 한다.

해설 상법 제14조 제1항 본문에 "본점 또는 지점의 본부장, 지점장, 그 밖에 지배인으로 인정될 만한 명칭을 사용하는 자는 본점 또는 지점의 지배인과 동일한 권한이 있는 것으로 본다"라고 하여 표현지배인을 규정하고 있는데 표현지배인으로서 본조를 적용하려면 당해 사용인의 근무장소가 상법상의 영업소인 본점 또는 지점의 실체를 가지고 어느 정도 독립적으로 영업활동을 할 수 있는 것임을 요한다 할 것이다. 그런데 보험회사의 영업소는 보험회사의 기본적 업무를 독립하여 처리할 수는 없고 다만 본 · 지점의 지휘 감독 아래 기계적으로 제한된 보조적 사무만을 처리하는 것으로밖에 볼 수 없으니 이는 상법상의 영업소인 본점 · 지점에 준하는 영업장소라고 볼 수 없어 영업소장을 위 법조에서 말하는 표현지배인이라고 볼 수 없다(78다1567 판결, 개정법령 반영).

07 다음 설명으로 옳지 않은 것은? (다툼이 있는 경우 판례에 의함) ▶41회

甲은 보험자와 보험대리점 위탁계약을 체결하고 있는 보험대리상이다. 乙은 독립적으로 보험계약의 체결을 중개하는 자이다. 丙은 보험자를 위하여 계속적으로 보험계약의 체결을 중개하는 자이다.

---

① 甲은 보험계약자 등으로부터 고지 · 통지의무를 수령할 수 있는 권한이 있으나 乙과 丙은 그러한 권한이 없고, 특별히 위임을 받은 경우에는 고지 및 통지를 수령할 수 있다.
② 甲은 보험계약의 체결을 대리하는 자라는 점에서 보험계약의 체결을 중개하는 乙 및 丙과는 다른 법적 지위를 갖는다.

③ 甲은 보험계약자에게 보험계약의 체결, 변경, 해지 등 보험계약에 관한 의사표시를 할 수 있는 권한을 가진다.

④ 乙과 丙은 독립된 사업자가 아니고 보험자의 피용자라는 점에서 동일한 법적 지위를 갖는다.

해설 乙은 독립된 사업자이며 상법상 상인이다. 그러나 丙은 보험회사로부터 위탁받은 업무를 수행하는 자로서 상법상 상인은 아니다. 오히려 丙은 보험자의 피용자와 유사한 지위를 함께 갖는 자이다.

08 보험계약관계자의 능력에 관한 설명 중 옳은 것은? ▶26회

① 제한능력자(기존의 행위무능력자)는 보험계약자가 될 수 없다.

② 미성년자는 타인의 사망보험계약의 피보험자가 될 수 없다.

③ 피한정후견인(기존의 한정치산자)은 보험수익자가 될 수 있다.

④ 피성년후견인(기존의 금치산자)은 손해보험의 피보험자가 될 수 없다.

해설 ① 미성년자, 피한정후견인, 피성년후견인과 같은 제한능력자(기존의 행위무능력자)의 경우에도 보험계약자가 될 수 있다.
② 미성년자라고 해도 만15세 이상인 자는 타인의 사망보험계약의 피보험자가 될 수 있다.
③, ④ 살아있는 사람과 법인은 권리능력을 가진다(민법 제3조). 권리능력이 있는 이상 생명보험의 보험수익자, 손해보험의 피보험자가 될 수 있다.

09 보험계약자, 피보험자, 보험수익자에 관한 설명으로 옳지 않은 것은? ▶45회

① 보험계약자가 대리인에 의하여 보험계약을 체결한 경우에 대리인이 안 사유는 그 본인이 안 것과 동일한 것으로 한다.

② 만 15세인 미성년자를 피보험자로 하는 사망보험계약은 그의 서면동의를 받은 경우에도 당연 무효이다.

③ 타인을 위한 손해보험계약에서 피보험자는 원칙적으로 보험료지급의무를 지지 아니하지만, 보험계약자가 파산선고를 받거나 보험료의 지급을 지체한 때에는 피보험자가 보험계약상 권리를 포기하지 아니 하는 한 그 보험료를 지급할 의무가 있다.

④ 타인을 위한 생명보험계약에서 보험수익자는 원칙적으로 보험료지급의무를 지지 아니하지만, 보험계약자가 파산선고를 받거나 보험료의 지급을 지체한 때에는 보험수익자가 보험계약상 권리를 포기하지 아니하는 한 그 보험료를 지급할 의무가 있다.

해설 만 15세 미만인 자를 피보험자로 하는 사망보험계약은 금지되지만 만 15세가 된 자를 피보험자로 하는 사망보험계약은 가능하다. 이 경우에 그 사망보험계약이 타인의 사망보험계약인 경우에는 서면동의가 필요하다.

10 **보험의 목적에 관한 다음의 기술 중 옳은 것은?** ▶31회

① 인보험의 경우 특정된 자연인만이 보험의 목적이 될 수 있다.

② 특허권은 손해보험의 목적이 될 수 없다.

③ 집합물도 보험의 목적이 될 수 있다.

④ 피한정후견인(기존의 한정치산자)는 사망보험의 목적이 될 수 있다.

해설 ① 인보험에서 보험의 목적이란 피보험자를 말한다. 피보험자는 자연인이어야 하며 특정 · 불특정을 제한하지 않는다. 예를 들어 어느 단체의 구성원을 피보험자로 할 수 있다.
② 특허권은 지식재산권에 속하는 배타적 재산권이다. 특허권의 침해는 재산권의 침해로서 손해보험의 대상이 될 수 있다. 한편, 기업배상책임보험에서 특허권 침해는 면책으로 정하는 것이 일반적이지만 일부 배상책임보험에서는 재산권 침해를 담보하기도 한다.
③ 개별물건뿐만 아니라 집합물건도 보험의 목적이 될 수 있으며 이를 집합보험이라고 한다.
④ 인보험에서는 15세 미만자, 심신상실자, 심신박약자의 사망담보를 무효로 한다. 일반적으로 심신상실자를 금치산자보다 넓은 개념으로, 심신박약자를 한정치산자보다 넓은 개념으로 이해한다. 그러나 심신박약 외에도 재산의 낭비로 한정치산자가 될 수 있는데(구 민법 제9조, 현행 민법은 질병, 장애, 노령, 그 밖의 사유로 피한정후견인이 될 수 있다), 이러한 경우에는 상법상 심신박약자에 해당하지 않는 경우가 있다. 그러므로 피한정후견인이 사망보험의 목적이 되는 경우도 있다.

11 **보험사고의 요건으로 보기 어려운 것은?** ▶29회

① 보험계약 성립 전의 발생 여부의 불확실성

② 보험계약 성립 시의 장래의 발생가능성

③ 보험계약 성립 시의 발생 객체의 한정성

④ 보험계약 성립 시의 선량한 풍속에의 적합성

해설 보험사고는 우연성, 발생가능성, 범위의 한정성을 요건으로 한다(상법 제644조). 이 경우 우연성은 사고발생의 여부, 시기, 방법, 정도 등이 불확정한 것으로서 피보험자 측의 고의 · 중과실에 의한 사고와 대비되는 개념이다. 한편, 보험사고가 보험계약 당시부터 발생 불가능하거나 이미 사고가 발생하였다면 그 계약은 무효가 된다. 보험사고의 한정성은 사고범위의 한정성, 보험목적의 한정성을 말한다. ④에서 말하는 선량한 풍속에의 적합성은 보험사고의 요건으로 보기는 힘들고, 보험계약내용의 적법성 여부를 판단하는 기준에 해당한다.

12 **보험기간, 보험료기간, 보험계약기간에 관한 설명으로 틀린 것은?** ▶24회

① 보험의 종류에 따라서는 보험기간의 개념이 불필요한 경우도 있다.

② 보험기간은 일정한 분할보험료기간으로 나누어지기도 한다.

③ 소급보험의 경우 보험기간의 시기(始期)가 보험계약기간의 시기보다 앞선다.

④ 보험료기간은 단일 불가분의 성질을 가지는 것이 원칙이다.

해설 ① 보험기간은 보험회사의 책임기간을 정하는 것이므로 보험기간을 정하지 않은 보험계약이 성립되기 어렵다.
② 일반적인 손해보험계약의 보험료기간은 1년이다. 이 보험료기간을 일정기간으로 분할하여 해당 기간을 보험기간으로 정할 수도 있다.
③ 보험계약기간이 시작하는 때는 보험계약의 체결 시이며, 소급보험은 그 이전에 책임이 개시한다.

④ 보험료기간이란 보험계약자가 보험료를 지급할 기간으로서, 보험자가 위험을 측정하고 보험료를 산출하기 위한 단위기간을 말한다. 보험료 산출의 단위기간에서 고려한 위험을 나눌 수 없다는 것이 보험료불가분의 원칙이며, 이 원칙에 의하면 보험계약을 도중에 해지하게 되더라도 미경과보험료를 반환하지 않는다. 다만 현행 상법상 이 원칙을 엄격하게 지키는 규정은 없다.

13 상법상 보험계약에 대한 설명으로 옳지 않은 것은? ▶44회

① 소급보험계약에서는 보험기간이 보험계약기간보다 장기이다.
② 승낙전 보호제도가 적용될 경우 보험기간이 보험계약기간보다 장기이다.
③ 보험계약에서는 보험기간과 보험계약기간이 반드시 일치하여야 할 필요가 없다.
④ 소급보험계약에서는 다른 약정이 없는 한 초회보험료가 납입되기 전에도 청약 이전에 발생한 사고에 대해서 보상할 책임이 있다.

해설 ① 소급보험의 보험기간이 보험계약기간보다 먼저 시작하기 때문이다.
② 승낙전 사고담보규정에 의하여 보험계약의 성립 전부터 보험자가 책임을 부담하므로 보험기간이 보험계약기간보다 먼저 시작한다.
③ 보험계약기간과 보험기간이 일치할 필요는 없다.
④ 소급보험도 보험료 선납의 원칙이 적용된다

14 소급보험에 관한 설명 중 옳지 않은 것은? ▶28회

① 보험계약 성립 전의 시점부터 보험자가 책임을 지는 보험을 말한다.
② 보험료지급에 관한 다른 약정이 없는 한, 이 보험도 장래보험과 마찬가지로 '보험료선급(先給)의 원칙'이 적용된다.
③ 소급기간 내의 보험사고의 불확실성은 객관적 불확실성을 요한다.
④ 보험계약자가 소급기간 내의 보험사고의 기발생(旣發生)사실을 알고서 계약을 체결한 경우에는 보험금을 청구하지 못한다.

해설 ① 소급보험(상법 제643조)은 보험계약의 성립 이전, 보험료납입 이전의 일정한 시기를 책임개시시점으로 하는 계약이다.
② 소급보험의 경우에도 반드시 보험료를 납입하여야만 보험자가 책임을 진다. 이러한 점에서 '보험료선급의 원칙'이 적용된다고 볼 수 있다.
③ 이미 사고가 발생한 경우에 소급보험의 특성을 악용하는 사례가 발생할 수 있으므로 보험계약자가 이미 사고가 발생한 것을 알고 소급보험을 체결했다면 이 계약은 무효가 된다. 그러나 보험계약자 측과 보험자 모두 사고발생사실을 모르고 계약을 체결하였다면 소급보험계약은 유효하다. 이러한 특성을 '주관적인 불확실성'이라고 한다.
④ 소급보험에서 요하는 '주관적 불확실성(또는 계약자 측의 선의성)'에 대한 설명이다. 사고가 이미 발생한 사실을 알면서도 보험계약을 체결하였다면 주관적 불확실성의 요건을 충족하지 못하였으므로 계약은 효력이 없다. 그러므로 보험계약자 측은 보험금을 청구할 수도 없다.

[정답]
01 ④ 02 ③ 03 ③ 04 ① 05 ② 06 ① 07 ④ 08 ③ 09 ② 10 ③ ④ 11 ④
12 ① 13 ② 14 ③

CHAPTER 3

보험약관 · 보험증권

I 보험계약법의 법원

1. 제정법과 관습법

法源 법원
일반적으로 법의 존재형식이라고 정의하며, 실무적으로는 재판규범, 재판의 기준이라고 이해할 수 있다. 이런 점에서 볼 때 대법원 판결은 판례법으로서 법원의 성격이 있다.

법원(法源)이란 법적 근거 또는 존재형식으로서 분쟁이 발생할 경우에 판사가 재판기준으로 삼을 수 있는 근거를 말한다. 제정법과 관습법은 보험계약법의 법원이 된다. 그러므로 계약의 성립 등 법률행위 일반에 적용되는 민법뿐만 아니라 상법 그리고 보험관련 특별법(예 자배법, 화재로 인한 재해보상과 보험가입에 관한 법률(이하, 화보법) 등) 등은 모두 보험계약법의 법원이다. 그러나 법원 판결이나 보험약관은 보험계약법의 법원으로 인정하지 않는 것이 일반적이다.

2. 법원의 적용순서

보험계약이 강행법규나 공서양속 또는 보험계약의 본질에 반하지 않는 이상 당사자 간의 특약과 보통약관의 계약내용을 가장 우선적으로 적용한다. 그러나 보험약관이 불비(不備)한 경우에는 보험업법,[01] 자동차손해배상보장법과 같

01 보험업법은 대부분 보험감독에 관하여 다루고 있으나, 보험사업의 주체인 주식 · 상호회사규정

은 보험계약법의 특별법을 적용한 후에 보험계약법(상법 제4편), 민법 등의 법률을 적용한다.

보험관계에서 적용되는 법규도 상사에 관한 일반적인 법적용과 동일하므로 보험계약법(상법 제4편)의 후순위 지위로서 적용되는 법원은 약관규제법, 상법(제4편 제외), 상관습법, 민법, 민관습법 등의 순서로 적용된다.

Ⅱ 보험약관의 구속력

1. 보험약관의 의의

보험약관(insurance policy)은 보험자가 작성하여 사용하는 정형화된 거래조건으로서 국가의 감독규제의 대상이다. 보험자는 정형화된 보험약관을 계약내용으로 내세워 다수의 거래상대방과 원활하게 계약할 수 있다.

2. 보험약관의 구속력

보험계약의 당사자가 계약을 체결할 때 보험약관의 내용을 알고 합의하였다면, 보험약관은 계약의 내용이 되어 당사자를 구속한다. 그러나 현실에서는 보험약관의 구체적인 내용을 모르고 계약을 체결하는 경우가 많다. 이 경우 그 보험약관이 계약의 내용으로서 구속력이 인정되는지의 여부와 그 근거에 대하여 견해가 나뉜다.

拘束力 구속력
법률 · 계약 등에 의해서 행위자의 자유로운 행동이 속박되는 힘을 말하다. 구속력이 있는 계약을 이행하지 않을 경우 그 상대방은 손해배상을 청구할 수 있다.

(보험업법 제18조 내지 제34조), 보험계약의 이전 규정(보험업법 제140조 이하), 보험모집에 관한 규정(보험업법 제83조 이하) 등은 보험계약에 영향을 미치고 있으므로 보험계약법의 법원이 된다.

가. 의사설

의사설은 "보험약관은 보험자가 작성한 계약의 모형에 불과하므로 당연히 구속력을 가진다고는 볼 수 없고, 약관을 계약의 내용으로 한다는 합의에 의하여 비로소 당사자 사이에 구속력이 생긴다"는 견해이다(다수설). 약관의 명시 · 설명의무를 불이행할 경우에 해당 약관을 계약의 내용으로 주장할 수 없다는 약관규제법 제3조 제4항이 이 견해의 법적 근거가 된다.

이 견해에 의하면 보험계약의 내용이 반드시 보험약관에 규정되거나 국한되어야 하는 것은 아니며(2015다245145 판결), 보험약관의 해석은 법규해석이 아닌 약관해석의 원칙에 의하여 해석되어야 한다.

나. 규범설

규범설은 "보험약관의 법규성을 인정하여 약관이 독자적 · 자생적인 효력을 가지는 법규범으로서 당사자의 의사와 관계없이 계약내용을 규율한다"는 견해이다. 약관의 교부 · 설명의무를 위반할 경우에 계약자에게 취소권이 주어진다는 상법 제638조의3을 근거로 이 견해를 주장한다. 규범설은 객관주의 · 단체주의적 입장에서 약관의 구속력을 강하게 인정하는 견해이다.

다. 약관의 구속력에 대한 판례의 입장

판례는 일관되게 의사설의 입장을 취하고 있다. 즉, 판례는 보험약관이 계약당사자에 대하여 구속력을 갖는 것은 그 자체가 법규범 또는 법규범적 성질을 가진 약속이기 때문이 아니라 계약당사자 간에 약관을 계약내용으로 포함하기로 합의하였기 때문이라고 설명한다. 약관규제법 제3조 제3항의 내용에서도 약관의 명시 · 교부의무 불이행 시 당해 약관을 계약의 내용으로 주장할 수 없도록 하고 있으므로 의사설에 바탕을 두고 있다.

Ⅲ 보험약관의 규제와 효력

1. 약관에 대한 규제

가. 상법에 의한 입법적 규제

상법 제663조에서는 보험편의 규정을 당사자 간 특약으로 보험계약자 등에게 불이익하게 변경하지 못하게 하는 원칙(보험계약자 등의 불이익변경금지원칙)을 통하여 보험약관에 대한 강행규정을 두고 있다.

나. 약관의 규제에 관한 법률에 의한 입법적 규제

보험계약은 대부분 보험약관에 의하여 체결되므로 약관의 규제에 관한 법률(이하, '약관규제법'이라 한다)이 적용된다. 그러나 약관규제법 제15조에 의하여 국제적으로 통용되는 보험업의 약관(예 해상보험약관, 재보험약관)과 수출보험법에 따른 수출보험에 대하여는 약관규제법 제7조부터 제14조까지의 규정이 적용되지 않는다.[02]

보험계약자, 한국소비자보호원, 소비자단체 등은 약관의 법령 위반 여부에 관한 심사를 공정거래위원회에 청구할 수 있고, 공정거래위원회는 금융위원회에 해당 약관의 시정을 요청하거나 보험자에게 대하여 불공정약관조항의 사용금지, 불공정약관조항의 삭제 · 수정 등의 시정조치를 명할 수 있고, 다른 사업자에게도 같은 내용의 약관을 사용하지 말 것을 권고할 수 있다(약관규제법 제17조 내지 제19조의2). 공정거래위원회는 구체적인 계약관계를 전제로 하지 않고 오로지 약관조항 자체의 불공정성을 심사하여 그 효력 유무를 결정하는 추

02 약관의 규제에 관한 법률 제15조(적용의 제한)에서는 국제적으로 통용되는 약관 기타 특별한 사정이 있는 약관으로서 대통령령이 정하는 경우에는 제7조 내지 제14조의 규정의 적용을 조항별 · 업종별로 제한할 수 있도록 하고 있다. 이에 따라 시행령 제3조 제2호는 국제적으로 통용되는 금융업 및 보험업의 적용을 제한하고 있으며, 제3호는 수출보험법에 의한 수출보험을 적용 제외하고 있다.

상적인 방식으로 통제를 수행한다. 한편 공정거래위원회의 시정조치 등에 대하여는 행정소송으로 다툴 수 있다.

다. 보험업법에 의한 행정적 규제

보험회사는 취급하려는 보험상품에 관한 기초서류(보험종목별 사업방법서, 보험약관, 보험료 및 책임준비금의 산출방법서)를 작성하여 금융위원회에 미리 신고하여야 한다(보험업법 제127조).[03] 금융위원회는 기초서류의 변경을 권고할 수도 있으며(보험업법 제127조의2), 청문을 거쳐 약관의 변경 또는 그 사용의 정지를 명할 수 있다(보험업법 제131조 2항).

또한 이미 체결된 보험계약에 대하여도 장래에 향하여 그 변경의 효력이 미치게 할 수 있으며(소급적용, 보험업법 제131조 제3항), 그 변경명령을 받은 약관으로 인해 이미 체결된 계약의 보험계약자 · 피보험자 또는 보험금을 취득할 자가 명백하게 부당한 불이익을 받는 것으로 인정하는 경우에는 납입된 보험료의 일부를 환급하거나 보험금을 증액하도록 할 수 있다(보험업법 제131조 제4항).

라. 법원에 의한 사법적 규제

사법적 규제란 법원이 개별사건에서 약관의 해석을 통하여 통제를 가하는 것으로 구체적 통제라 한다. 법원은 보험사건에 대한 판결을 선고하면서 그 약관조항의 적법 · 부적법 여부를 선언하게 된다. 그러나 법원의 규제에서도 한계가 있다. 예를 들어 법원의 내용심사의 효력은 소송당사자에게만 미치고, 무효로 선언된 조항이 널리 알려지지 않아 판결 후에도 그대로 적용될 가능성이 있다.

한편, 약관규제법에 의한 공정거래위원회의 추상적인 통제와 법원의 구체적인 통제가 충돌하게 되면 구체적인 통제가 우선하게 된다. 즉, 약관의 유효성

03 개정 이전의 보험업법은 보험업의 허가를 받고자 하는 경우에도 기초서류를 금융위원회에 제출하여야 했으나 개정 이후에는 기초서류 중에서 보험종목별 사업방법서만 제출하도록 하였다(보험업법 제5조, 동법 시행령 제9조).

에 대한 최종적인 판단은 법원이 한다.[04]

2. 약관변경의 효력 등

가. 약관변경의 효력

변경된 약관은 그 이전에 체결된 계약에는 효력이 없고, 변경 후에 체결되는 계약에 적용된다(82가합5565 판결). 그러나 금융위원회의 명령에 의하여 약관을 변경하는 경우에 보험계약자 · 피보험자 또는 보험금을 취득할 자의 이익을 보호하기 위하여 특히 필요하다고 인정하는 경우에는 이미 체결된 보험계약에 대하여도 장래에 향하여 그 변경의 효력이 미치게 할 수 있다(보험업법 제131조 제3항).

한편, 갱신보험이나 일정기간 동종계약을 주기적으로 체결하는 계속적 계약관계에서 약관이 변경하였다면 보험자는 갱신 · 새로운 계약의 체결 시에 그 사실을 고지할 신의칙상 의무가 있으며, 이를 고지하지 않은 경우에는 종전의 계약으로 계약이 체결된 것으로 한다(84다카122 판결).

2008다89514 판결

보험계약이 일단 그 계약 당시의 보통보험약관에 의하여 유효하게 제결된 이상 그 보험계약관계에는 계약 당시의 약관이 적용되는 것이고, 그 후 보험자가 그 보통보험약관을 개정하여 그 약관의 내용이 상대방에게 불리하게 변경된 경우는 물론 유리하게 변경된 경우라고 하더라도, 당사자가 그 개정 약관에 의하여 보험계약의 내용을 변경하기로 하는 취지로 합의하거나 보험자가 구 약관에 의한 권리를 주장할 이익을 포기하는 취지의 의사를 표시하는 등의 특별한 사정이 없는 한 개정 약관의 효력이 개정 전에 체결된 보험계약에 미친다고 할 수 없다. 그러므로 계약 당시의 약관에는 피보험자가 사고로 상해를 입고 그 직접 결과로써 사고일로부터 180일 이내에 사망하였을 경우 사망보험금을 지급하는 것으로 규정되어 있었으

04 통상적으로 공정거래위원회에서 약관을 무효라 선언하고 이에 대해 행정소송이 제기되지 않았다면 이를 존중해야 할 것이다. 그러나 예외적인 경우도 있다. 예를 들어 공정거래위원회에서 소비자들에게 일방적으로 불리하다고 선언한 경우에도 법원에서는 유효하다고 본 사례도 있으므로 약관의 유 · 무효 판단은 신중하여야 한다.

나. 보험자가 계약일 이후 보험약관을 개정함에 따라 피보험자가 사고로 상해를 입고 그 직접 결과로써 사고일로부터 1년 이내에 사망하였을 경우 사망보험금을 지급하는 것으로 그 약관의 내용이 변경된 사안에서, 이 사건에서의 보험계약의 내용이 되는 약관은 계약 체결 당시의 약관인 개정 전 약관이라고 봄이 상당하고, 나아가 피보험자는 이 사건 사고일인 2003년 7월 29일로부터 180일이 경과하였음이 명백한 2004년 6월 8일 사망하였으므로 개정 전 약관에서 정하고 있는 사망보험금 지급사유가 발생하였다고 볼 수 없다.

나. 준거법약관의 효력

국제적으로 위험이 거래되는 보험 및 재보험거래의 특성상 보험약관의 해석 등에 있어서 외국법을 적용하게 되는 경우가 있다. 실무에서는 외국기업 간의 거래뿐만 아니라 국내보험자와 국내기업 간의 국내해상화물운송과 관련된 적하보험계약의 경우에도 영국법을 따르는 준거조항을 두기도 한다.

국제사법 제25조에 의하면 계약의 당사자는 계약의 성립과 효력의 준거법을 자유로이 선택할 수 있다. 그러므로 보험약관에 포함된 외국법 준거조항의 효력도 폭넓게 인정되는 편이다. 이와 관련하여 해상적하보험에서의 피해자 직접청구권 행사에 대한 외국법 준거약관의 효력을 인정한 판례가 있다(2015다42599 판결). 만일 일반적인 준거법에 대한 규정이 있음에도 특정한 책임범위에 관하여는 그와 다른 국제협약이나 특정 국가의 법을 적용하기로 하는 약관(至上約款, clause paramount)이 있다면 그 약관조항을 우선적으로 적용한다(2014다41469 판결).

Ⅳ 약관해석의 원칙

일반적으로 법률행위의 해석에서 당사자의 의사가 명확히 표시되지 않은 경우에는 보충적으로 당사자가 의도한 목적, 관습, 임의법규 또는 신의칙 등을 해석기준으로 삼는다. 보험약관의 해석도 이와 같은 기본개념에서 크게 벗어나지는 않는다. 다만 보험약관은 법규가 아니며, 위험단체를 구성원으로 하는 보험제도의 특성을 반영해야 하므로 보험약관의 해석에는 객관적 · 통일적 해석의 원칙을 우선적용하고 개별약정을 따로 편입한 경우에는 개별약정을 우선시할 뿐이다. 또한 약관이 보험자에게 일방적으로 유리하게 적용되는 것을 막기 위하여 작성자 불이익 해석의 원칙을 따른다(90다카23899 판결).

1. 개별약정우선의 원칙

개별약정은 약관에 비하여 개별적 · 구체적 성격을 가지므로 보통약관을 수정하여 당사자 간에 다른 합의를 하였다면 그 개별약정을 우선으로 한다(약관규제법 제4조). 이 원칙은 개별약정과 약관이 상충하는 경우 해당 약관을 무효로 하기 보다는 그 개별적인 합의사항을 우선적용하고 약관은 이에 상반하지 않는 범위에서 보충적인 기능(보충적 효력)을 담당하도록 하고자 하는 것으로서 계약당사자의 의사가 계약관계에 구체적으로 반영되고 고객의 이익을 보호하도록 하는 해석원칙이다.

개별약정은 서면 · 구두에 의할 수 있다. 따라서 보험자가 약관의 내용과 다른 설명을 하였다면 구두로 합의된 개별약정으로서 이 원칙이 적용된다.[05]

2. 신의성실의 원칙

약관은 신의성실에 따라 공정하게 해석되어야 한다(약관규제법 제5조 제1항 전

信義誠實신의성실
권리자의 권리행사와 의무자의 의무이행에 있어서 상대방의 마땅한 이익을 배려하고, 형평에 어긋나지 않도록 성실한 이행을 강조하고 있는 법원칙이다(민법 제2조). 모순행위의 금지, 실효, 권리남용의 금지 등이 모두 이 원칙에서 파생되었다. 신의성실의 원칙은 보험약관의 해석뿐만 아니라 보험계약에서도 폭넓게 적용된다. 이 관점으로 보험계약상의 부수적인 의무, 예를 들어 고지의무나 통지의무 등을 설명할 수도 있다. 보험계약 체결 당시의 사정이 변경되었을 때에 보험계약 당사자에 의한 해지를 인정하는 것도 신의성실의 원칙에서 비롯된 것이다.

05 한편 개별약정이 본래의 약관조항보다 계약자 측에 불리한 경우에도 이 원칙을 적용하는지 여부가 문제가 되는데, 계약상대방의 유리 · 불리를 묻지 않고 이 원칙이 적용된다는 견해가 일반적이다. 그러나 보험자가 고객의 경솔 · 무경험 등을 이용하여 보험계약자에게 불리한 조건을 수락하도록 유도한 경우에는 불공정 법률행위에 해당하여 무효가 될 것이며(민법 제103조, 제104조), 기업보험이 아닌 이상 보험실무상 계약자에게 기존의 보험약관보다 불리한 개별약정을 우선적용하기는 힘들다. 만일 보험모집인 등이 약관보다 불리한 내용으로 개별약정을 하였다면 이는 보험업법 제102조에 의한 손해배상책임의 발생근거가 되며, 그 개별약정이 상법보다 불리한 약정이라면 상법 제663조(불이익변경금지)에 의해 해당 조항이 무효가 되기 때문이다. 한편, 기업보험은 당사자의 의사를 존중하므로 개별약정우선의 원칙의 적용에 무리가 없다.

단). 이 원칙은 법률행위의 일반적인 해석원칙이 수용된 것으로서, 거래상대방의 정당한 이익을 고려하고 또한 자기의 이익을 위해 거래상의 신의에 어긋나는 행동을 하지 않아야 한다는 것이다. 이 원칙은 통일적 해석원칙이나 불명확조항의 원칙의 기본이념을 이루는 반면, 이 원칙을 남용하게 되면 도덕적 · 자의적 적용 등을 통해 거래의 안전을 해하게 될 우려가 있으므로 적용에 유의하여야 한다.

3. 객관적 · 통일적 해석의 원칙

일반적인 계약해석의 원칙상 구체적인 계약당사자의 이해가능성이 고려되는 것이 당연하다. 그러나 약관[06]은 일방당사자가 동종의 다수거래를 위하여 미리 마련한 것을 계약을 체결할 때 상대방에게 제시하여 그 동의를 얻는 것에 지나지 않으므로 객관적으로 해석되어야 하며 고객에 따라 다르게 해석되어서는 안된다(약관규제법 제5조 제1항 후단). 보험계약의 현실상 보험약관이 그 구체적 내용이 전부 거론되지 아니한 채 일괄하여 계약내용으로 편입되고 있는 사정이 고려된 것이다.

그러므로 보통거래약관의 내용은 개별적인 계약체결자의 의사나 구체적인 사정을 고려함이 없이 평균적 고객의 이해가능성을 기준으로 하여 그 문언에 따라 객관적이고 획일적으로 해석하여야 한다(96다12009 판결).

4. 작성자 불이익의 원칙

약관의 뜻이 명백하지 아니한 경우에는 고객에게 유리하게 해석하여야 한다(약관규제법 제5조 제2항). 약관이 작성자인 기업(보험자)에 의하여 일방적으로 유리하게 작성되고 고객에게 그 약관내용에 관한 교섭이나 검토의 기회가 제대

06 저자 임의로 '약관'을 '보험약관'으로 바꾸었으나 이 파트의 설명은 보험약관에 관한 것이 아니다.

로 주어지지 않는 약관내용 형성의 과정에 비추어 고객보호의 측면에서 약관내용이 명백하지 못하거나 의심스러운 때에는 약관작성자에게 불리하게 제한하여 해석하여야 하는 것이다.

작성자 불이익의 원칙이 적용되기 위해서는 다른 모든 해석원칙을 적용해도 명확한 의미규명이 불가능할 뿐만 아니라 법적으로 적어도 두 가지 이상의 해석이 가능한 경우를 요건으로 한다. 그러므로 약관조항의 의미가 명확하게 일의적(一義的)으로 표현되어 있어 다의적인 해석의 여지가 없는 때에는 이러한 제한해석의 여지가 없다(90다카23899 판결).

2010다93011, 2014다232784 판결

보험계약의 약관에서 암과 상피내암 여부에 따라 보험금지급액의 범위를 달리하고 있는 사안에서, 이 사건 각 보험계약의 약관이 규정하는 상피내암은 객관적으로 다의적으로 해석되어 약관조항의 뜻이 명백하지 아니한 경우에 해당하므로, 약관의 규제에 관한 법률 제5조 제2항이 규정하는 작성자 불이익의 원칙을 적용하여 여기에는 점막 내 암종을 제외한 상피내 암종(intraepithelial carcinoma)만이 해당한다고 제한해석함이 상당하다.

주택보증보험계약의 보증기간이 개시된 후 입주자모집공고 승인이 취소되어 보증계약을 해지할 경우에 잔여 보증기간에 대한 보증료를 환불한다는 내용이 기재된 규정은 객관적이고 획일적인 해석이 가능하고 다의적으로 해석되지 않으므로 작성자 불이익의 원칙이 적용되지 않는다.

5. 제한적 엄격해석의 원칙

제한적 엄격해석의 원칙은 주로 사업자의 이익을 위한 면책약관을 엄격하고 제한적으로 해석하여 약관규정을 그것이 규정하고 있는 적용범위를 넘어서 확대적용하는 것에 반대하는 해석원칙을 말한다(축소해석의 원칙). 예를 들어 약관에서 구체적인 사유를 열거하고 후에 '그 밖의 경우' 또는 '그와 동일한' 등의 포괄적 문구를 두고 있는 경우에 그 문구는 선행한 사유와 동일 종류의 사유로 한정하여 해석하는 것이다. 이 원칙은 작성자 불이익원칙의 하부원칙으로 이해되기도 하는데, 약관규제법상 명문의 규정은 없으나 대법원은 이 원칙을 약관해석의 기본원칙으로서 받아들이고 있다. 우리 판례에서는 면책약관의 중요한 해석원리로 채택되고 있다.

6. 약관해석을 위한 추가 고려사항

가. 수정해석 효력유지적 축소해석

보험약관은 보험회사인 기업이 일방적으로 작성한 것이기 때문에 법관에 의한 수정적 해석이 일반적으로 승인된다. 즉, 법관의 해석에 의해 약관내용을 제정하고 불공정약관을 수정할 수 있다. 그 수정기준에는 강행법규뿐만 아니라 임의적 법규범, 조리, 판례 등도 지표가 된다.

수정해석과 그 취지를 같이 하는 약관해석방법으로 효력유지적 축소해석의 방법이 있다. 이 방법은 면책약관 등의 경우 이를 무제한적으로 해석하면 효력이 없게 되므로 법적으로 허용되는 범위 내에 약관의 효력을 유지시키고자 하는 해석원칙이다. 학설은 그 해석방법의 채택 여부에 관하여 견해가 나누어지고 있으나 우리 판례는 무면허운전면책조항에 대한 수정해석의 필요성을 판시한 이래 계속적으로 효력유지적 축소해석의 방법을 채용하고 있다.

90다카23899 판결

자동차종합보험 보통약관에서의 무면허운전면책조항이 보험계약자나 피보험자의 지배 또는 관리가능성이 없는 무면허운전의 경우에까지 적용된다고 보는 경우에는 그 조항은 신의성실의 원칙에 반하는 공정을 잃은 조항으로서 약관규제법 제6조 제1, 2항, 제7조 제2, 3호의 각 규정에 비추어 무효라고 볼 수밖에 없기 때문에 위 무면허운전면책조항은 위와 같은 무효의 경우를 제외하고 무면허운전이 보험계약자나 피보험자의 지배 또는 관리 가능한 상황에서 이루어진 경우에 한하여 적용되는 조항으로 수정해석을 할 필요가 있다.

나. 용어풀이에 대한 해석

보험약관에 사용된 문언의 내용을 '용어풀이'를 따로 두는 경우가 있는데, 약관의 내용과 용어풀이의 내용이 서로 다른 경우의 해석에서 문제가 발생할 수 있다.

약관의 용어풀이도 본문과 결합하여 전체로서 약관의 내용을 구성하는 것이므로 약관 의미의 불명확한 것을 명확하게 하는 데 머물러야 하며, 본문의 의미를 임의로 제한하거나 본문과 모순되는 내용을 규정한 경우에는 효력이 없다고 보아야 할 것이다.

V 보험증권

1. 의의

보험증권(insurance policy)이란 보험자가 계약의 내용을 기재하고 기명날인 또는 서명하여 보험계약자에게 교부하는 증권이다. 일반적으로 보험자는 계약자의 청약에 대하여 보험증권을 교부하는 것으로서 승낙의 의사표시를 한다.

2. 보험증권 기재사항

가. 법정기재사항

상법

제666조【손해보험증권】 손해보험증권에는 다음의 사항을 기재하고 보험자가 기명날인 또는 서명하여야 한다. 〈개정 1991.12.31., 2014.3.11.〉

1. 보험의 목적
2. 보험사고의 성질
3. 보험금액
4. 보험료와 그 지급방법
5. 보험기간을 정한 때에는 그 시기와 종기

6. 무효와 실권의 사유
7. 보험계약자의 주소와 성명 또는 상호
7의2. 피보험자의 주소, 성명 또는 상호
8. 보험계약의 연월일
9. 보험증권의 작성지와 그 작성년월일

상법은 보험증권에 일정한 사항을 기재하고 보험자가 기명날인 또는 서명하도록 정하고 있으므로 보험증권은 요식증권의 일종이다. 그러나 보험증권은 엄격한 요식성을 요구하는 어음 · 수표와 같은 유가증권과는 다르다. 그러므로 법정기재사항을 모두 갖추지 못한 경우에도 보험증권의 효력에는 영향이 없다.

상법은 보험의 종류에 따라 화재보험, 운송보험, 해상보험, 인보험 등의 기재사항을 추가로 정하고 있다. 개정상법(2015년 시행)은 보험증권의 기재사항에 '피보험자의 주소, 성명 또는 상호'를 추가하였다.

구분	상법 제666조의 사항 외에 추가적으로 기재할 사항
화재보험증권 (제685조)	1. 건물을 보험의 목적으로 한 때에는 그 소재지, 구조와 용도 2. 동산을 보험의 목적으로 한 때에는 그 존치한 장소의 상태와 용도 3. 보험가액을 정한 때에는 그 가액
운송보험증권 (제690조)	1. 운송의 노순과 방법 2. 운송인의 주소와 성명 또는 상호 3. 운송물의 수령과 인도의 장소 4. 운송기간을 정한 때에는 그 기간 5. 보험가액을 정한 때에는 그 가액
해상보험증권 (제695조)	1. 선박을 보험에 붙인 경우에는 그 선박의 명칭, 국적과 종류 및 항해의 범위 2. 적하를 보험에 붙인 경우에는 선박의 명칭, 국적과 종류, 선적항, 양륙항 및 출하지와 도착지를 정한 때에는 그 지명 3. 보험가액을 정한 때에는 그 가액
자동차보험증권 (제726조의3)	1. 자동차소유자와 그 밖의 보유자의 성명과 생년월일 또는 상호 2. 피보험자동차의 등록번호, 차대번호, 차형년식과 기계장치 3. 차량가액을 정한 때에는 그 가액

인보험증권 (제728조)	1. 보험계약의 종류 2. 피보험자의 주소 · 성명 및 생년월일 3. 보험수익자를 정한 때에는 그 주소 · 성명 및 생년월일
상해보험증권 (제738조)	상해보험의 경우에 피보험자와 보험계약자가 동일인이 아닐 때에는 그 보험증권기재사항 중 제728조 제2호에 게기한 사항에 갈음하여 피보험자의 직무 또는 직위만을 기재할 수 있다.

나. 기재에 관한 이의

상법

제641조【증권에 관한 이의약관의 효력】 보험계약의 당사자는 보험증권의 교부가 있은 날로부터 일정한 기간 내에 한하여 그 증권내용의 정부에 관한 이의를 할 수 있음을 약정할 수 있다. 이 기간은 1월을 내리지 못한다.

상법은 보험증권의 기재내용에 관하여 이의가 있는 경우를 위하여 보험계약의 당사자(보험자 또는 보험계약자)가 보험증권의 교부가 있은 날로부터 일정한 기간 내에 그 증권내용의 정부(正否)에 관한 이의를 할 수 있다는 약정을 허용한다(상법 제641조, 이의약정).

이의약정(異議約定)은 실제 보험계약의 내용과 보험증권상의 기재내용이 다를 경우 제기될 분쟁의 소지를 확정적으로 해소하기 위한 것이다. 그러나 이의약정의 기한을 부당하게 단기간으로 정한 때에는 계약당사자에게 불리할 수 있으므로 1개월 미만으로 정할 수 없게 하였다(상법 제641조 후문). 약정한 이의기간이 지나면 보험증권에 기재된 내용은 확정된다.

3. 보험증권의 법적 성질

가. 증거증권성

일반적인 보험증권은 보험계약의 성립을 증명하기 위하여 보험자가 발행하는 증거증권에 불과하고 보험증권을 작성하여야만 보험계약상의 권리의무가 발생하는 설권증권(設權證券)도 아니다. 그러므로 보험증권의 발행은 보험계약의 성립요건도 아니며, 보험자가 일방적으로 기명날인 또는 서명한 것이므로 계약서도 아니다.

보험증권에 기재된 계약내용은 사실상의 추정(증권내용으로부터 다른 사실을 추정)의 효력이 인정된다. 그러므로 다른 증거 · 정황 등으로 반대사실을 입증하면 그 추정이 번복될 수도 있다.

2002다64520 판결

기평가보험으로 인정되기 위한 당사자 사이의 보험가액에 대한 합의는 명시적인 것이어야 하기는 하지만 반드시 보험증권에 협정보험가액 혹은 약정보험가액이라는 용어 등을 사용하여야만 하는 것은 아니고 당사자 사이에 보험계약을 체결하게 된 제반 사정과 보험증권의 기재내용 등을 통하여 당사자의 의사가 보험가액을 미리 합의하고 있는 것이라고 인정할 수 있으면 충분하다(2001다6312 판결).

그러나 공장화재보험계약에 관한 보험증권이나 보험청약서에 보험가입금액의 기재만 있고 보험가액의 기재나 보험가액에 해당하는 다른 유사한 기재가 없을 뿐만 아니라 협정보험가액 특별약관도 첨부되어 있지 않은 경우, 이를 보험가액을 협정한 기평가보험으로 보기 어렵다.

나. 면책증권성

보험증권은 면책증권으로서의 성격이 있다. 그러므로 보험자가 증권을 제시한 자에 대하여 악의 · 중과실 없이 보험금을 지급하였다면 증권을 제시한 자(또는 증권소지자)가 무권리자라고 해도 보험자의 책임을 면한다. 이처럼 보험증권의 면책증권성은 채무자인 보험자의 채무이행 편의를 위한 것이다.

그러나 보험증권의 소지인이 항상 권리자로 인정되는 것은 아니다. 보험증권을 소지하였다는 것은 권리의 추정에 불과하므로 보험자는 증권소지자에게 권리를 증명할 것을 요구하고, 증권소지인은 실질적 권리가 있음을 증명해야 한다.

다. 유가증권성

인보험인 생명보험의 보험증권은 일반적으로 기명식으로 발행된다. 인보험의 성질상 보험의 목적(사람의 생명)이 유통될 성질의 것이 아니며, 지시식이나 무기명식의 발행이 가능하다고 해도 보험계약으로 인한 권리를 피보험자 이외의 자에게 양도할 때에는 피보험자의 동의를 요하므로(상법 제731조 제2항) 유가증권으로서의 성격은 없다.

손해보험의 보험증권도 유가증권은 아니다. 그러나 운송보험 · 해상적하보험 등에서는 보험의 목적에 대한 권리가 유통(예 화물상환증, 선화증권)될 때에 보험증권이 첨부되고 있으므로 유가증권성을 인정하여 배서 · 교부 등으로 보험금청구권의 이전을 가능케 하는 것이 타당하다(절충설).

라. 상환증권성

보험증권이 유가증권이라면 그 상환에 의하여 보험금의 청구가 가능할 것이다. 이와 관련하여 우리 약관에서는 보험증권의 상환을 통해 보험금청구를 규정하는 경우도 있다. 그러나 현실상 증권을 제출할 수 없는 경우에는 다른 방법으로 권리를 증명함으로써 보험금청구가 가능하고, 상법에서도 보험증권의 멸실 또는 훼손의 경우 보험계약자의 비용으로 보험증권을 재교부할 수 있도록 정하였으므로(상법 제642조) 보험증권이 유가증권으로 인정되는 경우가 아닌 한 상환증권성은 원칙적으로 인정되지 않는다.

마. 유인증권성

보험증권의 효력은 보험계약의 효력에 영향을 받는다(유인증권성 또는 요인증권성). 그러므로 보험증권이 지시식이나 무기명식으로 발행되더라도 보험계약상의 고지의무 위반, 보험료의 부지급, 위험의 증가 · 변경 등의 경우에 보험계약이 해지되면 증권소지인에게도 영향을 미친다.

Ⅵ 보험증권의 교부

1. 보험증권의 교부의무

상법

제640조【보험증권의 교부】 ① 보험자는 보험계약이 성립한 때에는 지체 없이 보험증권을 작성하여 보험계약자에게 교부하여야 한다. 그러나 보험계약자가 보험료의 전부 또는 최초의 보험료를 지급하지 아니한 때에는 그러하지 아니하다.
② 기존의 보험계약을 연장하거나 변경한 경우에는 보험자는 그 보험증권에 그 사실을 기재함으로써 보험증권의 교부에 갈음할 수 있다.

보험자는 보험계약이 성립한 때에는 지체 없이 보험증권을 작성하여 보험계약자에게 교부하여야 한다(상법 제640조 제1항 본문). 보험계약자가 수인인 경우에는 각각에게 교부하여야 하고 단체생명보험의 경우에는 보험계약자에 대하여서만 보험증권을 교부한다(상법 제735조의3 ②).

보험증권 교부의무는 보험계약자가 보험료의 전부 또는 최초의 보험료를 지급한 때에 한하여 부담하는 의무이다(상법 제640조 제1항 단서). 기존의 보험계약을 연장하거나 변경한 경우에 보험자는 그 보험증권에 그 사실을 기재함으로써 보험증권의 교부에 갈음할 수 있다(상법 제640조 제2항).

98다49104 판결

이행보증보험의 보험계약자 A가 보험회사와 보증보험계약을 체결한 사안에서 그 계약이 체결된 이후에 A의 의사에 반하여 담보제공한 제3자에게 보험증권을 교부하였으나 그 의무가 이행되었다고 볼 수 없고, 담보제공한 제3자의 요구에 따라 일방적으로 위 보증보험계약의 해지를 주장하고 그 보험증권의 교부를 거부한 것은 보험계약상의 의무를 저버린 것이다.

보험계약자 A는 보험회사로부터 보험증권을 교부받아 이를 담보로 피보험자와 물품공급계약을 체결하여 거래를 하려고 하였으나 보험회사가 위 보증보험계약의 해지를 주장하고 보험증권을 담보제공한 제3자에게 임의로 교부하였다가 반환받아감으로써 목적한 거래를 성사시키지 못하게 되었으므로 보험계약상의 채무불이행책임이 인정되어 손해배상책임을 부담하여야 한다.

2. 보험증권 교부의 효과

보험자의 보험증권 교부는 보험계약 성립 후에 보험자가 부담하는 상법상 의무를 이행한 것일 뿐 보험계약의 성립요건이나 효력요건이 되는 것은 아니다. 이와 같은 특성을 반영하듯 상법은 보험증권 교부의무를 불이행한 경우에 대한 규정을 두지 않고 있다.

한편, 실무에서는 보험자가 승낙의 의사표시를 대신해서 보험증권을 교부하는 관행이 있으므로 이 경우 계약자의 청약에 대한 보험자의 승낙으로서의 효과(예 계약성립요건)가 생긴다고 보는 일부 견해가 있다.

3. 보험증권의 멸실 · 훼손과 재교부

상법

제642조【증권의 재교부청구】 보험증권을 멸실 또는 현저하게 훼손한 때에는 보험계약자는 보험자에 대하여 증권의 재교부를 청구할 수 있다. 그 증권작성의 비용은 보험계약자의 부담으로 한다.

보험증권을 멸실 또는 현저하게 훼손한 경우 보험계약자는 보험자에 대하여 증권의 재교부를 청구할 수 있으며, 이에 대하여 보험자는 재교부의 의무가 있다(상법 제642조). 증권을 재교부하기 위해 새롭게 작성하는 비용은 보험계약자의 부담으로 한다(상법 제642조).

일반적인 보험증권의 재교부 당시에는 필요하지 않지만, 유가증권성이 인정되는 보험증권을 재교부하는 경우에는 공시최고의 절차를 거쳐야 할 것이다(민사소송법 제496조 이하).

보험계리사 · 손해사정사 기출문제

01 통설과 판례에 의할 때 보험계약법의 법원(法源)이 아닌 것은? ▶26회

① 상법 제4편 ② 보험약관
③ 약관의 규제에 관한 법률 ④ 보험거래에 관한 관습법

해설 성문법인 상법과 약관규제법은 계약법의 법원이 된다. 또한 보험거래의 관습법(상관습법)도 보험계약의 법원이 된다. 그러나 보험약관은 보험계약의 법원이 되지 않는다는 견해가 다수설이다.

02 보험약관의 본질에 관한 설명이다. 통설과 판례에 의할 때 가장 타당한 것은? ▶24회

① 보험약관은 금융위원회의 인가를 받는 순간에 보험자와 보험계약자에 대해 구속력을 갖게 된다.
② 보험약관의 변경인가 시에 금융위원회의 소급적용명령이 있는 경우에는 당해 변경된 약관은 변경 전의 약관에 의한 계약체결 시까지 소급하여 효력을 갖게 된다.
③ 보험약관은 이를 계약에 적용하기로 한다는 보험자와 보험계약자의 포괄적 합의에 의해 계약에 편입될 때 비로소 보험자와 보험계약자에 대해 구속력을 갖게 된다.
④ 보험약관의 제정이나 변경에 대한 금융감독위원회의 인가가 있음으로써 당해 약관에 의해 체결되는 계약이 효력을 지니게 된다.

해설 보험약관이 계약당사자에 대하여 구속력을 갖는 것은 당사자 사이에 "보험약관을 계약의 내용으로 한다"는 합의가 있기 때문이다. 그러므로 금융당국의 인가나 허가 등은 보험약관의 효력에 아무런 영향을 미치지 못한다. 예를 들어 금융위원회에 신고하지 않은 채 판매된 보험상품이 있다고 해도 해당 보험상품의 약관은 계약당사자에 대하여 여전히 효력이 있다. 물론 그 신고하지 않은 약관의 내용이 일방의 폭리를 취하는 불공정하거나 공익에 위반되거나 상법에 위배된다면 민법 제104조, 제103조, 상법 제663조에 의하여 무효가 될 수는 있다. 한편, 금융위원회가 보험약관의 변경을 명하면서 이미 체결된 보험계약에 대하여도 변경된 약관으로 적용되도록 할 수 있다. 다만 이러한 효력은 장래를 향하여만 영향이 미친다(보험업법 제131조).

03 보험약관의 해석과 적용에 관한 설명 중 틀린 것은? ▶37회

① 약관을 해석하여 적용하는 과정에서 그 의미를 정확하게 알 수 없을 때에는 우선적으로 작성자 불이익의 원칙을 적용한다.
② 약관은 평균적 고객의 이해가능성을 기준으로 하되, 보험단체 전체의 이해관계를 고려하여 객관적, 획일적으로 해석해야 한다.
③ 보험대리점이나 보험설계사가 보험회사가 제시한 약관의 내용과 다르게 설명한 경우에

는 보험회사가 약관의 설명의무를 위반한 것이 된다.

④ 보험회사가 제시한 약관의 내용과 보험체약대리점이 보험계약자와 약정한 내용이 상이한 경우에는 후자가 우선한다.

해설 ① 작성자 불이익의 원칙은 모든 해석의 의문을 작성자에게 부담시키려는 것은 아니며, 일단 객관적 해석을 한 후에도 여전히 의문이 남는 경우에 그 위험을 작성자에게 부담시키려는 것이다. 작성자 불이익의 원칙은 보충적 해석수단이다.
② 객관적 · 통일적 해석의 원칙을 의미한다.
③ 보험약관의 교부 · 설명의무는 보험자의 의무로서 계약체결 시 보험모집인을 통하여 이뤄지는 것이 일반적이다. 보험모집인이 이 의무를 불이행한 경우에는 보험자가 이 의무를 불이행한 것이 된다.
④ 보험약관과 다른 내용의 약정을 한 것이 명확한 경우에는 개별약정우선의 원칙이 적용되므로 달리 약정한 내용이 우선한다.

04 보험계약자 평등대우의 원칙에 관한 설명 중 틀린 것은? ▶26회

① 감독관청이 보험약관의 변경인가 시에 그 변경된 약관을 장래에 향하여 기존계약에도 적용토록 하는 것은 이 원칙에 따른 것이라고 볼 수 있다.

② 단체보험의 보험료 할인은 이 원칙으로 인해 순보험료에 대해서만 해야 한다.

③ 위험률, 보험금액 등이 동일한 보험계약자 사이에서 상이한 보험료를 내는 것은 이 원칙에 반한다.

④ 보험계약자 개개인의 개별적인 사정은 무시하고 거래권 내의 전형적이고 보편적인 사정만을 고려해서 보험약관을 해석하는 것도 이 원칙의 실현에 이바지한다.

해설 계약자 평등대우의 원칙은 보험의 단체성에서 비롯된다. 변경된 약관을 기존의 계약자들에게 적용하도록 하거나 동일위험을 가진 자에게는 동일한 보험료를 받는 것이 이 원칙을 실현한 결과이다. 특히 보험약관을 해석함에 있어서 개별 계약자가 아닌 평균적 고객의 이해가능성을 기준으로 객관적 · 통일적(획일적)으로 해석하는 이유도 이 원칙과 관련된다. 한편, 순보험료는 위험단체가 처한 위험을 측정하여 위험단체의 구성원 각각이 부담하는 대가이므로 단체보험이라는 이유로 이를 할인할 수 없다. 단체보험에서 보험료의 할인은 순보험료(위험보험료)가 아닌 부가보험료에서만 가능하다.

05 상법이 규정한 손해보험증권의 기재사항이 아닌 것은? ▶33회

① 보험료와 그 지급방법

② 무효와 실권의 사유

③ 피보험자의 주소, 성명, 주민등록번호

④ 보험증권의 작성지

해설 개정 이전 상법에는 손해보험증권의 법정기재사항으로 피보험자의 주소, 성명이 명시되지 않았으나 개정 이후에는 피보험자의 주소, 성명 또는 상호가 추가되었다(상법 제666조 7의2). 다만, 피보험자의 주민등록번호는 법에서 정한 기재사항이 아니다.

06 보험증권의 면책증권성에 관한 설명으로 틀린 것은? ▶24회

① 보험자는 증권제시자의 자격 유무를 조사할 권리가 있다.
② 보험자는 증권제시자의 자격 유무를 조사할 의무는 없다.
③ 보험자는 증권제시자에게 악의나 중과실 없이 보험금을 지급하면 그 제시자가 무권리자인 경우에도 면책되므로 정당한 보험금청구권자에게 다시 보험금을 지급할 필요가 없다.
④ 보험자는 보험금청구자가 보험증권을 제시하지 않는 한 그가 정당한 권리자임을 입증하더라도 보험금을 지급할 책임을 지지 아니한다.

해설 보험자는 증권제시자의 실질적 권리 유무를 묻기 위하여 그 자격 유무를 조사할 권리가 있으나 의무는 아니다. 그러므로 증권제시자에게 선의 또는 무과실로 보험금을 지급하였다면, 보험금지급책임을 면한다. 만일 증권을 소지하지 않았으나 그가 정당한 권리자임을 입증한다면 보험자는 정당한 권리자에게 보험금을 지급하여야 한다.

07 보험증권이 요인증권(要因證券)인 이유는? ▶33회

① 상해보험증권은 유가증권이 될 수 없기 때문이다.
② 지시식으로 발행된 물건보험증권은 일정한 경우에 유가증권성이 인정될 수 있기 때문이다.
③ 보험료가 지급된 경우에 보험자의 보험증권 교부의무가 생겨나기 때문이다.
④ 보험자는 보험계약에 의한 항변사유로 보험증권의 소지인에게 대항할 수 있기 때문이다.

해설 보험증권을 유인증권으로 보는 것은 보험증권의 효력이 보험계약에 의하여 영향을 받기 때문이다.

08 보험증권에 관한 설명 중 옳지 않은 것은? ▶32회

① 보험계약의 성립요건이 아니다.
② 보험계약의 증거증권이다.
③ 타인을 위한 보험계약에서 보험계약자가 보험증권을 소지한 경우에는 그 타인의 동의 없이 계약을 해지할 수 있다.
④ 유가증권성이 인정되는 해상적하보험증권은 무인증권(無因證券)이다.

해설 ① 보험계약은 낙성계약이므로 보험증권의 작성 · 교부는 보험계약의 성립요건이 아니다.
② 보험증권은 증거증권으로서 그 기재내용은 사실상의 추정력을 갖는다.
③ 타인을 위한 보험에서는 그 타인을 보호하기 위하여 계약자가 그 타인의 동의 또는 보험증권을 소지한 경우에 한하여 계약을 해지할 수 있도록 정하고 있다(상법 제649조).
④ 보험증권은 보험계약에 의하여 영향을 받으므로 유인증권의 성격을 갖는다. 해상보험과 같이 유가증권성이 인정되는 경우라고 해서 무인증권이 되는 것은 아니다.

09 보험자의 보험증권 교부의무 불이행 시 상법상 효과규정은? ▶23회

① 보험계약자가 1월 이내에 계약을 취소할 수 있다.
② 보험계약자가 1월 이내에 계약을 해제할 수 있다.
③ 보험계약자가 1월 이내에 계약을 해지할 수 있다.
④ 상법상 효과규정이 없다.

해설 상법은 보험증권 교부의무 위반에 따른 효과에 대하여 정하지 않는다. 그러므로 이 의무의 불이행에 대하여 상법에서 제재할 방법이 없다.

10 보험증권에 관한 설명 중 틀린 것은? ▶34회

① 보험계약이 성립하여도 보험료의 전부 또는 최초의 보험료가 지급되지 않으면 보험자는 보험증권 교부의무가 없다.
② 상법상 보험증권의 재교부 시 증권작성비용은 보험자가 부담한다.
③ 보험증권내용의 정부에 관한 이의제기기간은 보험증권의 교부일로부터 1월을 내리지 못한다.
④ 보험증권은 요인증권이다.

해설 ① 보험증권 교부의무는 계약의 성립과 보험료의 납입을 전제조건으로 한다.
② 보험증권 재교부비용은 재교부를 청구한 보험계약자 측에서 부담한다.
③ 보험증권의 이의기간은 1월을 내리지 못한다.
④ 보험증권은 보험계약의 효과에 영향을 받는 요인증권(유인증권)이다.

11 보험증권에 대한 설명으로 옳은 것은? (다툼이 있는 경우 판례에 의함) ▶40회

① 보험계약자가 생명보험증권을 멸실 또는 현저히 훼손하거나 점유를 상실한 경우에 증권의 재교부를 받기 위해서는 공시최고절자를 밟아 제권판결을 받아야 한다.
② 보험증권이 보험계약자의 의사에 반하여 보험계약자의 구상의무에 관하여 담보를 제공한 제3자에게 교부되었다면 보험자는 보험증권 교부의무 위반이 된다.
③ 단체보험계약에서 단체구성원 또는 그 유족을 보험수익자로 지정한 때에는 보험증권을 단체구성원 또는 그 유족에게 교부하여야 한다.
④ 보험증권내용의 정부에 대하여 이의할 수 있음을 약정한 경우에 그 이의기간은 보험계약이 성립한 날로부터 1월을 내리지 못한다.

해설 ① 생명보험증권은 유가증권이 아니므로 별도의 공시최고절차 등이 필요 없다.
② 보험증권은 계약자에게 교부해야 하므로 보험자가 의무를 위반한 것이다.
③ 단체보험의 경우에도 보험증권은 계약자에게만 교부하면 된다.

[정답]
01 ② 02 ③ 03 ① 04 ② 05 ③ 06 ④ 07 ④ 08 ④ 09 ④ 10 ② 11 ②

CHAPTER 4 보험약관의 교부 · 설명의무

I 보험약관의 교부 · 설명의무

1. 의의

상법

제638조의3【보험약관의 교부 · 설명의무】 ① 보험자는 보험계약을 체결할 때에 보험계약자에게 보험약관을 교부하고 그 약관의 중요한 내용을 설명하여야 한다.

통상적인 보험계약의 체결은 정형화된 약관에 의하여 형식적 · 일괄적으로 진행되므로(부합계약성) 보험계약자가 약관의 자세한 내용을 모르는 상태에서 계약을 체결하는 경우도 흔하다. 상법은 이러한 문제발생을 미연에 방지하기 위하여 보험계약을 체결할 때에 보험자가 보험계약자에게 보험약관을 교부하고 그 약관의 중요한 내용을 설명하여야 한다고 규정하고 있다(상법 제638조의3 제1항).

이 규정은 보험계약자가 약관의 내용을 미리 알고 보험계약의 청약을 하게 함으로써 보험계약자가 알지 못하는 가운데 약관에 정하여진 중요한 사항이 계약 내용으로 되어 보험계약자가 예측하지 못한 불이익을 받게 되는 것을 피하는 데 그 입법취지가 있는 것으로서, 보험계약자의 보호를 위한 반면보호적(상대적) 강행규정으로 해석된다.

약관규제법 제3조에서도 이와 유사한 약관의 명시설명의무를 규정하고 있으며, 보험업법에서도 설명의무(제95조의2)와 모집관련 금지행위(제97조 ①)를 통하여 상법상 약관의 교부 · 설명의무를 뒷받침하고 있다.

2. 의무의 주체와 상대방

이 의무를 부담하는 자는 보험자이며, 보험자의 대리인인 보험대리점도 함께 이 의무를 부담한다. 그리고 대리권 없는 보험모집인이라고 하여도 이 의무를 부담한다고 해석한다. 보험모집인은 보험자의 상업사용인은 아니지만 사실상 계약체결의 중요한 역할을 하므로 약관의 교부 · 설명의무를 부담하는 것으로 보는 것이다.

보험자의 교부 · 설명은 반드시 보험계약자 본인에 대하여 할 필요는 없고, 보험자가 보험계약자의 대리인과 보험계약을 체결할 경우에는 그 대리인에게 보험약관을 설명해도 된다.

3. 의무의 내용

가. 교부 · 설명

보험자는 보험계약을 체결할 때에 보험약관을 교부(전달)할 의무가 있으며, 보험약관 중에서 중요한 사항에 대하여는 설명하여야 한다.

나. 설명하여야 할 내용

보험자는 보통약관 중에서 중요한 내용을 명시 · 설명하여야 하는데, 이때 중요한 내용이란 보험료금액과 그 지급방법, 보험금액, 보험기간, 보험사고의 내용, 보험계약의 해지사유, 보험자의 면책사유 등 고객의 이해관계에 중대한 영향을 미치는 사항으로서 사회통념상 그 사항의 지(知)·부지(不知)가 계약체결 여부에 영향을 줄 수 있는 사항을 말한다(2005다28808 판결).

그러나 보험약관에 정하여진 중요한 사항이라고 하더라도 보험계약자 또는 그 대리인이 잘 알고 있는 사항 또는 거래상 일반적이고 공통된 것이어서 보험계약자가 별도의 설명 없이도 충분히 예상할 수 있었던 사항이나 법령에 의하여 정하여진 것을 되풀이하거나 부연하는 정도에 불과한 사항은 설명할 필요가 없다. 다만 이 경우 보험계약자나 그 대리인이 그 약관의 내용을 잘 알고 있다는 점은 이를 주장하는 보험자가 입증하여야 한다(2003다27054 판결).

설명의무의 대상이라고 본 판결

i) 임대차 목적물의 매매로 주택의 소유자가 변경될 경우의 통보조항(2018다201610 판결)
ii) 자동차보험약관의 '다른 자동차 운전담보 특별약관' 중 보상하지 아니하는 손해인 '피보험자가 자동차정비업, 주차장업, 급유업, 세차업, 자동차판매업, 자동차탁송업, 대리운전업(대리운전자 포함) 등 자동차 취득업무상 수탁받은 자동차를 운전 중 생긴 사고로 인한 손해'조항(2001다14917 판결)
iii) 업무용 자동차보험계약에서의 유상운송면책약관(98다59842 판결)
iv) 26세 이상 한정운전 특별약관(98다14191 판결)
v) 가족운전자 한정운전 특별약관(2003다27054 판결)
vi) 자기신체사고에 대하여 약관에 정한 보험금에서 상대방 차량이 가입한 자동차보험 등의 대인배상으로 보상받을 수 있는 금액을 공제한 액수만을 지급하기로 한 약관조항(2004다28245 판결)
vii) 안전설계보험약관 소정의 자동차 소유자에 자동차등록명의자만이 포함된다는 사실(96다52492 판결)
viii) 선박미확정의 해상적하보험계약에서 부보대상이 되는 표준규격선박을 정하고 있거나 계속담보를 받는 사유에 관하여 규정하고 있는 영국 협회선급약관의 내용(99다55533 판결)
ix) 상해보험계약에서 '전문등반, 행글라이더 등 이와 비슷한 위험한 운동'에 따른 면책조항(98다43342 판결)
x) 상해보험에서 외과적 수술, 그 밖의 의료처치로 인한 손해를 보상하지 아니한다는 내용의 면책조항(2012다107051 판결)
xi) 상해보험에서 '이륜자동차를 직접 사용하게 된 경우'를 상법 제652조에 의한 통지의 대상으로 정하고 이를 위반 시 보험금을 면책 또는 감액하도록 정한 조항(2009다91316 판결, 2005다38713 판결)
xii) 상해보험 특별약관에 '보장개시 전 발생한 후유장해'(기왕장해)에 대하여 감액하기로 한 조항(2014다229917 판결)

설명의무의 대상이 아니라고 본 판결

i) 화재보험에서의 폭발면책조항(92다45261 판결)
ii) 화재보험에 있어서 보험금청구권 상실사유를 규정한 조항(2003다15556 판결)
iii) 화재보험에서 피보험 건물의 구조변경 · 개축 · 증축 등을 통지의무로 규정한 조항(98다62909 판결)
iv) 자동차보험에 있어서 사실혼 배우자가 피해자일 경우의 면책조항(93다39942 판결)
v) 유상운송면책약관(91다36642 판결). 이 판결은 보험계약자가 이전에 유사한 특약에 가입한 일이 있어 비사업용 자동차를 유상운송에 사용하는 경우 보험혜택을 받을 수 없다는 것을 알고 있었다는 사실에 근거한 것으로서 98다59842 판결과는 사안이 다르다.
vi) 자동차종합보험계약 체결 후 피보험자동차의 구조변경 등으로 위험이 뚜렷이 증가할 경우에 이를 지체 없이 보험자에게 알릴 의무를 규정한 조항(98다32564 판결)
vii) 자동차보험에 있어서 어떤 면허를 가지고 피보험자동차를 운전하여야 무면허운전이 되지 않는지에 관한 사항(99다66236 판결)
viii) 자동차보험에 있어서의 산재보험 수혜자 면책조항(89다카24070 판결)
ix) 자동차보험의 무보험자동차에 의한 상해담보특약에 있어서의 보험금액의 산정이나 방법에 대한 사항(2003다7302 판결)
x) 업무용 자동차보험에 있어서 피보험자동차의 양도에 관한 통지의무를 규정한 조항(2006다87453 판결). 이 판결은 상법 제726조의4 규정을 근거로 하고 있다.
xi) 자동차종합보험의 부부운전자 한정운전 특별약관에서 배우자의 범위에 '사실혼관계에 있는 배우자'가 포함되는지 여부(2009다84141 판결)
xii) 금융기관종합보험계약(bankers policy)의 일반조건(general conditions) 제12조(2)호의 규정상 피보험자 등이 직원의 부정직하거나 사기적인 행위를 면책으로 하는 조항(2007다57527 판결)
xiii) 가입이 강제되는 적재물배상책임보험의 보험기간이 육상운송과정에 발생한 보험사고에 한정되고 해상구간의 경우에는 제외된다는 약관조항(2016다221023 판결)
xiv) 주택보증보험계약에서 입주자 모집공고 승인이 취소된 경우 보증계약을 취소하고 잔여보증기간에 대한 보증료를 환불한다는 조항(2014다232784 판결)

4. 교부 · 설명의 시기

약관의 교부 · 설명은 장차 체결할 계약내용에 관하여 계약자에게 알려야 하는 의무이므로 계약자에게 고려의 기회를 주려면 늦어도 보험계약자가 청약을 할 때에 이 의무를 이행하는 것이 타당할 것이다. 그러나 우리 상법은 교부 · 설명시기에 대하여 '계약을 체결할 때'로 정하고 있으므로 보험자가 청약 당시에는 언급하지 않다가 계약을 승낙하면서 이 의무를 이행하였다면 교부 · 설명의무를 이행한 것으로 해석된다.

최초의 보험계약에 있어서 교부 · 설명의무를 이행한 후에 동일한 계약을 갱신하거나 연장 또는 반복하는 경우 그리고 부활계약의 경우에는 이 의무를 이행할 필요가 없다. 계약자가 중요한 사항을 이미 알고 있기 때문이다. 그러나 보험계약이 갱신되면서 약관의 내용이 변경되었고, 그 사항이 중요한 사항이라면 보험자는 이 의무를 이행하여야 한다(84다카122 판결).

5. 약관에 대한 설명의 정도

이 의무를 이행할 때에는 보험약관에 기재되어 있는 중요한 내용에 대하여 구체적이고 상세하게 명시 · 설명하여야 한다(98다59842 판결). 보험약관만으로 보험계약의 중요사항을 설명하기 어려운 경우 상품설명서 등 추가자료를 활용하는 등의 방법으로 이를 설명하여야 한다(2017다229536 판결). 특히 그 약관에 기재된 의무를 이행하지 아니한 경우에 보험계약자가 입게 되는 구체적인 불이익이 있다면 그 내용까지도 설명하여야 한다(97다4494 판결).

6. 입증책임

보험약관의 교부와 그 중요한 내용의 설명의무의 이행에 대한 입증책임은 계약의 성립을 주장하는 보험자가 부담한다. 그리고 보험약관의 중요한 내용에 해당하는 사항이라 하더라도 보험계약자나 그 대리인이 그 약관의 내용을 충분히 잘 알고 있다는 점에 대하여도 이를 주장하는 보험자가 입증하여야 한다.

立證責任입증책임
소송과정에서 그 진위를 알 수 없는 사실에 대해 증명하는 것과 관련하여 입증책임(또는 증명책임)이 논의된다. 민사소송에서 입증책임은 그 결과 유리한 법률효과를 적용받는 자가 부담하는 것이 원칙이다. 입증책임의 상대방은 반대되는 사실을 증명함으로써 항변할 수 있다.

Ⅱ 보험약관의 교부 · 설명의무 위반의 효과

상법

제638조의3【보험약관의 교부 · 설명의무】 ② 보험자가 제1항을 위반한 경우 보험계약자는 보험계약이 성립한 날부터 3개월 이내에 그 계약을 취소할 수 있다. [전문개정 2014.3.11.]

보험자가 약관의 교부 · 설명의무를 위반한 때에는 보험계약자는 보험계약이 성립한 날로부터 3개월 내에 그 계약을 취소할 수 있다(상법 제638조의3 제2항). 기존의 상법은 취소권 행사기간을 1월로 정하고 있었으나 개정상법(2014.3.11. 개정, 2015.3.12. 시행)은 보험계약자의 취소권 행사를 보장하기 위하여 취소권 행사기간을 1월에서 3월로 확대하였다.

取消 취소
유효한 법률행위의 효력을 처음부터 무효인 것으로 간주하도록 의도한 의사표시이다. 권리자가 취소권을 행사하면 유효하였던 법률행위에 기초한 급부를 원상회복하여야 한다.

상법에서 이 의무 위반에 대하여 취소권을 부여하는 이유는 보험계약자의 취소가 없는 한 그 보험계약을 그대로 유지하도록 하는 것이 보험계약자의 이익을 위해서나 위험단체의 이익을 위하여 바람직하기 때문이다.

Ⅲ 약관규제법 제3조에 의한 효과

1. 약관규제법

약관의 규제에 관한 법률

제3조【약관의 작성 및 설명의무 등】 ① 사업자는 고객이 약관의 내용을 쉽게 알 수 있도록 한글로 작성하고, 표준화 · 체계화된 용어를 사용하며, 약관의 중요한 내용을 부호, 색채, 굵고 큰 문자 등으로 명확하게 표시하여 알아보기 쉽게 약관을 작성하여야 한다. ② 사업자는 계약을 체결할 때에는 고객에게 약관의 내용을 계약의 종류에 따라 일반적으로 예상되는 방법으로 분명하게 밝히고, 고객이 요구할 경우

그 약관의 사본을 고객에게 내주어 고객이 약관의 내용을 알 수 있게 하여야 한다. ③ 사업자는 약관에 정하여져 있는 중요한 내용을 고객이 이해할 수 있도록 설명하여야 한다. 그러나 계약의 성질상 설명하는 것이 현저하게 곤란한 경우에는 그러하지 아니하다. ④ 사업자가 제2항 및 제3항을 위반하여 계약을 체결한 경우에는 해당 약관을 계약의 내용으로 주장할 수 없다. [전문개정 2010.3.22.]

약관규제법 제3조 제4항에 따르면 보험자가 약관의 명시 · 설명의무에 위반하여 보험계약을 체결한 때에는 당해 약관조항을 보험계약의 내용으로 주장할 수 없다. 또한 약관조항을 잘못 설명한 경우 그 설명한 대로 효력이 생긴다.[01]

2. 상법 제638조의3과 약관규제법 제3조의 관계

보험자의 약관교부 · 설명의무 위반을 이유로 보험계약자가 취소권을 행사하지 않았다면 계약의 효력이 인정된다. 그러나 어떤 내용으로 계약이 체결되었는지에 대하여는 견해가 나뉜다.

가. 상법적용설

보험자가 이 의무를 위반하였으나 보험계약자가 취소권을 행사하지 않았다면 보험계약은 설명의무를 위반한 약관의 내용대로 유지된다는 견해로서 보험제도의 단체성을 강조하는 입장으로써, 약관규제법 제3조 제4항의 적용을 배제하는 견해이다.

나. 상법 · 약관규제법 중첩설

약관규제법 제3조와는 별도로 상법 제638조의3에서 취소권을 인정하는 것

01 ⅰ) 약관에 대한 설명을 전혀 하지 않은 상태에서 그 내용이 소송의 쟁점이 되었다면, 약관규제법 제3조에 따라 그 약관내용은 계약의 내용으로 주장할 수 없고, 법규에 내용이 있다면 그 내용 혹은 관습 내지 일반인의 관념에 따른 내용으로 대체된다. ⅱ) 약관의 내용과 다른 설명을 한 경우에는 설명해준 내용이 계약의 내용이 된다(88다8645 판결).

으로 보면서 약관규제법 제3조 제4항의 적용을 긍정하는 견해이다. 그러므로 계약자가 취소권을 행사하지 않았어도 약관의 효력 여부에 대하여는 여전히 약관규제법 제3조 제4항이 적용되어 해당 약관조항을 계약의 내용으로 주장할 수 없다. 법원과 실무는 대체적으로 중첩설의 입장이다.

96다4893 판결

상법 제638조의3 제2항에 의하여 보험자가 약관의 교부 및 설명의무를 위반한 때에 보험계약자가 보험계약 성립일로부터 3월 내에 행사할 수 있는 취소권은 보험계약자에게 주어진 권리일 뿐 의무가 아님이 그 법문상 명백하므로, 보험계약자가 보험계약을 취소하지 않았다고 하더라도 보험자의 설명의무 위반의 법률효과가 소멸되어 이로써 보험계약자가 보험자의 설명의무 위반의 법률효과를 주장할 수 없다거나 보험자의 설명의무 위반의 하자가 치유되는 것은 아니다.

3. 고지의무 위반과의 관계

보험자가 보험약관의 명시 · 설명의무에 위반하여 보험계약을 체결한 때에는 그 약관의 내용을 보험계약의 내용으로 주장할 수 없다 할 것이므로, 보험계약자나 그 대리인이 그 약관에 규정된 고지의무를 위반하였다고 하더라도 이를 이유로 보험계약을 해지할 수는 없다.

Ⅳ 민법과 금융소비자보호법의 적용

1. 민법 제109조에 따른 효과

보험회사 또는 보험모집종사자가 설명의무를 위반하게 되어 보험계약자가 보험계약의 중요사항을 제대로 이해하지 못한 채 착오에 빠져 보험계약을 체결하였고, 착오가 없었다면 보험계약을 체결하지 않았거나 적어도 동일한 내용으로 보험계약을 체결하지 않았을 것임이 명백한 경우 보험계약자는 그 착오를 이유로 보험계약을 취소할 수 있다(2017다229536 판결).

2. 금융소비자보호법 제45조에 따른 효과

보험자 또는 보험설계사 등의 보험모집자가 약관교부 · 설명의무를 위반한 결과로 보험계약자가 보험금을 수령하지 못하게 되어 손해를 입게 되었다면 보험자는 보험모집과 관련된 법에 따른 손해배상책임을 부담한다(2007다30263 판결, 보험업법 제102조) 2021년 3월부터 보험업법 제102조는 금융소비자보호법 제45조로 편입되어 동일한 취지로 적용된다.[02]

2007다30263 판결

타인의 사망을 보험사고로 하는 보험계약의 체결에 있어서 보험모집인은 보험계약자에게 피보험자의 서면동의 등의 요건에 관하여 구체적이고 상세하게 설명하여 보험계약자로 하여금 그 요건을 구비할 수 있는 기회를 주어 유효한 보험계약이 체결되도록 조치할 주의의무가 있고, 그럼에도 보험모집인이 위와 같은 설명을 하지 아니하는 바람에 위 요건의 흠결로 보험계약이 무효가 되고 그 결과 보험사고의 발생에도 불구하고 보험계약자가 보험금을 지급받지 못하게 되었다면 보험자는 보험업법 제102조 제1항에 기하여 보험계약자에게 그 보험금 상당액의 손해를 배상할 의무가 있다.

02 2021년 3월부터 보험업법 제102조는 금융소비자보호법 제45조로 편입되어 동일한 취지로 적용된다.

보험계리사 · 손해사정사 기출문제

01 보험약관의 교부 · 설명의무에 관한 설명 중 틀린 것은? ▶26회

① 보험약관의 구속력의 근거가 된다.

② 보험약관의 공정성과는 관계없다.

③ 보험계약자의 약관적용에 대한 묵시적 동의의 근거가 된다.

④ 보험계약자는 이 의무 위반으로 주어지는 권리를 포기할 수 없다.

해설 ① 이 의무를 위반한 경우 상법상 약관교부 · 설명의무 외에도 약관규제법상 약관명시 · 설명의무를 위반한 것이 되어 해당 약관을 계약의 내용으로 주장할 수 없다. 그러므로 이 의무를 위반하면 약관이 구속력을 갖지 못하게 된다.

② 보험약관의 공정성의 정의가 모호하지만 공평성 정도로 이해하면 될 것이다. 약관의 공평성이란 동질의 위험을 보유한 계약자 간에 약관을 차별하면 안 된다는 의미이므로 이 의무와 약관의 공평성은 큰 관련이 없다.

③ 보험자가 약관교부 · 설명의무를 이행할 때 계약자가 청약의 철회나 변경 등의 의사표시를 하지 않았다면, 계약자는 해당 약관의 중요한 내용으로 보험계약이 체결됨을 동의한 것이다.

④ 보험자가 이 의무를 위반하면 보험계약자에게 취소권이 발생하는데, 취소권은 보험계약자의 권리이므로 취소권의 행사 여부는 전적으로 보험계약자 측의 권한이다. 그러므로 취소권을 포기하는 것도 가능하다.

02 보험약관 · 설명의무에 대한 판례의 입장을 설명한 것 중 옳지 않은 것은? ▶36회

① 업무용 자동차보험에서의 유상운송면책약관은 약관설명의무의 대상이다.

② 자동차보험에서 가족한정특약은 약관설명의무의 대상이 아니다.

③ 화재보험가입 후의 건물의 증개축은 위험변경 · 증가로서 통지의무의 대상이며 이는 약관을 설명하여 주지 않았어도 약관대로 계약해지가 가능하다.

④ 자동차보험에 있어서의 산재보험수혜자 면책조항은 약관설명의무의 대상이 아니다.

해설 ① 91다36642 판결, ② 2003다27054 판결. 한편, 26세 이상 한정운전 특별약관도 약관교부 · 설명의무의 대상이다(98다14191 판결).

③ 화재보험보통약관에서 보험계약을 체결한 후 뚜렷한 위험의 변경 또는 증가와 관련된 피보험 건물의 구조변경 · 개축 · 증축 등의 경우 보험계약자 또는 피보험자는 지체 없이 이를 보험자에게 알릴 의무를 규정하고 있다고 하더라도 이는 상법 제652조 제1항에서 이미 정하여 놓은 통지의무를 화재보험에서 구체적으로 부연한 정도의 규정에 해당하여 그에 대하여는 보험자에게 별도의 설명의무가 인정된다고 볼 수가 없다(98다62909 판결).

④ 89다카24070 판결

03 보험약관에 관한 설명 중 틀린 것은? ▶34회

① 보험약관의 구속력의 근거에 대해 판례는 의사설을 지지하고 있다.

② 판례는 약관에 정해진 사항이라도 이미 법령에 의하여 정하여진 것을 되풀이하거나 부연하는 정도의 사항은 보험자에게 설명의무가 없다고 한다.

③ 보험약관의 교부 · 명시의무의 이행시기는 보험계약을 체결한 때이다.

④ 판례는 보험계약을 갱신하는 계속적 보험계약관계에서 보험약관이 개정된 사실을 보험자가 보험계약자에게 알리지 않을지라도 새로운 보험계약에는 개정된 보험약관이 적용된다고 한다.

해설 ① 법원은 일관되게 의사설을 지지한다.
② 법령에 정한 것은 단순히 되풀이하거나 부연하는 정도의 약관조항에 대하여는 약관교부 · 설명의무를 부담하지 않아도 된다.
③ 상법은 '보험계약을 체결할 때'에 이 의무를 부담하도록 정하고 있다.
④ 계약이 갱신될 때에 보험약관이 개정되었고, 그 사실을 계약자에게 알리지 않았다면, 개정된 약관의 내용을 계약의 내용으로 주장할 수 없다. 그러므로 갱신되기 이전의 약관이 적용된다.

04 보험약관의 교부 · 설명의무에 관한 설명으로 옳지 않은 것은? (다툼이 있는 경우 판례에 의함) ▶42회

① 보험자가 약관의 설명의무를 위반한 경우 보험계약자는 일정한 기간 내에 보험계약을 취소할 수 있다.

② 설명의무 위반 시 보험자가 일정한 기간 내에 취소를 하지 아니하면 보험약관에 있는 내용이 계약의 내용으로 편입되는 것으로 본다.

③ 보험자는 보험계약 체결 시 보험계약자에게 해당 보험 약관을 교부하는 동시에 설명해야 할 의무를 부담한다.

④ 보험약관을 보험계약자에게 설명해야 할 부분은 약관 전체를 의미하는 것이 아니라 약관의 중요한 내용을 설명하는 것으로 족하다.

해설 약관교부 · 설명의무의 하자로 인하여 발생한 계약자의 취소권을 행사하지 않더라도 여전히 그 설명하지 않은 약관의 내용은 계약내용으로 편입되지 않는다(약관규제법 적용).

05 상법상 약관의 중요사항에 대한 명시 · 설명의무가 면제되는 경우가 아닌 것은? (다툼이 있는 경우 판례에 의함) ▶43회

① 자동차보험계약의 보험계약자가 해당 약관상 주운전자의 나이나 보험경력 등에 따라 보험요율이 달라진다는 사실을 잘 알고 있는 경우

② 보험계약자 또는 피보험자가 보험금청구에 관한 서류 또는 증거를 위조하거나 변조한 경

우 보험금청구권이 상실된다는 약관조항

③ 보험가입 후 피보험자가 이륜자동차를 사용하게 된 경우에 보험계약자 또는 피보험자가 지체 없이 이를 보험자에게 알릴 의무가 있다는 약관조항

④ 상법 제726조의4가 규정하는 자동차의 양도로 인한 보험계약상의 권리 · 의무의 승계조항을 풀어서 규정한 약관조항

해설 보험금청구권상실사유는 거래상 일반적이고 공통된 사항으로서 설명할 필요가 없으며, 보험요율이 달라진다는 사실을 계약자가 이미 잘 알고 있는 경우에도 설명할 필요가 없다. 그리고 자동차양도에 대한 약관조항은 상법을 부연 · 되풀이한 것에 불과하므로 설명할 필요가 없으나 이륜자동차를 사용하게 되면 알려야 하는 조항은 약관의 중요한 사항으로서 설명이 필요한 약관조항이다.

06 상법상 보험약관의 교부 · 설명의무에 대한 기술로 옳은 것은? (다툼이 있는 경우에는 판례에 의함) ▶38회

① 보험자는 보험계약을 체결할 때에 피보험자에게 보험약관을 교부하고 그 약관의 중요한 내용을 설명하여야 한다.

② 보험계약자의 고지의무나 통지의무도 보험자가 설명하여야 한다.

③ 보험자가 보험계약자의 대리인과 보험계약을 체결하는 경우에는 그 대리인에게 보험약관을 설명하는 것으로 충분하다.

④ 약관의 내용이 보험계약자에게 불리한 경우에는 그 내용이 이미 법령에 규정된 사항을 구체적으로 부연하는 정도에 불과한 경우라 할지라도 보험자의 설명의무는 면제되지 않는다.

해설 ① 보험약관의 교부 · 설명시기는 보험계약을 체결할 때이다. 다만, 교부의 대상은 보험계약자 또는 피보험자이다.
② 고지의무나 통지의무는 상법에 정한 것이므로 설명의 대상이 되지 않는다. 다만, 보험약관에서 고지의무나 통지의무를 수정하여 다르게 적용하고 있는 경우에는 별도로 설명하여야 할 것이다.
③ 보험자가 대리인에게 설명하였다면 그 효력이 본인(보험계약자)에게 미친다.
④ 약관이 보험계약자에게 불리한지 유리한지를 기준으로 설명의무의 부담 여부를 결정하지 않는다.

07 대법원 판례에 의할 때, 보험자의 보험약관의 설명의무에 관한 설명 중 틀린 것은? ▶25회

① 법률에 규정되어 있는 사항을 부연하는 약관조항은 설명할 필요가 없다.

② 보험계약자나 그 대리인이 잘 알고 있는 사항에 관한 약관조항은 설명할 필요가 없다.

③ 약관을 우송하면서 약관의 내용에 관한 안내문을 동봉한 경우에는 설명의무를 이행한 것이 된다.

④ 보험자가 설명의무를 위반한 경우에는 보험계약자는 계약 성립일로부터 3월 내에 계약을 취소할 수도 있다.

해설 보험약관에 정하여진 중요한 사항이라고 하더라도 보험계약자 또는 그 대리인이 잘 알고 있는 사항, 또는 거래상 일반적이고 공통된 것이어서 보험계약자가 별도의 설명 없이도 충분히 예상할 수 있었던 사항이나 법령에 의하여 정하여진 것을 되풀이하거나 부연하는 정도에 불과한 사항은 설명할 필요가 없다(2003다27054 판결, 2004다18903 판결 등). 따라서 ① 법률에 있는 사항을 부연 · 되풀이하는 사항은 설명할 필요가 없으며, ② 보험계약자 또는 대리인이 잘 알고 있는 사항에 대하여도 설명할 필요가 없다. 한편, ③ 97다4494 판결은 보험자가 보험약관을 우송하면서 주운전자를 허위로 기재하면 보험금을 지급받지 못할 수도 있으므로 즉시 수정신고해야 한다는 취지의 안내문을 동봉한 것만으로는 주운전자에 관한 보험약관의 명시 · 설명의무를 이행한 것으로 볼 수 없다고 하였다. ④ 약관의 명시 · 설명의무 위반 시에 계약자는 취소권을 행사할 수 있다.

08 보험자가 보험약관의 설명의무를 위반하더라도, 보험계약자가 계약 성립일로부터 3월 내에 계약을 취소하지 않으면, 당해 약관조항을 그대로 적용할 수 있다는 학설이 그 근거로 들고 있는 것 중 부적절한 것은? ▶25회

① 보험계약자의 취소권은 권리이고 의무가 아니므로 반드시 이를 행사할 필요가 없기 때문이다.
② 보험계약자의 평등대우를 구현해야 하기 때문이다.
③ 내용이 공정한 약관조항이면 이를 적용하더라도 보험계약자에게 부당한 불이익을 주는 것이 아니기 때문이다.
④ 보험약관은 주무 관청에 의해 엄격한 규제를 받기 때문이다.

해설 상법적용설 또는 약관규제법 배제설의 견해는 보험약관의 작성 시에 이미 국가의 엄격한 규제를 받았기 때문에 보험계약자에게 불이익하지 않을 것이며, 보험단체성의 입장에서도 보험약관을 계약자에 따라 달리 적용할 수는 없다고 한다. 상법 638조의3에 따른 보험계약자 취소권은 권리일 뿐 의무가 아니므로 행사하지 않아도 무관하다는 견해는 상법 · 약관규제법 중첩설의 입장이다.

09 상법상 보험약관의 교부 · 명시의무에 관한 판례의 입장으로 틀린 것은? ▶34회

① 보험자가 의무를 위반하여 보험계약을 체결한 때에는 보험계약자가 약관에 규정된 고지의무를 위반하였다 하더라도 이를 이유로 보험계약을 해지할 수 없다.
② 보험자가 의무를 위반한 때에 보험계약자가 행사할 수 있는 취소권은 보험계약자에게 주어진 권리일 뿐이고 의무는 아니다.
③ 보험자가 의무를 위반한 경우 보험계약자가 보험계약을 취소하지 않았다고 하더라도 보험자의 의무 위반의 하자가 치유되는 것은 아니다.
④ 자동차종합보험계약을 체결하면서 만 26세 이상만 운전가능하다는 운전자의 한정연령의 특약은 설명이 필요한 중요한 사항에 해당하지 않는다.

해설 ① 보험자가 보험약관의 명시 · 설명의무에 위반하여 보험계약을 체결한 때에는 그 약관의 내용을 보험계약의 내용으로 주장할 수 없다 할 것이므로, 보험계약자나 그 대리인이 그 약관에 규정된 고지의무를 위반하였다 하더라도 이를 이유로 보험계약을 해지할 수는 없다(97다47255, 96다53324 판결 등).

②, ③ 상법 제638조의3 제2항에 의한 취소권은 보험계약자에게 주어진 권리일 뿐 의무가 아니므로 보험계약자가 보험계약을 취소하지 않았다고 하더라도 보험자의 설명의무 위반의 법률효과가 소멸되어 이로써 보험계약자가 보험자의 설명의무 위반의 법률효과를 인정할 수 없다거나 보험자의 설명의무 위반의 하자가 치유되는 것은 아니다(96다4893 판결, 98다32564 판결).

④ 자동차보험의 26세 이상 한정운전 특별약관은 설명의무의 대상이 된다(98다14191 판결).

[정답]

01 ④ 02 ② 03 ④ 04 ② 05 ③ 06 ③ 07 ③ 08 ① 09 ④

CHAPTER 5

고지의무

I 의의

상법

제651조【고지의무 위반으로 인한 계약해지】 보험계약 당시에 보험계약자 또는 피보험자가 고의 또는 중대한 과실로 인하여 중요한 사항을 고지하지 아니하거나 부실의 고지를 한 때에는 보험자는 그 사실을 안 날로부터 1월 내에, 계약을 체결한 날로부터 3년 내에 한하여 계약을 해지할 수 있다. 그러나 보험자가 계약 당시에 그 사실을 알았거나 중대한 과실로 인하여 알지 못한 때에는 그러하지 아니하다.

고지의무(disclosure and representation)란 보험계약자 또는 피보험자가 보험계약을 체결할 때에 보험자에 대하여 중요한 사실을 고지할 의무를 말한다(상법 제651조). 고지의무는 다른 계약에서 흔하지 않은 보험계약상 특수한 의무로서, 사고발생의 합리적인 위험률을 기초로 하는 보험제도의 특성상 보험자의 위험측정에 보험계약자 측에서 협조해야 하는 기술적인 의미에서 필요하다(위험측정설 : 보험제도의 기술적 구조의 특성에 의거하여 법이 특별히 인정한 독자적 제도). 고지의무제도는 보험계약의 사행계약 및 최대선의 계약성에 의하여 보험계약자 측에 요구되는 신의성실의무(선의계약설)의 일종으로도 볼 수 있다.

Ⅱ 특성

고지의무는 계약당사자 사이의 개별약정에 의하여 정한 것이 아니라 보험계약이 성립되기도 전에 상법에 의해 강제적으로 부담하는 의무이다. 일반적인 채권 · 채무관계에서 채무불이행의 경우 채권자는 강제이행 수단이나 채무불이행에 따른 손해배상을 청구할 수 있으나(민법 제389조 제4항, 제395조) 보험자는 계약자 측의 고지의무와 관련하여 이행을 강제하거나 불이행을 이유로 손해배상을 청구할 수는 없고, 법률상의 불이익(e.g. 계약의 해지)을 줄 수 있을 뿐이다. 이 의무는 고지의무자가 법률상의 불이익을 피하기 위하여 스스로 부담하는 자기의무 혹은 간접의무에 해당한다.[01]

間接義務 간접의무
강제되지 않는 의무이다. 그런 점에서 책무(責務)라고도 한다. 간접의무를 부담하는 자가 그 의무를 불이행하면 법에서 정하는 불이익을 받을 수 있다.

Ⅲ 고지의무의 당사자

1. 고지의무자

보험계약자와 피보험자는 고지의무를 부담하며(상법 제651조), 생명보험의 보험수익자는 고지의무자에 포함되지 않는다. 보험계약자나 피보험자의 대리인이 있다면 대리인에게도 고지의무가 있다(민법 제116조). 그러므로 대리인에 의하여 보험계약을 체결하는 경우에 대리인이 행한 고지도 본인이 한 것과 동일한 효력이 있다(상법 제646조). 자연인인 계약자가 사망한 때에는 그 상속인이 고지의무를 부담하며, 계약자가 법인인 때에는 대표기관(예 이사회)의 구성원이 고지의무를 진다.

타인을 위한 손해보험(계약자와 피보험자가 다른 손해보험)에서 그 타인의 위임

01 보험사고의 위험변경 · 증가에 따른 통지의무(상법 제652조), 보험사고의 발생을 안 때의 통지의무(상법 제657조) 등도 간접의무에 속한다.

이 없는 때에 보험계약자는 이를 보험자에게 고지하여야 한다. 만일 타인의 위임이 없음을 고지하지 않아서 보험자가 타인에게 고지의무의 이행을 요구할 수 없게 되었고, 그 결과 고지의무 위반으로 계약을 해지하였다면, 그 타인은 보험계약이 체결된 사실을 알지 못하였다는 사유로 보험자에게 대항하지 못한다(상법 제639조 제1항 단서).

2. 고지의 상대방(고지수령권자)

고지의 상대방은 보험자이다. 다수의 보험자와 계약을 체결하는 때에는 약관에 다른 정함이 없는 한 모든 보험자에게 고지해야 한다. 고지수령의 권한이 있는 자에게 고지하여야 하므로 고지수령권이 있는 체약대리점이나 보험의(예 질병의 고지)에 대한 고지는 유효하지만, 고지수령권한이 없는 중개대리점이나 보험설계사에 대한 고지는 효력이 없다(79다1234 판결).

Ⅳ 고지할 사항

1. 중요한 사항

상법 제651조는 '중요한 사항(material facts)'을 고지하도록 정하고 있다. '중요한 사항'이란 보험자가 보험사고의 발생과 그로 인한 책임부담의 개연율을 측정하여 보험계약의 체결 여부 또는 보험료나 특별한 면책조항의 부가와 같은 보험계약의 내용을 결정하기 위한 표준이 되는 사항으로서, 객관적으로 보험자가 그 사실을 안다면 그 계약을 체결하지 아니하든가 또는 적어도 동일한 조건으로는 계약을 체결하지 아니하리라고 평가되는 사항을 말하며(2009다59688 판결), 어떠한 사실이 이에 해당하는가는 보험의 종류에 따라 달라질 수밖에 없는 사실인정의 문제로서 보험의 기술에 비추어 객관적으로 관찰하여 판단되어야 한다(2001다49623 판결).

'중요한 사항'으로 본 판결

i) 화재보험에서 보험의 목적, 수용건물의 구조 및 수용상태, 작업의 종류 등(86가합2609 판결)
ii) 자동차보험에서의 차량의 모델, 용도(92다52085 판결).
iii) 보증보험계약에서 주계약상의 거래조건, 금액(공사대금, 실제 착공일 등), 기간(공사기간), 보험계약자의 신용이나 자력에 관한 사항(2001다36450,86다카216, 97다53380 판결)
iv) 생명보험에서의 피보험자의 연령 · 성별 · 기왕증(68다2082 판결), 암 치료 종료 후 5년이 지나 검사를 실시한 결과 의사로부터 암 재발의 가능성을 고지받고 확진을 위한 재검사를 요구받은 사실(99다37474 판결).

'중요한 사항'이 아니라는 판결

i) 화재보험에서 보험계약자에게 다수의 보험계약의 체결사실에 관하여 고지 및 통지하도록 규정하는 취지는 부당한 이득을 얻기 위한 사기에 의한 보험계약의 체결을 사전에 방지하고 보험자로 하여금 보험사고발생 시 손해의 조사 또는 책임의 범위의 결정을 다른 보험자와 공동으로 할 수 있도록 하기 위한 것일 뿐, 보험사고발생의 위험을 측정하여 계약을 체결할 것인지 또는 어떤 조건으로 체결할 것인지 판단할 수 있는 자료를 제공하기 위한 것이라고 볼 수는 없으므로 중복보험을 체결한 사실은 상법 제651조의 고지의무의 대상이 되는 중요한 사항에 해당되지 않는다(2001다49623 판결).
ii) 자동차보험의 보험료율의 산정은 차량 소유 여부에 따라 달라지는 것이 아니라 기명피보험자의 보험료 산정 평가대상기간 중 사고경력에 따라 달라지는 것이므로 보험가입차량이 기명피보험자의 소유인지 여부가 보험계약체결에 있어 상법 제651조가 정하는 중요한 사항이라고 단정할 수 없으므로 보험가입차량이 기명피보험자의 소유인지 여부가 보험계약체결에 있어 상법 제651조가 정하는 중요한 사항이라고 할 수 없다(2004다36215 판결).
iii) 자동차보험에서 렌터카회사가 피보험차량을 지입차주로 하여금 회사의 감독을 받지 아니하고 독자적으로 렌터카 영업을 하는 것은 그 운행형태는 대여자동차의 본래의 운행형태와 거의 같은 것이어서 사고위험률이 현저히 높다고 볼 수 없는 점 등에 비추어 고지의무의 대상이 되는 중요한 사항에 해당하지 않는다(95다25268 판결).
iv) 보증보험에서 보증인이 누구인가는 보험사고발생의 가능성 등과 관계없이 보험사고가 이미 발생한 후에 보험자가 구상권을 행사하기 위한 대비를 해두기 위한 것이므로 보증인에 관한 사항은 일반적으로 고지의무의 대상이 되지 않는다(99다13737 판결).

2. 서면으로 질문한 사항

상법

제651조의2【서면에 의한 질문의 효력】 보험자가 서면으로 질문한 사항은 중요한 사항으로 추정한다.

보험자가 서면으로 질문한 사항은 중요한 사항으로 추정된다(상법 제651조의 2). 서면에는 보험청약서도 포함되므로 보험청약서에 일정한 사항에 관하여 답변을 구하는 취지가 포함되어 있다면 그 사항은 상법 제651조에서 말하는 '중요한 사항'으로 추정된다(2000다31847, 2009다59688 판결). 서면으로 질문한 사항은 중요한 사항으로 '추정'되므로 서면으로 질문한 사항 중에는 중요하지 않은 사항이 포함될 수 있으며, 서면으로 질문하지 않은 사항이라고 해도 중요한 사항이 될 수 있다.

V 고지시기와 방법

1. 고지의 시기

상법 제651조는 '보험계약 당시에' 고지의무를 이행하도록 정하고 있으므로 고지의무는 보험계약을 승낙할 때까지 이행하여야 한다. 그러므로 청약 당시의 위험이 승낙 전에 발생 · 변경 · 소멸된 경우에는 이를 알려야 한다.

2010다78135 판결

보험계약은 원칙적으로 보험계약자의 청약에 대하여 보험자가 승낙함으로써 성립하고, 보험자가 보험계약자로부터 보험계약의 청약과 함께 보험료 상당액의 전부 또는 일부의 지급을 받은 때에는 다른 약정이 없으면 30일 내에 그 상대방에 대하여 낙부의 통지를 발송하여야 하며, 보험자가 위 기간 내에 낙부의 통지를 해태한 때에는 승낙한 것으로 본다(상법 제638조의2 제1, 2항). 한편 보험계약자 또는 피보험자는 상법 제651조에서 정한 '중요한 사항'이 있는 경우 이를 보험계약의 성립 시까지 보험자에게 고지하여야 하고, 고지의무 위반 여부는 보험계약 성립 시를 기준으로 하여 판단하여야 한다.
이 사건 보험계약의 청약을 한 이후 이 사건 보험계약이 성립하기 전에 피보험자가 의사로부터 고혈압이라는 진단을 받았음에도 청약서의 질문표를 작성하여 보험자에게 우송함에 있어 고의 또는 중과실로, 고혈압으로 진단받은 사실이 없다고 기재함으로써 고지의무를 위반하였으므로 이 사건 보험계약은 이를 이유로 한 원고의 해지 의사표시에 따라 적법하게 해지되었다고 봄이 상당하고 보험계약에 기한 원고의 보험금 지급의무는 존재하지 아니한다고 할 것이다.

2. 고지의 방법과 범위

상법은 고지의무의 방법에 대하여 아무런 언급이 없으므로 고지의 방법에는 제한이 없다(예 구두 · 서면, 명시 · 묵시). 그러나 보험거래상 다수의 실무는 청약서에 의하여 고지의무이행을 요구하고 있으며, 보험계약자는 청약서에 수동적으로 답하는 형태로 고지의무를 이행한다.

고지사항은 원칙적으로 보험계약자가 알고 있는 사항에 한하고 보험계약자에게 탐지의무까지 있는 것은 아니다. 또한 보험자에게 유리한 사실이나 보험자가 당연히 알 수 있는 일반적인 사항 및 보험자가 이미 알고 있는 사항은 고지할 필요가 없다(상법 제651조 단서).

Ⅵ 고지의무의 위반

고지의무 위반에 해당하려면 주관적 요건과 객관적 요건을 만족하여야 한다. 즉, 계약자 측의 고의 또는 중과실로 인하여 중요한 사항에 대한 불고지 또는 부실고지가 있어야 한다.

1. 주관적 요건

고지의무 위반이 되려면 그 위반이 고의 또는 중과실에서 비롯된 것이어야 한다. '고의'란 계약자 또는 피보험자가 중요한 사항에 대하여 알면서도 불고지 또는 부실하게 고지하는 것을 말하며, '중대한 과실'이란 현저한 부주의로 ⅰ) 중요한 사항의 존재를 몰랐거나 ⅱ) 중요성 판단을 잘못하여 그 사실이 고지하여야 할 중요한 사항임을 알지 못한 것을 의미하고, 그와 같은 과실이 있는지는 보험계약의 내용, 고지하여야 할 사실의 중요도, 보험계약의 체결에 이르게 된 경위, 보험자와 피보험자 사이의 관계 등 제반 사정을 참작하여 사회통념에 비추어 개별적 · 구체적으로 판단하여야 한다(99다33311, 2011다54631 판결).

2009다103349 판결

피보험자가 보험계약을 체결하면서 갑상선 결절 등의 사실을 고지하지 않은 사안에서, 초음파 검사결과 우측 갑상선 결절(5mm), 우측 갑상선 낭종(2~3mm)의 진단과 함께 6개월 후 추적검사하라는 의사의 소견이 있는 직장건강검진 통보내용에 비추어 피보험자로서는 어떠한 질병을 확정적으로 진단받은 것으로 인식하였다고 보기 어려운 점, 위 검진 이후 2년여 동안 별다른 건강상의 장애나 이상증상이 없었으며 갑상선 결절과 관련된 추가적인 검사나 치료도 받지 않았던 점 등에 비추어, 피보험자가 고의 또는 중대한 과실로 인하여 중요한 사실을 고지하지 아니한 것으로 단정하기 어렵다.

2. 객관적 요건

고지의무 위반이 되려면 보험계약자 등에 의한 불고지 또는 부실고지가 있어야 한다. 불고지라 함은 중요한 사항을 알면서도 알리지 않은 것(묵비, concealment)을 말하고, 부실고지란 사실과 다르게 말하는 것(허위진술, misrepresentation)을 말한다.

3. 고지의무 위반에 대한 입증책임

고지의무 위반의 요건인 불고지 · 부실고지가 고지의무자의 고의 · 중과실에 의한 것이라는 것에 대한 입증책임은 고지 위반을 이유로 계약을 해지하려는 보험자 측에 있다(99다33331, 2003다18494 판결).

Ⅶ 고지의무의 위반으로 인한 해지

1. 보험자의 계약해지권 행사

계약자에게 고지의무 위반이 있으면 보험자는 계약을 해지할 수 있다(상법 제651조). 보험사고가 발생한 후에도 계약의 해지가 가능하다(상법 제655조). 보험자는 고지의무 위반사실을 입증하여 계약자에게 해지의 의사표시를 통지함으로써 해지권을 행사한다. 고지의무 위반으로 인한 해지권도 다른 해지권과 마찬가지로 보험자의 일방적인 의사표시에 의한다는 점에서 형성권의 일종이다.

상법에 별도로 언급은 없으나 계약해지의 의사표시는 계약당사자인 계약자에 대하여 하는 것이 당연하다. 그러므로 보험수익자에게 행한 해지의 통지는 효력이 없다(87다카2973, 2000다19281 판결).

形成權 형성권
판례 · 학설상 개념으로서 권리자의 의사표시만으로 법률관계의 변동이 발생하는 권리이다. 동의, 취소, 해제, 해지권 등이 형성권이다. 일반적으로 형성권에는 제척기간이 적용된다.

2. 보험계약해지의 효과

상법

제655조【계약해지와 보험금청구권】 보험사고가 발생한 후라도 보험자가 제650조, 제651조, 제652조 및 제653조에 따라 계약을 해지하였을 때에는 보험금을 지급할 책임이 없고 이미 지급한 보험금의 반환을 청구할 수 있다.

보험자가 계약을 해지하면 보험계약은 해지시점부터 미래를 향하여 그 효력이 소멸한다(민법 제550조, 장래효). 그러므로 보험자는 계약이 해지되는 시점까지의 보험료를 청구할 수 있으며(생명보험의 경우 계약자를 위하여 적립한 금액은 반환하여야 한다. 상법 제736조 제1항), 해지 이후(예 해지의 의사표시가 보험계약자에게 도달한 이후)에 발생한 보험사고에 대해서는 보험금지급책임을 부담하지 않는다.

해지에 대한 민법 일반원칙에 의하면 보험자는 계약이 해지되기 이전에 발생한 보험사고에 대해서는 여전히 보험금지급책임을 부담(해지의 장래효)해야 하겠지만, 상법은 이미 발생한 사고에 대해서는 보험금지급책임이 없다고 정하고 있으므로(상법 제655조 본문, 제한적 소급효) 고지 위반으로 계약을 해지하는 경우 보험자는 해지 이전에 발생한 보험사고에 대해서는 보험금지급책임을 부담하지 않는다. 보험금지급책임에 한하여 계약해지의 효과가 보험사고발생 시로 소급한다고 볼 수 있다.

3. 해지권 제한사유

상법

제651조【고지의무 위반으로 인한 계약해지】 보험계약 당시에 보험계약자 또는 피보험자가 고의 또는 중대한 과실로 인하여 중요한 사항을 고지하지 아니하거나 부실의 고지를 한 때에는 보험자는 그 사실을 안 날로부터 1월 내에, 계약을 체결한 날로부터 3년 내에 한하여 계약을 해지할 수 있다. 그러나 보험자가 계약 당시에 그 사실을 알았거나 중대한 과실로 인하여 알지 못한 때에는 그러하지 아니하다.

가. 해지권 제척기간

보험자의 해지권은 해지의 원인을 안 날로부터 1월 또는 계약을 체결한 때로부터 3년이 경과한 때에 소멸한다(상법 제651조 본문). 여기서 '안 날'이란 단순히 의심할 만한 사유가 발생한 날을 기준으로 하지 않고 보험자가 알릴 의무 위반사실을 확실하게 알게 된 날을 기준으로 한다. 또한 '보험자'가 안 날이므로 보험자가 위탁관계에 있는 손해사정회사에게 사고조사업무를 위탁한 경우에는 손해사정회사가 조사에 따른 알릴 의무 위반사실을 알게 된 날을 의미하는 것이 아니라 그 조사결과(보고서)가 보험자에게 도달한 때(통보받은 때)가 곧 보험자가 그 사실을 안 날이다(2003가합12087, 2002가단354504 판결).

'1월 또는 3년'의 기간은 제척기간이다. 그러므로 정지 · 중단되지 않고 그 기간이 경과하면 해지권이 소멸한다. 보험자가 해지하기 위해서는 해지의 의사표시가 제척기간 내에 보험계약자에게 도달하여야 한다.

除斥期間 제척기간
권리행사기간의 제한을 의미하는 판례 · 학설상의 개념이다. 소멸시효와는 달리 정지 · 중단이 없다. 법규에서 '시효로 인하여'라는 표현이 없으면 제척기간으로 본다.

한편, 보험실무에서는 제척기간을 단축하는 약관을 두는 경우가 있는데(예 특히 대부분의 인보험), 보험계약자에게 불리한 변경이 아니므로 유효하게 운영되고 있다.

나. 보험자의 악의 · 중과실

보험자가 계약체결 당시에 그 중요한 사실을 알았거나(악의) 또는 중대한 과실로 알지 못한 경우라면 해지권은 인정되지 않는다(상법 제651조 단서). 보험자의 악의 · 중과실에는 고지수령권한이 있는 보험자의 보조자(예 체약대리점, 보험의)의 악의 · 중과실이 당연히 포함되며(2000다40353 판결), 보험중개사나 보험설계사의 악의 · 중과실은 보험자의 악의 · 중과실로 보지 않는다. 그러므로 계약체결 시에 보험대리점이 고지 위반사실을 알고 있었다면 보험자가 고지 위반을 이유로 해지권을 행사할 수 없으나 보험설계사가 그 위반사실을 알고 있던 경우에는 보험자가 고지 위반을 이유로 해지권을 행사할 수 있다.

보험자에게 악의 또는 중과실이 있었다는 사실에 대한 입증책임은 보험계약자가 부담해야 한다.

다. 그 외의 해지권 제한사유

상법상 명시하지 않았으나 고지의무 위반이 보험자의 귀책사유로 인한 경우(예 보험모집인의 고지 방해, 불고지 권유 등) 또는 불고지 · 부실고지 사항이 보험사고의 발생 전에 소멸한 경우에는 보험자가 고지의무 위반을 이유로 해지할 수 없다고 해석·운영하고 있다.

판례는 보험자가 약관교부·설명의무를 위반한 경우에는 보험계약자의 고지의무 위반을 이유로 해지권을 행사할 수 없다는 견해이다(95다53546 판결). 또한 고지의무 위반과 보험사고발생 사이의 인과관계 유·무는 보험자의 해지권에 아무런 영향을 줄 수 없다(2010다25353 판결).

2010다25353 판결

상법 제651조는 고지의무 위반으로 인한 계약해지에 관한 일반적 규정으로 이에 의하면 고지의무에 위반한 사실과 보험사고발생 사이에 인과관계를 요하지 않는 점, 상법 제655조[02]는 고지의무 위반 등으로 계약을 해지한 때에 보험금액청구에 관한 규정이므로, 그 본문뿐만 아니라 단서도 보험금액청구권의 존부에 관한 규정으로 해석함이 상당한 점, 보험계약자 또는 피보험자가 보험계약 당시에 고의 또는 중대한 과실로 중요한 사항을 불고지·부실고지하면 이로써 고지의무 위반의 요건은 충족되는 반면, 고지의무에 위반한 사실과 보험사고발생 사이의 인과관계는 '보험사고발생 시'에 비로소 결정되는 것이므로, 보험자는 고지의무에 위반한 사실과 보험사고발생 사이의 인과관계가 인정되지 않아 상법 제655조 단서에 의하여 보험금액지급책임을 지게 되더라도 그것과 별개로 상법 제651조에 의하여 고지의무 위반을 이유로 계약을 해지할 수 있다고 해석함이 상당한 점, 고지의무에 위반한 사실과 보험사고발생 사이의 인과관계가 인정되지 않는다고 하여 상법 제651조에 의한 계약해지를 허용하지 않는다면, 보험사고가 발생하기 전에는 상법 제651조에 따라 고지의무 위반을 이유로 계약을 해지할 수 있는 반면, 보험사고가 발생한 후에는 사후적으로 인과관계가 없음을 이유로 보험금액을 지급한 후에도 보험계약을 해지할 수 없고 인과관계가 인정되지 않는 한 계속하여 보험금액을 지급하여야 하는 불합리한 결과가 발생하는 점, 고지의무에 위반한 보험계약은 고지의무에 위반한 사실과 보험사고발생 사이의 인과관계를 불문하고 보험자가 해지할 수 있다고 해석하는 것이 보험계약의 선의성 및 단체성에서 부합하는 점 등을 종합하여 보면, 보험자는 고지의무를 위반한 사실과 보험사고의 발생 사이의 인과관계를 불문하고 상법 제651조에 의하여 고지의무 위반을 이유로 계약을 해지할 수 있다고 할 것이다. 그러나 보험금액청구권에 관해서는 보험사고발생 후에 고지의무 위반을 이유로 보험계약을 해지한 때에는 고지의무에 위반한 사실과 보험사고발생 사이의 인과관계에 따라 보험금액지급책임이 달라진다고 할 것이고, 그 범위 내에서 계약해지의 효력이 제한될 수 있다고 할 것이다.

02 개정 이전 상법 제655조는 "보험사고가 발생한 후에도 보험자가 … 계약을 해지한 때에는 보험금액을 지급할 책임이 없고 … 그러나 고지의무에 위반한 … 사실이 보험사고의 발생에 영향을 미치지 아니하였음이 증명된 때에는 그러하지 아니하다"라고 규정하고 있었다.

Ⅷ 고지의무의 위반과 보험금지급책임

상법

제655조【계약해지와 보험금청구권】 보험사고가 발생한 후라도 보험자가 제650조, 제651조, 제652조 및 제653조에 따라 계약을 해지하였을 때에는 보험금을 지급할 책임이 없고 이미 지급한 보험금의 반환을 청구할 수 있다. 그러나 고지의무(告知義務)를 위반한 사실 또는 위험이 현저하게 변경되거나 증가된 사실이 보험사고발생에 영향을 미치지 아니하였음이 증명된 경우에는 보험금을 지급할 책임이 있다. [전문개정 2014.3.11.]

1. 계약해지와 면부책

보험자는 보험사고발생 후에도 고지의무 위반을 이유로 계약을 해지할 수 있고, 계약을 해지한 경우에는 보험금을 지급할 책임이 없다(상법 제655조 본문). 상법 제655조 단서는 고지 위반사실이 사고발생에 영향을 미치지 않았음이 입증된 경우에는 보험자의 보험금지급책임을 인정한다(상법 제655조 단서). 개정 이전의 상법은 이 경우 보험자의 면책뿐만 아니라 보험자의 해지권도 제한된다고 해석할 여지가 있었으나 최근 판례의 견해와 상법 개정에 따라 고지의무 위반과 사고발생 사이의 인과관계는 보험자의 면·부책에만 영향이 있음이 확인되었다. 상법 제655조는 "보험자가 … 해지하였을 때에는"을 조건으로 하므로 보험자가 면책을 주장하기 위해서는 계약해지를 전제로 한다고 해석된다.

2. 인과관계

고지의무 위반사실과 보험사고발생과의 인과관계가 부존재하다는 점에 관한 입증책임은 보험계약자 측에게 있으며(92다28259, 95다25268 판결 등), 만일 그 인과관계의 존재를 조금이라도 엿볼 수 있는 여지가 있으면 상법 제655조 단서(보험금을 지급할 책임이 있다)는 적용되지 않는다(93다52082 판결).

예를 들어 판례는 자동차보험에서 실제 운전하지 않을 자를 주운전자로 고지하고 다른 사람이 운전하다가 사망한 사례(93다52082 판결)와 유흥업소 접대부가 직업을 주부라고 허위고지하고 유흥업소 밀집지역에서 차도를 보행하다가 교통사고로 사망한 사례(92다28259 판결) 그리고 한쪽 눈의 실명을 고지하지 않고 제1종 보통운전면허 소지자만 운전할 수 있는 차량을 운전하다가 추돌사고가 발생한 사례(97다33089 판결)에서 인과관계를 인정하였으며, 대퇴골두괴사증과 골육종 발생 사이의 인과관계(2004나21069 판결)와 고혈압 진단·투약과 백혈병 발병사이의 인과관계(2010다25353 판결)는 존재하지 않는다고 하였다.

3. 입증책임 전환조항

입증책임을 부담하는 자는 당사자 간 특약에 의해 정할 수 있으므로 보험약관(현행 생명보험약관도 동일)상 고지의무 위반이 보험사고의 발생에 영향을 미쳤다는 사실에 대한 입증책임이 보험자에게 있다고 규정한 경우에는 그에 따라야 한다(97다33089 판결).

Ⅸ 고지의무의 위반과 착오 · 사기

1. 착오 · 사기에 의한 의사표시와 취소권

민법

제109조【착오로 인한 의사표시】 ① 의사표시는 법률행위의 내용의 중요부분에 착오가 있는 때에는 취소할 수 있다. 그러나 그 착오가 표의자의 중대한 과실로 인한 때에는 취소하지 못한다.

제110조【사기, 강박에 의한 의사표시】 ① 사기나 강박에 의한 의사표시는 취소할 수 있다.

제141조【취소의 효과】 취소된 법률행위는 처음부터 무효인 것으로 본다. 그러나 제한능력자는 그 행위로 인하여 받은 이익이 현존하는 한도에서 상환(償還)할 책임이 있다.

제146조【취소권의 소멸】 취소권은 추인할 수 있는 날로부터 3년 내에 법률행위를 한 날로부터 10년 내에 행사하여야 한다.

착오 · 사기에 의한 의사표시는 취소할 수 있다(민법 제109조, 제110조). 여기서 착오란 의사표시가 불일치하고 그 불일치를 표의자 자신이 모르는 경우(84다카890 판결)이며, 사기란 타인의 기망행위로 착오에 빠지게 된 결과 이때 한 의사표시를 하게 되는 경우(2004다43824 판결)를 말한다.

취소권의 행사는 안 날로 3년, 법률행위를 한 날로 10년 내에 행사하여야 한다(제척기간, 민법 제146조).

2. 취소권의 인정에 대한 견해

보험계약자의 고지의무의 위반이 민법상의 착오 · 사기에 해당하는 경우에 보험자는 상법상 고지의무 위반을 이유로 한 계약해지 외에도 민법에 따라 보험계약을 취소할 수 있는지에 관한 견해가 나뉜다.

가. 민법 · 상법 중복적용설(동시적용설)

상법의 고지의무제도와 민법의 착오 · 사기에 관한 규정은 그 근거와 요건 그리고 효과가 다르므로 상법의 고지의무에 관한 규정이 민법규정의 적용을 배제하지 않는 이상 보험자는 해지뿐만 아니라 취소도 할 수 있다는 견해이다.

나. 민법적용 배제설(상법적용설)

고지의무제도는 보험단체의 보호를 위한 것으로서 보험계약을 그 체결 당시로 소급하여 무효로 하는 것을 피하고 장래에 향하여 효력이 소멸되도록 해지할 수 있게 한 것이므로 착오 · 사기에 관한 민법의 규정은 그 적용이 배제되고 상법에 따르는 것이 타당하다는 견해이다. 이 견해에 의하면 보험자는 착오 · 사기를 이유로 취소권을 행사할 수 없다.

다. 착오 · 사기 구별설(절충설)

보험자는 전문적인 보험사업운영자이므로 착오가 있는 경우에는 민법이 아닌 상법만을 적용하며, 보험계약의 사기가 있는 때에는 민법규정에 의한 취소권을 행사할 수 있다는 견해이다. 고지의무자에게 사기가 있는 경우에는 그의 이익을 보호할 필요가 없으나 착오의 경우에는 보험자를 해하려는 의도(해의, 害意)가 없으므로 보험계약자의 이익도 고려하자는 취지이다.

이 관점에서 본다면 상법상 고지의무조항(제651조)은 민법상 착오로 인한 취소조항(제109조)의 특별법적 지위에 있다고 해석할 수 있다.

보험계리사 · 손해사정사 기출문제

01 보험계약법에서 고지의무를 간접의무로 한 이유로서 올바른 것끼리 짝지어진 것은? ▸26회

A. 위험에 관한 정보를 수집하는 것은 본래 보험자가 해야 할 일이기 때문이다.
B. 고지의무 위반의 사실이 알려진 후에는 고지의무의 이행을 강제할 실익이 없기 때문이다.
C. 보험상품이 복잡하고 전문적으로 발전함에 따라 보험의 문외한인 보험계약자나 피보험자에게 탐지의무(探知義務)를 면제해주기 위해서이다.
D. 고지의무는 계약체결 전에 이행되어야 하는 법정의무(法定義務)이기 때문이다.

① A, B ② B, C
③ C, D ④ A, D

해설 ① 위험을 측정하고 확인하는 자는 보험자이다. 그러나 다수의 계약자를 통해 계약을 체결하는 현실을 감안하여 고지의무를 계약자 측에게 부여한 것이다. 따라서 이 의무를 계약자의 주된 의무로 정하기는 어렵다.
② 고지의무를 직접의무로 정하게 되면 의무불이행에 따라 이행강제 및 손해배상을 청구할 수 있게 되는데, 고지의무 위반 이후에는 보험자에게 해지권이 부여되므로 보험자가 계약자에게 고지의무의 이행을 강제할 실익이 적다.
③, ④ 탐지의무, 법정의무 등은 고지의무가 간접의무임을 설명하는 것과는 무관하다.

02 판례에 의할 경우 고지의무의 대상이 되는 중요한 사항이 아닌 것은? ▸34회

① 손해보험에서 중복보험계약을 체결한 사실
② 보증보험에서 주계약상의 거래조건, 금액이나 기간
③ 화재보험에서 가옥의 물리적 성상, 구조, 장소적 관계, 사용목적
④ 생명보험계약 체결 시 암 치료 종료 후 5년이 지나 검사한 결과 의사로부터 암 재발가능성을 고지받고 확진을 위한 재검사 요구를 받은 사실

해설 ① 손해보험에서 중복보험규정을 둔 취지는 보험의 악용을 막고, 중복보험 연대비례보상원칙을 적용하여 보험금의 책임범위를 정하기 위함일 뿐 위험을 측정하여 보험료를 산출하거나 보험계약의 내용을 결정하기 위한 사항이 아니므로 고지의무의 대상이 되지 못한다.
② 보험증보험은 주계약의 위험에 따라 보험료가 결정되므로 주계약의 거래조건 등은 고지사항이 된다. 다만, 보증인에 대한 내용은 고지사항이 아니다.
③ 화재보험은 건물의 구조, 재질, 주변환경 등에 따라 보험료가 결정되므로 고지사항이 된다.
④ 생명보험계약에서 암이나 뇌졸중 등의 질병은 보험가입조건 등에 반영되는 중요한 사항이며, 암의 경우에는 그 질병의 특성으로 인하여 그 완치는 치료 종료 후 상당한 기간이 경과하여야만 확정되고, 치료 종료 이후에도 환자는 정기적 혹은 부정기적으로 계속하여 검사를 받아야 한다는 점 등을 반영하면 의사의 재발가능성 고지는 보험자에게 알려야 할 중요한 사항이다.

03 **고지의무의 이행과 위반에 관한 설명이다. 틀린 것은?** ▶23회

① 질문표에서 묻지 아니한 사항은 중요하지 않은 것으로 간주한다.

② 고지의무의 위반 여부는 계약 성립 시를 기준으로 판단한다.

③ 질문표에 사실대로 정확하게 표시하였다면 모집인에게 허위진술을 했더라도 고지의무위반이라고 할 수 없다.

④ 우리 상법은 부실고지와 불고지를 원칙적으로 동일시하고 있다.

해설 ① 보험자가 서면(질문표)으로 질문한 사항은 중요한 사항으로 추정되므로 질문표에서 묻지 않은 사항은 중요하지 않은 사항으로 추정된다. 질문표에서 묻지 않았다고 해도 중요한 사항이 될 수 있다.
② 고지의무의 이행시기는 계약의 성립 시까지이다.
③ 보험모집인에게 대한 고지는 유효한 고지가 아니다. 그러므로 보험자가 작성한 서면에 사실대로 기재했다면 보험모집인에 대한 허위의 고지가 있다고 해도 고지 위반은 아니다.
④ 상법 제651조는 불고지와 부실고지를 동일한 의무로 언급하면서 그 의무 위반의 효과에 대해서도 별다른 구별이 없으므로 불고지와 부실고지를 별도로 구분하는 것은 아니다.

04 **고지의무에 관한 설명 중 옳은 것은?** ▶30회

① 중요한 사항의 불고지 또는 부실고지가 고지의무자의 고의 또는 중과실로 인한 것인지 여부에 관한 입증책임은 보험자에게 있다.

② 일반적으로 고지의무자가 중요한 사항을 스스로 탐지하여 알려야 할 의무도 고지의무의 내용이 된다.

③ 보험자가 고지의무의 위반으로 보험계약을 해지하면, 인보험의 경우 보험수익자를 위하여 적립한 금액을 보험계약자에게 지급할 책임이 없게 된다.

④ 보험대리점의 경우에는 고지의무자를 보호하기 위하여 체약대리점이건 중개대리점이건 불문하고 고지수령권을 인정하는 것이 통설이다.

해설 ① 고지의무 위반이 된다는 요건에 대한 입증책임은 보험자 측에게 있다. 입증책임은 그 책임을 부담함으로써 이득이 있는 자에게 부담 지우는데, 고지의무 위반의 요건이 성립됨을 주장하면 보험자가 해지권을 행사할 수 있으므로 법원이 보험자에게 입증책임을 부담시킨 것이다.
② 일반적인 견해에 의하면 고지의무의 범위에 탐지의무가 포함되는 것은 아니다. 이 견해에 의하면 계약자 측에서 알고 있는 사실만을 고지하면 되는 것이고 중요한 사항에 대하여 탐지하여 알아낼 의무는 없다고 한다. 다만, 최근판결(2011다54631)은 현저한 부주의로 중요한 사항임을 알지 못한 것에 대하여도 고지의무 위반이라고 한다.
③ 고지의무 위반으로 인하여 해지하는 경우에는 해지환급금을 지급하여야 한다. 해지환급금은 그 동안 수익자를 위하여 적립하였던 적립보험료, 미경과보험료가 포함된다.
④ 일반적으로 보험대리점은 계약체결에 관한 권한을 갖게 되지만, 중개대리점에게는 중개권한만을 갖게 된다. 그러므로 중개대리점의 고지수령권한을 인정하지 않는 것이 일반적이다.

05 **고지의무 및 그 위반으로 인한 계약해지권에 관한 설명으로 틀린 것은?** ▶33회

① 이 의무는 보험계약의 효과로서 지게 되는 의무가 아니다.

② 보험자는 이 해지권을 보험사고가 발생하기 전에도 행사할 수 있다.

③ 보험자는 이 해지권을 행사하더라도 보험료적립금을 보험수익자에게 반환해야 한다.

④ 보험자는 보험사고가 발생한 후에 이 해지권을 행사하면 보험사고발생 시까지 소급하여 보험금지급책임을 면하게 된다.

해설 ① 고지의무는 계약의 성립에 따라 지게 되는 계약상의 의무가 아니라 계약 이전에 지는 의무로서 법에서 별도로 정한 것이다.
② 고지의무 위반으로 인한 해지는 보험사고발생 이전 · 이후를 불문한다.
③ 고지의무 위반으로 인해 해지할 때에 보험수익자를 위하여 적립한 금액이 있다면 이를 반환하여야 한다. 다만, 해지환급금(적립보험료)은 보험수익자에게 반환하는 것이 아니라 보험계약자에게 이를 반환한다.
④ 우리 상법은 보험사고발생 후에 해지권을 행사하게 되는 경우에 사고발생 시까지 보험금지급책임을 면하게 되는 제한적 소급효를 인정하고 있다. 한편, 고지의무 위반과 보험사고의 인과관계가 인정되지 않는 경우에는 소급효를 적용하지 않는다.

06 **보험자가 보험계약자의 고지의무 위반을 이유로 보험계약을 해지할 수 없는 경우는?** ▶25회

① 보험중개인이 중개 시에 보험계약자의 고지의무 위반사실을 안 경우

② 보험설계사가 모집 시에 보험계약자의 고지의무 위반사실을 안 경우

③ 영업소장이 모집 시에 보험계약자의 고지의무 위반사실을 안 경우

④ 보험체약대리점이 모집 시에 보험계약자의 고지의무 위반사실을 안 경우

해설 ①, ② 보험자가 계약 당시에 고지의무의 위반을 이미 알고 있었음에도 불구하고 계약을 인수한다면, 이후에 고지의무 위반을 이유로 계약을 해지할 수 없다(신의성실의 원칙). 그러나 보험모집인(설계사), 보험중개사가 고지의무 위반을 안 것은 보험자가 안 것이 아니다.
③ 보험회사의 영업소는 상법상 지점이 아니며, 영업소장 또한 상법상 지배인이 아니므로 표현대리원칙이 적용되지 않는다(83다107 판결). 즉, 영업소장은 보험회사의 대리인이 아니므로 영업소장이 안 것이 곧 보험회사가 안 것이 되는 것은 아니다. 그러나 보험회사는 영업소장의 사용자로서 영업소장의 행위에 대한 사용자책임을 지게 된다(민법 제756조, 보험업법 제102조).
④ 계약체결 시에 체약대리점이 고지의무 위반을 알았다면, 이는 곧 보험자가 안 것이므로 이후에 고지의무 위반을 이유로 계약을 해지할 수 없다.

07 **고지의무의 위반에 관하여 대법원 판례와 학설 간의 다툼이 없는 사항은?** ▶33회

① 보험자가 보험약관의 교부 · 설명의무를 위반한 경우에는 고지의무자가 약관에 규정된 고지의무를 위반하더라도 보험자는 보험계약을 해지할 수 없다.

② 보험계약자가 사망한 경우라도 보험자가 보험수익자에 대해서 한 계약의 해지는 무효이다.

③ 고지의무 위반사실과 보험사고 간의 인과관계가 없으면 보험자는 보험계약을 해지할 수 없다.

④ 고지의무자가 중대한 과실로 중요한 사항을 알지 못하여 고지하지 아니한 경우에도 고지의무의 위반이 된다.

해설 ① 법원은 약관의 교부 · 설명의무 위반이 있으면 약관이 계약의 내용이 되지 못하므로 보험자가 고지의무 위반을 주장할 수 없다는 견해이지만, 계약자 측의 악의적인 고지의무 위반까지도 보호하게 될 수 있으므로 고지의무 위반이 사기 등에 해당하는 경우에는 신의성실원칙에 의하여 고지 위반을 적용할 수 있도록 해야 한다는 반대견해가 있다.

② 계약해지의 상대방은 보험계약자이다. 보험계약자가 사망한 경우에는 보험계약자의 상속인에게 해지의 의사표시를 하면 된다. 그러므로 수익자에게 행한 해지의 의사표시는 효력이 없다.

③ 기존에는 인과관계의 존부에 따라서 해지권의 행사 여부가 달라질 수 있다는 견해가 있었다. 법원은 인과관계가 해 지권에 영향을 미치지 못한다는 입장이었다. 그러나 이번 개정상법(2015 시행, 상법 제655조)에서는 인과관계의 존부는 해지권에 아무런 영향을 미치지 않는다고 명시하였다.

④ 법원은 고지의무자의 고의 또는 중과실에 대하여 현저한 과실로 1) 중요한 사항을 알지 못한 경우와 2) 중요한 사실에 대한 판단을 잘못하여 중요한 사항임을 알지 못한 것을 모두 포함한다. 그러나 탐지의무부정설의 견해는 중요한 사실을 알지 못한 경우까지 포함할 수는 없다는 반대입장이다.

08 고지의무에 관한 설명으로 옳은 것은? (다툼이 있는 경우 판례에 의함) ▸40회

① 멀리 사는 출가한 딸을 피보험자로 하는 보험계약을 체결하면서 딸이 갑상선결절진단을 받은 사실을 알지 못하여 고지하지 못하였다는 사안에서, 딸에게 전화로라도 적극적으로 확인하지 아니하였다고 하여 중대한 과실이 있다고 단정할 수는 없다.

② 위 사안에서, '예' 와 '아니오' 중에서 택일하는 방식으로 고지하도록 되어 있다면, 보험계약자가 '아니오'에 표기하여 답변한 것은 질문받은 사실의 부존재를 확인하는 것이라고 보아야 한다.

③ 청약서상 질문표의 질문에 정직하게 답변하였고 보험자가 보험계약 체결을 승낙한 이상 고지의무 위반이 될 수 없으므로, 보험자는 "질병이 보험기간 개시 등의 일정시점 이후에 발생할 것"이라는 약관조항을 들어 보험금지급을 거절할 수 없다.

④ 상법상 고지의무는 '보험계약 당시에' 이행하도록 규정되어 있으므로 보험계약자가 적격 피보험체로서 전화로 청약하고 동시에 제1회 보험료를 송금한 후 승낙의제 전에 질병진단을 받았다면 그 사실을 숨긴 것은 고지의무 위반이 아니다.

해설 원격지에 있는 피보험자의 건강상태에 대해 반드시 적극적으로 확인할 필요는 없다는 것이 판례의 견해이다. 한편, 고지의무 위반과는 달리 보험가입 전에 발병한 질병에 대하여 일정기간 면책하는 조항이 있다면 그 조항은 별도로 적용할 수 있다.

09 보험가입자 측이 고지의무를 위반했을 때의 효과로 맞는 것은? ▸23회

① 보험자는 소송을 제기하여 고지의무의 이행을 강제할 수 있다.

② 보험계약은 자동적으로 무효가 된다.

③ 보험자는 보험계약을 해지하고 보험금의 지급을 거절할 수 있다.

④ 고지의무 위반으로 인한 사고는 보험자의 면책사유에 해당한다.

해설 ① 고지의무는 계약자 측의 자기의무(간접의무)이므로 불이행을 이유로 이행강제 및 손해배상을 청구할 수 없다.
② 고지의무 위반으로 보험자에게 해지권이 발생한다.
③ 고지의무 위반으로 보험자는 계약을 해지할 수 있으며, 이미 보험사고가 발생한 경우라고 해도 고지 위반과 사고 사이에 인과관계가 있다면 보험금을 지급하지 않는다.
④ 고지 위반과 인과관계 있는 사고가 발생한 경우 보험자는 면책을 주장할 수는 있으나 고지의무 위반으로 인한 사고가 곧 보험자의 면책사유에 해당한다고는 볼 수 없다.

10 고지의무 위반에 대한 민 · 상법규정의 적용에 관해서는 민 · 상법적용설, 상법적용설, 절충설의 견해가 있다. 이 학설들에 관한 설명 중 옳은 것은? ▸30회

① 민 · 상법적용설은 고지의무 위반의 효과에 관한 상법규정을 계약이 소급하여 무효가 되는 것을 방지하기 위한 규정으로 보고 있다.

② 절충설에 의하면 보험자는 착오를 이유로 계약을 취소할 수 있다.

③ 고지의무자의 사기가 인정되더라도, 고지의무 위반사실과 보험사고발생 간의 인과관계가 없는 경우에는 절충설에 의하면 보험자는 계약을 취소할 수 없다.

④ 고지의무자의 사기가 인정되더라도 상법적용설에 의하면 보험자는 계약을 취소할 수 없다.

해설 ① 민 · 상법적용설은 고지의무 위반의 요건 · 효과와 사기착오에 의한 의사표시의 요건 · 효과가 서로 다른 규정이므로 중복하여 적용할 수 있다고 본다.
② 절충설은 사기에 의한 의사표시인 경우에만 민법을 적용하여 취소권을 행사할 수 있도록 하고, 착오에 의한 의사표시인 경우에는 상법만을 적용하여 해지권만을 행사할 수 있도록 한다.
③ 고지의무자의 사기가 인정되면 민법이 적용되므로 사고발생 간의 인과관계 여부를 따질 필요 없이 취소권을 행사할 수 있게 된다.
④ 상법적용설은 상법상 고지의무규정(상법 제651조)이 민법에서의 사기착오에 의한 의사표시 취소규정(민법 제109조, 제110조)에 앞서 적용되고, 민법규정이 적용 배제되어야 한다는 견해이다.

[정답]
01 ① 02 ① 03 ① 04 ① 05 ③ 06 ④ 07 ② 08 ① 09 ③ 10 ④

CHAPTER 6 보험계약의 성립과 보험금지급

I 보험계약의 성립

1. 보험계약의 청약과 승낙

가. 의의

보험계약은 별도의 형식을 요하지 않고(불요식계약), 보험계약자의 청약에 대한 보험자의 승낙만으로 성립되는 계약이다(낙성계약). 보험계약자의 청약의 방식에는 별도의 제한이 없으므로 서면, 전화 · 구두(口頭), 팩스 · 인터넷 등의 방식으로 청약이 가능하며, 청약의 의사표시가 보험자에게 도달한 이상 임의철회는 인정되지 않는다(민법 제527조, 그러나 보험업법 및 약관에서 '청약의 철회'규정을 둔 경우 임의철회를 인정한다). 보험자의 승낙의 방식에도 별도의 제한이 없으나 실무에서는 승낙의 의사표시로 보험증권을 전달하는 것이 일반적이다.

나. 보험자의 낙부통지의무와 승낙의제

상법

제638조의2【보험계약의 성립】 ① 보험자가 보험계약자로부터 보험계약의 청약과 함께 보험료 상당액의 전부 또는 일부의 지급을 받은 때에는 다른 약정이 없으면

30일 내에 그 상대방에 대하여 낙부의 통지를 발송하여야 한다. 그러나 인보험계약의 피보험자가 신체검사를 받아야 하는 경우에는 그 기간은 신체검사를 받은 날부터 기산한다.
② 보험자가 제1항의 규정에 의한 기간 내에 낙부의 통지를 해태한 때에는 승낙한 것으로 본다.

통상적인 상거래계약은 승낙자가 청약에 대하여 승낙하지 않으면 계약이 불성립된다. 그러나 상시거래관계에 있는 상인이 승낙을 지체한 경우 승낙으로 간주될 뿐이다(상법 제53조). 그러나 상법은 보험가입자의 합리적인 기대를 보호하기 위하여 보험자가 ⅰ) 보험계약의 청약과 함께 ⅱ) 보험료의 전부 또는 일부를 지급받은 경우에는 30일 내에 낙부의 통지를 발송하도록 하고, 이 기간이 지난 경우 승낙된 것(계약의 성립)으로 간주하고 있다(상법 제638조의2 ①). 그러므로 낙부통지기간 30일이 지난 이후에 보험사고가 발생하였다면, 보험자는 보험계약상의 보험금지급책임을 부담해야 한다.

그러나 인보험계약에서 피보험자의 신체검사가 필요한 계약(진사계약)의 경우에는 ⅲ) 신체검사를 받은 날부터 30일의 낙부통지의 기간을 적용한다(상법 제638조의2 ②). 신체검사까지 완료되어야 청약이 유효하게 이뤄진 것으로 보기 때문이다.

2. 승낙전 사고담보와 보험자책임

상법

제638조의2【보험계약의 성립】 ③ 보험자가 보험계약자로부터 보험계약의 청약과 함께 보험료 상당액의 전부 또는 일부를 받은 경우에 그 청약을 승낙하기 전에 보험계약에서 정한 보험사고가 생긴 때에는 그 청약을 거절할 사유가 없는 한 보험자는 보험계약상의 책임을 진다. 그러나 인보험계약의 피보험자가 신체검사를 받아야 하는 경우에 그 검사를 받지 아니한 때에는 그러하지 아니하다.

보험자의 보험금지급의무는 계약의 성립에 따라 부담하는 보험계약상 주된 의무이다. 그러므로 계약이 성립되기 이전에는 보험자가 보험금지급의무를 부담할 이유가 없다. 그러나 상법은 적격피보험체를 보호(91다29170 판결)하고 보험계약자의 합리적 기대에 부응하고자 보험자가 승낙하기 전에도 보험계약상의 책임을 지도록 정한다(승낙전 사고담보의무). 보험자의 승낙전 사고담보의무는 계약의 성립 이전임에도 불구하고 부담하는 법정의무이다.

보험자는 ⅰ) 보험계약자로부터 유효한 청약을 받고, ⅱ) 보험료(초회보험료 또는 보험료 전액)를 수령한 경우 그리고 ⅲ) 진사계약에서 피보험자의 신체검사를 받은 경우에는 ⅳ) 그 청약을 거절할 사유가 없는 이상 보험계약상의 책임을 진다(상법 제638조의2 ③). 여기서 '청약을 거절할 사유'란 보험인수가 불가능한 위험상태(2008다40847 판결)를 말한다. 보험자가 청약을 거절할 사유가 있다면, 그 사유와 보험사고 간의 인과관계를 묻지 않고 보험금지급책임을 부담하지 않는다(그러나 실무약관은 인과관계를 묻는 것이 일반적이다).

한편, 피보험자가 적격피보험체가 아니기 때문에 청약을 거절할 사유에 해당한다는 입증책임은 보험자가 부담한다(2008다40847 판결).

Ⅱ 보험자의 보험금지급의무

1. 보험금지급의무

상법

제638조【보험계약의 의의】 보험계약은 당사자 일방이 약정한 보험료를 지급하고 재산 또는 생명이나 신체에 불확정한 사고가 발생할 경우에 상대방이 일정한 보험금이나 그 밖의 급여를 지급할 것을 약정함으로써 효력이 생긴다. [전문개정 2014.3.11.]

제656조【보험료의 지급과 보험자의 책임개시】 보험자의 책임은 당사자 간에 다른 약정이 없으면 최초의 보험료의 지급을 받은 때로부터 개시한다.

보험자는 재산이나 생명 또는 신체에 불확정한 보험사고가 발생한 경우에 보험계약에 의한 보험금지급의무가 있고(상법 제638조), 보험계약자 측은 보험금의 지급을 청구할 권리가 있다. 보험자의 보험금지급의무는 보험계약자의 보험료지급의무에 대응하는 보험계약상의 주된 의무이다(73다1591 판결).

權利 권리
법으로 인정받는 힘이다. 물권, 채권, 청구권 등으로 구분하며 소송과 강제집행으로 권리를 강제실현할 수 있다.

보험사고는 보험자가 책임을 지는 기간(책임기간, 보험기간) 내에 발생하여야 하며, 보험자의 책임은 다른 약정이 없는 한 최초의 보험료를 받은 때부터 개시한다(상법 제656조, 보험기간의 개시). 계약의 성립 전이라고 해도 보험사고가 발생하였다면 청약을 거절할 사유가 없는 한 보험금지급의무를 부담한다(상법 제638조의2 제3항).

2. 보험금의 지급기일

상법

제658조【보험금액의 지급】 보험자는 보험금액의 지급에 관하여 약정기간이 있는 경우에는 그 기간 내에, 약정기간이 없는 경우에는 제657조 제1항(보험사고발생의 통지)의 통지를 받은 후 지체 없이 지급할 보험금액을 정하고 그 정하여진 날부터 10일 내에 피보험자 또는 보험수익자에게 보험금액을 지급하여야 한다.

보험자가 보험계약자(피보험자 또는 보험수익자)로부터 보험사고발생의 통지를 받은 경우에(상법 제657조 ①) 약정기간이 있다면 그 기간 내에, 약정기간이 없다면 지체 없이 지급할 보험금액을 정하고, 보험금액을 정한 날부터 10일 내에 보험금을 받을 자(피보험자 또는 보험수익자)에게 보험금을 지급하여야 한다(상법 제658조). 보험자가 보험금지급기일이 지나서 보험금을 지급한 경우에는 이행지체에 따른 이자를 지급한다(민법 제397조). 한편, 실무약관은 '보험금청구서류 접수일로부터 10영업일'과 같이 상법과 다른 지급기일을 정하는 경우가 흔하다.

3. 보험금의 지급방식

보험금은 현금으로 일시에 지급하는 것이 일반적이지만, 현물 · 기타의 급여로 지급하거나 분할하여 지급할 수도 있다(상법 제638조 참고). 실무에서는 보험금을 현금으로 지급하는 방식(현금지급) 외에 손해를 입은 보험목적물을 다른 제품으로 대체하는 방식(현물지급), 피보험자의 치료 도중에 필요한 간병인을 직접 제공하는 방식(서비스 제공) 그리고 수년에 걸쳐서 연금형식으로 보험금을 지급하는 방식(분할지급) 등을 포함하여 운영하고 있다.

보험자의 채무(보험금지급채무)이행 장소는 채권자(피보험자 또는 보험수익자)의 주소 또는 영업소이다(민법 제467조 제2항). 그러나 실무에서는 자동이체의 방식으로 지급하는 것이 일반적이다.

4. 보험금의 청구

가. 보험금의 청구

보험자에 대하여 보험금을 청구할 수 있는 자는 손해보험의 피보험자 또는 생명보험의 보험수익자이다. 보험금청구권자가 미성년자 등의 제한능력자의 경우에는 법정대리인(미성년후견인, 성년후견인)이 보험금을 청구할 수 있다.

손해보험계약의 경우에 보험계약자가 그 타인에게 보험사고의 발생으로 생긴 손해의 배상을 한 때에는 보험계약자는 그 타인의 권리를 해하지 아니하는 범위 안에서 보험자에게 보험금액의 지급을 청구할 수 있다(상법 제639조 ②).

나. 보험금청구권 상실조항

기존(2010년 이전)의 가계보험약관은 '계약자 측의 손해의 통지 또는 보험금 청구에 관하여 서류 · 증거의 위조 또는 변조의 경우'에는 해당 손해에 대한 보험금청구권을 상실하는 조항을 두고 있었다. 판례는 이 조항을 신의성실원칙의 위반에 대한 제재로서 유효하다고 보았고(2006다72093 판결), 별도의 설명 없이도 보험계약자가 충분히 예상할 수 있는 것이거나 이미 법령에 의하여 정하여진 것인 경우에 해당하므로 약관의 교부 · 설명의무의 대상이 아니라고 하였다(2003다15556 판결).

그러나 현행약관은 이 조항을 삭제하고 '중대사유로 인한 해지'조항으로 대체하여 보험금 사기 · 위변조 등으로 인한 보험금을 청구한 경우에 확대된 손해에 대하여는 보험금을 지급하지 않고 해당 계약을 해지할 수 있도록 하고 있다.

Ⅲ 보험자의 면책사유

1. 의의

면책사유란 보상에서 제외되는 사항(담보위험제외사항, exclusions)을 말한다. 보험사고의 원인을 제외하는 사항(exceptions, excluded perils)과 보험사고 또는 담보의 범위를 제한하는 사항으로 구분할 수 있다.

보험계약법 통칙(상법 제4편 제1장)은 보험계약자 측의 고의 · 중과실로 인한 사고와 전쟁으로 인한 사고를 면책사유(법정면책사유)로 정하고 있으며, 실무약관은 보험계약의 특성에 따라서 약관상 면책사유를 추가로 두고 있다.

2. 고의 · 중과실에 의한 보험사고

가. 고의 · 중과실 면책

상법

제659조【보험자의 면책사유】 ① 보험사고가 보험계약자 또는 피보험자나 보험수익자의 고의 또는 중대한 과실로 인하여 생긴 때에는 보험자는 보험금액을 지급할 책임이 없다. ② 삭제

보험사고가 보험계약자 또는 피보험자나 보험수익자의 고의 또는 중대한 과실로 인하여 생긴 때에는 보험자는 보험금액을 지급할 책임이 없다(상법 제659조 제1항). 여기서 고의란 "자신의 행위에 의하여 일정한 결과가 발생하리라는 것을 알면서 이를 행하는 심리상태"를 말하며, 확정적 고의는 물론 미필적 고의도 포함된다(2004다31401 판결). 그리고 중대한 과실이란 "통상인에게 요구되는 정도의 상당한 주의를 하지 않더라도 약간의 주의를 한다면 손쉽게 위법, 유해한 결과를 예견할 수 있는 경우인데도 불구하고, 만연히 이를 간과함과 같은 거의 고의에 가까운 현저히 주의를 결여한 상태"를 말한다(91다6351 판결).

고의 또는 중과실에 대한 입증책임은 보험자가 부담한다(2008다72578 판결). 판례는 막연한 의심이나 추측을 하는 정도로는 부족하고 통상인의 일상생활에 있어 진실하다고 믿고 의심치 않는 정도의 고도의 개연성이 있을 정도는 입증해야 한다고 하였으며(2009다56603 판결), 간접증거나 정황증거만으로는 고의사고라고 단언하기 어렵다고 보고 있다(2017도1549 판결).

2010다62628, 2006다39898 판결

자동차보험약관에서 '보험계약자 또는 피보험자(이하 '보험계약자 등'이라 한다)의 고의에 의한 손해'를 보험자가 보상하지 아니하는 사항으로 규정하고 있는 경우, 이러한 면책약관은 이를 엄격히 제한적으로 해석함이 원칙인 점, 상해와 사망 또는 사망에 준하는 중상해(이하 이를 '사망 등'이라 한다) 사이에는 그 피해의 중대성에 있어 질적인 차이가 있고 손해배상책임의 범위에도 커다란 차이가 있으므로 통상 예상할 수 있는 범위를 넘어서 사망 등과 같은

중대한 결과가 생긴 경우에까지 보험계약자 등이 스스로 초래한 보험사고로 취급되어 면책약관이 적용되리라고는 생각하지 않는 것이 보험계약자 등의 일반적인 인식인 점, 보험계약자 등이 적극적으로 사망 등의 결과를 의욕하거나 의도한 것이 아닌 이상, 그에 대하여 위 면책약관이 적용되지 아니하는 것으로 보더라도 인위적인 사고를 조장할 위험성이 크다고는 할 수 없고 오히려 보험의 사회보장적 기능에 부합하는 점 등을 종합적으로 고려하면, 자동차 운행으로 인한 사고의 경위와 전후 사정 등에 비추어 보험계약자 등이 피해자의 상해에 대하여는 이를 인식 · 용인하였으나, 피해자의 사망 등 중대한 결과에 대하여는 이를 인식 · 용인하였다고 볼 수 없는 경우에는, 그 사망 등으로 인한 손해는 위 자동차보험약관에서 정한 '보험계약자 등의 고의에 의한 손해'에 해당하지 아니하고, 따라서 위 면책약관이 적용되지 아니하는 것으로 봄이 상당하다.

그러므로 사람이 승용차 보닛 위에 엎드려 매달리자 그를 차량에서 떨어지게 할 생각으로 승용차를 지그재그로 운전하다가 급히 좌회전하여 위 사람을 승용차에서 떨어뜨려 사망에 이르게 한 사안에서, 위 사고의 경위, 피해자가 전도된 지점의 도로 여건, 사고 당시 가해차량 운전자의 음주상태, 목격자의 진술 등 여러 사정에 비추어, 가해차량 운전자로서는 피해자가 달리던 차에서 떨어지면서 어느 정도의 큰 상해를 입으리라는 것은 인식 · 용인하였다고 할 것이나, 나아가 피해자가 사망하리라는 것까지를 인식하고 용인하였다고는 볼 수 없으므로, 피해자의 사망으로 인한 손해는 가해차량 운전자의 '고의에 의한 손해'라고 할 수 없어 자동차보험의 면책약관이 적용되지 않는다(2010다62628 판결).

위와 같은 취지에서 음주단속 중이던 경찰관이 단속을 피해 도주하는 자동차에 매달려 가다가 떨어지면서 지하철공사장의 철제 H빔에 부딪혀 뇌손상으로 식물인간상태에 이른 경우, 운전자로서는 위 경찰관이 달리던 차에서 떨어지면서 어느 정도의 상해를 입으리라는 것은 인식 · 용인하였다고 할 것이나 나아가 철제 H빔에 부딪혀 식물인간상태에 이르리라고는 예견 · 인식하고 용인하였다고 볼 수 없으므로, 위 사고로 인한 손해가 보험계약자 등의 고의로 인한 것이라 할 수 없어 자동차보험의 면책약관이 적용되지 않는다(2006다39898 판결).

나. 대표자책임이론

상법은 보험계약자, 피보험자 그리고 보험수익자의 고의 · 중과실로 인하여 보험사고가 발생한 경우에 보험자가 책임을 면한다고 정하고 있으므로 대리행위의 일반원칙에 따라 보험계약자 측의 대리인의 고의 · 중과실로 보험사고가 발생한 경우에 면책을 적용하는 것에는 문제가 없다.

그러나 대표자책임이론이란 보험계약자 측의 대리인에서 더 나아가 보험계약자 측과 밀접한 관계에 있는 자, 예를 들어 친족이나 고용인 등 대표자의 고의 · 중과실로 인하여 사고가 발생한 경우에도 보험자가 면책된다는 이론이다. 대표자가 보험계약자 측을 위하여 보험사고를 일으킨 경우 보험계약자 측의 교사 · 공모, 감독상 과실이 큰 경우가 많으므로 대표자의 고의 · 중과실을 보험계약자 측의 고의 · 중과실로 추정하기 위함이다(83다카1940 판결).

이와 관련하여 법원과 학설은 독일 판례상 견해에 불과한 대표자책임이론을 우리나라에서 적용할 법적 근거가 없고, 보험자의 면책범위가 확장되어 보험계약자 측에 너무 불리하게 적용(상법 제663조 위반)될 가능성이 있다는 점에서 보험계약자 측의 법정대리인이나 지배인 등에 의한 사고를 제외하고는 대표자책임이론을 확장하여 적용할 수 없다는 견해이다.

다. 실무약관의 적용

실무약관에서는 계약자 측의 고의 · 중과실로 인한 사고가 발생한 경우에 보험자의 면책(상법 제659조)뿐만 아니라 계약의 해지도 가능하도록 정하고 있다(중대사유로 인한 해지조항). 이 조항은 신의성실원칙(특히 사정변경의 원칙)이 반영된 조항으로서 유효성이 인정되고 있다.

事情變更 사정변경
보험계약의 체결과 같은 법률행위당시의 기초가 되는 사정이 변경 또는 소멸된 경우 계약당사자에게 계약이행을 강제하는 것은 부당하다. 그러므로 사정변경의 원칙에 따라 계약의 구속력을 인정하지 않고, 계약의 당사자는 계약내용을 변경하거나 계약을 해소할 수 있게 된다.

한편, 인보험은 보험계약자 측의 중대한 과실로 인한 사고에 대하여도 보험자의 보험금지급책임을 인정하고 있으며(상법 제732조의2, 제739조), 생명보험약관에서는 계약일 이후 2년이 경과된 후의 피보험자의 고의(자살)에 대하여도 보험금지급책임을 인정한다. 책임보험약관에서는 피해자 보호의 차원에서 보험계약자 측의 고의사고만을 면책으로 하고 중과실사고는 담보하도록 하고 있으며, 보증보험약관은 주계약상의 채무자인 보험계약자의 채무불이행을 보험사고로 하는 그 보험의 특성상 보험계약자의 고의 · 중과실로 인한 보험사고에도 보험자가 보험금지급책임을 부담하도록 정하고 있다.

3. 전쟁 등으로 인한 보험사고

상법

제660조【전쟁위험 등으로 인한 면책】 보험사고가 전쟁 기타의 변란으로 인하여 생긴 때에는 당사자 간에 다른 약정이 없으면 보험자는 보험금액을 지급할 책임이 없다.

보험사고가 전쟁 기타 변란으로 인하여 생긴 때에는 당사자 간에 다른 약정이 없는 한 보험자는 보험금액을 지급할 책임이 없다(상법 제660조). 전쟁 등의 위험은 거대 · 집적(集積)위험의 일종으로서 보험자가 일반적으로 담보하기 어렵기 때문이다. 그러나 당사자 간에 특약으로 추가보험료를 납입하고 '전쟁, 소요, 파업' 등에 의한 사고를 담보할 수 있다.

4. 손해보험편, 인보험편의 면책사유

보험계약법은 통칙(상법 제4편 제1장)뿐만 아니라 손해보험편(제2장)과 인보험편(제3장)에서도 면책사유를 정하고 있다. 손해보험은 보험의 목적의 성질, 하자 또는 자연소모로 인한 손해에 대하여는 면책이며(상법 제678조), 운송보험은 운송보조자(송하인 또는 수하인)의 고의 · 중과실 사고를 면책으로 한다(상법 제692조). 해상보험에서도 항해변경, 이로, 항해지연, 선박변경, 감항능력 위반 등을 면책사유로 한다(상법 제701조 내지 제706조). 보증보험은 보험계약자의 고의 · 중과실에 대하여도 면책을 적용하지 않으며(상법 제726조의6), 인보험은 보험계약자 측의 중과실을 담보할 뿐만 아니라(상법 제732조의2 ①) 다수의 수익자중 일부 수익자의 고의에 의한 사고라고 해도 나머지 수익자에 대한 보험금은 면책하지 못하도록 한다(상법 제732조의2 ②, 일부 면책).

Ⅳ 보험금청구권의 소멸시효

1. 소멸시효기간

상법

제662조【소멸시효】 보험금청구권은 3년간, 보험료 또는 적립금의 반환청구권은 3년간, 보험료청구권은 2년간 행사하지 아니하면 시효의 완성으로 소멸한다. [전문개정 2014.3.11.]

보험자는 보험금 지급의무를 부담한다. 그러므로 보험기간 중에 약관에서 정한 사유가 발생하게 되면 보험계약자 측은 보험자에게 의무의 이행을 요구할 수 있다(보험금청구권). 보험금청구권을 비롯한 보험계약자의 청구권은 3년의 소멸시효가 적용되며,[01] 보험자의 보험료청구권은 2년의 소멸시효가 적용된다(상법 제662조). 보험자가 보험금을 지급한 후에 보험계약이 무효가 됨으로써 보험자가 가지게 되는 보험금 반환청구권에 대해서는 상사소멸시효가 적용된다(2018다258074 판결, 5년).

消滅時效 소멸시효
권리자가 권리를 장기간 불행사하던 상태에서 추후 권리를 행사하는 것이 신의칙에 반하게 되는 경우 의무자가 실효의 항변으로 대항할 수 있도록 한 제도이다.

상법 제662조의 개정규정은 기존에 체결된 계약의 보험금청구권이 개정상법의 시행일(2015.3.12.) 이후에 발생한 경우에도 적용한다(개정상법 부칙 제2조 제4항). 예를 들어 2010년 4월 1일에 계약한 장기보험의 보험사고가 2015년 2월 28일에 발생하였다면 그 사고에 대한 보험금청구권은 2년의 소멸시효가 적용되며, 2015년 4월 1일에 발생하였다면 그 보험금청구권은 3년의 소멸시효가 적용된다.

01 기존의 상법은 보험청구권의 소멸시효를 2년으로 정하고 있었으나 개정상법은 소멸시효기간을 연장하여 보험계약자 측의 권한을 강화하였다.

2. 소멸시효의 기산점

상법은 소멸시효의 기산점에 대하여 정하지 않고 있으므로 민법에 따라 권리를 행사할 수 있는 때로부터 소멸시효가 기산한다(민법 제166조 ①). 여기서 '권리를 행사할 수 있는 때'에 대하여는 i) 보험사고가 발생한 때(보험사고발생시설), ii)보험사고가 발생한 것을 안 때(보험사고요지시설), iii) 보험금지급채무의 이행시기(채무이행기설)라는 견해로 나뉜다.

우리 판례는 보험사고발생시점(보험사고발생시설)과 보험가입자의 객관적 인식가능성(보험사고요지시설)을 함께 고려하여 보험청구권의 소멸시효기산점을 정하고 있다. 즉, 상법 제658조에서 보험금지급유예기간을 정하고 있더라도 보험금청구권은 보험사고가 발생하기 전에는 추상적인 권리에 불과하고 보험사고의 발생으로 인하여 구체적으로 확정되어 그때부터 그 권리를 행사할 수 있게 되는 것이므로 그 소멸시효는 달리 특별한 사정이 없는 한 보험사고가 발생한 때부터 진행하며(2005다59383 판결), 보험사고가 발생한 것인지의 여부가 객관적으로 분명하지 아니하여 보험금청구권자가 과실 없이 보험사고의 발생을 알 수 없었던 사정이 있는 경우에는 보험사고의 발생을 알았거나 알 수 있었을 때부터 보험금청구권의 소멸시효가 진행한다(2000다31168 판결).

2010다92612 판결

상법은 보험료반환청구권에 대해 2년간 행사하지 아니하면 소멸시효가 완성한다는 취지를 규정할 뿐(제662조, 개정 후 3년) 그 소멸시효의 기산점에 관하여는 아무것도 규정하지 아니하므로, 그 소멸시효는 민법 일반 법리에 따라 객관적으로 권리가 발생하고 그 권리를 행사할 수 있는 때로부터 진행한다고 보아야 할 것이다. 그런데 상법 제731조 제1항을 위반하여 무효인 보험계약에 따라 납부한 보험료에 대한 반환청구권은 특별한 사정이 없는 한 그 보험료를 납부한 때에 발생하여 행사할 수 있다고 할 것이므로, 위 보험료반환청구권의 소멸시효는 특별한 사정이 없는 한 각 보험료를 납부한 때부터 진행한다고 볼 것이다.

원심은 이와 달리, 보험계약이 무효인 경우 보험계약자가 그 보험계약에 기하여 보험자에게 납입한 보험료 전체의 반환청구권의 소멸시효는 보험료를 마지막으로 납입한 때부터 진행한다는 전제에서 이 사건 보험료의 반환청구권이 시효소멸하지 아니하였다고 판단하였는바, 이러한 원심판단에는 소멸시효의 기산점에 관한 법리를 오해하여 판결에 영향을 미친 위법이 있다 할 것이다.

3. 소멸시효의 정지 · 중단

소멸시효는 청구(재판상의 청구 포함), 압류(또는 가압류 · 가처분), 승인의 사유로 중단한다(민법 제168조 제1호, 제170조 제1항). 소멸시효가 중단하면 그 이전의 소멸시효의 효력은 중단되고 그 시점에서 새로운 소멸시효가 적용된다.

한편, 제한능력자(개정민법 이전의 행위무능력자)에게 법정대리인이 없어서 권리를 행사할 수 없는 경우 6개월간 소멸시효가 정지하며(민법 제179조), 소멸시효가 천재 기타 사변으로 인하여 소멸시효를 중단할 수 없는 때에는 그 사유가 종료한 때로부터 1월 내에는 시효가 완성하지 않는다(민법 제182조).

4. 소멸시효와 신의성실의 원칙

보험자가 시효 완성 전에 보험금청구권자의 권리행사나 시효중단을 불가능 또는 현저히 곤란하게 하였거나 권리행사 등이 불필요하다고 믿게 하는 행동을 한 경우 등의 특별한 사정이 있을 경우에 보험자가 소멸시효 완성을 주장하는 것은 신의성실의 원칙에 반하여 권리남용으로서 허용될 수 없다.

그러나 소멸시효 완성의 주장이 신의성실의 원칙에 반하여 허용되지 않는다고 평가할 때에는 신중을 기할 필요가 있다(2009다44327 판결). 예를 들어 보험금 청구권자의 재해사망보험금청구권이 소멸시효의 완성으로 소멸하였고, 보험자가 재해사망특약에 따른 사망보험금의 지급의무가 있음에도 지급을 거절하였다는 사정만으로는 보험자의 소멸시효 항변이 권리남용에 해당하지 않는다(2016다218713 판결).

보험계리사 · 손해사정사 기출문제

01 보험계약의 성립과 보험금지급 보험계약의 성립시기는? ▶23회

① 보험계약자가 청약의 의사표시를 한 때
② 보험계약자가 보험료를 지급한 때
③ 보험자가 승낙의 의사표시를 한 때
④ 보험자가 보험증권을 교부한 때

해설 보험계약은 불요식의 낙성계약이므로 보험계약자의 보험료납입, 보험자의 보험증권 교부 등에 영향을 받지 않는다. 보험계약은 청약에 대한 승낙으로 성립한다. 한편, 민법 제531조(격지자 간의 계약 성립시기)에서는 "격지자 간의 계약은 승낙의 통지를 발송한 때에 성립한다"고 정하고 있으므로 보험자가 승낙의 의사표시를 한 때에 계약이 성립한다.

02 다음 중 甲이 보험금의 지급을 청구할 수 있는 경우로서 옳은 것은? ▶43회

① 甲이 무진단계약의 청약과 함께 월납보험료 10만원 중 9만원을 지급하고 보험자의 승낙을 기다렸으나 30일 내에 낙부통지를 받지 못한 상태에서 31일째 되는 날에 보험사고가 발생한 경우
② 甲이 화재보험계약의 청약을 하면서 보험료 전액을 지급하고 7일 만에 인수거절의 통지를 받은 상태에서 10일째 되는 날에 화재가 발생한 경우
③ 甲이 신체검사가 필요한 질병보험에 가입하면서 월납보험료 전액을 지급하였으나 신체검사를 받지 않은 상태에서 청약일로부터 90일이 경과하고 암진단을 받은 경우
④ 甲이 자동차보험계약의 청약을 하며 보험료전액을 지급하였으나 보험자가 낙부통지를 하지 않은 상태에서 청약 다음 날 보험사고가 발생하고 보험자가 특히 청약을 거절할 사유가 없는 경우

해설 보험자는 보험계약자가 보험료 지급채무를 이행한 것을 근거로 보험금 지급책임을 부담한다. 그러므로 보험계약자가 보험료 지급채무를 불완전이행한 경우에는 보험금 지급을 청구할 수 없다. 보험자는 승낙전 사고담보제도에 의하여 승낙을 거절하기 전(신체검사 이후)에 발생한 사고를 담보한다.

03 보험계약의 청약에 대한 보험자의 낙부(諾否)통지의무에 관한 설명 중 틀린 것은? ▶29회

① 보험자가 이 통지의무를 지는 경우에는 승낙기간이 지난 후에 보험계약의 청약에 대해 거절하더라도 그 거절의 효력은 생기지 않는다.
② 보험자가 이 통지의무를 지는 데는 보험계약자와 상시(常時) 거래관계가 있었는지를 불

문한다.

③ 보험계약자가 보험료를 일시(一時)에 지급하기로 약정한 경우에는 보험자는 그 보험료의 전부를 받아야 이 통지의무를 진다.

④ 승낙기간 내에 보험사고가 발생한 경우에 보험자가 그때까지 이 통지의무를 이행하지 않았으면 보험계약의 청약을 승낙한 것으로 의제된다.

해설 ① 승낙기간 30일이 경과한 경우에는 승낙으로 의제되므로 그 기간 이후에 청약을 거절하였다고 해도 거절의 효력이 발생하지 않는다.

② 상법 제53조(청약에 대한 낙부통지의무)는 "상인이 상시 거래관계에 있는 자로부터 그 영업부류에 속한 계약의 청약을 받은 때에는 지체 없이 낙부의 통지를 발송하여야 한다. 이를 해태한 때에는 승낙한 것으로 본다"고 규정하고 있는데, 상법 제638조의2 ①, ② 규정은 상시거래관계를 묻지 않고 보험자의 낙부통지의무를 정하고 있다.

③ 보험자의 낙부통지의무는 보험료의 전부 지급을 요건으로 하는 것이 아니므로 초회보험료만 받은 경우에도 이 의무를 부담한다. 다만, 일시납을 약정한 경우에는 그 일시납 보험료가 지급된 때에 이 통지의무를 부담하게 될 것이다.

④ 승낙기간 내에 보험사고가 발생한 경우에는 승낙전 사고담보규정(제638조의2 ③)에 의하여 보험자의 책임 유무를 결정한다.

04 계약 성립 전에 보험사고가 발생한 경우 보험계약자(보험청약자)를 보호하기 위한 상법 제638조의2의 규정에 관한 설명으로 옳은 것은? ▶24회

① 승낙기간의 경과로 보험자의 승낙이 의제되기 위해서는 보험계약자와 보험자 간에 상시 거래관계가 있었어야 한다.

② 보험계약자가 보험사고의 발생 전에 약관에 규정된 청약철회권을 행사한 경우에는 상법 제638조의2가 적용되지 않는다.

③ 모든 인보험계약의 경우에는 피보험자가 신체검사를 받아야 상법 제638조의2에 의한 보호를 받는다.

④ 승낙기간의 경과 전에 보험사고가 발생한 경우에는 보험자의 승낙이 의제되지 않으므로 보험계약자는 보호받을 길이 없게 된다.

해설 ① 보험계약법상 낙부통지의무는 상법 제53조와 달리 상시거래관계를 요건으로 하지 않는다.

② 보험자의 낙부통지의무는 청약을 요건으로 한다. 그런데 약관상 청약철회규정을 두고 보험계약자가 청약을 철회하였다면 그 청약이 없었던 것이 되므로 보험자는 낙부통지의무를 부담하지 않는다.

③ 신체검사가 필요한 인보험계약(진사계약이라고 한다)의 경우에만 신체검사를 받은 때부터 통지기간이 적용된다.

④ 승낙기간의 경과 이전에 보험사고가 발생한 경우에는 승낙전 사고담보규정을 통해 보험계약자를 보호할 수 있다.

05 보험계약의 성립 전에 보험사고가 발생한 경우에는 보험자가 청약을 거절할 사유가 없는 한 보험계약상의 책임을 진다. 이 제도에 관한 설명으로 옳은 것은? ▶33회

① 이 제도는 보험사고가 승낙기간(다른 약정이 없으면 30일)이 경과한 후에 발생한 경우에 적용된다.

② 청약을 거절할 사유가 없는 것은 보험계약자에게 유리한 사정이므로 이에 관한 증명책임은 보험계약자가 진다.

③ 생명보험에서 보험계약자가 청약서에서 질문한 사항으로 인하여 보험사고가 발생한 경우에는 고지의무를 이행했더라도 청약을 거절할 사유가 인정될 수 있다.

④ 대법원 판례에 의하면, 보험계약자가 보험계약의 청약과 함께 보험료를 지급한 후에 발생한 보험사고를 보험자에게 알리지 아니한 사정도 청약을 거절할 사유가 된다.

해설 ① 승낙전 사고담보제도는 낙부통지의무와 별개로 적용된다.
② 청약을 거절할 사유를 입증하면 보험자는 보험금지급의무를 면하게 되므로 입증책임은 보험자에게 있다.
③ 상법 제638조의2 제3항의 청약을 거절할 사유란 인수거절사유이므로 고지의무를 이행한 경우에도 그 고지사항이 인수거절사항에 해당한다면 승낙전 사고담보를 적용하지 않는다.
④ 청약 이후에 보험사고가 발생한 것은 인수거절사유가 아니다(2008다4084 판결).

06 보험계약의 성립에 관한 설명으로 옳지 않은 것은? ▸41회

① 보험계약은 당사자 일방이 약정한 보험료를 지급하고 재산 또는 생명이나 신체에 불확정한 사고가 발생한 경우에 상대방이 일정한 보험금이나 그 밖의 급여를 지급할 것을 약정함으로써 효력이 생긴다.

② 보험계약은 낙성 · 쌍무, 유상 · 불요식계약이라는 특성 외에 사행계약적 성격과 선의계약적 성격도 가지고 있다.

③ 보험자는 일정한 경우 승낙전 보험사고에 대해 보험계약상의 책임을 진다. 나아가 인보험계약의 피보험자가 신체검사를 받아야 하는 경우에 그 검사를 받지 아니한 경우에도 보험계약상의 책임을 부담한다.

④ 보험계약자의 청약에 대해 보험자는 승낙할지 여부를 자유롭게 결정할 수 있는 것이 원칙이다.

해설 신체검사를 받기 전에는 승낙전 사고에 대해 보험금지급책임을 부담하지 않는다.

07 낙부통지의무와 승낙전 사고에 대한 설명 중 옳지 않은 것은? ▸36회

① 무진사보험의 경우 보험자가 보험계약자로부터 보험계약의 청약과 함께 보험료 상당액의 전부 또는 일부를 지급받은 때에는 다른 약정이 없을 경우 30일 내 낙부통지를 발송해야 하고, 이를 게을리 하면 승낙한 것으로 추정된다.

② 진사보험의 경우에는 낙부통지를 위한 30일의 기간과 관련하여 그 기간은 신체검사를 받은 날로부터 기산한다.

③ 무진사보험의 경우 보험자가 보험계약자로부터 보험계약의 청약과 함께 보험료 상당액의 전부 또는 일부를 받은 경우에 그 청약을 승낙하기 전에 보험사고가 생긴 때에는 그 청약을 거절할 사유가 없는 한 보험자는 보험계약상의 책임을 진다.

④ 인보험의 피보험자가 신체검사를 받아야 하는 경우에 그 검사를 받지 아니한 때에는 승낙전 사고 시 보험자가 책임을 지지 않는다.

해설 ① 낙부통지기간이 지나면 승낙한 것으로 의제(간주)된다. 추정되는 것이 아니다.
④ 승낙전 사고담보가 적용되려면 보험료의 납입뿐만 아니라 진사계약에서 신체검사를 받을 것을 요건으로 한다.

08 다음 중 보험자의 책임이 개시되는 시점은? ▶23회

① 보험계약자가 청약한 때
② 보험자가 청약을 승낙한 때
③ 보험증권이 발급된 때
④ 보험계약자가 최초의 보험료를 낸 때

해설 보험계약은 쌍무계약이므로 보험자는 보험계약자로부터 최초의 보험료를 받은 때로부터 책임을 진다. 다만, 다른 약정이 있다면 보험자의 책임개시시기를 달리 정할 수 있다.

09 보험자의 보험금지급의무에 관한 설명 중 틀린 것은? ▶23회

① 보험금지급의무는 일반적으로 보험사고의 발생을 조건으로 한다.
② 보험금지급의무는 보험계약상 보험자의 주된 의무이다.
③ 보험계약 성립 전의 사고에 대하여 보험금지급의무를 지는 경우도 있다.
④ 최초의 보험료를 지급받은 후에 생긴 사고에 대해서만 보험금지급의무를 진다.

해설 ① 보험사고가 보험기간 내에 발생하면 보험자는 보험금지급의무를 부담한다.
② 보험자의 보험금지급의무와 보험계약자의 보험료납입의무는 보험계약당사자의 주된 의무이다.
③ 보험계약 성립 이전에도 승낙전 사고담보제도와 소급보험계약(상법 제644조)을 통해 보험자가 보험금지급의무를 부담하게 되는 경우가 있다.
④ 보험금지급의무는 보험료의 지급을 요건으로 하지만, 보험료지급 이후에 생긴 사고에 대해서만 보험금지급의무를 부담하는 것은 아니다. 예를 들어 소급보험계약을 하였다면, 초회보험료를 납입하기 이전에 발생한 사고에 대하여도 보험금지급의무를 진다.

10 약관상 면책사유의 하나로 "계약자 또는 피보험자가 손해의 통지 또는 보험금청구에 관한 서류에 고의로 사실과 다른 것을 기재하였거나, 그 서류 또는 증거를 위조 또는 변조한 경우 피보험자는 손해에 대한 보험금청구권을 상실한다"는 규정을 두는 경우 이 조항의 효력은? (다툼이 있는 경우 판례에 의함) ▶38회

① 이 조항은 거래상 일반인들이 보험자의 설명 없이도 당연히 예상할 수 있었던 사항에 해당하여 설명의무의 대상이 아니다.

② 상법보다 보험계약자에게 불리하므로 상법 제663조에 의하여 무효이다.

③ 보험금청구 시 구체적인 내용이 일부 사실과 다른 서류를 제출하거나 보험목적물의 가치에 대한 견해 차이 등으로 보험목적물의 가치를 다소 높게 신고한 경우 등까지 이 조항에 의하여 보험금청구권이 상실되는 것이다.

④ 판례는 이 조항이 있는 경우라 하더라도 실제 발생한 손해에 대하여는 보상을 하도록 하고, 다만 신뢰관계의 붕괴를 원인으로 향후의 보험계약을 해지할 수 있을 뿐이라고 한다.

해설 ① 별도의 설명이 없이도 계약자가 충분히 예상할 수 있는 사항으로서 설명의무의 대상이 아니다.
② 청구권 상실조항은 민법상 신의성실 위반에 대한 제재를 위한 일반적인 조항으로서 상법에서 규율하지 않는 일반적인 사항을 보험약관에 규정한 것이다. 그러므로 상법 제663조에 위배한다고 해석하지 않는다.
③ 증빙서류 구비의 어려움, 견해 차이에 의한 보험가액의 차이 등은 고의로 사실과 다른 것을 기재하거나 서류 등을 위 · 변조한 경우에 해당하지 않는다.
④ 판례는 약관조항에 의하여 손해액 전액에 대하여 책임을 면할 수 있다고 긍정한다. 그러나 이러한 경우 실제 발생한 손해에 대하여 피보험자가 보상을 받지 못하게 되므로 개정약관을 통해 실제발생한 손해에 대해서는 보험자가 책임을 지고 해당 계약의 해지권을 행사할 수 있는 것으로 변경하였다.

11 보험금청구자가 서류 또는 증거를 위조 또는 변조하여 과도한 보험금지급을 청구하는 경우에 대한 설명으로 옳은 것은? (다툼이 있는 경우 판례에 의함) ▶40회

① 상법은 이 경우 모든 보험금청구권이 아니라 피보험자가 허위청구를 한 당해 보험목적물에 대한 청구권만 상실하는 것으로 규정한다.

② 약관의 사기적 청구조항은 거래상 일반인들이 당연히 예상할 수 있는 내용이어서 보험계약 체결 시 보험자가 고객에게 설명하지 않아도 된다.

③ 피보험자가 실손해액에 관한 증빙서류 구비의 어려움 때문에 구체적인 내용이 일부 사실과 다른 내용을 제출한 경우도 실손 이상으로 청구하면 사기적 청구로 본다.

④ 표준약관에 따르면 보험사기방지특별법에 의하여 형사처벌을 받은 자의 유죄판결의 기초가 된 청구는 사기적 청구로 간주된다.

해설 ① 상법상 별도의 규정이 없다.
② 거래상 당연한 사항이므로 약관설명의 대상이 아니다.
③ 이러한 경우 사기적인 청구로 보기 어렵다.
④ 표준약관에서는 보험사기방지특별법을 기초로 사기적 청구 여부를 따지는 조항이 없다.

12 보험계약자, 피보험자, 보험수익자 이외의 제3자에 의한 사고에 대한 보험자의 책임으로 맞는 설명은? ▶23회

① 보험자가 보험금지급책임을 진다.

② 제3자의 고의에 의한 사고만 보험자가 책임을 지지 않는다.

③ 제3자의 중과실사고도 보험자의 책임이 면제된다.

④ 제3자의 경과실사고까지도 보험자의 책임이 면제된다.

해설 상법에서 고의 · 중과실사고를 면책으로 하는 경우 그 대상은 보험계약자, 피보험자, 수익자이다. 그러므로 이들 이외의 제3자에 의하여 보험사고가 발생하였다면 보험자는 보험금지급의무를 부담한다.

13 다음 중 대표자책임이론과 관련 있는 것은? ▸40회

① 기업보험의 피보험자 확정

② 이득금지원칙의 적용

③ 임원배상책임보험의 보험료 결정

④ 보험자면책의 논거

해설 대표자책임이론은 고의면책의 주체를 확대하는 것이다. 그러므로 보험자의 면책 여부와 관련된다.

14 손해보험에서 피보험자의 피용자가 고의로 보험사고를 야기한 경우 보험자의 책임에 관한 설명으로 옳은 것은? ▸24회

① 대표자책임이론에 의하면 피보험자 자신의 고의로 인한 사고가 아니므로 보험자는 보험금을 지급할 책임을 지게 된다.

② 우리나라의 대법원 판례는 대표자책임이론을 받아들이고 있다.

③ 피보험자의 교사 · 방조가 없는 경우에는 보험자는 보험금을 지급할 책임을 진다.

④ 사기로 인한 계약이므로 보험자는 면책된다.

해설 ① 대표자책임이론에 의하면 피용자의 고의는 피보험자의 고의와 같아서 보험자는 면책된다.
② 우리나라의 판례는 대표자책임이론을 부인하는 견해이다.
③ 피용자의 고의가 피보험자의 교사 · 방조에 의한 경우라면 보험자는 보험금지급책임을 면한다. 그러나 피보험자의 교사 · 방조, 공모 등의 경우가 아니라면 보험자는 면책을 주장할 수 없다는 것이 우리 판례의 견해이다.
④ 피용자의 고의사고라고 해서 곧 사기라고 볼 수는 없다.

15 甲은 보험계약자 겸 피보험자로서 자신이 소유하는 건물에 대해 화재보험계약을 체결하였다. 그 후 乙이 그 건물에 고의로 화재를 발생케 하였다. 이 경우에 관한 설명 중 틀린 것은? ▸25회

① 甲과 乙이 세대를 같이 하는 가족인 경우에는 대표자책임이론에 의하여 보험자는 면책된다.

② 甲과 乙이 세대를 같이 하는 가족이 아닌 경우라도 甲이 乙에게 방화(放火)를 교사한 경우에는 보험자는 면책된다.

③ 대법원 판례에 의하면 甲과 乙이 세대를 같이 하는 가족이더라도 甲이 乙에게 방화를 교사 · 방조한 바가 없다면 보험자는 甲에게 보험금을 지급하여야 한다.

④ 보험자가 甲에게 보험금을 지급하더라도 甲과 乙이 세대를 같이 하는 가족이면 乙에게 보험자대위권을 행사할 수 없다.

해설 ① 대표자책임이론에 의하면 피보험자의 가족의 고의 · 중과실 사고의 경우 보험자가 면책된다.
② 甲이 乙에게 방화를 교사하였으므로 乙의 행위의 효력은 甲에게도 영향을 미친다. 한편, 형법상 타인을 교사하여 죄를 범하게 한 자는 죄를 실행한 자와 동일하게 처벌된다(형법 제31조).
③ 乙이 甲의 가족이라고 해도 甲이 乙에게 방화를 교사 · 방조하지 않았다면 보험자는 보험금지급책임을 부담한다는 것이 법원의 견해이다.
④ 보험자가 甲에게 보험금을 지급하였다면, 이 사고는 甲의 교사 · 방조 · 공모 등으로 인한 사고가 아닌 경우이다. 일반적으로는 피보험자의 동거친족인 경우에도 보험자의 제3자 대위(청구권대위)를 인정한다면 피보험자는 통상 그 청구권을 포기하거나 권리를 행사하지 않을 것이므로, 사실상 피보험자는 보험금을 받지 못한 것과 동일하게 되어 보험제도의 효용이 현저히 떨어질 것이다. 그러므로 피보험자의 가족에 대한 대위는 할 수 없다(2002다32547 판결). 다만, 그 손해가 가족의 고의로 인한 경우라면 보험자가 대위권을 행사할 수 있으므로(개정상법 제682조 제2항, 기존판례) 이 사례에서의 보험자는 乙에게 보험자대위권을 행사할 수 있다.

16 보험자의 면책사유로서 옳은 것은? ▶36회

① 판례에 의하면, 인보험에서 극도의 흥분 및 심리불안상태를 이기지 못하고 순간적으로 정신적 공황상태를 일으켜 스스로 투신한 경우, 이와 같은 심신상태는 보험약관에서 정한 정신질환상태에 해당한다고 보아야 할 것이며 그러한 상태에서 고의로 자신을 해쳐 사망한 경우 면책사유에 해당한다.

② 판례에 의하면, 사람이 승용차 보닛 위에 엎드려 매달리자 그를 차량에서 떨어지게 할 생각으로 승용차를 지그재그로 운전하다가 급히 좌회전하여 위 사람을 승용차에서 떨어뜨려 사망케 한 사안은 고의에 의한 손해라고 볼 수 없다.

③ 판례에 의하면, 1600cc의 수혈을 거부하여 사망한 경우 수혈거부가 사망의 유일하거나 결정적인 원인이었다고 단정할 수 없어도 고의에 의한 보험사고로 인정된다.

④ 보험의 목적의 자연소모로 인한 손해는 보험자가 이를 보상할 책임을 진다.

해설 ① 우리 판례는 피보험자가 공항상태, 만취로 인한 명정상태, 정신질환상태 등의 심신상실상태로 저지른 자살 · 자해에 대하여 피보험자의 고의에 의한 사고로 볼 수 없으므로 인보험에서 보험금지급책임이 발생한다고 보고 있다.
② 자동차보험의 피보험자가 피해자의 상해에 대하여는 이를 인식 · 용인하였으나, 피해자의 사망 등 중대한 결과에 대하여는 이를 인식 · 용인하였다고 볼 수 없는 경우에는 보험자가 고의를 이유로 면책을 주장할 수 없다.
③ 다수의 원인이 사망에 기여하였고, 그 중 일부가 피보험자의 고의에 의한 경우라면 그 고의가 사망의 유일하거나 결정적인 원인이었다고 단정할 수 있는 경우에만 보험자가 면책을 주장할 수 있다.
④ 보험목적물의 성질, 하자 또는 자연소모로 인한 손해는 보험자의 면책사유이다(상법 제678조).

17 다음은 보험자의 면책사유에 관한 설명이다. 옳지 않은 설명은? ▶23회

① 보험사고가 전쟁 그 밖의 변란으로 인한 때에는 보험자는 면책된다.
② 손해보험에서 피보험자의 고의 또는 중과실로 인해 보험사고가 발생하는 경우에는 보험자는 면책된다.
③ 약관에 의한 면책사유는 강행규정 등에 비추어 그 타당성이 인정되어야 유효하다.
④ 약관으로 고의에 의한 사고에도 보험금을 지급한다는 특약은 일반적으로 상법 제663조에 비추어 유효하다.

해설 ③ 약관에 의한 면책사유를 무제한으로 인정하는 경우 보험계약자 측의 권익을 침해할 수 있으므로 보험계약법 등의 관련법규와 보험상품의 내용 등에 따라 타당성이 인정된 경우에 한하여 유효하다.
④ 보험계약자 측의 고의사고임에도 불구하고 보험금의 지급을 정하는 약관은 상법 제663조에 의하여 계약자에게 불이익한 조항은 아니지만, 이러한 조항은 선량한 풍속 기타 사회질서(민법 제103조)에 위배되어 무효로 될 수 있을 뿐만 아니라 상법 제659조 제1항의 입법취지에 비추어 볼 때에도 무조건적으로 인정할 수는 없다.

18 보험자의 면책사유에 관한 설명으로 옳지 않은 것은? ▶41회

① 면책사유란 보험자가 보상책임을 지기로 한 보험사고가 발생하였으나 일정한 원인으로 보험자가 면책되는 경우 그 원인을 말한다.
② 담보 배제사유는 보험자가 보험계약에서 인수하지 않은 위험을 가리킨다는 점에서 면책사유와 구별된다.
③ 면책사유에는 법정면책사유와 약정면책사유가 있다.
④ 보험사고가 전쟁 기타의 변란으로 인하여 생긴 때에는 다른 약정이 있더라도 보험자는 보험금액을 지급할 책임이 없다.

해설 전쟁 기타 변란은 약정면책사유이다. 그러므로 다른 약정으로 담보할 수 있다. 실무에서도 생명보험약관의 면책사유에는 전쟁면책조항이 없다.

19 보험금청구권은 ( )년간, 보험료 또는 적립금의 반환청구권은 ( )년간, 보험료청구권은 ( )년간 행사하지 아니하면 시효의 완성으로 소멸한다. ( ) 안에 들어갈 숫자를 차례대로 옳게 기술한 것은? ▶38회

① 3, 3, 2　　② 2, 2, 1
③ 3, 2, 2　　④ 2 , 2, 3

해설 계약자의 보험금 등의 청구권은 3년, 보험자의 청구권은 2년이다.

20 다음의 설명 중 옳지 않은 것은? (다툼이 있는 경우 판례에 의함) ▸36회

① 최초보험료의 보험료지급채무 기산점은 보험계약이 성립한 날이다.

② 상법에는 보험금청구권의 소멸시효를 3년으로 두고 있지만 그 기산점에 대하여는 아무런 규정을 두고 있지 아니하다.

③ 보험금청구권의 소멸시효의 기산점은 특별한 사정이 없는 한 보험사고가 발생한 때이지만, 약관 등에 의하여 보험금액청구권의 행사에 특별한 절차를 요구하는 때에는 그 절차를 마친 때가 된다.

④ 보험약관에 보험금지급유예기간을 정하고 있는 경우 보험금청구권의 소멸시효는 지급유예기간이 경과한 다음날부터 진행한다.

해설 ① 보험료지급의무는 계약이 성립된 때이다. 그러나 실무에서는 보험계약자가 보험계약을 청약할 때에 보험료를 납입하는 것이 일반적이다.
② 상법은 보험금청구권 소멸시효의 기산점에 대한 언급이 없다.
③ 약관 등에 의하여 보험금청구권의 행사에 특별한 절차를 요구하는 때에는 그 절차를 마친 때 또는 채권자가 그 책임 있는 사유로 그 절차를 마치지 못한 경우에는 그러한 절차를 마치는 데 소요되는 상당한 기간이 경과한 때로부터 소멸시효가 진행한다(2004다19104 판결). 예를 들어 복합운송주선업 인허가보증보험계약상의 보험사고가 발생한 경우에 보험금청구권을 행사하기 위하여는 화물유통촉진법 등의 관계규정에 따라 마련된 '복합운송주선업 영업보증금 및 보증보험가입금 운영규정'에서 정한 보험금의 확정절차를 마쳐야 한다면, 그 보험금청구권의 소멸시효는 위 절차를 마쳤거나, 채권자가 그 책임 있는 사유로 이를 마치지 못하였다면 위 절차를 거치는 데 필요하다고 볼 수 있는 시간이 경과한 때로부터 진행한다.
④ 상법이나 보험약관에 보험금지급유예의 기간을 정하고 있는 경우 이 기간은 채무이행기에 해당하는 것이다. 보험금청구권이라는 권리를 행사할 수 있는 기간에 해당하는 것은 아니다.

21 보험금청구권의 소멸시효에 관한 설명으로 옳지 않은 것은? (다툼이 있는 경우 판례에 의함) ▸40회

① 보험금청구권의 소멸시효가 완성된 후라도 보험자가 시효완성을 주장하는 것이 신의칙에 반하는 특별한 사정이 있는 때에는 권리남용으로서 허용될 수 없다.

② 피보험자가 실종선고를 받은 경우 보험수익자의 보험금청구권의 소멸시효의 기산일은 피보험자가 사망한 것으로 보는 실종기간만료일이 아니라 법원의 실종선고일이다.

③ 상해보험의 소멸시효의 기산점과 중단, 중단된 시효가 다시 진행하는 시기는 모두 민법 규정이나 해석에 따라야 한다.

④ 상법에서 보험금액지급유예기간을 명정하고 있지만 보험금청구권의 소멸시효는 이 지급유예기간이 경과한 다음날부터 진행하는 것은 아니다.

해설 ① 소멸시효 완성의 주장이 신의성실에 반하는 특별한 사정이 있다면 권리남용으로서 허용될 수 없다.
② 실종기간 만료일에 사망한 것으로 된다.
③ 상법에 별도로 정하지 않았기 때문이다.
④ 지급유예기간과 소멸시효기산점은 관련이 없다.

22 다음 설명 중 옳은 것은? (다툼이 있는 경우 판례에 의함) ▸43회

① 당사자 간에 보험금지급의 약정기간이 있는 경우에는 그 기간이 경과한 다음 날부터 소멸시효가 진행한다.

② 보험자가 보험금청구권자의 청구에 대하여 보험금지급책임이 없다고 잘못 알려준 경우에는 사실상의 장애가 소멸한 때부터 시효기간이 진행한다.

③ 보험사고 발생 여부가 분명하지 아니하여 보험금청구권자가 과실없이 보험사고의 발생을 알 수 없었던 때에는 보험사고의 발생을 알았거나 알 수 있었던 때로부터 소멸시효가 진행한다.

④ 책임보험에서 약관이 달리 정한 경우가 아니라면 피보험자가 제3자로부터 손해배상청구를 받은 시점에서 보험금청구권의 소멸시효가 진행한다.

해설 보험금청구권의 소멸시효는 보험사고 발생시 또는 보험금청구권자가 보험사고의 과실없이 보험사고의 발생을 알았던 때로부터 진행한다.

[정답]

01 ③ 02 ④ 03 ④ 04 ② 05 ③ 06 ③ 07 ① 08 ④ 09 ④ 10 ① 11 ② 12 ① 13 ④
14 ③ 15 ④ 16 ② 17 ④ 18 ④ 19 ① 20 ④ 21 ② 22 ③

CHAPTER 7

보험료의 지급

I 보험료

1. 의의

보험계약은 보험계약자의 보험료납입과 보험자의 보험금지급을 계약의 주된 의무(또는 1차적 의무)로 하는 유상 · 쌍무계약이다(상법 제638조). 보험료는 수리 · 통계적인 기법에 따라 위험을 반영하여 결정하며, 위험단체가 부담하는 보험료 총액과 보험자가 지급하는 보험금 총액은 급부반대급부원칙과 수지상등의 원칙에 따라 등가성을 지닌다.

2. 보험료의 종류

가. 순보험료와 부가보험료

보험실무상 보험자가 보험계약자에게 요구하는 보험료를 영업보험료라고 하는데, 영업보험료는 순보험료와 부가보험료로 구성된다. 순보험료는 예정위험률, 예정이율이 반영된 보험료로서 보험사고가 발생할 때의 보험금지급을 위한 보험료이다. 부가보험료는 보험영업을 운영하는 신계약비, 유지비 등의 보험회사의 사업비로 충당하기 위한 보험료이다.

나. 일시납보험료와 분납보험료

보험계약자가 보험기간 전체의 보험료를 1회에 전부 지급하는 보험료를 일시납보험료(예 자동차보험)라고 하며, 이 경우 일반적으로 보험기간과 보험료기간이 일치한다. 분납보험료는 보험기간을 연 · 월 등의 여러 개의 보험료납입기간으로 나누어 보험기간 중에 계속적으로 납입하는 보험료(예 생명보험, 화재보험)이다.

단기보험은 일시납보험료를 지급하는 형태로 운영되고 장기보험은 분납보험료를 지급하는 형태로 운영되는 것이 일반적이다.

다. 초회보험료와 계속보험료

분납보험료에서 최초로 지급되는 보험료를 초회보험료(또는 제1회 보험료)라고 한다. 보험계약은 쌍무계약이므로 초회보험료의 지급이 없으면 보험자의 책임이 개시되지 않고(상법 제656조), 초회보험료의 미지급은 계약해제의 사유가 된다(상법 제650조 제1항). 보험기간 중에 납입되는 계속보험료는 보험자의 책임을 지속시키는 데 대응하는 보험료이며, 계속보험료의 미지급은 계약해지의 사유가 된다(상법 제650조 제2항).

3. 보험료의 산출 · 변경

가. 보험료의 산출

보험료는 위험단체로 구성된 보험계약자의 위험(예 보험요율)을 반영하여 계약에 의하여 정하며, 산출된 보험료는 계약당사자의 사정에 의하여 변경하지 못한다. 그러나 위험변경의 사정이 있다면 보험료의 변경을 청구할 수 있다. 보험료 변경청구권은 형성권의 일종이다.

나. 보험료의 감액청구

상법

제647조【특별위험의 소멸로 인한 보험료의 감액청구】 보험계약의 당사자가 특별한 위험을 예기하여 보험료의 액을 정한 경우에 보험기간 중 그 예기한 위험이 소멸한 때에는 보험계약자는 그 후의 보험료의 감액을 청구할 수 있다.

보험료에 반영된 위험이 보험기간 중에 소멸한 경우에는 보험계약자 또는 보험자가 그 보험료의 감액을 청구할 수 있다(상법 제647조). 예를 들어 보험계약 당시에 보험료 할증요인이 되었던 B형 간염이 계약 이후에 항체가 생성되어 위험이 소멸되었다면, 보험계약자가 보험료 감액을 청구할 수 있으며 보험자는 그 이후에 납입한 할증보험료를 환급하여야 한다(분쟁조정 제2010－29호).

손해보험은 보험금액이 보험가액을 현저하게 초과하거나 보험가액이 보험기간 중에 현저하게 감소된 경우(초과보험의 경우)에도 계약당사자가 보험료의 감액을 청구할 수 있다(상법 제669조 ① ②, 감액의 장래효).

다. 보험료의 증액청구

보험기간 중에 사고발생의 위험이 현저하게 변경·증가되거나 보험계약자 측의 고의 또는 중대한 과실로 인하여 사고발생위험이 현저하게 변경·증가된 경우에는 보험자가 그 사실을 안 날로 1월 내에 보험료의 증액을 청구할 수 있다(상법 제652조, 제653조).

Ⅱ 보험료지급의무

1. 의의

상법

제650조【보험료의 지급과 지체의 효과】 ① 보험계약자는 계약체결 후 지체 없이 보험료의 전부 또는 제1회 보험료를 지급하여야 하며…

제656조【보험료의 지급과 보험자의 책임개시】 보험자의 책임은 당사자 간에 다른 약정이 없으면 최초의 보험료의 지급을 받은 때로부터 개시한다.

보험료는 보험자가 위험을 부담하는 대가이므로 보험계약자는 계약이 체결된 후 지체 없이 보험료를 지급하여야 한다(상법 제650조 ①). 만일 보험료가 지급되지 않으면 보험자도 위험을 부담하지 않는다(상법 제656조).

계약자의 보험료지급채무는 조건 없는 채무인 반면에 보험자의 보험금지급채무는 보험사고의 발생을 정지조건으로 하는 채무라고 볼 수 있다. 이들의 채무관계에는 급부반대급부 균등의 원칙이 적용된다.

停止條件 정지조건
조건이 달성되면 법률행위의 효력이 발생하는 조건을 말한다. 그 효력은 조건이 성취한 때부터 발생하며, 행위 당시부터 조건이 성취될 수 없는 경우 그러한 법률행위는 무효로 된다.

2. 보험료지급의무자와 수령권자

보험료지급의무를 부담하는 자는 보험계약자이며, 보험계약자의 범위에는 보험계약자로부터 권리 · 의무를 승계받은 자(상법 제733조, 보험계약자의 승계인)도 포함된다. 타인을 위한 보험에서는 타인인 피보험자 또는 보험수익자가 그 권리를 포기하지 않는 한 2차적인 보험료지급의무를 부담한다(상법 제639조 제3항).

보험료는 보험자 또는 그 대리인에게 지급하여야 한다. 그러므로 보험계약자가 보험회사를 대리하여 보험료를 수령할 권한이 부여되어 있는 보험대리점에게 보험료를 지급한 경우에도 보험료지급의무를 이행한 것이다. 또한 보험설계사가 회사가 작성한 영수증을 교부한 경우, 보험설계사에 대한 보험료 납입도 효력이 있다(상법 제646조의2 ③).

90다10315, 94다60615 판결

보험회사를 대리하여 보험료를 수령할 권한이 부여되어 있는 보험대리점이 보험계약자에 대하여 보험료의 대납약정을 하였다면 그것으로 곧바로 보험계약자가 보험회사에 대하여 보험료를 지급한 것과 동일한 법적 효과가 발생하는 것이고, 실제로 보험대리점이 보험회사에 대납을 하여야만 그 효과가 발생하는 것은 아니라 할 것이다.

그러므로 보험회사 대리점이 평소 거래가 있는 자로부터 그 구입한 차량에 관한 자동차보험계약의 청약을 받으면서 그를 위하여 그 보험료를 대납하기로 전화상으로 약정하였고, 그 다음날 실제 보험료를 지급받으면서는 그 전날 이미 보험료를 납입받은 것으로 하여 보험약관에 따라 보험기간이 그 전날 24 : 00 이미 시작된 것으로 기재된 보험료영수증을 교부한 경우 위 약정일에 보험계약이 체결되어 보험회사가 보험료를 영수한 것으로 보아야 할 것이며(90다10315 판결), 보험회사를 대리하여 보험료를 수령할 권한이 부여되어 있는 보험대리점이 보험계약자에 대하여 보험료의 대납약정을 하였다면 그것으로 곧바로 보험계약자가 보험회사에 대하여 보험료를 지급한 것과 동일한 법적 효과가 발생하는 것이고, 실제로 보험대리점이 보험회사에 대납을 하여야만 그 효과가 발생하는 것은 아니다(94다60615 판결).

3. 보험료지급방법

가. 현금지급, 신용카드 및 자동이체

보험료는 현금으로 직접 지급하는 것이 원칙이다. 그러나 금융거래실무상 자동이체납입이나 신용카드납입으로 지급되는 경우도 흔하다. 신용카드나 자동이체로 보험료를 납입하는 경우 카드회사의 승인을 받은 시점, 자동이체시점을 보험료지급시점으로 한다. 그러나 실무약관에서 초회보험료의 납입에 한하여 신용카드의 매출승인에 필요한 정보를 제공한 때, 자동이체정보를 제공한 때를 보험료의 영수시점으로 별도로 정한 경우에는 약관규정을 따른다.

나. 어음 · 수표에 의한 지급

보험료가 어음 · 수표로 지급된 경우에는 그 지급시기와 보험자의 책임발생 시기에 대한 견해가 나뉜다.

(1) 어음법의 견해

어음 · 수표와 관련한 통설에 의하면 자기앞수표는 원인채무의 '지급에 갈음하여' 교부되는 것으로 추정한다. 그 외의 수표 · 어음의 교부는 '지급을 위한(제3자가 발행한 어음을 교부한 경우)' 또는 '지급을 담보하기 위한(채무자가 직접 어음을 발행한 경우)' 것으로 추정한다.

즉, 어음의 교부가 기존 원인채무의 '지급에 갈음한다'는 당사자의 특별한 의사표시가 없는 한, 어음의 교부는 기존 원인채무의 '지급을 위하여' 교부된 것으로 추정하므로(95다25060 판결) 어음이 교부되더라도 기존의 원인채무는 그대로 존속한다. 이 견해에 의하면 보험계약자가 초회보험료를 어음으로 교부하여도 보험료납입의무를 이행한 것이 아니므로 보험자의 책임이 개시하지 않고, 보험자가 그 어음을 제시하여 권리를 행사한 때에 보험자의 책임이 개시된다.

(2) 해제조건부 대물변제설과 유예설

解除條件 해제조건
조건이 달성되면 법률행위의 효력이 소멸하는 조건을 말한다. 그 효력은 조건이 달성된 때부터 발생하지만, 그 이전으로 소급하도록 의도할 수도 있다.

해제조건부 대물변제설은 어음 · 수표가 '지급에 갈음하여' 교부된 것으로 보되 이후 어음 · 수표의 지급이 거절되는 경우 그 대물변제의 효과를 어음 · 수표를 교부한 때로 소급하여 소멸시킨다는 견해이다. 그러므로 보험자는 어음 · 수표를 교부한 때부터 보험금지급책임을 부담하고, 그 어음 · 수표의 지급이 거절된 경우에 한하여 그 책임이 교부 당시로 소급하여 소멸한다.

지급유예설은 어음법의 통설 · 판례와 마찬가지로 어음 · 수표는 '지급을 위하여' 교부되는 것으로 보되 보험계약자와 보험자당사자 간에 보험료채무를 유예하는 합의가 있는 것으로 추정한다. 그러므로 보험자는 어음 · 수표를 교부한 때부터 보험금지급책임을 부담한다. 그러나 어음 · 수표의 지급이 거절된 경우에는 그때부터 책임을 부담하지 않는다.

(3) 대법원의 견해

대법원 판례는 어음법의 견해를 지지한다. 그러므로 보험계약자가 선일자수표로 보험료를 지급한 경우에 선일자수표의 교부일을 제1회 보험료수령일로 인정하지 않으며(88다카33367 판결), 보험료를 어음으로 지급함으로써 '지급에 갈음'하기로 하였다면 보험자의 사정으로 실제 어음을 교부받지 못하여도 보험자의 책임이 개시된다(2005다38249 판결).

4. 보험료지급시기, 지급장소

보험계약자의 보험료채무는 당사자 간에 다른 의사표시(예 외상계약)가 없는 한 계약의 성립과 동시에 이행기가 도래하는 것으로 본다. 그러므로 보험계약자는 계약체결 후 지체 없이 최초의 보험료를 지급하여야 한다(상법 제650조 제1항).

보험료지급의무는 지참채무이므로 별도의 약정이 없는 이상 보험료의 지급장소는 보험자의 영업소이다(민법 제467조, 상법 제56조). 그러나 장기성보험에서 보험료의 분할지급이 이뤄지는 경우 보험내리점이 보험계약자를 방문하여 보험료를 받는 때에는 추심채무로 한다는 합의가 있다고 볼 수 있다.

5. 소멸시효

상법

제662조【소멸시효】 보험금청구권은 3년간, 보험료 또는 적립금의 반환청구권은 3년간, 보험료청구권은 2년간 행사하지 아니하면 시효의 완성으로 소멸한다. [전문개정 2014.3.11.]

보험계약자의 보험료지급의무는 2년의 시효에 의하여 소멸한다(개정상법 제662조). 보험자의 보험금지급의무 3년보다 단기간이다. 상법 제662조의 개정규정은 기존계약의 보험료청구권이 개정상법의 시행일(2015.3.12.) 이후에 발생한 경우에도 적용한다(개정상법 부칙 제2조 제4항).

Ⅲ 보험료지급해태의 효과

1. 의의

상법

제650조【보험료의 지급과 지체의 효과】 ① 보험계약자는 계약체결 후 지체 없이 보험료의 전부 또는 제1회 보험료를 지급하여야 하며, 보험계약자가 이를 지급하지 아니하는 경우에는 다른 약정이 없는 한 계약성립 후 2월이 경과하면 그 계약은 해제된 것으로 본다.

② 계속보험료가 약정한 시기에 지급되지 아니한 때에는 보험자는 상당한 기간을 정하여 보험계약자에게 최고하고 그 기간 내에 지급되지 아니한 때에는 그 계약을 해지할 수 있다.

③ 특정한 타인을 위한 보험의 경우에 보험계약자가 보험료의 지급을 지체한 때에는 보험자는 그 타인에게도 상당한 기간을 정하여 보험료의 지급을 최고한 후가 아니면 그 계약을 해제 또는 해지하지 못한다.

보험계약자의 보험료지급의무는 계약체결 후 지체 없이 이행되어야 하며, 계속보험료는 약정시기에 지급되어야 한다. 만일 보험료의 지급이 지체되어 일정한 요건을 만족하면, 그 계약은 해제된 것으로 의제되거나 보험자가 그 계약을 해지할 수 있게 된다.

2. 제1회 보험료지급해태의 효과

계약이 성립한 후 보험계약자가 초회보험료를 미지급한 경우에는 계약 이후에 보험사고가 발생해도 보험자의 책임이 개시되지 않는다. 이런 경우 보험계약자는 보험자에게 보험금의 지급을 청구할 수 없을 뿐만 아니라 그 미지급의 상태로 계약 성립 후 2월이 경과하면 계약은 해제된 것이 되어(상법 제650조 제1항) 보험계약이 소급하여 소멸한다.

解除해제
유효한 계약의 효력을 소멸시킴으로써 처음부터 계약이 없는 것과 같은 상태로 만드는 의사표시를 말한다. 결과적으로 무효의 효과를 발생시킨다는 점에서는 취소와 해제의 효과가 같다. 다만 취소는 법률행위 당시의 사정을 그 원인으로 하고, 해제는 그 이후의 사정을 원인으로 한다는 점에서 차이가 있다. 예를 들어 계약에서 정한 원인이 발생하거나 채무불이행의 경우에 해제권을 행사할 수 있다.

일반적으로 해제는 당사자 일방의 의사표시에 의하여 효력이 발생되는 권리이다. 그러나 상법 제650조는 일정한 기간이 경과하면 해제된 것으로 의제하므로 보험자의 해제의 의사표시 없이도 효력이 발생한다. 그러나 타인을 위한 보험의 경우에 이 규정에 의하여 해제하기 위해서는 보험자가 그 타인에 대한 최고가 필요하다(상법 제650조 제3항).

3. 계속보험료지급해태의 효과

가. 계속보험료 미납과 최고, 해지

보험계약자가 약정된 시기에 계속보험료를 지급하지 않으면 보험자는 상당한 기간을 정하여 보험계약자에게 최고하고, 이 기간 내에도 지급하지 않으면 계약을 해지할 수 있다(상법 제650조 제2항). 타인을 위한 보험에서는 피보험자 또는 보험수익자에게도 상당한 기간을 정하여 보험료의 지급을 최고한 뒤가 아니면 그 계약을 해지하지 못한다(상법 제650조 제3항, 2002다64872 판결).

상법상 최고의 방법에는 제한이 없으나 실무상 보험자의 최고는 등기, 내용우편 등으로 보험계약자의 주소지에 통보하는 형식이 일반적이며, 보험자가 우편물 도달사실을 입증하여야 한다. 그러나 일반우편을 송부하는 것만으로는 그 우편물이 보험계약자 측의 주소지에 도달하였다고 추정할 수 없다(2000다25002 판결). 실무상 보험약관은 보험계약자의 주소변경을 통보하지 않으면 보험자가 기존의 주소지에 통보할 수 있도록 정하고 있으나 이 조항은 보험자가 과실 없이 보험계약자 측의 변경된 주소지를 알지 못하는 경우에 한하여 적용된다(99다35379 판결).

나. 해지의 효과

계속보험료 미납을 이유로 보험자가 계약을 해지한 경우 보험계약은 장래에 향하여 소멸하므로 보험자는 해지 이후의 보험사고에 대한 지급책임이 없다. 그러나 해지 이전에 발생한 보험사고에 대해서는 여전히 보험금책임을 부담하므로 보험자가 이미 지급한 보험금의 반환을 청구할 수 없다(99다67413 판결).

99다67413 판결

상법 제655조 본문은 보험사고가 발생한 후에도 보험자가 제650조의 규정에 의하여 계약을 해지한 때에는 이미 지급한 보험금액의 반환을 청구할 수 있다고 되어 있어, 법문의 외양상으로는 계속보험료(월납분담금) 미지급에 따른 상법 제650조 제2항의 규정에 의한 계약해지의 경우에도 이미 지급한 보험금액의 반환을 청구할 수 있는 것으로 되어 있으나, 상법 제650조 제2항이 보험계약자를 보호하기 위하여 계속보험료가 연체된 경우에 상당한 최고기간을 둔 다음 해지하도록 규정하고 있는 점 등에 비추어 볼 때, 계속보험료의 연체로 인하여 보험계약이 해지된 경우에는 보험자는 계약해지시로부터 더 이상 보험금을 지급할 의무만을 면할 뿐, 계속보험료의 연체가 없었던 기간에 발생한 보험사고에 대하여 이미 보험계약자가 취득한 보험보호를 소급하여 사라지게 하는 것이 아니므로, 보험자는 보험계약자에 대하여 이미 지급한 보험금의 반환을 구할 수 없다 할 것이다.

다. 자동실효조항의 인정 여부

기존의 보험약관은 계속보험료 미지급의 경우 일정한 유예기간이 경과하면 보험자의 최고나 해지의 의사표시 없이 자동적으로 계약의 효력이 상실되는 자동실효조항(실효약관이라고도 한다)을 두고 있었다. 그러나 대법원은 이 조항이 상법 제663조에 위배되어 무효라고 보았다(94다56852 전원합의체 판결).

무효판결 이후의 보험약관은 계속보험료의 미지급의 경우에 보험료지급을 최고하면서 상당한 기간을 두고 그 기간 내에 보험료를 지급하지 않으면 별도의 해지통보 없이도 계약이 해지되는 해지예고부최고조항을 두고 있으며, 법원은 이 조항을 유효하다고 해설하고 있다(2002다69419 판결).

보험계리사 · 손해사정사 기출문제

01 보험료의 지급에 관한 설명 중 틀린 것은? ▶37회

① 보험계약에는 반드시 보험계약자가 지급해야 할 보험료가 있어야 하며, 이것이 보험계약자가 이행해야 할 적극적 의무이다.

② 통상적으로 보험료가 지급되어야 보험자의 책임이 시작되므로 보험계약은 사실상 요물계약성(要物契約性)을 지니게 된다.

③ 보험료불가분의 원칙은 오늘날 일할(日割)계산이나 단기요율표에 의한 계산으로 인해 그 의의가 크게 퇴색되었다.

④ 대법원 판례에 따르면 전화에 의한 보험료 대납의 약정은 무효이다.

해설 ① 보험계약은 유상 · 쌍무계약이므로 보험계약자의 보험료지급의무와 보험자의 보험금지급의무(또는 위험부담의무)는 필수적이다. 이 의무들은 보험계약상의 주된 의무, 1차적 의무, 적극적 의무에 해당한다.
② 보험자가 보험금지급책임을 지기 위해서는 보험료의 납입이 전제된다는 점에서 볼 때에는 보험계약의 요물계약성이 있다고 볼 수 있다.
③ 보험료 산출의 단위기간에서 고려한 위험을 나눌 수 없다는 것이 보험료불가분의 원칙이다. 이 원칙에 의하면 보험계약을 해지하게 되더라도 미경과보험료를 반환하지 않는다. 그러나 보험료를 일할계산할 수 있다면 해지환급금을 반환할 수 있게 된다. 상법은 보험료불가분의 원칙을 적극적으로 지키지 않으며 실무에서도 보험료의 일할계산 등으로 이 원칙을 지키지 않고 있다.
④ 90다10315 판결은 보험회사 대리점이 평소 거래가 있는 자로부터 그 구입한 차량에 관한 자동차보험계약의 청약을 받으면서 그를 위하여 그 보험료를 대납하기로 전화상으로 약정하였고, 그 다음날 실제 보험료를 지급받으면서는 그 전날 이미 보험료를 납입받은 것으로 하여 보험약관에 따라 보험기간이 그 전날 24 : 00 이미 시작된 것으로 기재된 보험료영수증을 교부한 경우 위 약정일에 보험계약이 체결되어 보험회사가 보험료를 영수한 것으로 보아야 한다고 하였다.

02 보험료지급의무에 관한 설명으로 옳지 않은 것은? ▶41회

① 보험료지급의무는 보험계약의 당사자인 보험계약자가 부담하는 것이 원칙이다.

② 보험료지급채무는 제3자도 변제할 수 있다.

③ 보험료의 지급장소에 대해 상법은 보험자의 영업소라고 규정하고 있다.

④ 최초의 보험료를 지급하지 않은 경우 다른 약정이 없는 한 보험계약이 성립한 후 2월이 경과하면 계약이 해제된 것으로 본다.

해설 보험료지급채무는 지참채무의 성격이 있지만 상법에서는 이를 명시하고 있지 않다.

03 상법상 보험료에 관한 설명 중 옳지 않은 것은? ▶32회

① 고지의무 위반의 경우 보험자는 보험계약을 해지할 수 있지만, 생명보험에서는 보험료적립금을 반환하여야 한다.

② 보험사고가 발생하기 전에는 보험계약자는 언제든지 보험료의 감액을 청구할 수 있다.

③ 보험계약자가 보험계약의 청약과 함께 보험료를 지급한 경우에는, 보험계약이 성립하기 전에 보험사고가 발생하더라도 보험자가 책임을 지는 경우가 있다.

④ 보험사고의 발생으로 보험자가 보험금을 지급한 때에도 보험금액이 감액되지 아니하는 보험에서는, 보험계약자는 보험사고의 발생 후에도 보험계약을 해지할 수 있지만, 이 해지의 경우에는 미경과보험료의 반환을 청구할 수 없다.

해설 ① 고지의무 위반으로 인한 해지 시에 생명보험의 경우에는 보험수익자를 위하여 적립한 금액을 보험계약자에게 반환하여야 한다.
② 보험료는 위험부담에 대한 대가이다. 보험료의 감액이 인정되는 경우는 위험부담이 감액된 경우에 한하는 것이다. 즉, 언제든지 보험료를 감액할 수 있는 것은 아니지만, 언제든지 보험계약을 해지할 수는 있다.
③ 보험계약의 성립 전이라도 청약과 함께 보험료를 납입한 경우에는 승낙전 사고담보에 의하여 보험자가 책임지게 되는 경우가 있다.
④ 이 지문은 상법 제649조에 대한 문제이다. 상법 제649조 제1항은 계약자가 사고발생 전에 언제든지 해지할 수 있음을 정하고 있고 제3항은 "제1항의 경우에는 보험계약자는 당사자 간에 다른 약정이 없으면 미경과보험료의 반환을 청구할 수 있다."고 정한다. 제2항은 사고발생 후에도 보험금액이 감액되지 않는 보험에서도 임의해지가 가능하다고 정하고 있지만, 제3항의 내용은 제1항의 경우에 적용되므로 사고발생 후에도 보험금액이 감액되지 않는 보험은 미경과보험료의 반환을 청구할 수 없다고 해석할 수 있다. 그러므로 이 지문은 상법상 틀린 지문이 아니다. 그러나 실무약관은 사고발생 후에도 보험금액이 감액되지 않는 보험의 경우에도 미경과보험료의 반환을 정하는 것이 일반적이며, 대법원도 이러한 실무약관을 유효하다고 한다. 즉, 법원은 "보험료불가분의 원칙에 관한 우리 상법의 태도를 고려하여 볼 때, 상법 제652조 제2항에 따라 보험자가 피보험자 등으로부터 사고발생의 위험이 변경 또는 증가하였다는 통지를 받고 이를 이유로 보험계약을 해지하는 경우, 보험약관에서 미경과기간에 대한 보험료를 반환하도록 정하고 있다면 그 보험약관은 유효하다. 이는 보험기간 중에 보험사고가 발생하여도 보험계약이 종료하지 않고 원래 약정된 보험금액에서 위 보험사고에 관하여 지급한 보험금액을 감액한 잔액을 나머지 보험기간에 대한 보험금액으로 하여 보험계약이 존속하는 경우에도 마찬가지이다(2005다57806 판결)"라고 판시하였다.

04 다음은 보험료의 지급에 관한 대법원 판례의 취지를 설명한 것이다. 이 중에서 틀린 것은? ▶30회

① 보험계약자나 피보험자가 주소변경을 통지하지 아니하면 보험자가 보험증권에 기재된 보험계약자 또는 피보험자의 주소로 보험료의 지급을 최고하거나 계약의 해지를 통지할 수 있다는 약관조항이 적용되려면, 보험자가 보험계약자나 피보험자의 주소 등 소재를 알지 못한 데에 대해 과실이 없어야 한다.

② 보험대리점이 보험료의 대납을 약정하고 보험계약자에게 보험료영수증을 발행한 경우에는, 보험계약자가 그 후에 보험료를 지급하였다고 하더라도, 그 대납을 약정한 날에 보험

료의 지급이 있는 것으로 본다.

③ 보험계약자가 보험설계사에게 최초보험료로 선일자수표를 발행하고 보험료가수증을 받은 경우에는, 그 선일자수표가 교부된 날을 보험자의 책임이 시작되는 최초보험료의 수령일로 본다.

④ 보험자의 대리인이 보험계약자와 보험계약을 체결하고 그 보험계약자로부터 제1회 보험료를 받으면서 제2회, 제3회 보험료에 해당하는 약속어음을 함께 교부받은 경우에는, 그 대리인이 그 약속어음을 횡령하였다고 하더라도, 그 약속어음이 지급결제되면 당해 보험료지급의 효과가 생긴다.

해설 ① 보험계약자 또는 피보험자가 주소변경을 통보하지 아니하는 한 보험증권에 기재된 보험계약자 또는 피보험자의 주소를 보험회사의 의사표시를 수령할 지정장소로 본다는 개인용 자동차보험 특별약관의 규정은 보험회사가 과실 없이 보험계약자 또는 피보험자의 주소 등 소재를 알지 못한 경우에 한하여 적용된다(2002다64872 판결).

② 보험대리점의 대납약정은 보험계약자가 보험료를 지급한 것과 동일한 법적 효력이 있다(94다60615 판결).

③ 선일자수표는 발행일자 이후 제시기간 내에 제시함에 따라 결제되는 것이므로 선일자수표가 발행되어 교부된 날에 액면금의 지급효과가 발생된다고 볼 수 없다. 그러므로 보험모집인이 청약의 의사표시를 한 보험계약자로부터 제1회 보험료로서 선일자수표를 발행받고 보험료가수증을 해주었더라도 그가 선일자수표를 받은 날을 보험자의 책임발생시점이 되는 제1회 보험료의 수령일로 보아서는 안 된다(88다카33367 판결). 한편, 이 판례는 보험관행을 제대로 반영하지 못한다는 점에서 비판받고 있다.

④ 보험자의 대리인이 보험회사를 대리하여 보험계약자와 사이에 보험계약을 체결하고 그 보험료수령권에 기하여 보험계약자로부터 1회분 보험료를 받으면서 2, 3회분 보험료에 해당하는 약속어음을 함께 교부받았다면 위 대리인이 그 약속어음을 횡령하였다고 하더라도 그 변제수령의 효과(위 어음이 지급결제됨으로써 보험료납부의 효과가 생긴다)는 보험자에 미친다고 할 것이다(87다카1793 판결).

05 甲은 2015년 5월 15일에 乙보험회사와 보험계약을 체결하고 만기일이 2015년 6월 15일인 약속어음으로 제1회 보험료를 지급하였다. 그 후 2015년 6월 10일에 보험사고가 발생하였다. 이 경우 乙보험회사가 甲에 대해 보험금지급책임을 지지 않게 되는 경우는? ▶26회

① 甲이 '보험료의 지급을 위하여' 어음을 교부한 경우

② 甲이 '보험료의 지급에 갈음하여' 어음을 교부한 경우

③ 해제조건부 대물변제설에 의하는 경우

④ 유예설에 의하는 경우

해설 ① 보험료의 지급을 위하여 어음을 교부하였으므로 아직 보험료를 지급한 것이 아니다. 따라서 보험자는 실제로 보험료를 받은 시점부터 책임을 진다.

② 보험료의 지급에 대신하여 어음을 교부하였으므로 보험자는 보험료 상당액을 받은 것이 된다.

③, ④ 해제조건부 대물변제설과 유예설 모두 일단 어음이 교부된 시점부터 보험자의 책임이 개시된다.

06 수표에 의한 보험료지급에 관하여 판례가 취하고 있는 입장은? ▶40회

① 수표는 현금의 지급에 갈음하여 교부한 것이므로 수표를 받는 날부터 보험자의 책임은 개시되지만 이는 해제조건부 대물변제이므로 부도 시에는 보험료지급효과도 소급하여 소멸한다.

② 보험자가 수표를 받은 것은 보험료지급을 미루어준 것으로 수표교부 시부터 보험자의 책임은 개시되지만 부도 시에는 그때부터 보험자의 책임도 소멸한다.

③ 수표와 어음은 부도확률이 다르므로 달리 보아야 하며 전자는 해제조건부 대물변제설에 따르고 후자는 유예설에 따라 보험자의 책임을 확정하여야 한다.

④ 수표가 보험료지급에 갈음하여 교부되면 교부 시부터 보험자책임이 개시되지만 당사자 간의 의사가 분명하지 않을 때에는 지급을 위하여 교부한 것으로 보아야 한다.

해설 학설은 해제조건부 대물변제설과 유예설로 나뉘지만 판례는 어음이나 수표가 원칙적으로 '지급을 위하여' 교부된 것으로 본다. 다만 '지급에 갈음한다'는 당사자의 의사표시가 있다면 이를 인정한다.

07 보험자가 보험계약자에 대하여 가지는 보험료청구권의 소멸시효기간은? ▸23회

① 1년 ② 2년
③ 3년 ④ 10년

해설 보험계약자의 청구권(보험자의 의무)은 3년, 보험자의 청구권(보험계약자의 의무)은 2년의 소멸시효가 적용된다.

08 보험계약자가 계약이 체결된 후 최초보험료를 지급하지 아니하는 경우에는 다른 약정이 없는 한 (가)이 경과하면 계약이 해제된 것으로 보고, 보험자의 보험료반환의무는 (나)의 시효로 소멸한다. (가), (나)의 순서대로 맞는 기간은? ▸30회

① 1월, 2년 ② 2월, 2년
③ 1월, 3년 ④ 2월, 3년

해설 초회보험료의 미납의 경우 계약 성립일로부터 2월이 경과하면 해제로 의제되며, 보험자의 보험료반환의무는 3년의 시효로 소멸한다.

09 보험료지급의무에 관한 설명으로 옳지 않은 것은? (다툼이 있는 경우 판례에 의함) ▸40회

① 보험계약자가 제1회 보험료를 지급하지 아니하는 경우에는 다른 약정이 없는 한 계약 성립 후 2월이 경과하면 그 계약은 해제된 것으로 보는데, 이때에 보험자는 따로 이행을 최고할 필요가 없다.

② 타인을 위한 보험계약에서 그 타인이 동거가족인 경우에도 보험자는 해지예고부 최고를 그 타인에게 따로 하여야 한다.

③ 타인을 위한 생명보험계약에서 오랫동안 피보험자가 실제로 보험료를 지급해왔다고 하여도 보험료지급지체 시의 해지예고부 최고는 보험계약자와 보험수익자에게 하여야 한다.

④ 피보험자가 타인의 명의를 빌려 보험계약을 체결한 후 보험료를 지급하여왔다면 그 피보험자는 실질적인 보험계약자이므로 보험계약 해지 시 해지환급금은 명의차용자에게 지급하여야 한다.

해설 ① 원칙적으로 그렇다. 그러나 만일 특정한 타인을 위한 보험이라면 별도로 타인에게도 최고해야 한다.
② 불특정 타인이라면 별도의 최고가 필요하지 않다. 그러나 특정 타인이라면 최고해야 한다.
③ 맞는 지문이다.
④ 명의를 빌린 사람이 아니라 계약상의 보험계약자에게 해지환급금을 지급해야 한다.

10 계속보험료의 지급 최고에 관한 설명 중 옳은 것은? ▶26회

① 약관에서 보험료지급기일의 다음날을 기산일로 하고 그 날로부터 일정기간의 말일을 종료일로 하여 최고기간을 정해 놓는 것은 상법상 최고기간으로서의 요건을 충족하지 못한다.

② 보험료의 지급기일이 도래하기 전에 보험료의 지급에 관한 안내장을 보험계약자에게 보내는 것은 상법상 최고로서의 효력이 있다.

③ 서면으로 한 최고만이 상법상 최고로서의 효력이 있다.

④ 해지예고부 최고는 최고기간 내의 보험료의 불지급을 해제조건으로 하여 해지의 의사표시를 최고 시에 미리 하는 것이다.

해설 ① 상법에서 일정기간의 최고기간을 정한 이유는 계약자에게 보험료를 마련할 수 있는 시간을 주기 위해서이다. 따라서 실제 최고한 날이 아닌 지급기일의 다음날을 최고기간의 기산점으로 하였다면 최고기간이 부당하게 축소되는 결과가 된다. 따라서 최고한 날로부터 일정기간을 최고기간으로 정하여야 적법하다.
② 지급기일이 아직 도래하지 않았으므로 보험계약자의 보험료지급의무 불이행이 없었으므로 최고의 효력이 없다. 지급기일(기한) 이후에 최고하여야 최고의 효력이 발생한다.
③ 상법은 최고의 방법에 제한이 없다.
④ 해지예고부 최고는 보험료의 부지급을 정지조건으로 하여 미리 해지의 의사표시를 하는 것이다. 정지조건이 완성되면 권리가 발생한다. 즉, 보험료의 부지급으로 해지권이 발생하는 것이다.

[정답]

01 ④ 02 ③ 03 ② 04 ③ 05 ① 06 ④ 07 ② 08 ④ 09 ④ 10 ①

CHAPTER 8

보험계약자의 통지의무 등

I 위험변경 · 증가의 통지의무

1. 의의

상법

제652조【위험변경증가의 통지와 계약해지】 ① 보험기간 중에 보험계약자 또는 피보험자가 사고발생의 위험이 현저하게 변경 또는 증가된 사실을 안 때에는 지체 없이 보험자에게 통지하여야 한다. 이를 해태한 때에는 보험자는 그 사실을 안 날로부터 1월 내에 한하여 계약을 해지할 수 있다.

② 보험자가 제1항의 위험변경증가의 통지를 받은 때에는 1월 내에 보험료의 증액을 청구하거나 계약을 해지할 수 있다.

제655조【계약해지와 보험금청구권】 보험사고가 발생한 후라도 보험자가 제650조, 제651조, 제652조 및 제653조에 따라 계약을 해지하였을 때에는 보험금을 지급할 책임이 없고 이미 지급한 보험금의 반환을 청구할 수 있다. 그러나 고지의무(告知義務)를 위반한 사실 또는 위험이 현저하게 변경되거나 증가된 사실이 보험사고발생에 영향을 미치지 아니하였음이 증명된 경우에는 보험금을 지급할 책임이 있다.

보험기간 중에 보험계약자 또는 피보험자가 사고발생의 위험이 현저하게 변경 또는 증가된 사실을 안 때에는 지체 없이 보험자에게 통지하여야 한다(상법

제652조 제1항). 계약체결 이후의 위험변경을 반영하여 보험료를 조정하고 위험단체를 유지하기 위한 규정이다.

이 의무는 보험계약의 성립 이후에 보험계약자 측에서 부담하는 의무로서 의무이행이 강제되지 않고 불이행에 따른 불이익만을 받는다는 점에서 고지의무와 마찬가지인 간접의무(책무, 責務)로 보는 것이 일반적이다.

2. 통지의무의 요건

가. 보험기간 중에 발생한 새로운 위험

통지의무의 대상이 되는 위험의 변경 · 증가는 보험계약의 성립 이후에 발생한 것을 말한다. 그러므로 보험계약 체결 이전의 위험을 알려야 하는 고지의무와 다르다.

나. 사고발생의 위험의 현저한 변경 또는 증가

(1) 현저한 변경 · 증가

사고발생의 '위험이 현저하게 변경 또는 증가된 사실'이라 함은 그 변경 또는 증가된 위험이 보험계약의 체결 당시에 존재하고 있었다면 보험자가 보험계약을 체결하지 않았거나 적어도 그 보험료로는 보험을 인수하지 않았을 것으로 인정되는 정도의 것을 말한다(95다52505, 98다62909 판결 등). 그리고 위험의 변경 · 증가가 있었는지 여부는 보험목적물의 사용 · 수익방법의 변경, 보험요율의 주요 결정요소의 변경 등 구체적인 여러 사정을 종합하여 인정 · 판단하며(95다52505 판결), 위험의 현저한 변경 · 증가에 관한 입증책임은 그 존재사실을 들어 보험계약의 해지를 주장하는 자가 부담한다(95다52505 판결).

위험의 변경 · 증가는 위험한 상태가 일정상태로 계속되어야 한다. 그러므로 일시적으로 위험이 증가되는 경우는 위험의 현저한 증가에 포함되지 않는다(91다32503 판결).

현저한 변경 · 증가로 본 판결

i) 화재보험계약 체결 후에 건물의 구조와 용도에 상당한 변경을 가져오는 증 · 개축 공사를 시행한 경우(98다62909, 62916 판결)
ii) 화재보험의 목적인 공장건물에 대한 근로자의 점거, 농성이 장기간 계속되고 있는 경우(92다13301, 92다13318 판결)
iii) 자동차보험계약 체결 후 피보험자동차의 구조가 현저히 변경된 경우(98다32564 판결)

현저한 변경 · 증가가 아니라는 판결

i) 화재보험계약에서 공장이 양도되었으나 영위직종, 공장건물구조 및 작업이 동일한 경우(95다52505 판결)
ii) 자동차보험계약에서 서적도매상에서 일당을 받고 다른 차량과 함께 가끔 자기 소유의 피보험자동차를 이용하여 서적을 배달하는 행위(98다48682 판결)
iii) 영업용자동차보험계약에서 보험가입자인 렌터카회사가 피보험차량을 지입차주로 하여금 렌터카회사의 감독을 받지 않고 독자적으로 렌터카 영업을 허용한 경우(95다25268 판결)
iv) 생명보험계약 체결 후 다른 생명보험에 다수 가입하였다는 사정(99다33311 판결)
v) 손해보험계약에 있어서 보험계약자가 중복보험계약을 체결한 사정(2001다49623, 2003다18494 판결)

(2) 위험의 감소

보험기간 중에 위험이 감소한 경우에는 통지의무의 대상이 되지 않는다. 위험감소와 관련하여 상법은 위험의 소멸에 대한 규정을 두고 있을 뿐이다(상법 제647조, 특별위험의 소멸).

(3) 객관적 위험의 변경 · 증가

상법 제652조의 위험의 변경 · 증가는 보험계약자 측의 행위로 인하지 않은 객관적인 위험의 변경 · 증가를 말한다. 만약에 보험계약자 · 피보험자의 고의 또는 중과실로 위험이 변경 · 증가한 경우(주관적인 위험의 변경 · 증가)에는 통지의무가 아닌 상법 제653조의 위험유지의무가 적용된다.

다. 보험계약자 · 피보험자의 인지

보험계약자 또는 피보험자가 그 위험의 현저한 변경 · 증가사실을 안 때에 통지의무를 부담한다. 여기서 '안 때'란 특정한 상태의 변경이 있음을 아는 것만으로는 부족하고 그 상태의 변경이 사고발생위험의 현저한 변경 · 증가에 해당된다는 것까지 안 때를 의미한다(2012다62318 판결). 만약에 보험자가 이미 그 변경 · 증가의 사실을 알았다면 보험계약자 측에서 통지할 필요가 없다(98다62909 판결).

3. 통지의무의 이행

가. 통지의무자와 통지의 대상

위험의 현저한 변경 · 증가의 통지의무를 부담하는 자는 보험계약자 · 피보험자이다. 그 범위에 보험수익자는 포함되지 않는다. 통지의 대상은 보험자와 보험자의 대리인이다(98다62909 판결). 그러므로 보험설계사에 대한 통지는 효력이 없다(2006다19672 판결).

나. 통지의 시기 · 방법

보험계약자 측은 위험의 현저한 변경 · 증가를 안 때에 '지체 없이' 보험자에게 통지하여야 한다. 상법은 통지의 방법에 별도의 제한이 없으나 실무약관은 근거를 확실히 하기 위하여 서면통지로 정하는 경우가 일반적이다.

다. 통지의무이행의 효과

(1) 보험료의 증액

위험의 현저한 변경 · 증가에 대한 통지의무를 이행한 경우 보험자는 통지를 받은 때로부터 1월(제척기간) 내에 보험료의 증액을 요구하면서 계약을 유지할 수 있다(상법 제652조 제2항).

(2) 계약의 해지와 보험금지급책임

보험자는 통지를 받은 경우에도 그 때로부터 1월(제척기간) 내에 계약을 해지할 수 있다(상법 제652조 제2항). 통지의무의 이행에도 불구하고 보험자에게 해지권을 부여한 것은 위험단체의 동질성을 유지하기 위한 것이다.

해지의 효과는 고지 위반으로 인한 해지의 효과와 같다. 즉, 사고발생 이후에도 계약을 해지할 수 있으며 계약을 해지한 경우에는 보험금을 지급할 책임이 없다(상법 제655조 본문). 또한 위험이 현저하게 변경되거나 증가된 사실이 보험사고발생에 영향을 미치지 아니하였음이 증명된 경우에는 보험금을 지급할 책임이 있다(상법 제655조 단서).

4. 통지의무 위반의 효과

보험계약자 · 피보험자가 통지의무를 해태한 경우에 보험자는 그 사실을 안 날로부터 1월(제척기간) 내에 한하여 계약을 해지할 수 있다(상법 제652조 제1항). 보험자는 사고발생 이후에도 계약을 해지할 수 있으며, 계약을 해지한 경우에는 보험금을 지급할 책임이 없다(상법 제655조 본문). 그러나 위험이 현저하게 변경되거나 증가된 사실이 보험사고발생에 영향을 미치지 아니하였음이 증명된 경우에는 보험금을 지급할 책임이 있다(상법 제655조 단서).

解止 해지
유효한 채권관계를 미래를 향하여 소멸시키는 것을 말한다. 해지는 계속적인 계약관계에서 의미가 있으며, 해지권은 단독으로 행사할 수 있는 형성권의 하나이다.

5. 손해보험과 생명보험의 위험변경 · 증가

상법 손해보험편은 보험목적(예 화재보험의 건물)의 양도사실을 통지할 의무를 두고 있으나 그 위반에 대한 규정은 없다. 판례는 양도사실통지 위반의 효과에 대하여 상법 제652조를 유추적용하는 견해이다. 그러므로 보험목적의 양도로 인하여 위험의 현저한 변경 또는 증가가 있었다면 해지사유가 될 수 있다(95다52505 판결). 해상보험편은 위험의 변경 · 증가의 통지의무에 대한 특칙으로 항해변경(상법 제701조), 이로(상법 제701조의2), 발항지연(상법 제702조), 선박변경(상법 제703조)의 사유에 대하여 자동적으로 보험자의 책임을 면하는 규정을 두고 있다.

실무상 생명보험약관은 위험변경 · 증가의 통지의무를 규정하지 않는 것이 일반적이다. 그러나 상해보험의 경우에는 피보험자의 직업 · 직무변경, 이륜자동차의 주기적 사용에 대하여 위험변경 · 증가의 통지조항을 두고 있으며, 그 효과로 계약해지 및 보험금의 감액(보험요율에 비례한 감액)을 적용하고 있다(2002다63312 판결, 이 조항은 상법 제653조의 특칙으로 해석되지만, 통지의무를 두고 있다는 점에서는 제652조와도 관련이 있다).

2012다62318 판결

甲이 乙보험회사와 아들 丙을 피보험자로 하여 丙이 상해로 후유장해를 입을 경우 보험금을 지급받는 보험계약을 체결한 이후에 丙이 운전면허를 취득하여 오토바이를 운전하다가 두개골 골절 등 상해를 입자 후유장해에 대한 보험금지급을 청구하였는데, 乙회사가 오토바이 운전에 따른 위험의 증가를 통지하지 않았다는 이유로 甲에게 보험계약 해지의사를 표시한 사안에서, 보험청약서에 오토바이 소유 또는 운전 여부를 묻는 질문이 있었던 점 등에 비추어 보험계약 체결 당시 丙이 오토바이 운전을 하였다면 乙회사가 보험계약을 체결하지 않았거나 적어도 그 보험료로는 보험을 인수하지 않았을 것이라고 추정되는 점, 丙이 위 사고 이전에 오토바이 사고를 당한 적이 있는 점, 甲은 보험청약서의 오토바이 소유 또는 운전 여부를 묻는 질문에 '아니오'라고 대답함으로써 오토바이 운전이 보험인수나 보험료 결정에 영향을 미친다는 점을 알게 되었다고 보이는 점 등에 비추어 보면, 甲은 丙의 오토바이 운전사실과 그것이 보험사고발생위험의 현저한 변경 · 증가에 해당한다는 것을 알았다고 보이고 丙의 오토바이 운전사실을 乙회사에 통지하지 않아 상법 제652조 제1항에서 정한 통지의무를 위반하였으므로, 乙회사는 상법 제652조 제1항에서 정한 해지권을 행사할 수 있다.

Ⅱ 위험유지의무

1. 의의

상법

제653조【보험계약자 등의 고의나 중과실로 인한 위험증가와 계약해지】 보험기간 중에 보험계약자, 피보험자 또는 보험수익자의 고의 또는 중대한 과실로 인하여 사고발생의 위험이 현저하게 변경 또는 증가된 때에는 보험자는 그 사실을 안 날부터 1월 내에 보험료의 증액을 청구하거나 계약을 해지할 수 있다.

보험계약 성립 이후에 보험계약자, 피보험자, 보험수익자는 고의 또는 중과실로 사고발생의 위험을 현저하게 변경 · 증가시키지 않아야 한다(상법 제653조, 위험변경 · 증가금지의무). 위험단체의 동질성을 유지하고 보험계약이 사행계약화되는 것을 막기 위함이다.

이 의무는 고지의무, 위험의 현저한 변경 · 증가 통지의무와 마찬가지로 간접의무(자기의무, 책무)의 일종이다.

2. 위험유지의무의 요건

이 의무의 요건은 상법 제652조(위험의 현저한 변경 · 증가통지의무)와 일부분 공통된다. 즉, ⅰ) 보험기간 중에 발생한 새로운 위험이 대상이 되며, ⅱ) 사고발생의 위험이 현저하게 변경 · 증가되어야 한다. 여기서 현저한 변경 · 증가란 "그 변경 또는 증가된 위험이 보험계약의 체결 당시에 존재하고 있었다면 보험자가 보험계약을 체결하지 않았거나 적어도 그 보험료로는 보험을 인수하지 않았을 것으로 인정되는 정도의 것(2001다49630 판결)"을 말하는데, 판례는 상법 제652조와 제653조의 현저한 변경 · 증가의 의미를 동일하게 보고 있다.

그러나 이 의무는 i) 보험계약자, 피보험자뿐만 아니라 보험수익자도 부담하며, 이들의 ii) 고의 또는 중과실로 위험이 변경 · 증가하는 경우에 한한다. 이러한 점에서 이 의무를 '주관적 위험의 변경 · 증가금지의무'라고도 한다. 또한 변경 · 증가금지의무이므로 별도의 iii) 통지의무는 부담하지 않는다.

3. 의무 위반의 효과

이 의무 위반의 효과는 위험의 현저한 변경 · 증가 통지의무 위반의 효과와 같다. 즉, 보험계약자, 피보험자 또는 보험수익자가 위험유지의무를 해태한 때에는 보험자는 그 사실을 안 날로부터 1월(제척기간) 내에 한하여 계약을 해지할 수 있다(상법 제653조). 보험자는 사고발생 이후에도 계약을 해지할 수 있으며, 계약을 해지한 경우에는 보험금을 지급할 책임이 없다(상법 제655조 본문). 그러나 위험이 현저하게 변경되거나 증가된 사실이 보험사고발생에 영향을 미치지 아니하였음이 증명된 경우에는 보험금을 지급할 책임이 있다(상법 제655조 단서).

Ⅲ 사고발생 통지의무

1. 의의

상법

제657조【보험사고발생의 통지의무】 ① 보험계약자 또는 피보험자나 보험수익자는 보험사고의 발생을 안 때에는 지체 없이 보험자에게 그 통지를 발송하여야 한다.

② 보험계약자 또는 피보험자나 보험수익자가 제1항의 통지의무를 해태함으로 인하여 손해가 증가된 때에는 보험자는 그 증가된 손해를 보상할 책임이 없다.

보험계약자 또는 피보험자나 보험수익자는 보험사고의 발생을 안 때에는 지체 없이 보험자에게 그 통지를 발송하여야 한다(상법 제657조 제1항). 보험자의 원활한 사고조사 · 손해액 산정을 위한 것이다.

이 의무의 법적 성질에 대해서는 보험금지급책임을 묻는 전제조건이 된다는 점과 의무를 위반한 경우 증가된 손해를 보상하지 않는다는 점에서 보험자에 대한 진정한 의무로 보는 견해가 유력하다. 그러나 그 이행을 강제할 수 없다는 점에서 간접의무에 해당한다는 견해도 있다.

2. 통지의무의 요건

사고발생 통지의무를 부담하는 자는 보험계약자, 피보험자 그리고 보험수익자이다. 이들은 보험사고발생을 안 때에 '지체 없이' 통지하여야 한다. 상법은 통지의 방법에 대하여 제한이 없으므로 구두, 서면 등의 방법이 모두 가능하다.

3. 통지의무 위반의 효과

보험계약자 등이 사고발생 통지의무를 위반한 때에는 보험자가 그 위반으로 인하여 증가된 손해에 대한 책임을 면한다(상법 제657조 제2항). 이와 관련하여 배상책임보험약관(기업보험) 등은 "피보험자 등이 보험금청구 등에 관한 서류 또는 증거를 위조 또는 변조한 경우에는 보험금청구권을 상실한다"는 보험금청구권상실조항을 규정하고 있다(2009다56603 판결).

사고가 발생하였음에도 불구하고 보험계약자 등이 사고발생통지를 발송하지 않으면 보험자는 이행지체에 빠지지 않는다. 또한 보험계약자 등의 사고발생 통지해태는 보험금청구권의 소멸시효에 영향을 미치지 않으므로 사고발생통지일이 아니라 보험사고발생일로부터 소멸시효가 기산된다(92가합1029 판결).

4. 배상책임보험의 청구사실 통지의무

배상책임보험의 피보험자가 제3자로부터 배상의 청구를 받은 때에는 지체 없이 보험자에게 그 통지를 발송하여야 한다(상법 제722조 제1항, 소송통지의무). 그 소송에서 적정한 배상액이 정해지도록 보험회사에게 직접 · 간접으로 소송에 관여할 기회를 주기 위한 것이다(94다2145 판결).

이 의무는 손해방지의무의 일종으로 해석된다. 그러므로 손해방지의무의 위반 시와 마찬가지로 피보험자가 청구사실에 대한 통지를 게을리 하여 손해가 증가된 경우 보험자는 그 증가된 손해를 보상할 책임이 없다(상법 제722조 제2항 본문 신설). 그러나 피보험자가 사고발생 통지의무를 이행한 경우에는 청구사실에 대한 통지를 하지 않더라도 의무 위반에 대한 규정을 적용하지 않는다(상법 제722조 제2항 단서, 신설).

보험계리사 · 손해사정사 기출문제

01 위험변경 · 증가의 통지의무에 관한 다음 설명 중 옳지 않은 것은? (다툼이 있는 경우 판례에 의함) ▶38회

① 위험의 변경 또는 증가는 보험기간 중에 생긴 것이어야 한다.

② 위험의 변경 또는 증가는 현저한 것이어야 한다.

③ 보험계약 성립 시부터 예견된 위험상태가 계속된 경우의 위험을 포함한다.

④ 그 통지는 서면에 의하든 구두에 의하든 상관이 없다.

해설 보험계약 성립 당시부터 이미 예견되던 위험은 고지의무의 대상이 되는 위험이다. 위험변경 · 증가의 통지의무는 보험계약의 성립 이후에 새롭게 발생한 위험에 대한 통지의무이다.

02 보험계약자는 화재보험의 목적인 건물의 증개축공사를 하면서, 그 사실을 보험자에게 알리지 아니하였다. 보험자의 보험대리점의 운영자가 이 공사가 본격적으로 시행된 후에 공사현장을 방문하였다. 그 후 이 공사 중의 용접작업으로 인하여 화재가 발생하였다. 이 사건에서 대법원 판례는 보험자가 보험계약을 해지할 수 없다고 하였다. 그 이유는? ▶32회

① 이 사건의 증개축공사는 보험계약자의 위험변경 · 증가 통지의무의 대상이 되지 않기 때문이다.

② 뚜렷한 위험변경 · 증가와 관련된 건물의 증개축을 보험자에게 알릴 의무사항으로 규정한 약관조항을 보험자가 설명하지 않았기 때문이다.

③ 보험대리점의 운영자의 악의나 중대한 과실은 보험자의 악의나 중대한 과실로 볼 수 없기 때문이다.

④ 보험자가 현저한 위험변경 · 증가의 사실을 안 날로부터 1개월이 지났거나 그 사실을 중대한 과실로 알지 못했기 때문이다.

해설 ① 증개축공사는 위험의 현저한 증가에 해당한다.
② 위험의 현저한 변경 · 증가 통지의무를 약관에 규정한 경우 이는 법령에서 정한 사항을 규정한 것에 불과하므로 약관교부 · 설명의무에 의하여 알릴 사항이 아니다.
③ 보험대리점은 보험자의 대리인이므로 보험대리점이 안 것은 보험자가 안 것이다.
④ 보험대리점이 증개축사실을 안 날로 1개월이 경과하였다면, 보험자가 안 날로 1개월이 지난 것이 되어 해지할 수 없다.

03 다음은 보험계약상 위험변경 · 증가의 통지의무에 관한 설명이다. 옳지 않은 것은? ▶23회

① 변경 또는 증가의 원인은 객관적이어야 하므로 보험계약자 또는 피보험자의 행위로 인한 것이 아니어야 한다.

② 통지의무불이행 시 보험자는 이러한 사실을 안 날로부터 1월 이내에 계약을 해지할 수 있다.

③ 통지의무이행 시 보험자는 1월 내에 보험료의 증액을 청구할 수 있을 뿐 보험계약을 해지할 수 없다.

④ 사고발생 후 계약의 해지 시 위험의 현저한 변경 · 증가와 보험사고의 발생 간에 아무런 인과관계가 없다면 보험자는 보험금액의 지급의무를 면하지 못한다.

해설 상법은 보험료의 증액뿐만 아니라 보험계약의 해지도 가능하도록 정하였다. 보험계약자 측에서 통지의무를 이행한 경우에도 그 위험의 현저한 변경 · 증가가 위험단체의 동질성을 유지하지 못할 정도로 크다면, 보험자가 위험단체를 보호하기 위하여 해당 계약을 해지할 필요가 있기 때문이다.

04 통지의무에 관한 설명으로 옳지 않은 것은? (다툼이 있는 경우 판례에 의함) ▶41회

① 보험기간 중에 보험계약자, 피보험자나 보험수익자가 사고발생의 위험이 현저하게 변경 또는 증가된 사실을 안 때에는 지체 없이 보험자에게 통지하여야 한다.

② 보험기간 중에 보험계약자, 피보험자 또는 보험수익자의 고의 또는 중대한 과실로 인하여 사고발생의 위험이 현저하게 변경 또는 증가된 때에는 보험자는 그 사실을 안 날로부터 1월 내에 보험료 증액 등을 청구할 수 있다.

③ 위험변경 · 증가는 일정상태의 계속적 존재를 전제로 하고, 일시적 위험의 증가에 그친 경우에는 통지의무를 부담하지 아니한다.

④ 화재보험에서 근로자들이 폐업신고에 항의하면서 공장을 상당기간 점거하여 외부인의 출입을 차단하고 농성하는 행위는 현저한 위험변경 · 증가로 본다.

해설 위험의 현저한 변경 · 증가 통지의무는 보험계약자와 피보험자만 부담한다. 보험수익자는 위험유지의무만을 부담한다.

05 보험기간 중에 보험계약자, 피보험자 또는 보험수익자의 고의 또는 중대한 과실로 인하여 사고발생의 위험이 현저하게 변경 또는 증가된 경우를 무엇이라고 하는가? ▶25회

① 주관적 위험변경 · 증가 ② 객관적 위험변경 · 증가
③ 절대적 위험변경 · 증가 ④ 상대적 위험변경 · 증가

해설 상법 제653조의 의무는 보험계약자 측의 고의 · 중과실을 요건으로 한다는 점에서 주관적 위험을 대상으로 한다.

06 상법상 제652조에서 규정한 위험의 현저한 변경 · 증가에 대한 설명으로 옳은 것은? (다툼이 있는 경우 판례에 의함) ▸39회

① 화재보험에 가입된 공장건물에 대한 근로자들의 점거와 장기간의 농성은 사고발생위험의 현저한 증가 또는 변경이라고 볼 수 없다.

② 화재보험약관에서 규정하고 있는 '사고발생위험의 현저한 증가 또는 변경 시 통지의무'조항에 대하여 보험자는 약관 명시 · 설명의무를 부담한다.

③ 보험계약자가 위험의 현저한 변경 · 증가사실을 통지한 때에는 보험자는 통지를 받은 날로부터 2월 내에 계약을 해지할 수 있다.

④ 보험계약 해지권 행사기간의 기산점은 보험계약자 등이 통지의무를 이행하지 아니한 사실을 보험자가 알게 된 날이다.

해설 ① 판례는 화재보험에 가입된 건물에서 발생한 근로자의 장기간 농성을 위험의 현저한 증가로 보고 있다.
② 판례는 화재보험에 가입된 건물의 구조변경이나 개축, 증축에 대한 통지의무조항에 대해서는 약관설명의무의 대상이 아니라고 하였다.
③ 안 날로 1개월 내에 해지할 수 있다.
④ 통지의무 위반으로 인한 해지권의 기산점은 보험자가 안 날을 기준으로 한다.

07 보험기간 중에 보험자의 동의 없이 보험계약자 등이 고의 또는 중대한 과실로 인하여 사고발생의 위험을 현저하게 변경하거나 증가시키지 않을 의무인 상법 제653조의 위험유지의무에 관한 설명으로 맞는 것은? ▸34회

① 보험자는 위험의 현저한 변경 · 증가사실을 안 때에는 10일 내에 한하여 보험료의 증액을 청구하거나 계약을 해지할 수 있다.

② 판례는 생명보험계약에서 피보험자의 직업이나 직종이 바뀐 것을 통지하지 아니한 것을 위험유지의무 위반으로 판단하지 않는다.

③ 위험의 변경 · 증가와 보험사고발생 간에 인과관계가 없는 경우에도 보험자는 보험금액을 지급할 책임이 있다.

④ 판례는 보험자가 위험의 현저한 증가사실을 알았거나 중대한 과실로 인하여 알지 못한 경우에도 해지권을 인정한다.

해설 ① 위험변경 · 증가 통지의무 위반 시 보험자는 그 사실을 안 날로 1개월 내에 한하여 보험료의 증액을 청구하거나 해지할 수 있다.
② 피보험자의 직업이나 직종에 따라 보험금 가입한도에 차등이 있는 생명보험계약에서 피보험자가 직업이나 직종을 변경하는 경우에 그 사실을 통지하도록 하면서 그 통지의무를 해태한 경우에 직업 또는 직종이 변경되기 전에 적용된 보험요율의 직업 또는 직종이 변경된 후에 적용해야 할 보험요율에 대한 비율에 따라 보험금을 삭감하여 지급하는 것은 실질적으로 약정된 보험금 중에서 삭감한 부분에 관하여 보험계약을 해지하는 것이라 할 것이므로 그 해지에 관하여는 상법 제653조에서 규정하고 있는 해지기간 등에 관한 규정이 여전히 적용되어야 한다(2002다63312 판결).

③ 보험자의 보험금지급책임은 위험의 변경과 보험사고와의 인과관계에 따라 결정된다. 이들이 서로 인과관계가 있는 경우에 한하여 보험자는 보험금지급책임을 면한다.
④ 법원은 "보험계약자 또는 피보험자의 통지가 없었다고 하더라도 보험대리인이 피보험 건물의 증 · 개축공사가 본격적으로 시행된 후 공사현장에 있는 보험계약자 또는 피보험자를 방문하면서 피보험 건물의 증 · 개축공사와 이로 인한 보험사고발생의 위험이 현저하게 증가된 사실을 알았거나 중대한 과실로 알지 못하였다고 보아 화재보험보통약관상의 해지권소멸규정에 의하여 보험자가 보험계약을 해지할 수 없다(98다62909,62916 판결)"고 하였다.

08 **보험계약자 또는 피보험자나 보험수익자는 보험사고의 발생을 안 때에는 지체 없이 보험자에게 그 통지를 발송하여야 한다. 이 의무 위반의 효과는?** ▶38회

① 상법에 규정이 없다.
② 이 의무는 고지의무와 같은 일종의 간접의무로서 보험자는 계약을 해지할 수 있다.
③ 보험자는 보험료의 증액 또는 계약을 해지할 수 있다.
④ 통지의무를 해태함으로 인하여 손해가 증가된 때에는 보험자는 그 증가된 손해를 보상할 책임이 없다.

해설 사고발생 통지의무 위반으로 인하여 늘어난 손해에 대하여 보상책임이 없다.

[정답]
01 ③ 02 ④ 03 ③ 04 ① 05 ① 06 ④ 07 ③ 08 ④

CHAPTER 9 보험계약의 무효와 변경·소멸

I 보험계약의 무효

1. 보험계약에 공통적인 무효사유

가. 민법일반원칙에 의한 무효

보험계약의 청약이나 승낙의 의사표시가 진의 아닌 의사표시(민법 제107조) 혹은 통정허위표시(민법 제108조)에 해당한다면 그 보험계약은 무효이다.

선량한 풍속 기타 사회질서에 위반하는 보험계약은 무효이다(민법 제103조). 예를 들어 보험금의 부정취득목적으로 다수의 보험계약을 체결하거나(2005다23858 판결), 처음부터 피보험자를 해함으로써 생명보험금의 취득을 노리고 보험에 가입한 경우에는 민법 제103조에 위배되어 무효이다(99다49064 판결).

2013다69170, 2014다234827, 2016다255125 판결

보험계약자가 보험금을 부정취득할 목적으로 다수의 보험계약을 체결하였는지에 관하여는, 이를 직접적으로 인정할 증거가 없더라도 보험계약자의 직업 및 재산상태, 다수 보험계약의 체결 시기와 경위, 보험계약의 규모와 성질, 보험계약 체결 후의 정황 등 제반 사정에 기하여 그와 같은 목적을 추인할 수 있다. 이는 타인을 위한 생명보험이 제3자를 위한 계약의 성질을 가지고 있다고 하더라도 달리 볼 수 없다.

특히 보험계약자가 자신의 수입 등 경제적 사정에 비추어 부담하기 어려울 정도로 고액인

보험료를 정기적으로 불입하여야 하는 과다한 보험계약을 체결하였다는 사정, 단기간에 다수의 보험에 가입할 합리적인 이유가 없음에도 불구하고 집중적으로 다수의 보험에 가입하였다는 사정, 보험모집인의 권유에 의한 가입 등 통상적인 보험계약 체결 경위와는 달리 적극적으로 자의에 의하여 과다한 보험계약을 체결하였다는 사정, 저축적 성격의 보험이 아닌 보장적 성격이 강한 보험에 다수 가입하여 수입의 상당 부분을 그 보험료로 납부하였다는 사정, 보험계약 당시 동종의 다른 보험 가입사실의 존재와 자기의 직업 · 수입 등에 관하여 허위의 사실을 고지하였다는 사정 또는 다수의 보험계약 체결 후 얼마 지나지 아니한 시기에 보험사고발생을 원인으로 집중적으로 보험금을 청구하여 수령하였다는 사정 등의 간접사실이 인정된다면 이는 보험금 부정취득의 목적을 추인할 수 있는 유력한 자료가 된다.

그러므로 피보험자가 다수의 보험회사와 10건의 보험계약을 체결한 후 입원치료 등을 이유로 보험회사로부터 보험금을 지급받았는데, 보험회사가 보험계약이 선량한 풍속 기타 사회질서에 반하여 무효라는 이유로 부당이득반환을 구한 사안에서, 피보험자가 보험계약 체결 직후 병원에 입원한 사실이 없음에도 입원한 것처럼 보험금을 허위로 청구하여 보험회사 등으로부터 보험금을 지급받은 행위로 사기죄로 기소되어 유죄판결을 선고받는 등 갑의 재산상태, 다수의 보험계약의 체결 경위, 보험계약의 규모와 성질, 보험계약 체결 후의 정황 등 제반 사정에 비추어 갑이 보험계약을 체결한 것은 순수하게 생명 · 신체 등에 대한 우연한 위험에 대비하기 위한 것이라고 보기 어렵고, 오히려 보험사고를 빙자하여 보험금을 부정하게 취득할 목적으로 보험계약을 체결한 것으로 볼 여지가 충분하다.

나. 보험사고 확정 후의 계약

상법

제644조【보험사고의 객관적 확정의 효과】 보험계약 당시에 보험사고가 이미 발생하였거나 또는 발생할 수 없는 것인 때에는 그 계약은 무효로 한다. 그러나 당사자 쌍방과 피보험자가 이를 알지 못한 때에는 그러하지 아니하다.

제648조【보험계약의 무효로 인한 보험료반환청구】 보험계약의 전부 또는 일부가 무효인 경우에 보험계약자와 피보험자가 선의이며 중대한 과실이 없는 때에는 보험자에 대하여 보험료의 전부 또는 일부의 반환을 청구할 수 있다. 보험계약자와 보험수익자가 선의이며 중대한 과실이 없는 때에도 같다.

상법 제644조는 보험계약 당시에 보험사고가 이미 발생하였거나 또는 발생할 수 없는 것인 때에는 그 계약을 무효로 한다(상법 제644조). 그러나 계약당사자 및 피보험자가 보험사고의 확정을 알지 못한 경우에는 보험계약은 유효하다(상법 제644조 단서). 이 규정은 보험사고의 불확정성이라는 보험 본질에 따른 강행규정이다(2001다59064 판결).

상법 제644조에 의한 계약의 무효가 보험계약자 등이 선의 · 무과실로 인한 경우라면 이미 지급한 보험료의 반환을 청구할 수 있다(상법 제648조).

2010다66835 판결

상법 제644조는 보험계약 당시 보험사고가 이미 발생한 때에 그 계약을 무효로 한다고 규정하고 있으므로, 설사 시간의 경과에 따라 보험사고의 발생이 필연적으로 예견된다고 하더라도 보험계약 체결 당시 이미 보험사고가 발생하지 않은 이상 상법 제644조를 적용하여 보험계약을 무효로 할 것은 아닌바, 피보험자가 비록 이 사건 보험계약 체결 이전에 근이양증 진단을 받았다고 하더라도 보험사고(사망 또는 제1급 장해발생)가 위 보험계약 체결 이전에 발생하지 않은 이상 위 보험계약이 무효라고 할 수 없다.

다. 보험계약의 취소로 인한 무효

(1) 보험약관의 교부 · 설명의무 위반

보험약관의 교부 · 설명의무를 위반한 경우에 보험계약자는 계약 성립일로부터 3월 이내에 계약을 취소할 수 있고(상법 제638조의3 제2항), 취소에 따라 보험계약은 처음부터 무효가 된다(민법 제141조). 따라서 보험자는 받은 보험료를 전부 반환하여야 한다(상법 제648조).

(2) 고지의무의 위반이 사기인 경우

보험계약자 등의 사기로 고지의무(상법 제651조)를 위반한 경우 보험자는 계약을 취소할 수 있고(민법 제110조), 취소에 따라 보험계약은 처음부터 무효로 된다(민법 제141조). 계약이 무효가 된 경우에도 보험자는 그때까지의 위험을 부담하였기 때문에 사기사실을 안 때까지의 보험료에 대하여는 반환할 필요가 없다(상법 제648조 참고). 이 조항은 최대선의계약의 특성을 가진 보험계약에서 사기를 응징하려는 취지가 반영된 것이다.

라. 보험계약의 해제로 인한 무효

계약의 성립 후 2개월이 지나도록 제1회 보험료를 납입하지 않은 경우에는 그 계약은 해제된 것으로 본다(상법 제650조 제1항). 해제의 효과로 계약이 소급하여 소멸하므로 타인을 위한 보험이 아닌 이상 보험자의 의사표시 없이도 그 계약은 당연히 무효로 된다.

2. 손해보험계약에서의 무효사유

손해보험계약의 피보험자가 보험의 목적에 손해가 발생하더라도 아무런 경제적 이해관계 또는 손해를 입지 않는다면, 그 보험계약은 피보험이익이 없는 계약으로서 무효가 된다.

초과 · 중복보험계약이 사기로 인한 경우에는 그 계약은 무효가 된다(상법 제669조 제4항, 제672조 제3항). 이 경우 보험자는 위험을 부담했기 때문에 그 사실을 알 때까지의 보험료를 청구할 수 있다(상법 제669조 제4항, 제672조 제3항).

3. 인보험계약에서의 무효사유

15세 미만자 · 심신상실자 또는 심신박약자의 사망을 보험사고로 하는 보험계약은 무효이다(상법 제732조). 제한능력자의 생명을 보호하기 위한 것이다.

타인의 사망을 보험사고로 하는 보험계약에는 보험계약 체결 시에 그 타인의 서면에 의한 동의를 얻어야 한다(상법 제731조). 동의가 없는 경우 그 계약은 효력이 없다.

4. 보험계약의 무효와 보험료반환

상법

제648조【보험계약의 무효로 인한 보험료반환청구】 보험계약의 전부 또는 일부가 무효인 경우에 보험계약자와 피보험자가 선의이며 중대한 과실이 없는 때에는 보험자에 대하여 보험료의 전부 또는 일부의 반환을 청구할 수 있다. 보험계약자와 보험수익자가 선의이며 중대한 과실이 없는 때에도 같다.

무효인 계약은 처음부터 법률상 효과가 없으므로 무효계약으로 인한 이익은 반환하여야 한다(민법 제741조, 부당이득의 반환). 그러므로 무효인 보험계약에서 지급한 보험료와 보험금도 상대방에게 반환하여야 한다. 그러나 보험계약의 무효가 보험계약자 측의 악의 또는 중과실로 인한 경우에는 보험계약자가 보험자에게 보험료의 반환을 청구할 수 없다(상법 제648조). 보험계약의 최대선의계약으로서의 성격이 반영된 것이다.

한편, 무효인 보험계약에 따라 납부한 보험료에 대한 보험계약자의 반환청구권은 특별한 사정이 없는 한 보험료를 납부한 때에 발생하여 행사할 수 있다고 할 것이므로 보험료반환청구권의 소멸시효는 특별한 사정이 없는 한 각 보험료를 납부한 때부터 진행한다(2010다92612 판결).

Ⅱ 보험계약의 변경 · 소멸

보험계약도 채권계약이므로 채무인수, 채권양도에 의하여 변경하며, 변제, 경개, 면제, 혼동 등에 의하여 소멸한다. 그 외에 일반적인 권리의 소멸원인이 되는 소멸시효, 해제조건의 성취, 종기의 도래, 해지 등에도 영향을 받는다. 그러나 보험계약은 일반계약과는 차이가 있으므로 그 특수성에서 비롯된 원인에 의하여도 영향을 받는다.

1. 위험의 변경 · 소멸

위험은 곧 보험사고의 발생가능성이다. 위험의 변경 · 소멸은 곧 보험계약의 변경 · 소멸과 관련된다. 보험계약 당시에 보험사고가 발생할 수 없는 것인 때에는 위험 자체가 없으므로 그 계약은 무효가 되며(상법 제644조), 계약 이후에 위험이 소멸되면 보험계약이 종료된다. 또한 보험계약 당사자가 특별위험을 예기하여 보험료의 액을 정한 경우 그 위험이 소멸한 경우에는 보험계약자가 보험료의 감액을 청구할 수 있고(상법 제647조), 보험기간 중에 위험이 현저하게 변경 · 증가하거나 보험계약자 등의 고의 중과실로 위험이 현저하게 변경 · 증가한 경우에는 보험자가 보험료의 증액청구 혹은 계약을 해지할 수 있다(상법 제652조, 제653조).

2. 보험기간의 종료

보험계약은 존속기간의 만료로 당연히 소멸한다(당연종료). 또한 보험사고가 발생하여 보험금액이 전액 지급되었다면 보험기간이 만료되기 이전에도 보험계약은 소멸한다(보험사고의 발생).

손해보험에 있어서 보험의 목적이 보험사고 외의 원인으로 멸실한 경우에는 피보험이익과 해당 위험도 함께 소멸하므로 보험계약도 당연히 종료한다(피보험이익의 소멸, 위험의 소멸).

3. 보험자의 파산

상법

제654조【보험자의 파산선고와 계약해지】 ① 보험자가 파산의 선고를 받은 때에는 보험계약자는 계약을 해지할 수 있다.

② 제1항의 규정에 의하여 해지하지 아니한 보험계약은 파산선고 후 3월을 경과한 때에는 그 효력을 잃는다.

보험자가 파산선고를 받은 때에는 보험계약자는 그 계약을 해지할 수 있고, 파산선고 후 3월이 경과하도록 해지하지 않은 경우 그 계약은 효력을 잃는다(상법 제654조). 이 조항의 취지는 보험계약상의 채권평가로 인한 지연을 방지하여 파산절차를 신속히 진행하려는 데 있다.

한편, 보험계약자의 파산은 보험계약에 별다른 영향을 주지 않고, 보험계약자가 보험료를 미납하는 경우에 계약의 해지사유가 될 뿐이다. 그러나 타인을 위한 보험계약에서 보험계약자가 파산하여 보험료를 미납하는 경우에는 타인에게 제2차적 보험료납입의무가 주어진다(상법 제639조 제3항 단서).

4. 계약당사자에 의한 해지

가. 보험계약자에 의한 해지

상법

제649조【사고발생 전의 임의해지】 ① 보험사고가 발생하기 전에는 보험계약자는 언제든지 계약의 전부 또는 일부를 해지할 수 있다. 그러나 제639조(타인을 위한 보험)의 보험계약의 경우에는 보험계약자는 그 타인의 동의를 얻지 아니하거나 보험증권을 소지하지 아니하면 그 계약을 해지하지 못한다.
② 보험사고의 발생으로 보험자가 보험금액을 지급한 때에도 보험금액이 감액되지 아니하는 보험의 경우에는 보험계약자는 그 사고발생 후에도 보험계약을 해지할 수 있다.
③ 제1항의 경우에는 보험계약자는 당사자 간에 다른 약정이 없으면 미경과보험료의 반환을 청구할 수 있다.

보험계약자는 보험자의 파산(상법 제654조) 외에도 보험사고발생 전에는 언제든지 임의로 계약의 전부 또는 일부를 해지할 수 있다(제649조 제1항). 그러나 타인을 위한 보험에서 해지를 위해서는 그 타인의 동의나 보험증권의 소지가 필요하다(제649조 제1항 단서). 계약자가 계약을 임의로 해지하는 경우 다른 약정이 없는 한 미경과보험료의 반환도 청구할 수 있다(제649조 제3항). 계속적

계약에서의 보험계약자 이익을 보호하기 위한 규정이다.

한편, 보험사고발생 후에 보험금액을 지급받았더라도 보험금액이 감액되지 않는 보험이라면, 보험계약자는 그 계약을 해지할 수 있다(상법 제649조 제2항).

나. 보험자에 의한 해지

보험자는 초회보험료 미납으로 인한 계약해제규정(상법 제650조 제1항) 외에도 계속보험료가 미납된 경우에는 상당한 기간을 정하여 최고한 후에 그 계약을 해지할 수 있다(상법 제650조 제2항). 보험계약자가 고지의무나 위험변경 · 증가의 통지의무, 위험유지의무를 위반한 때에도 보험자가 그 계약을 해지할 수 있다(상법 제651조 내지 제653조).

다. 계약해지와 해지환급금

보험계약이 해지되면 보험자는 보험계약자에게 보험료적립금(장래 보험사고를 위해 적립한 보험료, 상법 제736조)과 미경과보험료(경과되지 않은 기간에 대한 선수보험료, 상법 제649조)를 반환한다. 그러나 보험료적립금은 생명보험과 같은 장기보험의 경우에 적용되고 단기보험인 일반손해보험에서는 적용되지 않는 것이 일반적이다.

보험계리사 · 손해사정사 기출문제

01 상법상 보험계약의 무효사유에 속하는 것은? ▶335회

① 보험계약자가 고지의무를 위반한 경우

② 보험계약자가 계속보험료의 지급을 게을리한 경우

③ 보험계약자의 사기로 인하여 중복보험계약이 체결된 경우

④ 보험기간 중에 피보험자의 중대한 과실로 인하여 사고발생의 위험이 현저하게 변경된 경우

해설 ① 고지의무 위반으로서 보험계약의 해지사유이다.
② 보험료납입을 게을리한 경우로서 보험계약의 해지사유이다.
③ 손해보험계약의 무효사유이다.
④ 위험유지의무 위반으로서 보험계약의 해지사유이다.

02 보험계약자는 무효인 보험계약에 의하여 보험회사에게 분할지급한 보험료의 반환을 청구할 수 있다. 이 보험료 반환청구권의 소멸시효에 관한 설명 중 옳은 것은? (다툼이 있는 경우 판례에 의함) ▶336회

① 마지막 분할보험료를 지급한 때로부터 2년이 지나면 분할보험료 전체의 소멸시효가 완성한다.

② 마지막 분할보험료를 지급한 때로부터 3년이 지나면 분할보험료 전체의 소멸시효가 완성한다.

③ 각 분할보험료를 지급한 때로부터 2년이 지나면 해당 분할보험료별로 소멸시효가 완성한다.

④ 각 분할보험료를 지급한 때로부터 3년이 지나면 해당 분할보험료별로 소멸시효가 완성한다.

해설 보험료반환청구권은 각각의 보험료를 납입한 때로부터 발생하여 행사할 수 있으므로 그 소멸시효는 각각의 보험료를 납부한 때부터 진행한다.

03 보험목적이 보험기간 중에 보험사고가 아닌 사고로 멸실된 경우 계약관계에 관한 적절한 설명은? ▶324회

① 계약관계는 곧바로 종료된다.

② 보험자 또는 보험계약자에 의한 계약해지의 사유가 된다.

③ 보험계약자는 보험료감액청구를 할 수 있을 뿐 보험료의 일부의 반환청구는 할 수 없다.

④ 계약은 처음부터 무효가 된다.

해설 보험의 목적이 보험사고 이외의 원인으로 멸실된 경우, 예를 들어 화재사고를 담보하는 화재보험에 가입된 건물이 태풍으로 멸실된 경우라면 해당 건물은 화재 등의 위험에 노출될 여지가 없으므로 계약이 종료된다.

04 **상법상 보험자가 보험계약을 해지할 수 있는 사유로 옳지 않은 것은?** ▶42회

① 계속보험료 미지급

② 보험계약자 또는 피보험자의 고의 또는 중과실에 의한 고지의무 위반

③ 보험계약자의 고의 또는 중과실로 인한 위험의 현저한 변경 · 증가

④ 보험계약자 등의 보험사고 통지의무 위반

해설 보험계약자가 사고발생의 통지의무를 불이행하였다고 해서 보험자가 계약을 해지할 권한은 없다. 사고발생 통지의무 불이행으로 인하여 늘어난 손해에 대해서 보험금을 지급하지 않을 뿐이다.

05 **보험자가 파산선고를 받으면 보험계약자는 계약을 해지할 수 있지만, 파산선고 후 (　　)을 경과할 때까지 해지하지 아니하면 계약은 그 효력을 잃는다. (　　)에 맞는 것은?** ▶329회

① 1월　　② 2월

③ 3월　　④ 6월

해설 보험자가 파산의 선고를 받은 때에는 보험계약자는 계약을 해지할 수 있다. 해지하지 아니한 보험계약은 파산선고 후 3월을 경과한 때에는 그 효력을 잃는다.

06 **다음 중 보험계약의 당연소멸사유에 해당하지 않는 것은?** ▶336회

① 여행자보험에서 여행의 종료

② 화재보험에서 보험목적물의 멸실

③ 자동차책임보험에서 보험사고인 교통사고발생

④ 생명보험에서 보험자가 파산선고를 받은 후 3개월 경과

해설 ① 여행보험은 여행 중 위험을 담보한다. 여행이 종료되었으므로 위험이 소멸하였다.

② 화재보험에서 보험사고 이외의 이유로 보험목적물이 소멸한 경우에는 위험이 소멸하였으므로 계약이 종료된다.

③ 보험사고가 발생하여 보험금액이 전액 지급되면 보험계약이 소멸한다. 그러나 책임보험에서는 하나의 사고당 보험금액을 정하고 있으므로 교통사고가 발생한 이후에도 보험기간 이내에는 위험을 부담한다. 화재보험의 경우에 보험사고가 발생하였다고 해도 보험목적물의 일부 멸실이 있는 경우에는 남은 보험기간에 대하여 여전히 보험계약이 지속된다.

④ 보험자가 파산한 경우 3개월이 지나도록 계약을 해지하지 않은 경우 계약이 소멸한다.

07 보험계약의 해지에 관한 설명 중 옳지 않은 것은? ▶336회

① 보험자가 파산선고를 받은 때에는 보험계약자는 계약을 해지할 수 있다.

② 보험계약자는 보험사고가 발생하기 전에는 계약을 임의로 해지할 수 있고, 이 경우 부득이한 사유가 있음을 증명할 필요가 없다.

③ 판례에 의하면, 보험계약자의 채권자가 추심명령에 의하여 보험자에게 해지환급금청구의 소를 제기한 경우라도, 그 채권자가 그 소의 제기와는 별도로 자기의 이름으로 계약해지의 의사표시를 보험자에게 하여야 계약해지의 효과가 발생한다.

④ 보험사고의 발생으로 보험금액이 감액되지 아니하는 보험의 경우에는 보험계약자는 보험사고발생 후에도 계약을 해지할 수 있지만, 그때까지의 미경과보험료는 청구할 수 없다.

해설 ① 보험자의 파산은 계약자의 해지사유이다.
② 계약의 임의해지권은 보험계약자의 권리이므로 권리행사를 위한 별도의 입증이 필요 없다.
③ 해지환급금청구의 소에는 추심권에 기초한 계약해지의 의사가 담겨있으므로 별도의 보험자에게 해지의 의사표시를 하지 않아도 그 소장이 송달되면 해지의 효과가 발생한다.
④ 상법에 의하면 사고발생 이후의 임의해지에 대해서는 미경과보험료의 반환을 청구할 수 없다고 해석된다.

08 미경과보험료 또는 보험료적립금의 반환에 관한 설명 중 틀린 것은? ▶326회

① 보험계약자가 보험사고의 발생 전에 임의로 보험계약을 해지하는 경우에는 미경과보험료의 반환을 청구할 수 있다.

② 보험계약자가 보험사고의 발생으로 보험금이 지급되더라도 보험금액이 감액되지 아니하는 계약을 보험사고의 발생 후에 임의로 해지한 경우에도 미경과보험료의 반환을 청구할 수 있다.

③ 보험자와 보험계약자 중에서 누가 계약을 해지하든 보험자는 보험료적립금을 반환해야 한다.

④ 보험계약자가 고의로 보험사고를 일으킨 경우에는 보험자는 면책되고 원칙적으로 보험료적립금도 반환하지 않는다.

해설 ①, ② 상법은 사고발생 전의 임의해지의 경우에 미경과보험료의 반환을 정하고 있으나, 사고발생 후의 임의해지에 대해서는 미경과보험료의 반환을 정하지 않는다.
③ 계약의 해지 당시에 보험료적립금이 있다면 보험계약자에게 이를 반환하여야 한다. 한편, 보험료적립금은 장기성 보험의 경우에 적립되는 금액이므로 생명보험에서 적용되는 것이 일반적이다.
④ 상법 第736조에 의하면 다른 약정이 없는 한 보험계약자의 고의로 사고가 발생한 경우에는 보험료적립금을 반환하지 않는다.

09 다음 중 보험계약자 또는 보험자가 보험계약을 해지할 수 있는 모든 경우로써 올바르게 짝지어진 것은? ▶327회

A. 보험사고가 발생하기 전

B. 보험기간 중에 피보험자가 사고발생의 위험이 현저하게 변경 또는 증가된 사실을 알면서 그 통지의무를 게을리한 때

C. 보험기간 중에 피보험자의 중대한 과실로 인하여 보험사고발생의 위험이 현저하게 변경 또는 증가된 때

D. 보험자가 파산선고를 받은 때

---

① A　　② A, B

③ A, B, C　　④ A, B, C, D

해설 계약자는 보험사고가 발생하기 전에 언제든지 임의로 해지할 수 있으며, 보험자가 파산선고를 받을 때에도 해지할 수 있다. 보험자는 위험변경 · 증가의 통지 위반 및 위험유지의무 위반의 경우에도 해지권을 행사할 수 있다.

10 보험계약의 해지에 관한 다음 설명 중 옳지 않은 것은? ▸338회

① 보험사고가 발생하기 전에는 보험계약자는 언제든지 계약의 전부를 해지할 수는 있으나 일부만을 해지할 수는 없다.

② 타인을 위한 보험계약의 경우에는 보험계약자는 반드시 그 타인의 동의를 얻거나 보험증권을 소지해야만 그 계약을 해지할 수 있다.

③ 보험기간 중에 보험수익자의 중과실로 사고위험이 현저하게 증가한 때 보험자는 계약을 해지할 수 있다.

④ 강행법규에 어긋나지 않는 한 약관상 계약해지사유가 있는 때 보험자는 이를 근거로 해지할 수 있다.

해설 ① 보험계약자는 보험계약을 언제든 임의로 해지할 수 있다. 보험계약의 해지는 일부 해지도 가능하다. 예를 들어 하나의 보험계약에 여러 특약이 부가된 경우에 그 중에 일부만을 해지할 수도 있다.
② 타인을 위한 보험에서 보험자가 계약을 해지할 때에는 그 타인의 동의 또는 증권의 소지를 요한다.
③ 보험자는 통지의무 위반에 따른 해지권을 행사할 수 있다.
④ 개별약정에서 해지사유를 두고 있다면 보험자가 이를 근거로 해지할 수 있다. 예를 들어 손해보험과 인보험약관에서는 보험계약자, 피보험자 또는 보험수익자의 고의로 인하여 보험사고가 발생한 경우에 보험자가 보험계약을 해지할 수 있도록 정하고 있다(중대사유로 인한 해지조항).

[정답]

01 ③　02 ④　03 ①　04 ③　05 ③　06 ③　07 ③　08 ②　09 ④　10 ①

CHAPTER 10

보험계약의 부활

I 의의

상법

제650조의2【보험계약의 부활】 제650조 제2항에 따라 보험계약이 해지되고 해지환급금이 지급되지 아니한 경우에 보험계약자는 일정한 기간 내에 연체보험료에 약정이자를 붙여 보험자에게 지급하고 그 계약의 부활을 청구할 수 있다. 제638조의2의 규정은 이 경우에 준용한다.

계속보험료의 미납으로 계약이 해지되었으나 보험계약자에게 해지환급금이 미지급된 경우에는 보험계약자가 일정한 기간 내에 지체보험료에 약정이자를 붙여 보험자에게 지급하면서 보험계약의 부활(reinstatement)을 청구할 수 있다. 부활계약에는 보험계약 성립에 관한 규정(상법 제638조의2, 승낙전 사고담보 · 승낙의제)이 적용된다(상법 제650조의2). 보험자는 부활청약에 대하여 승낙 또는 거절할 수 있다.

보험계약의 부활은 납입한 보험료적립금의 활용, 연령증가에 따른 보험료의 추가부담감소 등에 있어서 계약자 측의 권익을 고려한 제도로서 단기보험(예 화재보험, 배상책임보험)보다는 장기보험(예 생명보험, 상해 · 질병보험)에서 활발히 논의된다.

Ⅱ 법적 성질

부활계약은 해지된 계약과 동일한 내용을 가지는 별도의 새로운 계약(신계약설)이 아니라 해지된 기존계약을 회복시키는 상법상 특수한 계약(특수계약설, 통설)이다. 그러므로 해지된 계약을 부활하면 기존의 계약과 동일한 내용의 계약이 체결된 것으로 처리하되, 기존계약의 무효 · 실효 · 해지 등의 원인이 있다면 그 원인이 제거되지 않은 이상 부활계약에서도 그대로 인정된다.

Ⅲ 부활계약의 요건

다음의 요건을 갖추어 보험계약자가 청약하고 보험자가 이를 승낙하면 보험계약은 부활한다.

1. 계속보험료 미납으로 인한 해지

보험계약자가 계속보험료를 미납함으로써 해지 · 실효된 계약에 한하여 부활계약의 대상이 된다(상법 650조의2, 제650조 제2항). 그러므로 초회보험료의 미납으로 인하여 해제된 계약이나 약관의 교부 · 설명의무 위반으로 인하여 취소된 계약은 부활의 대상이 아니다.

2. 해지환급금의 미반환

보험자가 보험계약자에게 해지환급금을 반환하지 않았어야 한다(상법 제650조의2). 해지환급금을 반환하면 기존의 보험관계가 끝나므로 부활의 여지가 없기 때문이다. 실무약관에 따라 처음부터 보험자가 반환하여야 할 해지환급금이 없는 경우에도 부활의 청약은 가능하다.

3. 보험료와 이자의 지급

보험계약자가 부활의 청약을 할 때에는 연체보험료에 약정이자를 붙여서 납입하여야 한다(상법 제650조의2).

4. 일정한 기간

보험계약자는 기존계약의 해지일로부터 일정한 기간 내에 부활의 청약을 하여야 한다(상법 제650조의2). 실무상 부활청구기간은 3년(예 생명보험, 상법개정 이후), 30일(예 자동차보험) 등이다.

Ⅳ 부활계약의 효과

1. 해지된 계약의 회복

부활의 청약에 대하여 보험자가 승낙하게 되면 기존에 해지되었던 보험계약이 부활로 인하여 회복된다. 그러므로 기존계약의 무효 · 해지사유 · 고지 위반 등이 여전히 존재한다. 그러나 기존계약의 고지의무 위반이 있었으나 부활의 청약 당시에 고지의무를 이행하였다면 보험자는 기존계약의 고지의무 위반을 주장할 수 없다.

2. 보험자의 책임

보험자는 부활의 청약 이후에 발생한 보험사고에 대하여 보험금지급책임을 부담하고(상법 제638조의2, 승낙전 사고담보), 기존계약의 해지일로부터 부활청약 이전까지 발생한 사고에 대해서는 책임을 부담하지 않는다.

V 보험계약 부활과 관련된 주요 의무

1. 보험계약의 부활과 고지의무

상법에 구체적으로 규정하지는 않았으나 실무약관에서는 보험계약 부활청약의 경우에도 고지의무를 부여하고 있다. 부활청약 당시의 고지의무의 범위에 대하여는 기존계약의 해지시점부터 부활청약시점까지 알려야 한다는 견해도 있으나 실무약관(예 상해 · 질병보험)은 기존계약의 성립 이후부터 부활청약시점까지의 위험사항을 알리도록 정하고 있다(통설).

부활 당시의 고지의무 위반에 의한 보험자의 계약해지권의 제척기간은 부활계약체결일로부터 3년을 적용한다.

2. 보험계약의 부활과 약관교부 · 설명의무

상법이나 실무약관은 부활계약에서 보험자의 약관교부 · 설명의무를 인정하지 않는다. 부활계약의 내용은 기존계약과 동일하기 때문에 별도의 설명이 필요하지 않기 때문이다. 그러므로 기존계약의 체결 당시에 약관교부 · 설명의무를 이행하였다면, 부활 당시에 해당 약관을 다시 설명할 필요가 없다(2004다26164 판결 취지).

그러나 "보험계약이 주기적으로 갱신되는 도중에 보험약관이 보험계약자에게 불리하게 변경된 사실이 있다면 보험자는 새로운 보험계약을 체결할 때에 그와 같은 약관변경사실 및 내용을 보험계약자에게 고지하여야만 할 신의칙상의 의무가 있다"는 법원(84다카122 판결)의 취지에 의하면 부활계약의 경우에도 약관설명의무를 이행해야 하는 경우가 발생할 수 있을 것이다.

2004다26164 판결

보험약관에 "암에 대한 회사의 책임은 보험기간의 첫날로부터 그 날을 포함하여 90일이 지난 날의 다음 날에 시작합니다"라고 정한 것은 "보험자의 책임은 최초의 보험료를 지급받은 때로부터 개시한다"는 상법 제656조와 책임개시시기를 다르게 정한 것으로 보험자가 구체적이고 상세한 명시 · 설명의무를 지는 보험계약의 중요한 내용이라 할 것이다.

그런데 계약을 체결할 때에 보험자가 이 규정에 대하여 명시 · 설명의무를 이행하지 않았다면, 보험계약자는 부활계약 당시에도 이러한 사실을 당연히 알고 있었다고 할 수 없으므로 보험자는 이 사건 부활계약 당시에 위 약관의 규정을 설명하였어야 한다.

보험계리사 · 손해사정사 기출문제

01 상법상 보험계약의 부활의 요건이 아닌 것은? ▶24회

① 해지환급금이 지급되지 아니할 것
② 일정기간 내에 연체보험료와 약정이자를 지급할 것
③ 부활청약 전에 보험사고가 발생하지 않았을 것
④ 보험자의 승낙이 있을 것

해설 부활청약 전에 보험사고 미발생은 부활의 요건이 아니다. 다만, 계약이 해지된 이후 부활청약 이전에 보험사고가 발생한 경우 상법 제644조가 준용되어 계약이 무효가 되거나 보험자의 승낙거절이 있을 수는 있다.

02 보험계약의 부활에 관한 다음의 설명 중 옳은 것은? ▶39회

① 해지예고부 최고약관에 의하여 보험계약이 무효 또는 실효되는 경우에는 보험계약의 부활을 청구할 수 없다.
② 보험자가 보험료환급금을 반환한 경우에는 보험계약자는 환급의 날로부터 3년 내에 부활의 청약을 하여야 한다.
③ 보험계약의 부활은 당사자 간의 합의에 의하여 종전의 보험계약을 다시 회복시키는 특수한 계약이므로 종전계약의 해지시점부터 부활시점 사이에 발생한 사고에 대하여 보험자에게 보상책임이 인정된다.
④ 보험자는 보험계약 부활의 청약과 함께 보험료 상당액의 전부 또는 일부의 지급을 받은 때에는 다른 약정이 없으면 30일 내에 낙부의 통지를 발송하여야 한다.

해설 ① 계속보험료 연체로 인한 경우에만 부활이 가능하다.
② 보험료환급금이 미반환된 경우에 한하여 부활이 가능하다.
③ 부활계약은 기존계약을 회복시키는 특수한 계약이지만, 해지 이후부터 부활까지의 기간에 대해서는 보험자가 책임을 부담하지 않는다.

03 보험계약의 부활에 관한 설명 중 옳지 않은 것은? ▶28회

① 다수설은 보험계약의 부활을 종전계약과 동일한 내용을 가지는 새로운 계약으로 보지 않고, 종전계약의 해지 전의 상태로 회복시키는 특수한 계약으로 본다.
② 보험계약의 부활로 보험자의 책임은 부활계약의 승낙시점부터 다시 개시된다.
③ 보험계약이 부활하면 종전계약에 존재하던 보험계약의 무효, 해지 등의 사유도 그대로 승계된다.

④ 종전계약의 해지와 보험계약이 부활된 시점까지에 생긴 보험사고에 대해서도 보험자는 보상책임이 있다.

해설 ① 보험계약의 부활의 법적 성질에 대하여는 종전의 계약을 회복시키는 특수계약설이 다수설이자 통설이며, 하급심에서도 특수계약설을 지지한다.
② 보험자의 책임은 계약의 성립 시에 개시되는 것이다. 다만, 승낙전 사고담보제도에 의하여 부활청약 시부터 보험금지급책임을 부담하게 된다.
③ 부활계약은 기존계약을 회복시키기 때문이다.
④ 부활계약의 경우 종전계약의 해지 이후부터 부활청약 이전까지의 사고에 대하여는 보험자가 책임지지 않는다.

04 보험계약의 부활과 고지의무에 관한 설명 중 옳은 것은? ▶26회

① 종전의 계약체결 시에 불고지한 사항을 계약의 부활청약 시에도 고지하지 아니하면 고지의무 위반에 대한 계약해지권의 제척기간의 기산점은 그대로 종전의 계약체결 시이다.
② 종전의 보험계약 시에 고지의무를 이행한 보험계약자는 부활청약 시에 추가적인 고지를 할 필요가 없다.
③ 종전의 계약체결 시에 고지한 사항을 부활청약 시에 고지하지 않더라도 고지의무 위반의 책임을 지지 않는다.
④ 종전의 계약체결 시에 불고지한 사항을 부활청약 시에 고지하더라도 고지의무 위반의 책임을 진다.

해설 ① 기존계약에서 불고지한 사항을 부활계약에서 불고지한 경우에 제척기간은 새로운 계약의 체결 시부터 기산한다.
② 기존계약에서 고지의무를 이행하였어도 부활 시에 다시 고지의무를 이행하여야 한다. 기존계약의 체결 이후에 중요한 위험의 변경이 발생할 수 있기 때문이다.
③ 통설에 따르면 부활청약 시의 고지의무범위는 기존계약 체결 이후부터 부활청약 시까지이다. 그러므로 기존계약의 체결 시에 이미 고지한 사항은 부활청약 시에 다시 고지할 필요가 없다.
④ 기존계약에서 불이행한 고지사항을 부활청약 시에 고지하였으므로 고지의무 위반이 되지 않는다.

[정답]
01 ③ 02 ④ 03 ④ 04 ③

CHAPTER 11

타인을 위한 보험계약

I 타인을 위한 보험계약

1. 의의

상법

제639조【타인을 위한 보험】 ① 보험계약자는 위임을 받거나 위임을 받지 아니하고 특정 또는 불특정의 타인을 위하여 보험계약을 체결할 수 있다. 그러나 손해보험계약의 경우에 그 타인의 위임이 없는 때에는 보험계약자는 이를 보험자에게 고지하여야 하고, 그 고지가 없는 때에는 타인이 그 보험계약이 체결된 사실을 알지 못하였다는 사유로 보험자에게 대항하지 못한다.

② 제1항의 경우에는 그 타인은 당연히 그 계약의 이익을 받는다. 그러나 손해보험계약의 경우에 보험계약자가 그 타인에게 보험사고의 발생으로 생긴 손해의 배상을 한 때에는 보험계약자는 그 타인의 권리를 해하지 아니하는 범위 안에서 보험자에게 보험금액의 지급을 청구할 수 있다.

③ 제1항의 경우에는 보험계약자는 보험자에 대하여 보험료를 지급할 의무가 있다. 그러나 보험계약자가 파산선고를 받거나 보험료의 지급을 지체한 때에는 그 타인이 그 권리를 포기하지 아니하는 한 그 타인도 보험료를 지급할 의무가 있다.

타인을 위한 보험계약(policy for whom it may concern)이란 보험계약자가 타인에게 보험계약상의 이익을 주기 위하여 자기명의로 체결한 보험계약을 말한다(상법 제639조 제1항 본문). 손해보험에서는 보험계약자와 피보험이익의 주체인 피보험자가 서로 다른 계약(99다489 판결)을 말하며, 인보험에서는 보험계약자와 보험수익자가 서로 다른 계약을 말한다.

보증보험은 보험계약자(채무자)와 피보험자(채권자)가 서로 다른 대표적인 타인을 위한 손해보험이며, 피보험자의 상속인이 보험수익자가 되는 사망보험도 대표적인 타인을 위한 생명보험에 해당한다.

2. 법적 성질

타인을 위한 보험계약의 법적 성질에 대하여 i) 타인을 위한 대리계약으로 보는 견해와 ii) 수익의 의사표시가 권리발생의 요건이 아니라는 차이만 제외하면 민법상의 제3자를 위한 계약(민법 제539조)과 다르지 않다고 보는 견해(다수설), iii) 보험수익자의 수익의 의사가 없이도 계약효력이 발생한다는 점(상법 제639조 제2항)이 민법과 다르다는 점(민법 제539조 제2항)에서 상법상의 특수한 계약으로 보는 견해가 있다.

"이행보증보증보험계약은 손해보험계약의 범주에 속하는 타인을 위한 보험으로서 민법상 제3자를 위한 계약(민법 제539조)으로서의 성질을 가지고 있다(73다1591 판결)"는 판결에 의하면 수익의 의사표시와 관련한 차이는 보험계약의 특수성에서 비롯되었다고 한다.

Ⅱ 타인을 위한 보험계약의 성립요건

1. '타인을 위한다'는 의사표시

가. 타인을 위하여

타인을 위한 보험계약이 성립하기 위해서는 계약당사자가 '타인을 위하여' 계약을 체결한다는 명시적 또는 묵시적인 의사표시가 있어야 한다(상법 제639조 제1항). 만약에 그 의사표시가 분명하지 않은 때에는 제반 사정을 참작하여 타인을 위한 보험인지 여부를 결정한다(95다14800 판결). 이에 비하여 통설은 의사표시가 불분명하면 계약자 자신을 위한 것으로 추정한다는 견해이다.

한편, 집합된 물건을 일괄하여 보험의 목적으로 하는 보험계약(집합보험)은 그 가족 또는 사용인을 위해서도 체결한 것으로 본다(상법 제686조). 그러므로 가족 또는 사용인의 물건에 대해서는 타인을 위한 보험이 된다.

나. 타인의 불특정

특정한 타인을 위한 보험계약을 체결할 수 있는 것은 물론이고 불특정 타인을 위한 계약도 가능하다(상법 제639조 제1항). 손해보험의 피보험자 또는 생명보험의 보험수익자가 반드시 고정되거나 특정되지 않아도 되는 것이다. 그러므로 계약당시에 피보험자 또는 보험수익자를 미지정하는 것도 가능하다. 하지만 손해보험의 피보험자는 적어도 보험사고가 발생할 때까지는 확정되어야 하며, 보험사고가 발생할 때까지 생명보험의 보험수익자를 지정하지 않은 경우에는 상법 제733조에 의하여 보험수익자를 정한다.

2005다55817 판결

상법 제639조에 의하면 보험계약자는 특정 또는 불특정의 타인을 위하여 보험계약을 체결할 수 있고, 타인을 위한 생명보험에 있어서 보험수익자의 지정 또는 변경에 관한 상법 제733조는 상법 제739조에 의하여 상해보험에도 준용되므로, 상해보험계약을 체결하는 보험계약자는 자유롭게 특정 또는 불특정의 타인을 수익자로 지정할 수 있다. 또한 정액보험형 상해보험의 경우 보험계약자가 보험수익자를 지정한 결과 피보험자와 보험수익자가 일치하지 않게 되었다고 하더라도, 그러한 이유만으로 보험수익자 지정행위가 무효로 될 수는 없다.

타인을 위한 상해보험에서 보험수익자는 그 지정행위시점에 반드시 특정되어 있어야 하는 것은 아니고 보험사고발생 시에 특정될 수 있으면 충분하므로, 보험계약자는 이름 등을 통하여 특정인을 보험수익자로 지정할 수 있음은 물론 '배우자' 또는 '상속인'과 같이 보험금을 수익할 자의 지위나 자격 등을 통하여 불특정인을 보험수익자로 지정할 수도 있고, 후자와 같이 보험수익자를 추상적 또는 유동적으로 지정한 경우에 보험계약자의 의사를 합리적으로 추측하여 보험사고발생 시 보험수익자를 특정할 수 있다면 그러한 지정행위는 유효하다.

보험계약자가 상해보험의 수익자를 '상속인'이라고 기재한 사안에서, 이는 자신이 상해를 입은 결과로 사망할 경우 그 상속인이 될 사람들을 상해 시의 수익자로 지정할 의사였다고 볼 수 있으므로 그 수익자 지정행위는 유효하다.

상법 제639조에 의하면 보험계약자는 특정 또는 불특정의 타인을 위하여 보험계약을 체결할 수 있고, 타인을 위한 생명보험에 있어서 보험수익자의 지정 또는 변경에 관한 상법 제733조는 상법 제739조에 의하여 상해보험에도 준용되므로, 상해보험계약을 체결하는 보험계약자는 자유롭게 특정 또는 불특정의 타인을 수익자로 지정할 수 있다. 또한 정액보험형 상해보험의 경우 보험계약자가 보험수익자를 지정한 결과 피보험자와 보험수익자가 일치하지 않게 되었다고 하더라도, 그러한 이유만으로 보험수익자 지정행위가 무효로 될 수는 없다.

타인을 위한 상해보험에서 보험수익자는 그 지정행위시점에 반드시 특정되어 있어야 하는 것은 아니고 보험사고발생 시에 특정될 수 있으면 충분하므로, 보험계약자는 이름 등을 통하여 특정인을 보험수익자로 지정할 수 있음은 물론 '배우자' 또는 '상속인'과 같이 보험금을 수익할 자의 지위나 자격 등을 통하여 불특정인을 보험수익자로 지정할 수도 있고, 후자와 같이 보험수익자를 추상적 또는 유동적으로 지정한 경우에 보험계약자의 의사를 합리적으로 추측하여 보험사고발생 시 보험수익자를 특정할 수 있다면 그러한 지정행위는 유효하다.

보험계약자가 상해보험의 수익자를 '상속인'이라고 기재한 사안에서, 이는 자신이 상해를 입은 결과로 사망할 경우 그 상속인이 될 사람들을 상해 시의 수익자로 지정할 의사였다고 볼 수 있으므로 그 수익자 지정행위는 유효하다.

2. 타인의 위임

委任 위임
타인에게 자신의 사무처리를 의뢰하는 것이다. 일반적으로는 대리권이 수반되지만 그렇지 않을 수도 있다. 위임은 상대방의 수락에 의해 성립되는 계약이다.

타인을 위한 보험계약은 타인의 위임 여부와 관계없이 유효하게 성립한다(상법 제639조 제1항 본문). 그러나 손해보험계약의 경우에 그 타인의 위임이 없는 때에는 보험계약자는 이를 보험자에게 알려야 한다(고지의무). 그 타인의 보험계약상 의무(위험변경 · 증가 통지의무, 사고발생 통지의무, 손해방지의무 등)이행과 향후 보험금청구권 행사를 돕기 위함이다.

타인을 위한 손해보험계약에서 타인의 위임이 없다는 것을 고지하지 않은 때에는 타인이 그 보험계약이 체결된 사실을 알지 못하였다는 사유로 보험자에게 대항하지 못하게 된다(상법 제639조 제1항 단서). 예를 들어 타인의 위임이 없음을 고지하지 않아서 보험자가 타인에게 고지의무의 이행을 요구할 수 없게 되었고, 그 결과 고지의무 위반으로 계약을 해지하였다면 그 타인은 보험계약이 체결된 사실을 알지 못하였다는 사유로 보험자에게 대항하지 못한다. 보험계약 체결 이후에 보험사고가 발생하였으나 타인이 그 보험계약의 체결 사실을 알지 못한 채 보험금청구권의 소멸시효가 완성된 경우에도 마찬가지이다.

Ⅲ 타인을 위한 보험계약의 효과

1. 타인에게 미치는 효과

가. 타인에게 부여되는 당연한 권리

타인을 위한 보험계약이 체결되면 그 타인(손해보험의 피보험자, 인보험의 보험수익자)은 수익의 의사표시를 하지 않아도 당연히 그 계약상의 이익을 받는다(상법 제639조 제2항). 그러므로 보험사고가 발생한 경우에 그 타인은 보험계약자를 통하거나 동의 등을 얻지 않고 보험자에게 직접 보험금의 지급을 청구할 수 있다. 그 외에 지급기한을 연기하는 등의 권리행사 · 처분의 경우에도 마찬가지이다(80다2699 판결).

보험금청구권은 타인을 위한 보험계약에서 타인이 당연히 취득하는 권리이지만 보험자는 보험계약자에게 대하여 가지는 항변사유로 타인에게 대항할 수 있다. 예를 들어 고지 위반으로 인한 계약해지, 면책사유 등을 이유로 타인의 보험금청구에 대하여 거절할 수 있다.

抗辯항변
권리자의 청구권 행사에 대해 의무자가 의무이행을 거절하는 표시이다. 소멸시효, 동시이행, 최고 · 검색의 항변이 대표적이다.

나. 타인이 부담하는 기본적인 의무

타인을 위한 손해보험의 피보험자는 고지의무(상법 제651조), 위험의 변경·증가 통지의무(상법 제652조), 위험유지의무(상법 제653조), 사고발생 통지의무(상법 제657조), 손해방지경감의무(상법 제680조)를 부담한다. 타인을 위한 인보험의 보험수익자는 위험유지의무(상법 제653조), 사고발생 통지의무(상법 제657조)를 부담한다.

다. 타인의 보험료납입의무

보험료지급의무는 보험계약자가 부담하는 주된 의무이지만 타인을 위한 보험에서의 타인은 보험계약자가 파산하는 경우와 보험계약자가 보험료 지급의무를 지체한 때에 부수적으로 보험료지급의무를 부담한다(상법 제639조 제3항). 그러므로 보험계약자가 보험료를 미납하게 되어 보험자가 계약을 해제 또는 해지하고자 하는 경우에는 타인을 위한 보험의 타인에게도 보험료 납입을 최고한 후에만 그 권리(해제권 또는 해지권)를 행사할 수 있다.

2. 보험계약자에게 미치는 효과

가. 보험계약자의 권리

보험계약자는 보험계약의 당사자로서 보험증권교부청구권, 보험료감액·반환청구권, 계약해지권 그리고 보험수익자 지정·변경권을 가진다. 그러나 타인을 위한 보험계약을 해지하기 위해서는 피보험자 또는 보험수익자의 동의를 얻거나 보험증권을 소지해야 한다(상법 제649조 제1항 단서, 해지권의 제한).

한편, 손해보험계약의 경우에 보험계약자가 그 타인에게 보험사고의 발생으로 생긴 손해의 배상을 한 때에는 보험계약자는 그 타인의 권리를 해하지 아니하는 범위 안에서 보험자에게 보험금액의 지급을 청구할 수 있다(상법 제639조 제2항).

나. 보험계약자의 의무

보험계약자는 계약의 당사자이므로 보험료지급의무(상법 제638조), 고지의무(상법 제650조) 등을 부담한다. 타인을 위한 손해보험의 경우에 그 타인의 위임이 없는 때에는 보험계약자는 이를 보험자에게 고지할 의무도 부담한다(상법 제639조 제1항).

보험계리사 · 손해사정사 기출문제

01 '타인을 위한 보험'과 '타인의 보험'에 관한 설명 중 옳은 것은? ▶28회

① 타인을 위한 보험은 손해보험과 인보험 모두에 존재하지만, 타인의 보험은 인보험에서만 존재한다.

② 타인을 위한 보험이란 인보험에서는 보험계약자와 피보험자가 서로 다른 보험을 말한다.

③ 타인의 위임 없이 타인을 위한 손해보험계약이 체결된 경우에는 타인이 계약체결에 대해 선의인 이상 그 선의로써 당연히 보험자에게 대항할 수 있다.

④ 타인의 보험에서의 타인은 법인도 될 수 있다.

해설 ① 타인을 위한 보험이란 보험을 계약하는 당사자와 보험의 수혜를 받는 자가 서로 다른 계약이다. 그러므로 손해보험에서는 계약자와 피보험자가 서로 다른 계약을 말하며, 인보험에서는 계약자와 보험수익자가 서로 다른 계약을 말한다. 타인의 보험은 계약자가 타인을 보험의 목적(보험사고의 객체)으로 하는 인보험계약이므로 보험계약자와 인보험의 피보험자가 서로 다르다.
② 타인을 위한 인보험이란 보험계약자와 보험수익자가 서로 다른 보험을 말한다.

02 타인을 위한 보험계약에 대한 설명으로 옳지 않은 것은? ▶39회

타인을 위한 보험계약은 보험계약자가 A. 그 타인의 대리인으로서가 아니라 자기의 이름으로 계약을 체결하는 것으로서 타인의 위임이 없어도 그 보험계약을 체결할 수 있다. 다만 B. 손해보험계약의 경우에 그 타인의 위임이 없는 경우에는 보험계약자는 이를 보험자에게 고지하여야 하고, 그 고지가 없는 때에는 타인이 그 보험계약이 체결되었다는 사유로 보험자에게 대항하지 못한다. 타인을 위한 보험계약에서 그 타인은 당연히 그 계약의 이익을 받는다. 따라서 C. 특별한 사정이 없는 한 그 타인은 보험계약자의 동의가 없어도 임의로 권리를 행사하고 처분할 수 있다. 그러나 손해보험계약의 경우에 D. 보험계약자가 그 타인에게 보험사고의 발생으로 생긴 손해의 보상을 한 때에는 보험계약자는 그 타인의 권리를 해하지 아니하는 범위 안에서 보험자에게 보험금액의 지급을 청구할 수 있다.

① A　　② B
③ C　　④ D

해설 손해의 보상이 아니라 손해의 배상을 한 때이다. 보상이란 적법한 행위에 의해 타인에게 생긴 손해를 복구하는 것이고 배상이란 불법행위에 의해 피해자에게 발생한 손해를 복구하는 것이다.

03 타인을 위한 보험계약에 관한 다음 설명 중 틀린 것은? ▸27회

① 타인을 구체적으로 특정하여야 한다.

② 타인의 위임을 받지 아니하고도 체결할 수 있다.

③ 손해보험계약의 경우 그 타인의 위임이 없는 때에는 보험계약자는 이를 보험자에게 고지하여야 하며, 그 고지가 없는 때에는 타인이 그 보험계약이 체결된 사실을 알지 못하였다는 사유로 보험자에게 대항하지 못한다.

④ 타인은 그 권리의 행사 시에 보험계약자의 동의를 요하지 않는다.

해설 ① 타인을 위한 보험에서 타인은 불특정되거나 추상적으로 기재해도 된다.
② 타인을 위한 보험은 타인의 위임 여부를 묻지 않고 체결이 가능하다.
③ 타인을 위한 손해보험은 타인의 위임이 없는 때에 이를 보험자에게 고지하여야 한다. 불고지 시에는 피보험자가 계약 체결사실을 몰랐다는 이유로 보험자에게 대항할 수 없다.
④ 타인을 위한 보험에 의하여 타인은 보험금청구권을 행사할 수 있다. 이 권리는 타인의 고유권한이므로 보험계약자의 동의가 불필요하다.

04 상법상 타인을 위한 보험계약에 대한 설명으로 옳지 않은 것은? (다툼이 있는 경우 판례에 의함) ▸43회

① 보험계약체결을 위임한 바 없는 타인도 수익의 의사표시 없이 당연히 권리를 취득한다.

② 계약체결시점에서 타인을 위한다는 의사표시는 명시적으로 존재하여야 한다.

③ 보험자는 타인을 위한 보험계약에 기한 항변으로 타인에게 대항할 수 있다.

④ 손해보험계약의 경우 타인은 피보험이익을 가진 자이어야 한다.

해설 타인을 위한다는 의사표시는 계약당시에 특정하지 않거나 미지정할 수도 있다.

05 타인을 위한 보험계약에서 타인의 권리에 관한 설명으로 틀린 것은? ▸35회

① 권리행사 시 수익(受益)의 의사표시를 필요로 하지 않는다.

② 보험자는 보험계약자와의 관계에 기인한 항변사유로 타인에게 대항할 수 없다.

③ 인보험의 경우에는 보험계약자가 보험수익자의 지정 · 변경권을 가지므로 타인의 권리는 그 한도에서 제한을 받는다.

④ 판례는 보증보험계약에서 보험자가 보험계약자의 사기를 이유로 보험계약을 취소하는 경우, 특별한 사정이 없는 한 보험자는 보험계약의 취소를 가지고 피보험자에게 대항할 수 없다고 한다.

해설 ① 민법상 제3자를 위한 계약과는 달리 타인을 위한 보험은 그 타인의 수익의 의사표시 없이도 당연히 계약상의 이익을 얻는다.
② 타인을 위한 보험의 타인은 보험자에게 보험금을 청구할 수 있고, 보험자는 보험계약자에게 대하여 가지

는 항변사유로 대항할 수 있다.

③ 인보험의 보험계약자는 임의로 보험수익자를 지정 또는 변경할 수 있으므로 인보험에서의 보험수익자의 권리는 그 한도 내에서 제한을 받는다고 할 수 있다.

④ 2000다19281 판결에 의하면 보증보험계약에서 주채무자에 해당하는 보험계약자가 계약체결과정에서 보험자를 기망하였다는 이유로 보험자가 보증보험계약 체결의 의사표시를 취소한 경우에, 보험자가 이미 보증보험증권을 교부하여 피보험자가 그 보증보험증권을 수령한 후 이에 터잡아 새로운 계약을 체결하거나 이미 체결한 계약에 따른 의무를 이행하는 등으로 보증보험계약의 채권담보적 기능을 신뢰하여 새로운 이해관계를 가지게 되었다면 원칙적으로 그 취소로써 피보험자에게 대항할 수 없는 것이나, 이 경우에도 피보험자가 그와 같은 기망행위가 있었음을 알았거나 알 수 있었다는 등의 특별한 사정이 있는 때에는 보험자가 보험계약자의 기망을 이유로 한 취소를 가지고 피보험자에게 대항할 수 있다.

06 타인을 위한 손해보험계약에 관한 설명 중 틀린 것은? ▸37회

① 보험계약자는 보험증권을 소지하고 그 타인의 동의를 얻은 경우에 한하여 보험계약을 해지할 수 있다.

② 보험계약자가 예외적으로 보험금청구권을 취득할 수도 있다.

③ 보험계약자가 원칙적으로 보험료지급의무를 부담한다.

④ 보험계약자와 피보험자가 서로 다른 손해보험계약이다.

해설 ① 타인을 위한 보험계약에서 보험계약자가 계약을 해지하기 위해서는 타인의 동의를 얻거나 보험증권을 소지하여야 한다. 입법 당시의 취지는 우선적으로 타인의 동의를 얻고 동의를 얻을 수 없는 경우에 한하여 보험증권을 소지하면 해지할 수 있도록 한 것이었다.

② 보험계약자가 보험사고로 인한 타인의 손해를 배상한 경우에는 보험금을 청구할 수 있다.

③ 보험계약자는 계약당사자로서 보험료지급의무가 있으며, 타인을 위한 보험에서의 타인은 보험계약자의 파산 또는 보험료지체의 경우에 2차적인 보험료지급의무를 부담한다.

07 다음은 타인을 위한 보험계약에 관한 기술이다. 옳지 않은 것은? ▸38회

① 보험계약자는 위임받지 않고 불특정 타인을 위한 보험계약을 체결할 수 있다.

② 손해보험계약의 경우 타인위임 없이는 타인을 위한 보험계약을 체결할 수 없다.

③ 타인을 위한 보험계약의 경우 그 타인은 당연히 그 계약의 이익을 받는다.

④ 보험계약자가 보험료지급을 지체한 경우 그 타인도 보험료를 지급할 수 있다.

해설 생명보험계약과 손해보험계약 모두 타인의 위임 없이도 타인을 위한 보험계약을 체결할 수 있다. 다만, 손해보험의 경우에는 타인의 위임이 없는 때에 한하여 타인의 위임이 없음을 고지할 의무가 있다. 이 고지의무를 위반하더라도 보험계약은 여전히 유효하다. 그 타인이 보험계약체결을 알지 못했다는 사유로 보험자에게 대항하지 못할 뿐이다.

[정답]

01 ①　02 ④　03 ①　04 ②　05 ②　06 ①　07 ②

PART

2. 손해보험계약

제 1 장 | 손해보험의 기초

제 2 장 | 보험가액과 보험금액

제 3 장 | 초과보험 · 중복보험

제 4 장 | 손해방지의무

제 5 장 | 보험자대위

제 6 장 | 보험목적의 양도

제 7 장 | 화재보험

제 8 장 | 운송보험

제 9 장 | 해상보험

제10장 | 해상보험 : 보험위부

제11장 | 책임보험

제12장 | 자동차보험

제13장 | 보증보험

보 · 험 · 계 · 약 · 법

CHAPTER 1

손해보험의 기초

I 손해보험계약

1. 의의

상법

제665조【손해보험자의 책임】 손해보험계약의 보험자는 보험사고로 인하여 생길 피보험자의 재산상의 손해를 보상할 책임이 있다.

손해보험계약이란 보험계약자가 약정한 보험료를 지급하고 보험자가 우연한 사고로 인하여 생길 피보험자의 재산상의 손해를 보상할 것을 약정하는 계약이다(상법 제665조, 제638조).

상법에서는 손해보험의 종류로서 화재보험(상법 제638조~제687조), 운송보험(상법 제688조~제692조), 해상보험(상법 제693조~제726조), 책임보험(상법 제719조~제726조), 자동차보험(상법 제726조의2~제726조의4), 보증보험(상법 제726조의5~제726조의7, 신설)을 두고 있으며, 그 외에 보험업법에서 근로자재해보상책임보험, 제조물책임보험, 유리보험, 도난보험 등의 여러 보험을 규정해 두고 실무약관을 통해 구체적으로 적용하고 있다.

2. 인보험과 비교되는 손해보험의 특징

손해보험계약은 피보험자의 재산상의 손해를 보상하기 위한 보험계약이다(손해보상보험). 그러나 인보험계약은 사람의 신체 · 생명에 관한 보험으로서 보험계약 당시에 정한 일정한 보험금을 보장하기 위한 계약이다(정액보장보험).

Ⅱ 손해보험계약의 목적 : 피보험이익

1. 의의

상법

제668조【보험계약의 목적】 보험계약은 금전으로 산정할 수 있는 이익에 한하여 보험계약의 목적으로 할 수 있다.

손해보험계약은 보험목적에 사고가 발생했을 때에 그로 인하여 이해관계자가 입을 손해를 보상하는 계약이다. 상법은 이 경우의 이해관계에 대하여 '보험계약의 목적'이라고 표현하며(상법 제668조), 학설은 '피보험이익'이라고 표현한다.

피보험이익이란 '피보험자가 재산상의 사고가 발생할 수 있는 보험의 목적에 대하여 가지는 경제상의 이익(이익설) 또는 보험목적에 대하여 피보험자가 가지는 적법한 경제적 이해관계(관계설)'라고 정의한다.

2009다105383 판결, 2017다208232, 208249 판결

리스회사 갑과 선박 등에 관한 리스계약을 체결한 리스이용자 을이 그 계약에 따라 리스선박에 대하여 협회선박기간보험약관이 적용되는 선박보험계약을 체결하면서 피보험자를 '소유자(owner) 갑, 관리자(manager) 을'로 한 사안에서, 을은 리스계약상 선박의 법률상 소유자는 아니지만 리스이용자로서 선박을 사용할 권리를 갖고 있고 그 멸실 · 훼손에 대하여 위험부담을 지고 선박의 훼손 시 이를 복원 · 수리할 의무를 부담하며 리스기간 종료 시 선박을 법률상 소유자인 리스회사로부터 양도받을 수 있는 지위에 있는데, 그렇다면 을은 그 선박에 관하여 법률상 이해관계가 있고 그 결과 선박의 멸실이나 손상 등으로 수리비 등을 지출함으로써 손해를 입거나 그에 관하여 책임을 부담할 수 있는 지위에 있으므로, 위 보험계약의 준거법인 영국 해상보험법상 그 보험계약에 관하여 피보험이익이 있다.

한편, 甲 외국법인이 소유한 선박의 선체용선자인 乙 주식회사로부터 선박의 관리를 위탁받은 丙 주식회사가 보험증권상 피보험자를 '소유자 甲 법인, 관리자 丙 회사'로 하여 丁 보험회사와 위 선박에 관하여 선박의 멸실 또는 훼손을 보험사고로 하는 선체보험계약이 포함된 보험계약을 체결하였는데, 보험사고 발생 후 甲 법인과 乙 회사가 각각 자신이 정당한 보험금청구권자라고 주장한 사례에서는 준거법인 영국법상 '현명되지 않은 본인 또는 노출되지 않은 본인의 법리'에 따라 위 보험계약의 피보험자가 될 수 없다고 하였다.

2. 피보험이익의 지위

가. 손해보험

피보험이익은 손해보험계약의 중심요소이다. 이와 관련하여 i) 피보험이익은 손해보험계약에 있어서의 절대적 · 불가결 요소라는 견해(절대주의, 객관주의)와 ii) 피보험이익은 사행적 성격의 손해보험계약의 도박화를 방지하기 위한 것으로서 보험계약 존립의 절대적 요건이라고 하기보다는 보험계약이 공서양속에 반하는지를 판단하는 징표로 보는 견해(상대수의, 주관주의)가 있으며, iii) 물건보험과 같은 적극보험에서는 피보험이익을 보험계약의 절대요건으로 보고 책임보험과 같은 소극보험에서는 피보험이익을 인정하지 않는다는 견해(수정절대주의)가 있다.

피보험이익에 대해서는 절대주의가 다수설이지만, 기평가보험(상법 제670조), 신가보험(상법 제676조 제1항 단서), 보험위부(제710조), 보험자대위(상법 제681조), 피보험이익이 없거나 초과하는 경우의 보험계약의 인정(상법 제664조, 제669조, 제670조) 등은 절대주의에 대한 비판의 근거가 된다.

나. 생명보험

정액보험으로 대표되는 인보험에서는 피보험이익이 중요한 요소가 아니다(통설). 그러나 인보험에서도 피보험이익의 개념을 도입하자는 의견이 제기되고 있다.

3. 피보험이익의 요건

가. 경제적 가치(경제성)

금전으로 산정할 수 있는 경제적 이익에 한하여 보험계약의 목적으로 할 수 있다(상법 제668조). 경제적 가치에는 소유권 · 물권 · 채권 등 법률상 관계(2006다37106 판결)뿐만 아니라 영업손실(상실이익)과 같은 사실상 이해관계가 포함된다. 그러나 경제적 가치를 가지지 않는 도덕적 · 종교적 · 감정적 이익 등은 피보험이익이 될 수 없다.

생명보험에서 피보험이익의 개념을 배제하는 이유 중의 하나는 사람의 가치를 금전적인 개념으로 환산하는 것이 어렵기 때문이다.

나. 이익의 적법성

피보험이익은 적법하여야 한다. 선량한 풍속이나 기타의 사회질서에 반하는 것이라든가 법률에 의하여 금지되는 금제품(禁制品), 금수품(禁輸品)에 대한 이익, 도박, 탈세, 절도로 인하여 얻은 이익은 피보험이익이 될 수 없다. 이러한 반사회적 행위에 기인하여 보험계약이 체결되고 보험료가 지급된 경우에는 해당 보험계약이 무효가 되며(민법 제103조), 민법상 불법원인급여에 해당하므로 보험계약자는 자신이 제공한 보험료의 반환을 청구할 수 없게 된다(민법 제746조). 즉, 보험자는 보험금지급책임도 없으며, 보험료를 반환할 필요도 없다.

이에 비하여 단속법규 · 질서법규 위반행위나 과실로 발생하는 책임에서 발생하는 손해를 보상하는 보험계약이 항상 무효인 것은 아니다.

다. 확정성

피보험이익이 확정되지 않으면 손해를 보상할 수 없으므로 피보험이익은 보험계약을 체결할 때에 존재 및 소속이 이미 확정되어 있거나 적어도 사고가 발생했을 때에는 확정할 수 있는 것이어야 한다(87다카929 판결).

만약에 피보험이익이 명확하지 않을 경우에는 보험계약서 및 당사자가 보험계약의 내용으로 삼은 약관의 내용, 당사자가 보험계약을 체결하게 된 경위와 그 과정, 보험회사의 실무처리 관행 등 제반 사정을 종합적으로 참작하여 결정하여야 한다(2000다29769, 95다14800 판결).

4. 피보험이익의 기능

피보험이익은 손해보험계약의 유효성을 판단하는 기준이며, 보험계약의 도박화를 방지하는 역할을 한다. 피보험이익을 기준으로 보험자의 보험금지급책임의 범위(피보험이익의 금전평가액은 보험자가 보상할 법률상 최고한도액)를 정하며, 보험계약의 동일성 여부, 초과 · 중복보험 여부 등을 판단한다.

5. 피보험이익 흠결의 효과

피보험이익이 흠결된 보험계약은 무효가 된다. 이 경우 보험자는 보험료를 반환할 필요가 없다. 그러나 보험계약자 · 피보험자가 선의이며 중대한 과실이 없으면 반환을 청구할 수 있다(상법 제648조).

피보험이익의 흠결에 관한 입증책임은 보험계약의 무효를 주장하는 보험자가 부담하여야 한다고 본다(99다8599 판결, 피보험이익을 초과하는 계약 여부). 만약에 보험금을 청구하는 단계에서 보험자가 피보험이익의 흠결을 주장하여 보험금지급을 거절하더라도 신의칙에 반하지 않는다(2006가단40092 판결).

Ⅲ 손해보상의무

1. 의의

손해보험계약은 물건, 기타 재산에 발생한 손해를 보상하기 때문에 계약을 체결할 때에는 향후 지급할 보험금을 확정할 수 없고, 사고가 발생하여 손해가 발생한 경우에 그 손해를 보상한다.

補償보상
적법한 행위에 의해 초래된 손실을 원상회복하는 것이다. 그 원인을 초래한 자가 피해를 입은 자의 손해를 보상하는 것이 일반적이지만 약정에 의하여 제3자가 그 손해를 보상하는 것도 가능하다.

손해보험계약에 의하여 보험자가 부담하는 손해보상의무는 곧 보험계약법 통칙편에서 정하는 보험금지급의무와 관련된 것으로서 손해보험에서의 가장 주된 의무이다. 이 의무는 보험사고발생에 의하여 구체화된다.

2. 손해보상의무의 발생요건

가. 보험기간 중 발생한 보험사고

보험기간 안에 보험계약에서 정한 보험사고가 발생하여 그 결과 보험목적물인 재산에 손해가 발생한 경우에 보험자가 보상책임을 진다(보험기간 중 사고발생). 그러므로 보험기간 전에 보험사고가 발생하였다면 보험기간 내에 손해가 발생하여도 보상책임이 없고, 보험기간 내에 사고가 발생하였다면 손해가 보험기간 후에 발생한 경우에도 보험자가 보상책임을 부담한다고 해석한다.

나. 손해의 발생

상법

제667조【상실이익 등의 불산입】 보험사고로 인하여 상실된 피보험자가 얻을 이익이나 보수는 당사자 간에 다른 약정이 없으면 보험자가 보상할 손해액에 산입하지 아니한다.

손해보험자가 보상하는 손해는 보험사고가 발생하지 않았을 때의 재산과 보험사고로 감소된 재산상태의 차이를 말한다(91다33070 판결 취지). 상법은 '재산상의 손해(상법 제665조)'라고 하며, 일반적으로는 '경제상의 불이익' 또는 '경제적 가치의 감소 · 상실'로 정의할 수 있다.

그러나 임대료, 영업이익 등 피보험자가 얻을 수 있었던 이익이 보험사고로 인하여 상실된 경우(상실이익)에는 보상하는 손해에 포함하지 않는다. 상실이익은 피보험자가 현실적으로 취득하고 있었던 재산이 아닐 뿐만 아니라 보험사고로 인하여 직접적으로 발생한 손해가 아니고 그 손해에 부수하는 손해라고 보기 때문이다.

그러나 당사자 간에 별도의 약정이 있으면 상실이익을 담보할 수 있다(상법 제667조). 이와 관련하여 재산종합보험에서는 기업휴지보험(business interruption insurance)특약을 통하여 상실이익을 담보하고, 자동차종합보험에서는 자기차량손해에 대하여 특약으로 대차료(렌트비용) · 휴차료를 담보하며, 대인배상책임보험의 보상하는 손해의 범위에는 피해자의 일실수익이 포함된다. 상법상 운송보험에서도 특약으로 상실이익을 담보할 수 있으며(희망이익보험, 상법 제689조), 적하보험도 희망이익보험의 형태로 운영할 수 있다(상법 제698조).

다. 보험사고와 손해와의 인과관계

상법

제675조【사고발생 후의 목적멸실과 보상책임】 보험의 목적에 관하여 보험자가 부담할 손해가 생긴 경우에는 그 후 그 목적이 보험자가 부담하지 아니하는 보험사고의 발생으로 인하여 멸실된 때에도 보험자는 이미 생긴 손해를 보상할 책임을 면하지 못한다.

보험자가 보상할 손해는 보험계약에서 정한 보험사고와 상당인과관계가 있는 손해이다. 그러므로 보험자가 담보하는 사고로 손해가 발생하고 그 이후에 보험자가 담보하지 않는 사고로 손해가 확대된 경우에는 이미 생긴 손해에 대하여만 책임을 부담한다(상법 제675조 본문).

상당인과관계 여부는 구체적인 사실관계에 따라 판단한다. 예를 들어 선행 교통사고가 발생한 후에 후행 차량들에 대한 수신호를 하던 중 후행 차량에 충격당한 사고에 대하여 피보험자의 불법정차와 후행 교통사고 사이의 상당인과관계가 인정되며(2008다17359 판결), 차량 운전자와 오토바이 운전자가 시비가 붙어 차량을 운전하여 오토바이를 추격하던 중 오토바이 운전자가 당황한 나머지 넘어져 사고를 당한 사례에서도 상당인과관계를 인정하였다(97다24276 판결). 이와 달리 피보험자가 원룸에서 에어컨을 켜고 자다 사망한 사례에서 에어컨을 켜고 잠든 것과 사망 사이에 상당한 인과관계가 없다고 하였으며(2010다12241 판결), 선박의 감항능력 결여와 보험사고 사이의 상당인과관계에 대하여도 부정한 사례가 있다(2000다21062 판결).

라. 면책사유가 아닐 것

상법

제678조【보험자의 면책사유】 보험의 목적의 성질, 하자 또는 자연소모로 인한 손해는 보험자가 이를 보상할 책임이 없다.

손해보험은 보험계약법 통칙에서 정한 면책사유(보험계약자 측의 고의 · 중과실, 전쟁) 외에도 보험의 목적의 성질, 하자 또는 자연소모로 인한 손해를 면책으로 한다(상법 제678조).

그 외에도 운송보험은 운송보조자(송하인 또는 수하인)의 고의 · 중과실사고를 면책으로 한다(상법 제692조). 해상보험에서도 항해변경, 이로, 항해지연, 선박변경, 감항능력 위반 등을 면책사유로 한다(상법 제701조 내지 제706조). 보증보험은 보험계약자의 고의 · 중과실에 대하여도 면책(상법 제659조 ①)을 적용하지 않는다(상법 제726조의6).

3. 손해액의 산정

상법

제676조【손해액의 산정기준】 ① 보험자가 보상할 손해액은 그 손해가 발생한 때와 곳의 가액에 의하여 산정한다. 그러나 당사자 간에 다른 약정이 있는 때에는 그 신품가액에 의하여 손해액을 산정할 수 있다. ② 제1항의 손해액의 산정에 관한 비용은 보험자의 부담으로 한다.

가. 손해액 산정의 원칙

보험자가 보상할 손해액은 그 손해가 발생한 때와 곳의 보험가액(예 가격)에 의하여 산정하는 것을 원칙으로 한다(상법 제676조 제1항). 만약에 보험계약 당시의 보험가액을 기준으로 보상한다면, 보험계약 이후 손해발생까지의 가치의 하락(예 감가상각)을 제대로 반영하지 못하여 실제 손해액 이상으로 보상함으로써 보험계약이 도박화될 우려가 있기 때문이다.

예를 들어 화재로 손상된 중고 기계의 원상회복을 위하여 신규 부품을 구입하여 수리하였다면, 수리비 상당액에서 감가액을 고려하여 손해액을 산정해야 한다(2002다64520 판결).

나. 예외적인 손해액 산정방식

보험계약당사자 간에 다른 약정이 있는 때에는 그동안의 감가상각을 고려하지 않고 신품가액에 의하여 손해액을 산정할 수 있다(상법 제676조 제1항 단서, 신가보험). 신가보험방식은 사고 당시의 실제 손해액 이상을 보상할 수 있기 때문에 도덕적 위험에 노출될 우려가 있으므로 실무상 흔하지 않다. 그러나 가동유지목적의 기계보험은 대체비용담보특별약관을 통해 신가보험으로 운영할 수 있으며, 자동차보험에서도 도덕적 위험이 크지 않은 신차(등록 후 6개월 미만)에 대하여 신차손해담보특별약관을 부가하면 신품가액으로 손해액을 보상받을 수 있다.

기평가보험이나 보험가액불변경주의도 예외적인 손해액 산정방식에 해당한다. 보험가액에 대한 합의가 있는 기평가보험인 경우 그 협정한 금액에 따라 보상하며(상법 제670조), 보험가액불변경주의가 인정되는 운송보험이나 해상보험의 경우에는 그 가액에 따라 손해액을 산정한다(상법 제689조, 제696조, 제697조).

다. 구체적인 산정방법과 비용

보험목적이 더 이상 동일성을 유지하면서 존재할 수 없는 전손(全損)의 경우에는 보험가액이 손해액이 되며, 일부에만 손해가 발생한 분손(分損)의 경우에는 교환가치의 감소액이나 원상회복에 필요한 비용이 곧 보상할 손해액이 된다. 예를 들어 차량이 폐차될 정도로 훼손됨에 따른 손해액은 차량의 사고 당시의 교환가격에서 폐차대금을 공제하는 방법으로 산출한 금액이고, 사고 당시의 교환가격은 그것과 동일한 차종, 연식, 형, 같은 정도의 사용상태 및 주행거리 등의 자동차를 중고차시장에서 취득할 때에 드는 가액으로 정하여야 한다(95다53300 판결).

손해액 산정에 따르는 비용은 보험자가 부담한다(상법 제676조 ②). 보험법상 손해보상(損害報償)은 채무자인 보험자가 손해산정비용을 부담하도록 정하고 있으므로 민법상 손해배상(損害賠償)의 경우와 다르다.

2011다13838 판결

상법 제676조 제2항은 "손해액의 산정에 관한 비용은 보험자의 부담으로 한다"고 규정하고 있는바, 보험자가 보험금의 지급범위를 확인하기 위하여 지출한 손해감정 및 손해사정을 위한 정산비용은 보험자의 이익을 위한 것일 뿐 보험계약자 또는 피보험자가 입은 손해라고 할 수 없으므로, 그 비용을 지출한 보험자가 보험계약자 또는 피보험자를 대위하여 가해자를 상대로 그 비용 상당의 손해배상을 구할 수는 없다.

4. 보험료 체납과 보상액의 공제

> **상법**
>
> **제677조【보험료 체납과 보상액의 공제】** 보험자가 손해를 보상할 경우에 보험료의 지급을 받지 아니한 잔액이 있으면 그 지급기일이 도래하지 아니한 때라도 보상할 금액에서 이를 공제할 수 있다.

보험자가 손해를 보상할 경우에 보험료를 받지 않은 금액이 있으면 보상할 금액에서 이를 공제하고 지급할 수 있다(상법 제677조). 여기서 '지급받지 아니한 잔액'이란 보험료를 분할하여 지급하기로 한 계약에서 제1회 보험료납입 이후에 계속보험료의 미지급금액이 있는 경우를 말한다. 만약에 계속보험료의 지급기일이 도래하지 않았다고 해도 이미 경과한 기간에 대하여는 보험자의 보상금액에서 공제할 수 있다.

5. 이득금지의 원칙

가. 의의

손해보험은 우연한 사고로 인해 피보험자가 입은 손해를 보상하는 제도이므로 피보험자가 보험으로 인해 획득하는 재화의 최고한도는 보험의 목적에 발생한 손해를 한도로 한다. 이러한 원칙을 이득금지의 원칙(principle of indemnity, 손실전보의 원칙, 실손보상의 원칙)이라고 한다. 이 원칙은 보험의 악용을 막고 도덕적 위태를 감소시키는 역할을 한다.

나. 이득금지원칙의 실현

이득금지의 원칙을 실현하는 기본적인 방법은 상법 제676조 제1항에 의하여 사고 당시 기준으로 손해액을 평가하는 것이다. 그 외에도 i) 초과보험에서의 보험료 · 보험금 감액청구, ii) 중복보험에서의 비례보상, iii) 중복보험과 병존보험의 통지의무, iv) 사기로 인한 초과 · 중복보험의 무효, v) 수개의 책임보험에서의 중복보험 규정준용, vi) 기평가보험가액이 사고발생 시 가액을 현저히 초과하는 경우에 사고발생 시 가액으로 하는 조항, vii) 보험자대위규정, viii) 피보험이익이 없는 계약을 무효로 하는 규정, ix) 신구교환공제,[01] x) 타보험조항은 대표적인 이득금지원칙의 실현방법이다.

다. 이득금지원칙의 제한

이득금지의 원칙에도 불구하고 실제 손해액보다 많은 금액을 보험금으로 지급하는 경우가 있는데, 이러한 예외적 규정은 일부 보험계약의 특성상 인정되고 있다. 그러나 이러한 예외는 보험의 단체성에 반하고 보험의 도박화를 조장할 우려가 있으므로 제한적으로만 인정되어야 한다.

이득금지의 예외규정은 i) 신가보험(대체비용보험), ii) 보험금액이 보험가액을 현저히 초과하지 않는 경우에 그 초과분을 지급하는 조항, iii) 기평가보험제도나 보험가액불변경주의, iv) 생명보험에서의 보험금 정액지급원칙이 대표적이다.

01 신구교환공제(new for old)란 보험의 목적(예 건물)이 분손된 경우 분손된 해당 부품을 신품으로 교환함으로써 발생한 보험의 목적의 경제적 가치증가분을 공제하는 것을 말한다. 즉, 중고부품을 신품으로 교환해서 발생하는 이득을 금지하는 것이다. 그러나 실무에서는 신구교환공제를 적극적으로 적용하지 않는다. 부품의 교환으로 보험의 목적의 가치(교환가치)가 현저히 증가된 경우가 많지 않고, 그 증가액을 객관적으로 산정하기도 힘들고, 일반적으로 신구교환공제의 미적용을 예측하여 보험사고를 유발하는 방식으로 보험제도를 악용할 우려가 많지 않기 때문이다. 다만 화재보험에서 건물을 신재료로 교환한 경우 건물 전체의 가치가 증가되었다면 신구교환공제를 인정하고 있으며, 자동차보험에서도 자동차가격에 영향을 주는 지정품목에 한하여 신구교환공제를 인정하고 있다. 기계보험은 기계의 사용가치를 유지(가동유지)하기 위한 보험이므로 원칙적으로 신구교환공제는 적용하지 않으며, 해상보험에서도 공동해손정산 외에는 신구교환공제를 적용하지 않는다.

보험계리사 · 손해사정사 기출문제

01 손해보험과 인보험의 차이점에 관한 다음 설명 중 옳은 것은? ▶27회

① 인보험은 부정액(否定額)보험이나 손해보험은 원칙적으로 정액보험이다.
② 피보험이익의 개념은 원칙적으로 손해보험과 인보험 모두에서 인정된다(통설).
③ 보험계약의 목적이라는 개념은 원칙적으로 손해보험에서만 인정된다(통설).
④ 보험자대위는 원칙적으로 손해보험과 인보험 모두에서 인정된다.

해설 ① 원칙적으로 손해보험은 부정액보험, 인보험은 정액보험이다.
② 피보험이익은 손해보험에서만 인정된다.
③ 우리 상법은 피보험이익을 '보험계약의 목적'이라고 표현한다. 피보험이익은 손해보험에서만 인정된다.
④ 보험자대위는 원칙적으로 손해보험에만 인정된다. 인보험에 속하는 상해보험의 경우에만 당사자 간의 약정으로 청구권대위를 정할 수 있을 뿐이다.

02 '보험의 목적'과 '보험계약의 목적'에 관한 설명 중 옳은 것은? ▶28회

① 통설은 보험의 목적은 손해보험의 요소로만 파악한다.
② 책임보험계약에서는 보험의 목적이라는 관념이 존재하지 않는다.
③ 보험계약의 목적은 보험사고의 발생 시까지 확정할 수 있는 것이어야 한다.
④ 상법은 상해보험에도 보험계약의 목적이라는 개념을 도입하여 규정한다.

해설 ① 보험의 목적은 보험사고의 대상 또는 위험에 노출된 대상(exposure)을 말하므로 손해보험과 인보험계약의 공통적인 요소이다.
② 책임보험은 보험가액의 산정이 어려울 뿐이다. 책임보험에서의 보험의 목적은 피보험자의 재산이 된다.
③ 피보험이익은 사고발생 시까지 확정할 수 있어야 한다(확정성).
④ 상법상 인보험에서는 피보험이익의 개념에 대한 언급이 없다. 실손보상형 상해보험에서 피보험이익이 일부 인정된다는 견해가 있을 뿐이다.

03 피보험이익에 대한 설명 중 옳지 않은 것은? (다툼이 있는 경우 판례에 의함) ▶36회

① 피보험이익은 보험의 목적에 대한 보험사고와 피보험자의 경제적인 이해관계를 가리킨다.
② 보험계약의 목적은 보험의 목적과는 구별하여야 한다.
③ 특정 물건에 대하여 소유권자와 저당권자는 동일한 피보험이익을 가지므로 독립하여 보험계약을 체결하는 것이 인정되지 아니한다.
④ 두 개의 책임보험계약이 보험의 목적, 즉 피보험이익과 보험사고의 내용 및 범위가 전부

공통되지는 않으나 상당 부분 중복되고, 발생한 사고가 그 중복되는 피보험이익에 관련된 보험사고에 해당된다면, 이와 같이 두 개의 책임보험계약에 가입한 것은, 피보험이익과 보험사고 및 보험기간이 중복되는 범위 내에서 중복보험에 해당한다.

해설 ③ 소유권자와 저당권자가 각각 화재보험을 가입하였어도 이들이 가지는 피보험이익(자기재산에 대한 손해 vs 다른 채권자에 대한 우선변제권)이 서로 다르므로 독립하여 보험계약을 체결할 수 있다.
④ 두 개의 책임보험계약의 피보험이익과 보험사고의 내용 및 범위가 상당 부분 중복되고, 발생한 사고가 그 중복되는 피보험이익에 관련된 보험사고에 해당되는 경우, 상법 제725조의2에 정한 중복보험에 해당하므로 수개의 책임보험규정이 적용된다(2009다42819 판결).

04 피보험이익의 요건으로 맞는 것은? ▸23회

① 확정성, 경제성, 적법성 ② 경제성, 사회성, 적법성
③ 타당성, 경제성, 사회성 ④ 불확정성, 적법성, 기호성

해설 피보험이익의 요건은 확정성, 경제성, 적법성이다.

05 피보험이익의 개념의 효용과 가장 거리가 먼 것은? ▸25회

① 보험사고의 확정 ② 도박보험의 방지
③ 보험자의 책임범위의 확정 ④ 초과보험의 방지

해설 피보험이익과 보험사고와의 직접적인 관계는 없다. 특히 피보험이익이 보험사고를 확정하는 기능적 효용을 갖는다고 볼 수는 없다.

06 보험자가 책임지는 사고로 보험목적의 일부가 훼손되었는데 그 후 보험자가 책임지지 아니하는 사고로 그 목적이 전부 멸실되어 버린 때 보험자의 책임은? ▸24회

① 처음 발생한 일부 훼손에 대해서만 책임진다.
② 전손(全損)을 기준으로 1/2의 책임을 진다.
③ 전손으로 간주하여 전부의 책임을 진다.
④ 면책된다.

해설 보험사고와 인과관계가 있는 손해에 한하여 보상하므로 1차 사고로 일부 훼손된 부분에 대하여만 보험자가 책임을 부담한다.

07 다음 중 손해보험자의 면책사유에 해당하지 않는 것은? ▸38회

① 보험의 목적의 성질로 인한 손해
② 보험의 목적의 하자로 인한 손해

③ 보험의 목적의 상실로 인한 손해

④ 보험의 목적의 자연소모로 인한 손해

해설 손해보험은 보험계약법 통칙상의 일반면책사유 외에도 보험목적의 성질, 하자 또는 자연손해를 면책으로 한다. 보험목적을 상실한 경우는 손해에 해당하므로 상실에 대한 고의 등이 없는 이상 보험자의 담보사유에 해당한다.

08 손해보험에서 보험자의 손해보상의무에 관한 설명 중 틀린 것은? ▶30회

① 보험의 목적에 관하여 보험자가 부담할 손해가 생긴 경우에는, 그 후 그 목적이 보험자가 부담하지 아니하는 보험사고의 발생으로 인하여 멸실된 때에도, 보험자는 이미 생긴 손해를 보상할 책임을 면하지 못한다.

② 보험계약자에게 현실적으로 손해가 생기는 이상, 당사자 간에 다른 약정이 없으면 상실이익도 보상해야 한다.

③ 보험자가 손해를 보상할 경우에 보험료의 지급을 받지 아니한 잔액이 있으면, 그 지급기일이 도래하지 아니한 때라도 보상할 금액에서 이를 공제할 수 있다.

④ 보험의 목적의 성질, 하자 또는 자연소모로 인한 손해는 보험자가 이를 보상할 책임이 없다.

해설 보험사고로 인하여 상실된 피보험자가 얻을 이익이나 보수(상실이익)는 다른 약정이 없는 한 보험자가 보상할 손해액에 산입하지 않는다. 상실이익은 간접손해로서 객관적 측정이 힘들기 때문이다.

09 손해액 산정기준에 관한 설명으로 옳지 않은 것은? ▶41회

① 보험자가 보상할 손해액은 그 손해가 발생한 때와 곳의 가액에 의하여 산정한다.

② 손해액의 산정에 관한 비용은 보험자 및 보험계약자의 공동부담으로 한다.

③ 손해액의 산정에 관하여 당사자 간에 별도의 약정이 있는 경우에는 신품가액에 의하여 산정할 수 있다.

④ 손해액의 산정에 관해서는 기본적으로 손해보험의 대원칙인 실손보상의 원칙이 적용된다.

해설 손해액 산정비용은 보험자가 부담한다.

10 손해보험에서 보험자가 보상할 손해액의 산정기준에 관한 설명 중 옳지 않은 것은? ▶28회

① 원칙적으로 그 손해가 발생한 때와 곳의 보험가액에 의하여 산정한다.

② 당사자 간의 특약에 의한 신가(新價)보험의 경우에는 신품(新品)가액에 의하여 손해액을

산정할 수 있다.

③ 기평가보험의 경우에는 합의된 보험가액에 의한다.

④ 화재보험의 경우에는 보험가액불변경주의가 인정된다.

해설 화재보험은 보험법상 일반원칙에 의한다. 그러므로 사고가 발생한 때와 곳의 보험가액에 따라 손해액을 산정한다(미평가보험).

11 상법상 손해보험에 관한 설명 중 맞는 것은? ▸34회

① 동일한 보험의 목적에 보험자의 책임이 발생하는 1차적 사고발생 후, 보험자의 책임이 발생하지 않는 2차적 사고로 당해 목적이 멸실된 경우 보험자는 2차적 사고로 인한 손해도 보상하여야 한다.

② 보험자가 보상할 손해액은 손해가 발생한 때와 곳의 가액에 의하여 산정하는 것이 원칙이다.

③ 손해액의 산정에 관한 비용은 보험계약자의 부담으로 한다.

④ 보험의 목적의 자연소모로 인한 손해에 대해 보험자는 보상책임을 진다.

해설 ① 2차적 사고로 확대된 손해는 보험사고와 인과관계가 없으므로 면책이다.
③ 손해액의 산정비용은 보험자가 부담한다.
④ 자연소모손해는 손해보험의 고유면책사유이다.

12 '손해보상의 원칙'의 예외가 아닌 것은? ▸28회

① 실비(實費)보상보험 ② 신가(新價)보험
③ 기평가보험 ④ 이익보험

해설 실비보상보험은 피보험자가 지출한 실제 비용에 대하여 보상하는 것이므로 손해보상의 원칙에 충실한 보험이다. 그 외에 신가보험, 기평가보험 그리고 희망이익보험은 재산적 손해액 이상을 보상할 수 있으므로 이득금지원칙의 예외이다.

13 보험계약법상 이득금지의 원칙과 가장 거리가 먼 것은? ▸42회

① 사기에 의한 초과보험의 무효 ② 보험자대위
③ 신가보험 ④ 중복보험에서 비례주의에 의한 보상

해설 신가보험은 감가상각을 고려하지 않고 신제품 가격을 기준으로 보상하는 것이므로 이득금지원칙과 관련이 없다.

14 손해보험계약에서 실손보상원칙에 관한 설명으로 옳지 않은 것은? (다툼이 있는 경우 판례에 의함) ▶45회

① 손해보험계약에서는 피보험자가 이중이득을 얻는 것을 막기 위해 실손보상원칙이 철저히 준수된다.

② 약정보험금액을 아무리 고액으로 정한다 하더라도 지급되는 보험금은 보험가액을 초과할 수 없다.

③ 손해보험계약에 있어 제3자의 행위로 인하여 생긴 손해에 대하여 제3자의 손해배상에 앞서 보험자가 먼저 보험금을 지급한 때에는 피보험자의 제3자에 대한 손해배상청구권은 소멸되지 아니하고 지급된 보험금액의 한도에서 보험자에게 이전된다.

④ 보험계약을 체결할 당시 당사자 사이에 미리 보험가액에 대해 합의를 하지 않은 미평가보험이나 신가보험 등은 실손보상원칙의 예외에 해당한다.

해설 실손보상원칙은 사고발생 당시의 피보험자가 입은 손해를 보상하는 것을 원칙으로 한다. 미평가보험의 경우에는 사고시를 기준으로 보험가액을 평가하므로 실손보상원칙의 예외로 볼 수 없다.

[정답]

01 ③ 02 ③ 03 ③ 04 ① 05 ① 06 ① 07 ③ 08 ② 09 ② 10 ④ 11 ② 12 ①
13 ③ 14 ④

CHAPTER 2 보험가액과 보험금액

I 보험가액

보험가액이란 경제적 이해관계라는 주관적인 피보험이익을 금전이라는 객관적인 기준으로 평가한 금액이다. 보험가액은 물건보험에서 그 의미가 있으며, 책임보험에서는 보험사고발생 당시에 피보험자의 책임한도를 확정하기 어려우므로 보험가액의 개념이 인정되기 어렵다.

보험가액은 i) 손해액의 산정기준(손해액=보험가액−피보험이익의 잔존가액)이며, ii) 보험금의 산정기준(보험금=손해액×보험금액/보험가액)이 된다. iii) 손해액이 보험가액을 초과할 수 없으므로 보험가액은 보험자가 보상할 법률상 최고한도액이며, iv) 초과 · 중복보험과 전부 · 일부보험의 결정기준이 된다.

II 보험가액의 평가

보험가액은 경기에 따라 변하기 때문에 때와 장소에 따라 수시로 변동될 수 있다. 그러므로 상법은 보험가액 산정에 대한 분쟁을 막기 위하여 보험가액의 평가기준을 두고 있다.

1. 미평가보험

상법
제671조【미평가보험】 당사자 간에 보험가액을 정하지 아니한 때에는 사고발생 시의 가액을 보험가액으로 한다.

보험계약을 체결할 때에 보험가액을 평가하지 않은 보험계약(미평가보험)은 사고발생 시의 가액을 보험가액으로 한다(상법 제671조). 여기서 '사고발생 시'라 함은 '사고발생한 때와 곳'으로 해석한다.

2. 보험가액불변경주의

해상보험과 운송보험은 실무상 거의 대부분 기평가보험으로 운영되고 있지만, 당사자 사이에 보험가액에 대한 정함이 없는 때, 즉 미평가보험의 경우에는 상법상 일정시점에서의 보험가액을 전(全)보험기간에 걸쳐 고정된 보험가액으로 한다(상법 제696조 내지 제698조, 제689조, 보험가액불변경주의). 보험가액불변경주의는 해상·운송보험의 단기간의 성격에서 비롯된 것으로서 보험가액평가를 용이하게 하고 분쟁을 방지하기 위한 규정이다.

운송보험에서는 발송한 때와 곳의 가액과 도착지까지의 운임 기타의 비용을 보험가액으로 하며(상법 제689조), 선박보험에서는 보험자의 책임이 개시된 때의 선박가액을 보험가액으로 한다(상법 제696조). 적하보험에서는 선적한 때와 곳의 적하의 가액과 선적 및 보험에 관한 비용을 보험가액으로 하며(상법 제697조), 희망이익보험에서 보험가액을 정하지 않은 경우에는 보험금액을 보험가액으로 한다(상법 제698조).

3. 기평가보험

> 상법
>
> 第670조【기평가보험】 당사자 간에 보험가액을 정한 때에는 그 가액은 사고발생 시의 가액으로 정한 것으로 추정한다. 그러나 그 가액이 사고발생 시의 가액을 현저하게 초과할 때에는 사고발생 시의 가액을 보험가액으로 한다.

가. 의의

기평가보험(valued insurance 또는 협정보험가액)이란 보험계약을 체결할 당시에 당사자 사이에 미리 피보험이익의 가액에 대하여 합의가 이루어진 보험이다. 그 미리 정하여진 보험가액은 사고발생 시의 가액으로 정한 것으로 추정한다(상법 제670조). 기평가보험은 해상보험, 운송보험 등에서 보험목적물의 멸실로 인하여 보험가액을 산정하기 곤란한 경우에 분쟁을 방지하기 위하여 사용된다.

계약 당시의 보험가액에 대한 합의는 명시적이어야 한다(예 보험증권에 기재). 하지만 반드시 협정보험가액 혹은 약정보험가액이라는 용어 등을 사용하여야만 하는 것은 아니고 당사자 사이에 보험계약을 체결하게 된 제반 사정과 보험증권의 기재내용 등을 통하여 당사자의 의사가 보험가액을 미리 합의하고 있는 것이라고 인정할 수 있으면 충분하다(2001다6312 판결).

나. 협정보험가액이 사고발생 시의 가액을 현저히 초과한 경우

기평가보험의 경우에도 그 보험가액이 사고발생 시의 가액을 현저하게 초과할 때에는 사고발생 시의 가액을 보험가액으로 한다(상법 제670조 단서). 이득금지의 원칙을 지키기 위해서이다.

여기서 현저한 차이가 있는지의 여부는 거래의 통념이나 사회의 통념에 따라 판단하여야 하고, 보험가액이 사고발생 시의 가액을 현저하게 초과한다는 점에 대한 입증책임은 이를 주장하는 보험자가 부담한다(2001다6312 판결).

2011다41024 판결

상법 제670조는 "당사자 간에 보험가액을 정한 때에는 그 가액은 사고발생 시의 가액으로 정한 것으로 추정한다. 그러나 그 가액이 사고발생 시의 가액을 현저하게 초과할 때에는 사고발생 시의 가액을 보험가액으로 한다"고 규정하고 있을 뿐 당사자 간에 정한 보험가액이 사고발생 시의 가액을 현저하게 초과한 원인에 대하여 한정하고 있지 아니하다. 따라서 당사자 간에 정한 보험가액이 사고발생 시의 가액을 현저하게 초과하는 이상, 보험계약을 체결할 당시 보험계약의 목적의 가액을 현저하게 초과하여 보험가액을 정함으로써 상법 제669조 제1항에 의하여 보험료와 보험금액의 감액을 청구할 수 있는 경우이거나, 보험자의 고의나 과실에 의하여 그와 같이 보험가액이 정하여진 경우에도 상법 제670조에 의하여 사고발생 시의 가액을 보험가액으로 보아야 한다.

그러므로 보험계약 당시 당사자 사이에 정한 피보험차량의 가액이 사고발생 당시 상급품을 기준으로 한 시세를 약 2.7배 초과한 사안에서, 보험계약 당시 정한 피보험차량 가액이 사고발생 당시의 시세를 현저히 초과하므로 보험자는 그 시세를 한도로 보험금지급의무가 있다.

Ⅲ 보험금액

보험금액이란 보험자가 발생한 손해의 보상을 위하여 지급하기로 한 금액의 최고한도로서(2000다30127 판결) 보험계약을 체결할 때에 당사자 사이의 약정에 의하여 정한 금액이다.

보험금액의 정도에 따라 보험료가 정해지고, 손해가 발생하게 되면 보험자는 보험가액의 범위 내에서 보험금액을 한도로 하여 손해액을 보상한다.

Ⅳ 보험가액과 보험금액의 관계

1. 전부보험

보험계약 당시에 약정한 보험금액이 보험가액과 같은 보험을 전부보험이라고 한다. 전부보험은 보험약관에서 별도의 자기부담금(deductible)조항을 두고 있지 않은 이상 보험가액(=보험금액)의 한도 내에서 발생한 손해액을 모두 보상한다.

$$\text{전부보험 : 보상액} = \text{실손해액} \leq \text{보험가액} = \text{보험금액}$$

2. 일부보험

상법

제674조【일부보험】 보험가액의 일부를 보험에 붙인 경우에는 보험자는 보험금액의 보험가액에 대한 비율에 따라 보상할 책임을 진다. 그러나 당사자 간에 다른 약정이 있는 때에는 보험자는 보험금액의 한도 내에서 그 손해를 보상할 책임을 진다.

가. 일부보험의 보상원칙

보험계약 당시에 약정한 보험금액이 보험가액보다 적은 보험을 일부보험(under insurance)이라고 한다. 일부보험의 보험자는 보험금액의 보험가액에 대한 비율에 따라 보상할 책임을 진다(=손해액×보험금액/보험가액, 상법 제674조 본문, 비례분담의 원칙).[01]

나. 일부보험의 보상관계

그러므로 결과적으로 일부보험의 보상액은 다음과 같다.

$$\text{일부보험 : 보상액} < \text{실손해액} \leq \text{보험가액} > \text{보험금액} \geq \text{보상액}$$

01 예를 들어 보험가액이 1억 원인 건물에 대하여 보험금액을 5,000만원으로 한 일부보험의 경우에 전손인 때에는 보험자가 5,000만원을 지급하고, 6,000만원의 손해가 발생한 분손의 경우라면 보험자가 보험가액에 대한 비율에 따라 6,000×(5,000/10,000)=3,000만원을 지급한다.

다. 일부보험의 실손보상특약

일부보험의 계약당사자 간에 실손보상과 관련한 특약이 있으면 보험금액의 범위 내에서 손해액을 보상할 수 있다(상법 제674조 단서).

만일 실손보상특약(제1차 위험보험)의 형태로 가입한 경우에는 보험금액의 범위 내에서 손해액 전액을 보상한다(=min[보험금액, 손해액]). 그리고 부보비율 조건부 실손보상특약(coinsurance, 80%)에 의하여 보험금액이 보험가액의 약정비율(예 80%)을 충족한 경우에도 손해액 전액을 보상하며(=min[보험금액, 손해액]), 보험금액이 약정비율 이하인 경우에는 비례분담의 방식에 의하여 보상한다(=손해액×보험금액/(보험가액×80%)).

3. 초과 · 중복보험

보험계약 당시에 약정한 보험금액(또는 수개의 보험계약에서의 보험금액의 합)이 보험가액을 초과하는 경우를 초과 · 중복보험이라고 한다. 초과 · 중복보험은 원칙적으로 금지되며, 선의로 초과 · 중복보험이 된 경우라고 해도 피보험자의 손해액 이상을 보상받지는 못한다.

초과보험 : 보상액 = 실손해액 < 보험가액 < 보험금액

중복보험 : 보상액 = 실손해액 ≤ 보험가액 < Σ보험금액

보험계리사 · 손해사정사 기출문제

01 협정보험가액이 사고발생 시의 가액을 현저하게 초과하는 경우에 관한 설명 중 틀린 것은? (다툼이 있는 경우 대법원 판례에 의함) ▸37회

① 현저한 초과 여부에 대한 증명책임은 보험자에게 있다.

② 보험자의 고의나 과실로 인하여 협정보험가액이 사고발생 시의 가액을 현저하게 초과하게 된 경우라도 사고발생 시의 가액을 보험가액으로 해야 한다.

③ 협정보험가액이 계약을 체결할 당시의 가액을 현저하게 초과함으로 인해 보험자 또는 보험계약자가 초과보험의 경우처럼 보험료와 보험금액의 감액을 청구할 수 있는 경우에는 사고발생 시의 가액을 보험가액으로 해야 한다.

④ 협정보험가액이 사고발생 시의 가액을 현저하게 초과하는 경우에는 그 초과 원인이 무엇이냐에 따라 사고발생 시의 가액을 보험가액으로 할 것인지의 여부가 달라지게 된다.

해설 ③ 협정보험가액이 사고 당시의 가액을 현저하게 초과한 이상, 초과보험규정에 의하여 보험료와 보험금액의 감액을 청구할 수 있는 경우이거나 보험자의 고의나 과실에 의하여 그와 같이 보험가액이 정하여진 경우에도 사고발생 시의 가액을 보험가액으로 한다.
④ 상법은 협정보험가액이 사고발생 시의 가액을 현저하게 초과한 원인에 대하여 묻지 않는다.

02 보험가액의 평가에 관한 설명으로 옳은 것은? ▸24회

① 계약당사자 간에 보험가액을 정하지 아니한 때에는 보험기간 개시(開始) 시의 가액을 보험가액으로 한다.

② 계약당사자 간에 보험가액을 정한 때에는 그 가액은 보험기간 개시 시의 가액으로 정한 것으로 추정한다.

③ 계약당사자 간에 정한 보험가액이 사고발생 시의 가액을 현저하게 미달하는 때에는 사고발생 시의 가액을 보험가액으로 한다.

④ 희망이익보험에서는 보험가액을 정하지 아니한 때에는 보험금액을 보험가액으로 한 것으로 추정한다.

해설 ① 계약 당시에 보험가액을 정하지 않은 경우에는 사고발생 당시의 가액을 보험가액으로 한다.
② 계약당사자가 보험계약 당시에 보험가액을 정한 경우에는 그 가액은 사고발생 시의 가액으로 정한 것으로 추정한다(상법 제670조).
③ 계약당사자 간에 정한 보험가액이 사고발생 시의 가액을 현저하게 초과한 때에는 사고발생 시의 가액을 보험가액으로 한다.

03 상법상 보험가액의 평가에 관한 설명으로 틀린 것은? ▶35회

① 미평가보험에서는 사고발생 시의 가액을 보험가액으로 한다.

② 운송보험에서는 미평가보험의 경우 보험가액불변경주의가 적용된다.

③ 기평가보험의 협정보험가액이 사고발생 시의 가액을 초과하는 경우에는 사고발생 시의 가액을 보험가액으로 한다.

④ 기평가보험의 협정보험가액은 원칙적으로 사고발생 시의 가액으로 정한 것으로 추정하며, 보험증권에 기재하여야 한다.

해설 기평가보험에서 협정보험가액이 사고발생 시의 가액을 '현저하게 초과'한 경우에만 사고발생 시의 가액을 보험가액으로 한다.

04 손해보험에서 보험가액의 결정에 관한 설명으로 옳지 않은 것은? (다툼이 있는 경우 판례에 의함) ▶40회

① 당사자 간에 보험가액을 정한 때에는 그 가액을 사고발생 시의 가액으로 정한 것으로 추정한다.

② 운송보험, 선박보험, 적하보험 등은 보험가액불변경주의를 택하고 있다.

③ 보상최고한도액을 기재한 것만으로는 기평가보험이 되지 않는다.

④ 기평가보험계약의 경우에는 추가보험계약으로 평가액을 감액 또는 증액할 수 없다.

해설 기평가보험의 약정을 하였어도 추가보험계약을 통해 그 평가액을 변경할 수 있다.

05 손해보험에서 보험가액과 보험금액의 관계에 대한 설명으로 옳지 않은 것은? ▶39회

① 기평가보험으로 인정되기 위한 당사자 사이의 보험가액의 합의는 명시적인 것이어야 하고, 동시에 반드시 협정가액 또는 약정가액이라는 용어를 사용하여야 한다.

② 초과보험은 보험금액이 보험계약목적의 가액을 현저하게 초과하는 보험을 말한다.

③ 동일한 보험계약의 목적과 동일한 사고에 관하여 수개의 보험계약이 동시 또는 순차로 체결된 경우 그 보험금액의 총액이 보험가액을 초과하는 보험을 중복보험이라 한다.

④ 일부보험이란 보험가액의 일부를 보험에 붙인 보험을 말한다.

해설 협정가액 또는 약정가액과 같은 명칭을 사용하지 않더라도 계약당사자의 의사가 보험가액을 미리 합의하고 있는 것으로 인정할 수 있다면 기평가보험으로 보기에 충분하다.

06 보험가액, 보험금액, 보험금에 관한 설명 중 옳은 것은? ▶32회

① 보험가액은 손해보험의 경우 계약에 의해서 정해지는 보험자의 책임의 최고한도액이다.

② 생명보험은 정액보험으로서 보험가액과 보험금이 일치하는 것이 보통이다.

③ 보험료의 산출의 토대가 되는 것은 손해보험이든 인보험이든 보험금액이다.

④ 책임보험의 피보험자가 보험자의 지시에 의하지 아니하고 방어비용을 지출한 경우에는 보험자는 그 비용과 손해액의 합계액을 보험가액의 한도 내에서 부담한다.

해설 ① 보험가액은 상법(법률상)에서 정한 보험자책임의 최고한도액이다.
② 생명보험은 보험가액의 개념이 없다.
③ 보험료는 보험자의 위험부담의 대가이다. 구체적으로는 보험자가 위험을 부담하는 금액(보험금액)을 기초로 보험료가 책정된다.
④ 책임보험에서의 방어비용이 보험자의 지시에 의한 경우에는 그 비용과 손해액이 보험금액을 초과하더라도 보험자가 보상한다.

07 전부보험에서 분손(分損)에 해당하는 경우는? ▶29회

① 보상액<손해액=보험가액>보험금액

② 보상액<손해액<보험가액=보험금액

③ 보상액=손해액=보험가액>보험금액

④ 보상액=손해액<보험가액=보험금액

해설 전부보험은 보험가액과 보험금액이 같은 보험을 말하며, 분손이란 보험가액에 미치지 못하는 손해가 생긴 경우를 말한다. 전부보험에서 분손의 경우에는 발생된 손해액 전부를 보상한다. 한편, 일부보험에서 분손의 경우는 '보상액<손해액<보험가액>보험금액'이 된다. 일부보험에서 1차 위험담보특약이 있는 경우에는 '보상액≤손해액<보험가액>보험금액'의 관계가 된다.

08 일부보험에서 보험자의 보상액이 산식으로 맞게 표시된 것은? ▶23회

① 보상액=손해액×보험금액 / 보험가액

② 보상액=손해액×보험가액 / 보험금액

③ 보상액=손해액×보험가액 / 보험가입금액

④ 보상액=보험금액×보험가액 / 손해액

해설 일부보험의 보상은 비례분담의 원칙에 의한다.

09 보험가액이 1억원이고, 보험금액이 5,000만원인 손해보험계약에서 만일 보험사고가 발생하여 7,000만원의 손해가 발생하였다면, 당사자 간에 다른 특약이 없는 경우에 보험자가 보상하여야 할 책임액은 얼마인가? ▶27회

① 3,500만원 ② 5,000만원

③ 7,000만원 ④ 1억원

해설 일부보험에서 당사자 간에 별도의 특약이 없다면 비례보상의 원칙에 따른다. 그러므로 손해액(7천만원)을 보험금액(5,000만원)/보험가액(1억원)의 비율로 보상한다. 따라서 보험자의 보상책임액은 3,500만원이다. 만일 1차 위험담보특약이 부가된 경우에는 보험금액의 한도 내에서 손해액을 모두 보상하므로 보험자는 5,000만원에 대하여 보상책임을 진다.

10 1차 위험보험에서 보험자는 어떠한 방식으로 보험금을 지급하는가? ▶31회

① 비례부담의 원칙에 따라 지급한다.

② 보험가액의 일정비율의 범위 내에서 지급한다.

③ 보험금액의 범위 내에서 손해액 전액을 지급한다.

④ 보험의 목적이 전부 멸실한 경우에만 보험금액을 지급한다.

해설 1차 위험보험은 보험금액의 한도 내에서 손해액 전액을 지급한다. 손해액이 보험금액보다 작은 경우에는 손해액 전액을 보상받을 수 있으며, 손해액이 보험금액보다 큰 경우에는 보험금액에 해당하는 보상을 받게 되므로 손해액 전부를 보상받을 수 없다.

[정답]

01 ④ 02 ④ 03 ③ 04 ④ 05 ① 06 ③ 07 ④ 08 ① 09 ① 10 ③

CHAPTER 3

초과보험 · 중복보험

I 초과보험

1. 의의

상법

제669조【초과보험】 ① 보험금액이 보험계약의 목적의 가액을 현저하게 초과한 때에는 보험자 또는 보험계약자는 보험료와 보험금액의 감액을 청구할 수 있다. 그러나 보험료의 감액은 장래에 대하여서만 그 효력이 있다.

② 제1항의 가액은 계약 당시의 가액에 의하여 정한다.

③ 보험가액이 보험기간 중에 현저하게 감소된 때에도 제1항과 같다.

④ 제1항의 경우에 계약이 보험계약자의 사기로 인하여 체결된 때에는 그 계약은 무효로 한다. 그러나 보험자는 그 사실을 안 때까지의 보험료를 청구할 수 있다.

보험금액이 보험가액을 현저하게 초과하는 경우를 초과보험(over insurance)이라 한다(상법 제669조 제1항). 계약을 체결할 때 보험금액을 보험가액보다 높게 설정한 경우, 실제의 가치보다 보험가액을 과도하게 평가함으로써 초과보험이 되는 경우, 계약 이후에 보험가액의 가치가 하락한 경우 등이 초과보험의 원인이 된다.

2. 초과보험 성립요건

초과보험이 되려면 하나의 보험계약에서 보험금액이 보험가액을 현저하게 초과하여야 한다. 여기서 '현저하게'란 사실문제로서 사회의 거래통념에 비추어 정상가액을 월등히 초과한 것을 말한다. 초과보험의 보험가액을 산정하는 시기는 '계약 당시'를 기준으로 하며(상법 제 669조 제2항), 보험가액이 보험기간 중에 감소한 때에는 그 감소의 시점을 기준으로 한다(상법 제669조 제3항).

3. 초과보험의 효과

가. 당사자가 선의인 경우

초과보험계약의 당사자가 선의인 경우에는 보험금액이 보험가액을 현저하게 초과한 때에 한하여 보험자 또는 보험계약자는 보험료와 보험금액의 감액을 청구할 수 있다(상법 제669조 제1항 본문). 당사자의 감액청구권은 형성권이며 보험료의 감액은 장래에 대하여만 그 효력이 있다(상법 제669조 제1항 단서). 보험자가 감액 전의 보험가액에 대한 위험을 부담하였기 때문이다.

나. 보험계약자의 사기로 인한 경우

(1) 사기로 인한 초과보험계약의 무효

초과보험계약이 보험계약자의 사기로 체결된 때에는 보험계약 전부를 무효로 한다(상법 제669조 제4항 본문, 주관주의). 이 규정은 선의의 보험계약자를 보호하고 도덕적 위험을 방지하는 데 목적이 있다.

여기서 '사기'는 민법 제110조의 사기의 개념과 같게 해석된다고 보므로 적극적 기망의도를 의미한다. 초과보험이라는 점과 보험계약자의 사기로 인한 것이라는 점에 대한 입증책임은 보험자가 부담한다(99다8599 판결).

(2) 보험료의 미반환

사기로 인하여 계약이 무효인 경우에도 보험자는 그 사실을 안 때까지의 보험료를 청구할 수 있다(상법 제669조 제4항 단서). 이 규정은 민법상 무효의 소급효에 대한 예외적 규정으로서 그 사실을 알기 전까지의 보험자의 위험부담을 고려하고 사기에 의한 계약자를 응징하기 위한 것이며, 보험계약의 최대선의 계약으로서의 성격이 반영된 것이다.

(3) 관련문제 : 형법상 사기죄 성립 여부

보험계약자가 초과보험상태를 의도적으로 유발한 후에 보험자에게 보험목적물의 가액을 묵비한 채 보험금을 청구하여 보험금을 받은 경우 이러한 청구행위는 사기죄의 실행행위로서의 기망(형법 제347조 제1항)행위에 해당한다(2015도6905 판결).

2015도6905 판결

보험계약자 甲이 A보험회사와 가축재해보험을 체결하면서 보험목적물인 말(馬)의 매매대금을 사실과 다르게 고지하여 보험금액이 보험목적물의 가액을 현저히 초과하는 초과보험을 가입하고, A보험회사는 가축재해보험의 보험목적물의 시세변동이 흔하므로 협정보험가액에 의하여 보험금을 지급하고 있는 경우에 이후 보험사고가 발생하자 甲이 말의 가액을 묵비한 채 보험계약에 따른 보험금을 수령한 사안에서 보험계약자가 보험계약 체결 시 보험금액이 목적물의 가액을 현저하게 초과하는 초과보험상태를 의도적으로 유발한 후 보험사고가 발생하자 초과보험사실을 알지 못하는 보험자에게 목적물의 가액을 묵비한 채 보험금을 청구하여 보험금을 교부받은 경우, 보험자가 보험금액이 목적물의 가액을 현저하게 초과한다는 것을 알았더라면 같은 조건으로 보험계약을 체결하지 않았을 뿐만 아니라 협정보험가액에 따른 보험금을 그대로 지급하지 아니하였을 관계가 인정된다면, 보험계약자가 초과보험사실을 알지 못하는 보험자에게 목적물의 가액을 묵비한 채 보험금을 청구한 행위는 사기죄의 실행행위로서의 기망행위에 해당한다.

Ⅱ 중복보험

1. 의의

상법

제672조【중복보험】 ① 동일한 보험계약의 목적과 동일한 사고에 관하여 수개의 보험계약이 동시에 또는 순차로 체결된 경우에 그 보험금액의 총액이 보험가액을 초과한 때에는 보험자는 각자의 보험금액의 한도에서 연대책임을 진다. 이 경우에는 각 보험자의 보상책임은 각자의 보험금액의 비율에 따른다.

② 동일한 보험계약의 목적과 동일한 사고에 관하여 수개의 보험계약을 체결하는 경우에는 보험계약자는 각 보험자에 대하여 각 보험계약의 내용을 통지하여야 한다.

③ 제669조 제4항의 규정은 제1항의 보험계약에 준용한다.

i) 수인의 보험자가 동일한 피보험자를 주체로 하는 ii) 동일한 피보험이익에 대하여 iii) 동일한 보험사고와 iv) 보험기간을 공통(또는 보험기간 일부의 중복)으로 하는 수개의 보험계약을 체결하고 v) 그 보험금액의 합계가 보험가액을 초과하는 경우를 중복보험이라 한다.

수개의 보험계약에서 보험금액의 합계가 보험가액을 초과하지 않는 경우에도 넓은 의미에서는 중복보험에 해당하며, 이 경우에는 병존보험(일부보험의 병존)이라고 한다.

2. 발생원인

매도인과 매수인이 중복하여 운송보험계약을 체결하거나, 타인을 위한 화재보험과 자기를 위한 화재보험이 중복되어 체결되는 경우에 중복보험이 될 수 있으며 보험목적의 양도의 경우에도 중복보험이 체결될 수 있다(95다52505 판결). 판례는 책임보험에서도 중복보험을 준용하며(2004다57687 판결), 손해보험형 상해보험에도 중복보험규정을 준용한다(2005다35516 판결).

그 외에도 계약자 측의 부당이득 편취의 목적으로 중복보험이 체결될 수 있다(사기에 의한 중복보험계약).

3. 중복보험의 요건

가. 수인의 보험자

수개의 보험계약이 수인의 보험자와 체결되어야 한다. 이때 계약체결은 동시, 순차를 묻지 않는다. 하나의 보험자에게 여러 개의 보험을 계약한 경우라면 초과보험이 된다.

나. 보험계약요소의 중복

동일한 보험의 목적에 관하여 보험사고 · 피보험자 · 피보험이익이 동일하여야 하고, 보험기간도 동일하거나 중복되어야 한다. 보험사고의 일부가 다른 보험사고와 공통되는 부분이 있다면 그 공통되는 사고에 한하여 중복보험이 된다.

그러나 보험계약자가 동일인일 필요는 없다. 예를 들어 보험계약자가 자기를 위한 손해보험계약과 타인을 위한 손해보험계약을 모두 체결한 경우에는 중복보험의 고려대상이 되지 않는다.

95다47398 판결

임가공업자가 소유자로부터 공급받은 원 · 부자재 및 이를 가공한 완제품에 대하여 동산종합보험을 체결한 경우, 그 보험계약은 임가공업자가 자신이 보관하고 있는 그 보험목적물의 도난 또는 멸실 · 훼손되는 사고로 인하여 소유자에 대하여 손해배상책임을 지는 것을 담보하는 소극적 이익을 피보험이익으로 한 책임보험의 성격을 가진 것으로 봄이 상당하므로, 소유자가 동일한 목적물에 대한 소유자의 이익을 부보하기 위하여 체결한 동산종합보험계약과는 피보험이익이 서로 달라서 중복보험에 해당하지 않는다.

다. 보험금액의 총액이 보험가액을 초과

(1) 좁은 의미의 중복보험

수개의 보험계약에서 약정한 보험금액의 총액이 보험가액을 초과하여야 한다. 동시에 체결한 계약은 계약 당시를 기준으로 초과 여부를 판단하고, 순차적으로 체결된 계약은 각 계약의 체결 당시를 기준으로 초과 여부를 판단한다. 보험기간 내에 보험가액의 감소로 중복보험이 된 경우에는 그 감소된 때를 기준으로 판단한다.

중복보험의 경우에는 초과보험과는 달리 '현저하게 초과'하는 것을 요건으로 하지 않는다.

(2) 넓은 의미의 중복보험

각 계약에 의한 보험금액의 합계가 보험가액에 미달되는 때에는 수인의 보험자가 계약을 체결하고 있으므로 넓은 의미로는 중복보험으로 볼 수 있으나 이 경우에는 일부보험의 병존에 불과하므로 보상에 대해서는 일부보험에 관한 규정이 적용된다.

상법은 병존보험에 대하여 통지의무를 부담시키고 있다(상법 제672조 ②). 이후에 물가의 하락 등으로 중복보험(협의의 중복보험)에 해당할 수 있기 때문이다. 상법상 병존보험의 보상관계에 대한 언급은 없으나 병손보험에서도 각 보험회사가 부담하는 총보상액이 손해액을 초과하는 경우가 있으므로[01] 실무약

01 비례보상의 원칙에 의하는 보험계약(상법 674조 본문)과 제1차 위험보험계약(상법 674조 단서)이 체결된 경우이거나, 수개의 1차 위험부담계약이 체결된 경우에는 각 계약의 보험금액의 총액이 보험가액을 초과하지 않더라도 보험계약자가 받게 되는 총보험금이 손해액을 초과할 수 있다. 예를 들어, 갑이 1억원의 건물에 대하여 A보험회사와는 5,000만원을 보험금액으로 하여 비례보상의 원칙에 따라 보상하기로 하는 화재보험계약(상법 제674조 본문)을 체결하고, B보험회사와는 4,000만원을 보험금액으로 하여 제1차 위험보험계약인 화재보험계약(상법 제674조 단서)을 체결한 후에, 이 건물에 화재가 발생하여 손해액이 6,000만원으로 산정된 경우에는, 이 두 개의 계약은 보험금액의 총액(9,000만원=5,000만원+4,000만원)이 보험가액(1억원)을 초과하지 않으므로 상법 제672조 제1항에 의하면 중복보험이 되지 않는다. 그러나 갑은 보험금으로 A회사로부터 3,000만원(6,000만원×5,000만원/1억원), B회사로부터 4,000만원(손해액이 보험금액을 초과하였으므로 보험금액이 손해보상액으로 됨)을 받게 되어, 손해보상

관에서는 이 경우에도 손해액을 한도로 보상하는 규정을 두고 있다.

4. 중복보험의 효과

가. 사기로 인한 중복보험계약

중복보험이 보험계약자의 사기로 인하여 체결된 경우에는 사기로 인한 초과보험규정을 준용한다. 그러므로 수개의 보험계약은 전부 무효로 된다. 보험자는 그 사실을 안 때까지의 보험료에 대하여 청구할 수 있다(상법 제672조 제3항, 제669조 제4항).

나. 선의의 중복보험계약

(1) 보험계약자의 통지의무

중복보험의 보험계약자는 보험자에 대하여 중복된 보험계약의 내용을 통지하여야 한다(상법 제672조 제2항). 상법에는 통지의무를 위반한 경우의 불이익에 관하여 규정하지 않았으나 보험약관에서는 이 통지의무를 고지의무나 위험변경 · 증가의 통지의무의 일부로 해석하여 해지권을 규정하는 경우도 있다.

이와 관련하여 판례는 중복보험 통지의무의 성격이 고지의무나 위험변경 · 증가의 통지의무의 일종은 아니며(2001다49623, 2001다49630 판결) 단지 중복보험 통지의무를 게을리하였다는 사유만으로 사기로 인한 중복보험계약이 체결되었다고 추정할 수는 없다고 하였다(99다50712 판결).

(2) 보험자의 연대 · 비례책임

중복보험이 사기로 인하여 체결되지 않은 경우에 각 보험자는 계약 체결시점과 관계없이 보험금액의 비율에 따라 보상책임을 부담하며, 피보험자에 대

액의 총액(7,000만원=3,000만원+4,000만원)이 손해액(6,000만원)을 초과하게 되므로 이 경우에도 중복보험으로 처리할 필요가 있는 것이다.

하여 각자의 보험금액 한도 내에서 연대책임을 진다(상법 제672조 제1항, 연대 · 비례책임).[02]

> **連帶責任** 연대책임
> 다수의 채무자 각자가 채무액 전부를 이행할 책임을 부담하는 것이다. 연대채무자의 변제로 다른 연대채무자의 책임이 면제된 경우 구상권을 행사할 수 있다.

상법상 중복보험의 연대 · 비례책임은 강행규정이 아니므로(2000다30127 판결) 각 보험계약의 당사자는 약관 또는 개별약정을 통하여 중복보험에 있어서의 피보험자에 대한 보험자의 보상책임방식이나 보험자들 사이의 책임분담방식에 대하여 상법과 다르게 규정할 수 있다(예 초과전보조항, 타보험조항).

(3) 보험자 중 1인에 대한 권리포기

> 상법
> 제673조【중복보험과 보험자 1인에 대한 권리포기】 제672조의 규정에 의한 수개의 보험계약을 체결한 경우에 보험자 1인에 대한 권리의 포기는 다른 보험자의 권리의무에 영향을 미치지 아니한다.

피보험자가 수인의 보험자 중 1인에 대한 권리를 포기하였어도 다른 보험자의 권리의무에 영향을 미치지 않는다(상법 제673조). 그러므로 보험자는 피보험자가 다른 보험자에 대한 권리를 포기했는지 여부와 관계없이 중복보험규정에 의하여 자기가 부담할 부분만을 보험금으로 지급하면 된다.

5. 수개의 책임보험

피보험자가 수개의 책임보험을 체결한 경우 그 보험금액의 총액이 피보험자의 제3자에 대한 손해배상액을 초과하는 때에도 중복보험규정(상법 제672조, 제673조)을 준용한다.

---

02 예를 들어 보험가액이 1억원인 가옥에 대하여 보험금액을 각각 1억원, 6,000만원, 4,000만원으로 갑, 을, 병의 각 보험자와 화재보험계약을 체결한 중복보험의 경우에, 전손이 생긴 경우라면 갑이 5,000만원, 을은 3,000만원, 병은 2,000만원을 지급하여야 하지만, 피보험자의 보호를 위하여 피보험자가 1억원의 보상을 받을 때까지는 각 보험자는 보험금액인 1억원, 6,000만원, 4,000만원의 한도 내에서 연대책임을 진다.

보험계리사 · 손해사정사 기출문제

01 초과보험에 관한 설명으로 옳지 않은 것은? ▶41회

① 보험가액이 보험기간 중에 현저하게 감소된 때에는 보험자 또는 보험계약자는 보험료와 보험금액의 감액을 청구할 수 있다.
② 중복보험으로 보험금액이 현저하게 보험가액을 초과하는 경우에 초과보험이 된다.
③ 현저한 초과는 보험료 및 보험금액의 감액에 영향을 줄 정도의 초과를 의미한다.
④ 보험료감액청구 후 보험료의 감액은 소급효가 인정된다.

해설 초과보험에 따른 보험료감액청구는 미래효만 인정된다.

02 초과보험에 관한 설명 중 옳지 않은 것은? ▶28회

① 보험금액이 보험가액을 현저하게 초과하는 보험을 말한다.
② 초과보험인지 여부는 원칙적으로 보험사고발생 시의 보험가액에 의하여 정한다.
③ 보험계약자의 사기로 인하여 체결된 때에는 그 보험계약은 무효로 한다.
④ 보험계약자의 선의로 체결된 경우에는 보험자 또는 보험계약자는 보험료와 보험금액의 감액을 청구할 수 있으나, 보험료의 감액은 장래에 대하여서만 그 효력이 있다.

해설 ① 보험금액이 보험가액을 '현저하게' 초과하여야 초과보험규정이 적용된다.
② 초과보험을 결정하는 것은 원칙적으로 계약 당시를 기준으로 한다. 물론 계약 이후에 보험가액의 변동이 있을 때에도 초과보험이 될 수 있다.
④ 초과보험이 보험계약자의 사기에 의한 경우가 아니라면 보험료와 보험금액의 감액을 청구할 수 있다. 그러나 이미 기간이 경과된 부분에 대하여는 보험자가 위험부담의 책임을 다하였으므로 감액은 장래에 대하여만 효력이 있다.

03 A는 시가 10억원의 자기 소유 아파트에 대해 보험금액을 20억원으로 하는 화재보험계약을 B 보험회사와 체결하였다. 다음 설명 중 틀린 것은? ▶35회

① A가 선의인 경우 B는 보험금액의 감액을 청구할 수 있다.
② A가 선의인 경우 A는 보험료의 감액을 청구할 수 있으며, 이는 장래에 대하여서만 효력이 있다.
③ A의 사기로 인한 경우 B는 보험계약을 취소할 수 있다.
④ B는 A의 사기사실을 안 때까지의 보험료를 청구할 수 있다.

해설 ① 선의의 초과보험인 경우 계약당사자가 보험료 및 보험금액의 감액을 청구할 수 있다.
② 보험료를 감액하는 경우 이미 경과한 기간에 대하여는 감액할 수 없다.
③ 사기로 인한 초과보험은 무효이다.
④ 보험자는 사기로 인한 보험계약이 무효가 된 경우에도 그 사실을 안 때까지의 보험료에 대하여는 반환하지 않아도 된다.

04 중복보험이 성립되기 위한 요건이 아닌 것은? ▶23회

① 보험기간이 같거나 중복되어야 한다.
② 보험계약자가 동일하여야 한다.
③ 보험사고가 동일하여야 한다.
④ 수인의 보험자와 수개의 계약이 체결되어야 한다.

해설 중복보험계약이 되려면 보험계약의 요소가 동일하여야 한다. 그러나 보험계약자가 동일할 것을 요건으로 하지는 않는다.

05 보험계약자의 다수계약 통지의무(수개의 계약의 통지의무)에 관한 설명 중 옳지 않은 것은? ▶32회

① 약관에는 이 의무를 고지의무나 위험변경 · 증가 통지의무에 포함시켜서 규정하고 있는 것도 있다.
② 이 의무에 관한 상법의 규정은 불완전법규이다.
③ 이 의무는 병존보험의 경우에는 인정되지 않는다.
④ 이 의무의 이행이 있으면 중복보험이라도 사기에 의하여 체결된 것으로 인정되지 않는다.

해설 ① 보험약관에서는 고지의무 · 통지의무의 일종으로 본다.
② 상법상 통지의무 불이행에 대한 언급이 없으므로 불완전법규이다.
③ 병존보험에서도 통지의무를 이행하여야 한다.
④ 중복보험의 통지를 했다면 사기로 추정되기 어렵다.

06 중복보험의 효과에 관한 다음 설명 중 틀린 것은? ▶23회

① 우리 상법은 연대책임과 함께 비례주의를 택하고 있다.
② 사기적 중복보험의 경우 모든 보험계약이 무효로 된다.
③ 피보험자가 중복보험자 1인에 대한 권리를 포기한 경우 이 포기는 다른 보험자의 책임에 영향을 미친다.
④ 중복보험은 물론이고 병존보험의 경우에도 보험계약자는 각보험자에 대하여 각 보험계약의 내용을 통지해야 한다.

해설 피보험자가 중복보험자 중에서 1인에 대한 권리를 포기하였다고 해도 다른 보험자에게는 아무런 영향을 미치지 못한다. 그 다른 보험자를 보호하기 위한 규정이다.

07 중복보험의 경우 보험자가 부담할 보험금의 산정과 관련한 입법주의를 열거하였다. 우리나라 상법이 채택하는 입법주의는? ▸23회

① 우선책임주의 ② 순수연대주의
③ 연대비례주의 ④ 비례분할주의

해설 ① 우선책임주의 : 먼저 가입한 보험계약에서 우선책임을 부담하고 그 책임 부분을 넘는 보상에 대하여는 이후에 가입한 보험계약에서 책임지는 방식이다.
② 순수연대주의 : 중복보험계약의 보험자는 손해액에 대하여 연대책임을 부담하고 손해보상 이후에 다른 보험자에게 보험금액의 비율에 따라서 구상권을 행사하는 방식이다.
③ 연대비례주의 : 중복보험의 보험자는 각각의 보험금액의 한도 내에서 연대책임을 부담하고 보험자의 보험금액의 비율에 따라서 손해보상책임을 지는 방식이다.
④ 보험계약의 동시체결 · 순차적 체결을 묻지 않고 보험금액의 비율에 따라서 손해배상책임을 지는 방식이다.

08 중복보험에 관한 설명으로 옳은 것은? (다툼이 있는 경우 판례에 의함) ▸40회

① 중복보험이 성립하려면 동일한 보험계약의 목적에 관하여 보험사고 및 피보험자, 그리고 보험기간이 완전히 일치하여야 한다.
② 중복보험계약을 체결한 수인의 보험자 중 그 1인에 대한 권리의 포기는 다른 보험자의 권리의무에 영향을 미친다.
③ 보험계약자가 통지의무를 게을리하였다는 사유만으로 사기로 인한 중복보험계약이 체결되었다고 추정되지 않는다.
④ 중복보험이 성립되면 각 보험자는 보험가액의 한도에서 연대책임을 부담한다.

해설 ① 보험기간은 완전히 일치하지 않아도 된다.
② 영향을 미치지 않는다.
④ 보험금액의 한도 내에서 연대책임을 진다.

09 중복보험에 관한 다음의 설명 중 옳지 않은 것은? ▸31회

① 판례에 따르면 산업재해보상보험과 자동차종합보험은 자동차사고가 동일하므로 중복보험에 해당된다.
② 보험계약자가 선의인 경우 중복보험의 효과에 대해 우리 상법은 비례주의와 연대주의를 함께 정하고 있다.
③ 중복보험의 보험계약자는 각 보험자에 대하여 각 보험계약의 내용을 통지하여야 하는데

판례에 따르면 단순히 통지의무를 게을리하였다는 사유만으로 사기로 인한 중복보험계약이 체결되었다고 추정할 수는 없다고 한다.

④ 중복보험의 규정에 의한 수개의 보험계약을 체결한 경우에 보험자 1인에 대한 권리의 포기는 다른 보험자의 권리의무에 영향을 미치지 아니한다.

해설 산재보험의 보험과 자동차종합보험은 보험의 목적과 보험사고가 동일하지 않으므로 중복보험에 해당하지 않는다(88다카29177 판결).

10 甲은 자기가 소유한 보험가액 1,000만원인 도자기의 파손에 대하여 乙 보험회사와 400만원, 丙 보험회사와 600만원, 丁 보험회사와 1,000만원을 보험금액으로 하여 각각 손해보험계약을 체결하였다. 이후 도자기가 사고로 전부 파손되어 보험금을 청구하였다. 아래 설명 중 옳지 않은 것은? (단, 당사자 간에 중복보험과 일부보험에 관하여 다른 약정이 없다고 가정함) ▶43회

① 乙 보험회사는 200만원의 보상책임을 진다.

② 丙 보험회사는 600만원의 한도 내에서 연대책임을 진다.

③ 丁 보험회사는 500만원의 보상책임을 진다.

④ 甲이 丁 보험회사에 대한 보험금 청구를 포기한 경우 乙 보험회사와 丙 보험회사는 각각 400만원, 600만원의 보상책임을 진다.

해설 乙, 丙, 丁 각자의 보험금액의 한도 내에서 연대책임을 부담하므로 乙은 400만원, 丙은 600만원, 丁은 1,000만원 한도 내에서 연대책임을 부담한다. 각자의 보상책임은 보험금액의 비율에 의하므로 乙은 1,000만원 × 4/20, 丙은 1,000만원 × 6/20, 丁은 1,000만원 × 10/20의 비율로 보상책임을 부담한다.

11 초과보험과 중복보험에 대한 설명 중 옳지 않은 것은? ▶31회

① 초과보험은 보험금액이 보험가액을 현저하게 초과하는 경우에 성립한다.

② 초과보험인지의 여부는 원칙적으로 보험기간 중의 보험가액을 기준으로 한다.

③ 단순 초과보험의 경우에 보험자 또는 보험계약자는 보험료와 보험금액의 감액을 청구할 수 있는데 보험료의 감액은 장래에 대하여만 그 효력이 있다.

④ 중복보험의 경우 보험계약자가 선의인 때에는 각 보험자는 각자의 보험금액의 한도에서 연대책임을 지고, 각 보험자의 보상책임은 각자의 보험금액의 비율에 따라 정해진다.

해설 ② 초과보험 여부는 원칙적으로 보험계약 당시를 기준으로 한다.
④ 중복보험에서 각 보험자는 연대책임을 부담하며, 이 경우 각 보험자의 보험금액의 비율에 따라 보상책임을 진다. 한편, 보험금액비례안분주의를 정한 법규정은 임의규정이므로 약관에서 달리 정할 수 있다.

[정답]
01 ④ 02 ② 03 ③ 04 ② 05 ③ 06 ③ 07 ③ 08 ③ 09 ① 10 ④ 11 ②

CHAPTER 4 손해방지의무

I 의의 · 법적 성질

상법

제680조【손해방지의무】 ① 보험계약자와 피보험자는 손해의 방지와 경감을 위하여 노력하여야 한다. 그러나 이를 위하여 필요 또는 유익하였던 비용과 보상액이 보험금액을 초과한 경우라도 보험자가 이를 부담한다. ② 삭제

손해방지의무는 손해보험계약에서 보험사고가 발생하였을 경우에 보험계약자 측에서 보험사고로 인한 손해의 발생을 방지하거나 손해의 확대를 방지하고 손해를 경감시키기 위하여 노력해야 할 의무이다(상법 제680조, 손해방지 및 경감의무).

이 의무는 계약상의 의무가 아닌 상법에서 특별히 정한 법정의무이다. 보험자가 계약자 측에게 손해방지의무를 강제할 수는 없으나 이 의무를 불이행한 경우에는 보험자의 손해보상액에서 공제하거나 손해배상청구를 할 수 있으므로 고지의무 · 통지의무와 같은 간접의무가 아닌 상법상 특별한 의무(또는 진정의무)로 보는 것이 일반적이다.

Ⅱ 손해방지의무

1. 의무의 발생시기

손해방지의무는 보험사고의 발생을 전제로 손해확대의 방지를 위한 것이므로 보험사고가 발생한 때부터 그 의무를 진다. 그러므로 보험사고의 발생 자체를 방지하는 것은 이 의무의 내용에 포함되지 않는다. 이와 관련하여 판례는 보험사고가 발생한 것과 같게 볼 수 있는 상태가 생겼을 때에도 그때부터 피보험자가 손해방지의무를 부담한다고 해석한다(2002다22016 판결 등).

2. 손해방지의무를 부담하는 자

손해방지의무를 지는 자는 보험계약자와 피보험자이다. 보험계약자 또는 피보험자의 대리인도 이 의무를 부담한다. 보험계약자 측의 포괄적 대리권을 가진 지배인(상법 제11조)이나 선장(상법 제773조) 등도 이 의무를 부담한다.

3. 손해방지행위의 범위

손해방지행위에는 손해를 직접적으로 방지하는 행위는 물론이고 간접적으로 방지하는 행위도 포함되며, 손해방지의무의 대상이 되는 손해는 피보험이익에 대한 구체적인 침해의 결과로서 생기는 손해만을 뜻하는 것이고 보험자의 구상권과 같이 보험자가 손해를 보상한 후에 취득하게 되는 이익을 상실함으로써 결과적으로 보험자에게 부담되는 손해까지 포함된다고 볼 수는 없다(2015다209347 판결).

4. 손해방지를 위한 노력과 효과

손해방지 · 경감을 위한 노력은 보험계약이 없는 경우에도 보험계약자나 피보험자가 자기의 이익(또는 재산)에 대하여 손해의 방지와 경감을 위하여 기울이는 것과 같은 정도의 노력을 해야 한다. 화재사고가 발생하였을 때의 소방행위, 자동차사고의 피해자에 대한 긴급치료행위, 타인의 행위로 손해가 발생한 경우에 그 타인에 대한 청구권 확보행위 등이 대표적인 손해방지행위이다.

보험계약자 또는 피보험자가 이러한 노력을 이행하였다면 그 의무를 다한 것이다. 그러므로 손해방지나 경감의 효과가 반드시 생겨야 하는 것은 아니다.

5. 의무 위반의 효과

보험계약자나 피보험자가 손해방지의무를 게을리한 경우에 효과에 대하여는 상법상 아무런 규정이 없다. 학설로는 ⅰ) 경과실로 인한 의무 위반의 경우에는 채무불이행에 관한 일반원칙에 따라 보험자는 그로 인한 손해의 배상을 청구하거나 보험금에서 손해액을 공제하고 지급하면 되고, 고의 · 중과실로 인한 의무 위반의 경우에는 보험자가 보상책임을 면한다는 견해가 있고, ⅱ) 고의 · 중과실로 인한 의무 위반의 경우에만 보험자는 지급할 보험금에서 보험계약자 또는 피보험자가 손해방지의무를 위반한 때에 방지 또는 경감할 수 있으리라고 인정되는 손해액을 공제 또는 상계하여 지급하면 되고 경과실의 경우는 제외된다는 견해(다수설)가 있다.

2015다6302 판결

보험계약자와 피보험자는 손해의 방지와 경감을 위하여 노력하여야 한다(상법 제680조 제1항 전문). 보험계약자와 피보험자가 고의 또는 중대한 과실로 손해방지의무를 위반한 경우에는 보험자는 손해방지의무 위반과 상당인과관계가 있는 손해, 즉 의무 위반이 없다면 방지 또는 경감할 수 있으리라고 인정되는 손해액에 대하여 배상을 청구하거나 지급할 보험금과 상계하여 이를 공제한 나머지 금액만을 보험금으로 지급할 수 있으나, 경과실로 위반한 경우에는 그러하지 아니하다. 그리고 이러한 법리는 재보험의 경우에도 마찬가지로 적용된다.

Ⅲ 손해방지비용

1. 의의

손해방지비용은 보험자가 담보하고 있는 보험사고가 발생한 경우에 보험사고로 인한 손해의 발생을 방지하거나 손해의 확대를 방지함은 물론 손해를 경감할 목적으로 행하는 행위에 필요하거나 유익하였던 비용을 말한다(2005다21531 판결).

한편, 손해방지비용과 유사한 성격을 가지는 것으로서 책임보험의 방어비용(상법 제720조 ①)이 있으나 손해방지비용과 방어비용은 서로 구별하여야 한다(2002다22106, 2005다21531 판결).

2. 손해방지비용을 부담하는 자

손해방지비용을 부담하는 자는 보험자이다. 손해방지비용과 보상액이 보험금액을 초과한 경우에도 보험자가 이를 부담한다(상법 제680조). 그러나 해상보험에서는 보험금액의 한도 내에서만 보험자가 이를 부담한다(상법 제694조의3).

3. 일부보험의 손해방지비용

상법은 일부보험에서의 손해방지비용에 대한 언급이 없다. 이와 관련하여 학설은 상법 제674조(일부보험)는 손해방지비용에도 적용되어야 하므로 일부보험에서 발생한 손해방지비용이 있다면 그 일부만을 부담한다는 견해이다.

4. 공동불법행위자들의 손해방지비용

공동불법행위자들이 각각 보험에 가입하였고, 그 중 일부만 손해방지비용을 지출한 경우에 그 손해방지비용을 상환한 보험자는 다른 공동불법행위자의 보험자가 부담할 부분에 대하여 구상권을 행사할 수 있다(2004다64272 판결).

2004다64272 판결

상법 제680조 제1항에서 말하는 손해방지비용이라 함은 보험자가 담보하고 있는 보험사고가 발생한 경우에 보험사고로 인한 손해의 발생을 방지하거나 손해의 확대를 방지함은 물론 손해를 경감할 목적으로 행하는 행위에 필요하거나 유익하였던 비용으로서, 보험계약자나 피보험자가 손해의 방지와 경감을 위하여 지출한 비용은 원칙적으로 자신의 보험자에게 청구하여야 한다. 다만, 공동불법행위로 말미암아 공동불법행위자 중 1인이 손해의 방지와 경감을 위하여 비용을 지출한 경우에 위와 같은 손해방지비용은 자신의 보험자뿐 아니라 다른 공동불법행위자의 보험자에 대하여도 손해방지비용에 해당하므로, 공동불법행위자들과 각각 보험계약을 체결한 보험자들은 각자 그 피보험자 또는 보험계약자에 대한 관계에서뿐 아니라 그와 보험계약관계가 없는 다른 공동불법행위자에 대한 관계에서도 그들이 지출한 손해방지비용의 상환의무를 부담한다. 또한 이러한 관계에 있는 보험자들 상호 간에는 손해방지비용의 상환의무에 관하여 공동불법행위에 기한 손해배상채무와 마찬가지로 부진정연대채무의 관계에 있다고 볼 수 있으므로, 공동불법행위자 중의 1인과 보험계약을 체결한 보험자가 그 피보험자에게 손해방지비용을 모두 상환하였다면, 그 손해방지비용을 상환한 보험자는 다른 공동불법행위자의 보험자가 부담하여야 할 부분에 대하여 직접 구상권을 행사할 수 있다.

보험계리사 · 손해사정사 기출문제

01 손해방지의무에 관한 다음 설명 중 옳지 않은 것은? ▶23회

① 손해방지의무는 보험사고가 발생한 후 비로소 개시된다.
② 손해방지의무는 법정의무이다.
③ 보험계약자, 피보험자뿐만 아니라 보험수익자도 지는 의무이다.
④ 손해의 발생 또는 확대를 막아야 할 의무이다.

해설 손해방지의무는 상법상 보험계약자와 피보험자의 의무이다. 그러므로 보험수익자는 이 의무를 부담하지 않는다.

02 다음 중 손해방지의무 위반에 해당하는 것은? ▶26회

① 피보험자가 보험사고의 발생을 방지할 수 있었음에도 그 발생을 방치한 경우
② 보험자가 전손만을 담보하기로 한 경우에 피보험자가 분손의 발생을 방치한 경우
③ 피보험자가 보험사고의 발생을 방지하기 위한 노력은 하였으나 손해의 발생을 방치한 경우
④ 피보험자가 손해의 발생을 방치하였으나 보험자의 면책사유가 존재하는 경우

해설 ① 보험사고의 발생을 사전에 예방하는 것은 손해방지의무에 해당하지 않는다.
② 보험약관상 보험자가 책임을 지는 보험사고가 발생한 경우에 이 의무를 부담한다. 분손은 전손담보보험에서의 보험사고가 아니므로 이 의무의 위반이 아니다.
③ 손해의 발생을 방치한 것은 손해방지의무를 위반한 것이다.
④ 보험자의 면책사유로 인하여 담보하지 않는 손해에 대해서는 손해방지의무를 부담하지 않는다.

03 손해방지의무에 관한 설명 중 틀린 것은? ▶37회

① 이 의무는 보험사고가 생긴 때부터 지는 의무이다.
② 손해방지를 위하여 필요하였던 비용이라도 손해의 방지 또는 경감의 효과가 생긴 경우에만 보험자에게 청구할 수 있다.
③ 보험계약자 또는 피보험자는 이 의무의 이행을 위해서는 보험에 들지 않았을 경우에 자신의 이익을 위해 요구되는 정도의 주의를 기울여야 한다.
④ 보험계약자 또는 피보험자가 고의 또는 중대한 과실로 이 의무를 이행하지 않은 경우에는 보험자는 방지 또는 경감할 수 있었던 금액을 보험금에서 공제할 수 있다.

해설 ② 손해방지를 위하여 필요 · 유익한 비용이라면 그 효과가 없다고 해도 손해방지의무를 이행한 것이다. 그러

므로 손해방지비용을 보험자에게 청구할 수 있다.
③ 손해방지의 정도는 자신의 이익을 위해 요구되는 정도의 주의의무를 부담해야 된다.
④ 상법에는 이 의무의 위반에 따른 효과를 정하지 않고 있다.

04 손해방지의무에 관한 설명으로 옳은 것은? (다툼이 있는 경우 판례에 의함) ▶41회

① 해상보험에서 보험자는 보험의 목적의 안전과 보존을 위하여 지급할 특별비용을 보험가액의 한도에서 보상하여야 한다.

② 손해방지의무는 보험사고가 발생하면 개시된다.

③ 보험계약자와 피보험자가 경과실 또는 중과실로 손해방지의무를 위반한 경우 보험자는 그 의무 위반이 없다면 방지 또는 경감될 수 있으리라고 인정되는 손해에 대하여 배상을 청구하거나 지급할 보험금과 상계하여 이를 공제한 나머지 금액만을 보험금으로 지급할 수 있다.

④ 손해방지비용은 손해의 방지와 경감을 위한 비용을 의미하므로 보험자가 보상하는 비용은 필요비에 한정한다.

해설 ① 해상보험의 특별비용은 그 성격이 손해방지비용이지만 보험자는 보험금액의 한도 내에서 보상한다.
② 보험사고가 발생한 경우에 발생하는 것이 원칙이다. 판례에서는 보험사고가 발생한 것과 같게 볼 수 있는 경우까지도 확대해석하고 있다.
③ 상법에서는 손해방지의무 위반에 대한 규정이 없으나 실무약관과 학설은 중과실로 인한 경우에만 손해방지의무의 위반을 적용한다.
④ 필요한 비용뿐만 아니라 유익한 비용까지 보상한다.

05 손해방지비용에 관한 설명 중 옳은 것은? ▶25회

① 손해보상액과 손해방지비용의 합계가 보험금액을 초과한 때에는 상법에 의하여 보험자의 지시가 있었던 경우에만 보험자가 그 초과된 비용도 부담한다.

② 상법은 피보험자가 손해방지비용의 선급을 청구할 수 있음을 규정하고 있다.

③ 보험자는 면책사유에 해당하는 보험사고가 발생하더라도 손해방지비용을 부담한다.

④ 손해방지의 성과가 없더라도 보험계약자는 손해방지비용을 청구할 수 있다.

해설 ① 상법은 보험자의 지시 유무를 불문하고 손해방지비용이 보험금액을 초과해도 보험자가 이를 부담하도록 정하고 있다.
② 상법에는 피보험자의 선급청구에 대한 내용이 없다.
③ 원칙적으로 면책사유가 발생한 경우에는 보험계약자 측에서 손해방지의무를 부담하지 않으므로 보험자가 손해방지비용을 부담할 여지가 없다. 다만, 법원은 매우 예외적으로 면책 여부가 불확실한 상황에서 피보험자가 손해의 확대를 방지하기 위해서 지출한 비용에 대해서 보험자가 손해방지비용을 부담하도록 하였다(91다42777 판결).
④ 손해방지의 효과 유무는 중요하지 않으므로 손해방지를 위한 노력이 아무런 효과가 없더라도 보험계약자는 보험자에게 손해방지비용을 청구할 수 있다.

06 손해보험에서 보험계약자와 피보험자의 손해방지 · 경감의무에 관한 설명으로서 옳지 않은 것은? (다툼이 있는 경우 판례에 의함) ▶40회

① 보험자가 손해방지비용을 부담하지 아니한다는 비용상환의무 배제약관조항이나 손해방지비용과 보상액의 합계액이 보험금액을 넘지 않는 한도 내에서만 보상한다는 약관조항은 상법 제680조에 위배되어 무효이다.

② 피보험자의 보험자에 대한 소송통지의무는 피보험자의 손해방지 · 경감의무에 해당하며, 이는 보험자에게 소송에 관여할 기회를 주기 위한 것으로, 보험자는 적정손해액 이상의 손해액에 대하여는 보상의무가 없다.

③ 손해방지 · 경감의무를 부담하는 시기에 관하여 명문의 규정이 없다면, 약관에 의하여 대체로 보험사고가 생긴 때와 이와 동일시할 수 있는 상태가 발생한 때부터 이를 부담한다.

④ 보험사고가 발생하였다 하더라도 피보험자의 법률상 책임 여부가 판명되지 아니한 상태에서는 피보험자는 손해확대의 방지를 위한 긴급한 행위를 하여서는 아니되며, 비록 손해방지비용이 발생하였다 하더라도 보험자는 손해방지비용을 부담하지 아니한다.

해설 법률상 책임이 명확하지 않은 경우에도 손해방지의무를 부담했다면 보험자가 그 손해방지비용을 부담하여야 한다.

[정답]

01 ③ 02 ③ 03 ② 04 ② 05 ④ 06 ④

CHAPTER 5

보험자대위

I 보험자대위

1. 의의

보험자가 보험금을 지급했을 때 상법에 의하여 피보험자가 가지는 권리를 취득하는 것을 보험자대위(rights by subrogation)라고 한다. 보험금을 지급받은 피보험자가 잔존물로부터 추가적인 이득을 얻거나 제3자에 대한 배상청구권을 행사하여 이득을 얻는 것을 방지하기 위한 것이다(이득방지설, 87다카1669 판결).

보험자대위는 잔존물대위와 청구권대위로 구분한다. 보험자대위는 민법상 손해배상자의 대위(민법 제399조, 제763조)와 대체로 같다.

2. 인보험에서의 대위금지

인보험의 경우에는 잔존물대위에 관한 규정을 적용할 여지가 없으며, 원칙적으로 청구권대위도 인정되지 않는다. 다만, 상해보험에서 청구권대위를 약정할 수는 있다(상법 제729조).

Ⅱ 잔존물대위

1. 의의

상법
제681조【보험목적에 관한 보험대위】 보험의 목적의 전부가 멸실한 경우에 보험금액의 전부를 지급한 보험자는 그 목적에 대한 피보험자의 권리를 취득한다. 그러나 보험가액의 일부를 보험에 붙인 경우에는 보험자가 취득할 권리는 보험금액의 보험가액에 대한 비율에 따라 이를 정한다.

보험의 목적의 전손(전부 멸실)으로 보험금액의 전부를 지급한 보험자는 그 목적물에 대한 피보험자의 권리를 취득한다. 상법은 '보험목적에 대한 보험대위'라고 하며 실무상 흔히 '잔존물대위'라고 한다.

2. 잔존물대위의 요건

가. 보험목적의 전부 멸실

보험의 목적의 전손(total loss, 전부 멸실)을 요건으로 한다. 전손에는 보험의 목적의 물리적인 전부 멸실(예 화재로 인한 목조건물의 전소)은 물론이고 그 목적물의 경제적 효용(또는 사용가치)이 상실된 것이 포함된다. 그러므로 자동차사고로 부품 등이 잔존하지만 더 이상 자동차로는 사용할 수 없게 된 경우, 주택의 화재로 석재 등이 잔존하지만 주택으로는 사용할 수 없는 경우에도 전손에 해당한다. 또한 당사자 간의 약정으로 일정수준 이상의 손해에 대하여 전손으로 처리하기로 한 경우에도 여기서 말하는 전손으로 볼 수 있다고 해석한다.

일부 멸실(분손)의 경우에는 잔존물의 가치를 공제한 이후의 금액을 보험금으로 지급하게 되므로 잔존물대위가 적용되지 않는다.

나. 보험금액의 전부 지급

보험자가 잔존물대위권을 행사하기 위해서는 보험금액의 전부를 지급하여야 한다. 이와 관련하여 보험금만 지급하면 잔존물대위가 가능하다는 일부 견해가 있으나 보험금액의 전부 지급이란 보험금뿐만 아니라 보험자가 부담하는 손해방지 · 경감비용(상법 제680조), 기타의 비용(상법 제676조 제2항)까지 모두 지급한 것을 말한다(통설, 다수설).

3. 효과 : 권리의 취득

가. 권리의 취득시기

잔존물대위의 요건을 만족하면 보험자는 피보험자가 그 목적에 대하여 가지는 권리를 취득한다. 권리를 취득하는 시기는 보험사고가 발생한 때가 아니라 보험금액의 전부를 지급한 때이다.

그러므로 피보험자가 보험금액의 전부를 지급받기 이전에 잔존물을 처분한 경우에 그 처분은 유효하지만, 보험금액의 전부를 지급받은 이후에 잔존물을 처분한 경우에는 무권리자의 처분행위로서 무효이다. 이 경우에 보험자는 대위권 침해를 이유로 피보험자에 대하여 손해배상을 청구할 수도 있다.

나. 권리의 취득방법

잔존물대위에 의한 권리의 이전은 상법상 당연한 것이므로 보험자의 특별한 의사표시가 없이도 권리를 취득하며, 제3자에 대한 대항요건(예 이전, 등기 등)을 갖출 필요도 없다.

다. 일부보험의 잔존물대위

일부보험에서도 잔존물대위는 가능하다. 그러나 보험자가 보상하는 보험금액은 손해액의 일부(손해액×보험금액/보험가액, 상법 제681조 단서)이므로 보험자는 그 부보비율에 따라 잔존물의 일부에 대한 권리만을 취득한다.

라. 의무의 부담과 대위권 포기

보험자가 잔존물을 대위하게 되면 그 목적에 따르는 의무를 부담하게 되는 경우가 있다. 예를 들어 선박 잔해에 대한 잔존물 제거의무 또는 화재건물 잔해의 소유자로서 가지는 공작물 소유자의 책임(민법 제758조)을 부담한다. 보험자는 잔존물대위에 따른 의무를 회피하기 위하여 보험약관에서 대위권을 포기하는 특약을 둘 수 있다.

보험업법상 잔존물대위권의 포기는 보험업법상 특별이익의 제공에 해당하지 않지만 청구권대위권의 포기는 특별이익의 제공에 해당한다(보험업법 제98조).

Ⅲ 청구권대위

1. 의의

상법

제682조【제3자에 대한 보험대위】 ① 손해가 제3자의 행위로 인하여 발생한 경우에 보험금을 지급한 보험자는 그 지급한 금액의 한도에서 그 제3자에 대한 보험계약자 또는 피보험자의 권리를 취득한다. 그러나 보험자가 보상할 보험금의 일부를 지급한 경우에는 피보험자의 권리를 침해하지 아니하는 범위에서 그 권리를 행사할 수 있다.
② 보험계약자나 피보험자의 제1항에 따른 권리가 그와 생계를 같이 하는 가족에 대한 것인 경우 보험자는 그 권리를 취득하지 못한다. 그러나 손해가 그 가족의 고의로 인하여 발생한 경우에는 그러하지 아니하다. [전문개정 2014.3.11.]

피보험자가 제3자의 행위로 인하여 손해를 입고 보험자가 보험금을 지급한 경우 보험자는 그 금액의 한도 내에서 피보험자가 제3자에 대하여 가지는 권리를 취득한다(상법 제682조 ①). 상법은 '제3자에 대한 보험대위'라고 하며 실무상 흔히 청구권대위라고 한다.

청구권대위는 피보험자가 보험제도를 통하여 이득을 얻는 것을 방지하고, 제3자에게 책임을 묻기 위한 제도이다.

2. 청구권대위의 요건

가. 제3자의 행위로 인한 손해의 발생

(1) 제3자의 범위 : 보험계약자 · 피보험자 이외의 자

'제3자'란 일반적으로 보험자, 보험계약자 또는 피보험자 이외의 자를 말한다. 그러나 타인을 위한 보험계약에서의 보험계약자에 대해서는 제3자로 볼 수 있다(2000다29796 판결).

(2) 제3자에 해당하지 않는 자 : 승낙피보험자 등

피보험자는 제3자에 해당하지 않으므로 피보험자와 동일시할 수 있는 자는 제3자에 해당하지 않는다(94다4813 판결). 예를 들어 피보험자의 피용인(피사용인), 자동차보험의 기명피보험자로부터 승낙을 얻어 자동차를 사용 · 관리하는 자(승낙피보험자) 및 피보험자를 위하여 자동차를 운전 중인 자(운전자, 운전보조자)는 제3자가 아니다(2001다44659 판결 등).

자동차종합보험 관련 판례

i) 기명피보험자의 피용운전사 · 운행보조자(90다10063, 2000다33331 판결), 기명피보험자인 회사를 위하여 피보험차량을 운전하는 피용자(2005다31637 판결)는 제3자가 아니다.

ii) 다만, 승낙피보험자로부터 구체적 · 개별적인 승낙을 받고 그 승낙피보험자를 위하여 자동차 운전을 하였다고 하더라도, 그것이 기명피보험자의 의사에 명백히 반하는 것으로 볼 수 있는 경우에는 그 운전자를 운전피보험자에 해당한다고 볼 수는 없다. 따라서 그러한 운전자가 피보험자동차를 운전하던 중 일으킨 사고로 인한 손해에 대해서 보험금을 지급한 보험자는 상법 제682조에 따라 기명피보험자를 대위하여 운전자를 상대로 손해배상 청구를 할 수 있다(2012다116123 판결).

iii) 기명피보험자로부터 운전사와 함께 차량을 임차한 임차인은 제3자가 아니다(94다4813, 2000다33089 판결).

iv) 피보험차량의 소유자로부터 주차관리를 위탁받아 관리 중인 자는 제3자가 아니다(2001다44659 판결).

(3) 제3자에 해당하지 않는 자 : 생계를 같이하는 가족

피보험자의 동거친족 혹은 생계를 같이하는 가족(개정상법 제682조 ②)에 대하여 대위를 허용한다면 피보험자는 사실상 보험금을 지급받지 못한 것이 되므로 특별한 사정이 없는 한 제3자의 범위에 포함해서는 안 된다.

판례는 동거친족에 대하여 대위를 인정하지 않고 있으나(2002다32547 판결), 동거친족 등이 고의로 손해를 발생시킨 경우에는 대위권을 인정해야 할 필요가 있으므로 2015년 개정상법에서는 생계를 같이하는 가족의 고의로 손해가 발생한 경우에는 대위를 인정하고 있다(개정상법 제682조 제2항 단서).

여기서 '생계를 같이하는 가족'이란 민법 제779조에 따른 가족[01]의 범위에 포함되면서 생계를 같이하는(동거 여부를 묻지 않고 생활공동체관계에 있는) 자를 말한다.

(4) 제3자의 행위

'제3자의 행위'란 '피보험이익에 대하여 손해를 일으키는 행위'를 뜻하며, 고의 또는 과실에 의한 행위에 국한하는 것이 아니다(95다33092 판결). 그러므로 불법행위, 채무불이행뿐만 아니라 선장의 공동해손과 같은 적법행위도 포함된다.

01 민법 제779조(가족의 범위) ① 다음의 자는 가족으로 한다.
1. 배우자, 직계혈족 및 형제자매
2. 직계혈족의 배우자, 배우자의 직계혈족 및 배우자의 형제자매
② 제1항 제2호의 경우에는 생계를 같이하는 경우에 한한다.

나. 보험금의 지급

보험자에게 보험금지급책임이 발생하여 보험금을 지급한 경우에 청구권대위가 가능하다. 그러므로 보험금지급책임이 발생하지 않았음에도 불구하고 보험자가 보험금을 지급했거나(2009다48602 판결) 보험계약상 면책손해에 해당함에도 불구하고 보험자가 보험금을 지급했다면(2006다80667 판결) 보험자대위를 할 수 없다. 그러나 약관규제법 위반으로 면책약관을 계약내용으로 주장하지 못함으로써 보험금을 지급하게 되었다면(2012다14562 판결) 보험자대위를 할 수 있다.

잔존물대위의 요건과는 달리 지급할 보험금의 일부만을 지급한 경우에도 청구권대위가 가능하다. 그러나 보험금의 일부를 지급한 경우에는 피보험자의 권리를 해하지 않는 한도 내에서 대위권을 행사할 수 있다(상법 제682조 단서).

2012다88716 판결

상법 제682조 제1항에서 정한 보험자의 제3자에 대한 보험자대위가 인정되기 위하여는 보험자가 피보험자에게 보험금을 지급할 책임이 있는 경우라야 하고, 보험계약에서 담보하지 아니하는 손해에 해당하여 보험금지급의무가 없는데도 보험자가 피보험자에게 보험금을 지급한 경우에는 보험자대위의 법리에 따라 피보험자의 손해배상청구권을 대위행사할 수 없는데, 이러한 이치는 상법 제729조 단서(상해보험의 약정대위)에 따른 보험자대위의 경우에도 마찬가지로 적용된다.

무보험자동차에 의한 상해담보특약(=상해보험)의 보험자는 피보험자의 실제 손해액을 기준으로 위험을 인수한 것이 아니라 보통약관에서 정한 보험금지급기준에 따라 산정된 금액만을 제한적으로 인수한 것이므로, 무보험자동차에 의한 상해담보특약을 맺은 보험자가 피보험자에게 보험금을 지급한 경우 상법 제729조 단서에 따라 피보험자의 배상의무자에 대한 손해배상청구권을 대위행사할 수 있는 범위는 피보험자가 배상의무자에 대하여 가지는 손해배상청구권의 한도 내에서 보통약관에서 정한 보험금지급기준에 따라 정당하게 산정되어 피보험자에게 지급된 보험금액에 한정된다.

다. 제3자에 대한 권리의 존재

보험자가 청구권대위를 취득하려면 보험금을 지급할 당시에 피보험자가 제3자에 대한 권리를 가지고 있어야 한다. 그러므로 피보험자가 보험금을 받기 전에 권리를 행사 · 처분했거나(80다1643 판결) 권리의 소멸시효가 완성되었거나(93다1770 판결) 권리를 포기하였다면(2005다10531 판결) 보험자의 대위권도 존재하지 않는다.

3. 청구권대위의 효과

가. 보험자의 권리취득

(1) 법률상 당연히 취득

보험자가 보험금을 지급하게 되면 그때부터 피보험자가 제3자에 대하여 가지는 권리(예 손해배상청구권)는 보험자에게 이전하고 피보험자가 가지고 있던 권리는 소멸한다. 이때 보험자는 제3자에게 귀책사유가 있음을 입증할 필요가 없이 법률상 당연히 그 권리를 취득한다(95다33092 판결). 그러므로 별도의 통지, 승낙, 동의 등의 대항요건을 갖추지 않아도 권리취득에는 영향이 없다.

(2) 보험자가 취득하는 권리

청구권대위에 의하여 보험자가 취득하는 권리란 피보험자에게 손해를 발생시킨 제3자에 대한 손해배상청구권을 말하며, 공동불법행위자에 대한 구상권(99다3143 판결) 그리고 피해자직접청구권(96다19765 판결)이 포함된다.

2011다100312 판결

甲이 운영하는 점포에서 甲과 乙의 과실이 경합하여 화재가 발생하였는데, 甲과 점포 내 시설 및 집기비품에 대하여 화재보험계약을 체결한 丙보험회사가 甲에게 보험금을 지급하고, 乙과 가스사고배상책임보험계약 등을 체결한 丁보험회사가 甲을 제외한 피해자들에게 보험금을 지급한 뒤 丙회사가 丁회사를 상대로 구상금을 청구한 사안에서, 甲이 체결한 화재보험계약은 시설과 집기비품 모두를 대상으로 한 하나의 보험계약으로 보아야 하고, 따라서 丙회사는 甲의 전체 손해액 중 乙의 과실비율에 해당하는 금액과 전체 손해액 중 甲이 지급받은 보험금을 공제한 나머지 부분의 차액 범위 내에서만 보험자대위를 할 수 있다.

(3) 피보험자의 권리침해

피보험자의 권리가 소멸하였으므로 피보험자는 그 권리를 행사하거나 처분할 수 없다. 만약에 피보험자가 보험금을 지급받은 후에 손해배상청구권을 행사하였다면 무권리자의 처분행위로서 무효이다(민법 제472조, 97다37609 판결). 만약에 그 행위로 인하여 보험자에게 손해가 발생하였다면 보험자가 피보험자에게 부당이득의 반환 또는 손해배상청구권을 행사할 수 있다(98다61593 판결).

나. 청구권대위의 범위

(1) 보험금액의 한도

청구권대위에 의하여 보험자가 가지는 권리의 범위는 '지급한 보험금액'으로 한정된다(상법 제682조 제1항). 다만 보험자가 보험금액의 일부를 지급한 경우에는 피보험자의 권리를 침해하지 않는 범위 내에서만 그 권리를 행사할 수 있다(상법 제682조 제1항 단서). 그러므로 피보험자가 보험금을 받고도 여전히 손해의 전부가 보상되지 않은 경우에 그 부분에 대해서는 보험자의 대위권이 제한된다.[02]

(2) 일부보험의 청구권대위

잔존물대위와는 달리 상법은 일부보험에서의 청구권대위에 대하여 아무런 규정을 두지 않는다. 일부보험에서 보험자는 보험금액의 보험가액에 대한 비율에 따라 보상책임을 지는 것(상법 제674조 본문)이 원칙이므로 보험자가 지급한 보험금액의 범위 내에서 그 권리가 보험자에게 이전하는데, 이 경우에는 피보험자의 권리와 보험자의 권리가 경합하게 된다.

이와 관련하여 ⅰ) 보험자는 보험금액의 지급한도에서 먼저 우선적으로 배

02 화재보험가액이 1,000만원의 일부를 보험에 붙인 가옥이 방화로 전소된 경우에, 보험자가 500만원만 지급한 때에는 그 500만원의 범위한도로 피보험자를 대위한다. 그런데 방화범의 자력(資力)이 600만원에 불과한 경우에도 보험자가 500만원의 청구권을 대위한다면 피보험자는 잔액인 100만원 밖에 받지 못하므로, 보상액의 부족액인 500만원을 피보험자로 하여금 방화자로부터 우선변제받도록 하고, 보험자의 대위는 100만원 범위 내에서 행사한다.

정받고 나머지가 있을 때에만 피보험자에게 돌려주어야 한다는 절대설, ii) 보험자와 피보험자가 부보비율(또는 청구권비율)에 따라 분배하여야 한다는 상대설, iii) 피보험자가 제3자로부터 우선적으로 손해를 배상받고 나머지가 있으면 보험자가 이를 대위할 수 있다는 차액설(다수설, 판례)이 대립한다.[03] 상대설은 권리가 충돌하는 채권들의 상호 간에 대등한 효력을 인정한다는 점에서 의미가 있고, 차액설은 피보험자의 손해보상을 목적으로 하는 보험제도의 성격에 비추어 볼 때 가장타당하다.

4. 재보험에서의 청구권대위

재보험계약의 경우 재보험자가 원보험자에게 지급한 재보험금액의 한도 내에서 원보험자가 가지는 청구권대위권을 대위하여 취득한다. 그러나 재보험실무는 원보험자가 자기명의로 재보험자의 수탁자의 지위에서 피보험자가 제3자에 대하여 가지는 권리를 행사하여 회수한 금액을 재보험자에게 교부하는 상관습이 있다(80가합5524, 2012다10386 판결, 운명추종조항 : follow the fortune clause).

03 일부보험의 보험자대위

계약 및 손실	손해액 분담	절대설	상대설	차액설
• 계약 · 손해 보험가액 1억원 보험금액 8,000만원 손해액 4,000만원 • 제3자 고의사고 재산 3,000만원	보험자 3,200만원 손해(4,000) × $\frac{\text{보험금액(8,000)}}{\text{보험가입(1억)}}$ 피보험자 800만원 손해(4,000)−3,200	대위가능금액 보험자 3,000만원 피보험자 0원	대위가능금액 보험자 2,400만원 $3,000 \times \frac{3,200}{3,200+800}$ 피보험자 600만원 $3,000 \times \frac{800}{3,200+800}$	대위금액 보험자 2,200만원 피보험자 800만원

보험계리사 · 손해사정사 기출문제

01 잔존물대위에 관한 다음의 설명 중 옳지 않은 것은? ▶31회

① 잔존물대위의 경우 보험의 목적의 전부가 멸실되어야 한다.

② 잔존물대위의 경우 보험자는 보험금액의 전부를 지급하여야 한다.

③ 경제적 가치가 전손에 가까울 때 이를 전손으로 보기로 당사자 간에 특약을 하는 것은 무방하다.

④ 보험자가 권리를 취득하는 시기는 보험사고가 발생한 때이다.

해설 잔존물대위권을 취득하는 시기는 보험사고발생 시가 아닌 보험금과 손해사정비용, 손해방지비용 등을 전부 지급한 때이다.

02 보험목적에 관한 보험대위에 대한 설명으로 옳지 않은 것은? ▶39회

① 상법상 보험목적에 대한 보험대위는 보험목적의 일부 멸실로는 발생하지 아니하고, 보험목적물이 전부 멸실한 경우에 발생한다.

② 보험가액의 일부를 보험에 붙인 경우에는 보험자가 취득할 권리는 보험금액의 보험가액에 대한 비율에 따라 이를 정한다.

③ 보험자가 해당 보험금 및 기타 보험급부를 전부 지급한 때에 발생한다.

④ 일부보험의 경우 보험금 전액을 지급한 보험자라 하더라도 일부보험의 특성상 보험목적에 관한 보험대위가 불가능하다.

해설 잔존물대위는 일부보험의 경우에도 가능하다. 마찬가지로 해상보험에 있어서 일부보험의 경우에도 보험위부가 가능하다.

03 제3자에 대한 보험자대위에서 제3자에 해당되는 자는? ▶24회

① 소유자가 자기를 위한 화재보험계약을 체결한 건물의 임차인

② 자동차책임보험에서 기명피보험자의 허락을 받아 자동차를 사용 중인 자

③ 과실로 보험사고를 발생케 한 피보험자의 동거 자녀

④ 배상책임보험에서 피보험자의 업무에 종사 중인 피용자

해설 ① 건물의 임차인은 화재보험계약의 보험계약자 또는 피보험자가 아니므로 제3자에 해당한다.
② 자동차보험의 승낙피보험자는 제3자가 아니다.
③ 피보험자의 동거 친족은 제3자가 아니다.
④ 피보험자의 피용인은 제3자가 아니다.

04 판례에 의할 경우 제3자에 대한 보험자대위에서 제3자에 해당하지 않는 자는? ▶34회

A. 자동차종합보험에 가입한 차주(車主)의 피용운전사
B. 자동차종합보험에서 기명피보험자의 승낙을 얻어 자동차를 사용 또는 관리하는 자
C. 무면허운전 면책약관부 자동차종합보험에서 보험계약자의 무면허운전자인 동거 가족
D. 타인을 위한 손해보험의 보험계약자

① A, C ② A, B, D
③ A, B, C ④ A, C, D

해설 청구권대위에서 제3자란 피보험자가 아닌 자를 말한다. 따라서 피보험자와 동일시 여길 수 있는 자는 제3자가 될 수 없다. 자동차종합보험보통약관에서 기명피보험자의 승낙을 얻어 자동차를 사용 또는 관리 중인 자 및 각 피보험자를 위하여 피보험자동차를 운전 중인 자(운행보조자를 포함함) 등도 포함된다. 피보험자의 동거가족은 제3자가 될 수 없다. 그러나 법원은 타인을 위한 보험의 보험계약자를 제3자로 보고 있다.

05 손해보험상 손해방지의무에 대한 설명으로 옳지 않은 것은? ▶31회

① 보험자가 전손만을 담보하는 보험계약에 있어서 분손의 위험만이 있는 경우에는 손해방지 및 경감의무는 발생하지 않는다.
② 상법상 일부보험의 경우 보험금액의 보험가액에 대한 비율로 손해방지비용을 부담한다.
③ 보험계약자 등은 손해의 방지와 경감을 행위의 목적으로 하면 되므로 그 효과가 반드시 나타나야 하는 것은 아니다.
④ 손해방지 및 경감의무는 계약당사자인 보험계약자뿐만 아니라 피보험자도 부담한다.

해설 ① 손해방지경감의무는 보험자가 보상하는 손해가 발생한 경우에 한하므로 보험자가 전손만을 담보하기로 한 보험계약에 있어서 분손의 위험이 발생하였다면 보상하는 손해가 발생한 것이 아니다. 따라서 손해방지경감의무는 발생할 여지가 없다.
② 다수설에 의하면 일부보험의 손해방지비용에도 비례보상의 원칙을 적용하지만, 이러한 원칙이 상법에 규정된 것은 아니다.

06 甲은 자신이 소유하는 건물에 대해 A보험회사의 화재보험에 들었다. 그런데 그 건물이 乙의 과실로 불에 타버렸다. 이에 A회사는 甲에게 보험금을 지급하고 그 사실을 乙에게 통지하였다. 그런데도 乙은 甲에게 손해배상금을 지급하였다. 이 경우 A회사는 어떠한 권리를 행사할 수 있는가? ▶24회

① A회사는 甲이나 乙에게 어떠한 권리도 행사할 수 없다.
② A회사는 甲에 대한 부당이득반환청구권은 행사할 수 있지만 乙에 대한 보험자대위권을 행사할 수 없다.

③ A회사는 甲에 대한 부당이득반환청구권은 행사할 수 있지만 乙에 대한 보험자대위권은 행사할 수 있다.

④ A회사는 甲에 대한 부당이득반환청구권의 행사와 乙에 대한 보험자대위권의 행사를 선택적으로 할 수 있다.

해설 A회사가 甲에게 보험금을 지급함으로써 청구권대위를 취득하였으므로 乙이 甲에 대하여 손해배상금을 지급한 것은 무효이다. 만일 乙의 변제가 채권의 준점유자에 대한 선의의 변제라면 해당 변제는 유효이지만, 이 사례에서는 A회사가 乙에게 보험금의 지급을 통지하였으므로 乙의 변제는 선의의 변제가 아니다. 그러므로 A회사는 乙에게 손해배상을 청구할 수 있다. 또한 甲은 보험금 이외에 손해배상금을 이중취득하였으므로 A회사가 甲에게 부당이득의 반환을 청구할 수도 있다.

07 제3자에 대한 보험자대위에 관한 설명 중 옳지 않은 것은? ▶32회 · 38회

① 제3자는 피보험자에 대한 항변으로 보험자에 대하여 대항할 수 있다.

② 보험자가 제3자에 대한 청구권을 취득하기 위하여는 민법상 지명채권양도절차에 의한 대항요건을 갖추어야 한다.

③ 보험자는 지급한 보험금의 한도 내에서 제3자에 대한 청구권을 대위한다.

④ 제3자에 대한 보험자대위가 생긴 후에 제3자의 피보험자에 대한 변제는 원칙적으로 변제로서의 효력이 없다.

해설 ① 제3자가 피보험자에 대하여 가지는 항변(예: 과실상계)이 있다면 대위권을 행사하는 보험자에 대하여도 동일한 사유로 항변할 수 있다.
② 보험자는 법률상 당연히 대위권을 취득하는 것이므로 별도의 대항요건을 갖출 필요가 없다.
④ 보험자가 보험금을 지급한 후에 제3자가 피보험자에게 변제하였다면 채권의 준점유자에 대한 선의의 변제가 아닌 이상 해당 변제는 무효이다.

08 A는 그가 소유하는 시가 1,000만원의 자동차에 대해서 B보험회사와 보험금액을 500만원으로 하는 차량보험계약을 체결하였다. 그 후 그 자동차는 C의 자동차와 충돌하여 700만원의 손해가 생겼다(C의 자동차는 손해가 생기지 않았음). 이 사고에 대한 A와 C의 과실비율은 1 : 1이었다. A가 먼저 B보험회사에게 보험금을 청구한 후에 C에게 손해배상을 청구하기로 하고, B보험회사의 보험금지급은 제1차 위험보험(실손보상특약)에 의하기로 하는 경우, 청구권대위(제3자에 대한 보험자대위)에 관한 '피보험자우선설(차액설)'에 따를 때 A가 취득하는 금액과 B보험회사가 취득하는 금액은 각각 얼마가 되는가? ▶33회

① A는 700만원, B보험회사는 0원

② A는 500만원, B보험회사는 350만원

③ A는 700만원, B보험회사는 150만원

④ A는 350만원, B보험회사는 350만원

해설 A는 B보험사로부터 손해액 700만원 중에 500만원을 보상받는다(1차 위험보험). 이후 A는 C에게 과실비율을 감안한 손해액 350만원(700만원의 50%)에 대한 손해배상청구를 할 수 있다. 피보험자우선설에 의하면 피보험자의 손해액을 우선적으로 복구하므로 200만원을 C로부터 손해배상을 받고 나머지 150만원을 B보험사가 C에게 보험자대위권으로 손해배상청구할 수 있다. 즉, A는 B와 C로부터 700만원의 손해액 전액을 취득하고 B는 150만원을 대위한다.

09 위의 사례에서 '청구권비례설(상대설)'에 따를 때, A가 취득하는 금액과 B보험회사가 취득하는 금액은 각각 얼마가 되는가? ▶33회

① A는 250만원, B보험회사는 600만원
② A는 600만원, B보험회사는 250만원
③ A는 175만원, B보험회사는 525만원
④ A는 525만원, B보험회사는 175만원

해설 A는 B보험사로부터 손해액 700만원 중에 500만원을 보상받는다(1차 위험보험). 이후 A는 C에게 과실비율을 감안한 손해액 350만원(700만원의 50%)에 대한 손해배상청구를 할 수 있다. 청구권비례설에 의하면 A와 B가 부담하는 손해액의 부담비율에 따라서 보험자대위액이 결정된다. A는 350×200/700=100만원에 대하여 손해배상청구할 수 있으며, B는 350×500/700=250만원에 대하여 보험자대위할 수 있다. 결국 A는 500만원에 100만원을 더한 600만원을 취득하고, B보험사는 250만원에 대하여 대위할 수 있다. 한편, 이 문제가 1차 위험보험이 아닌 경우에는 금액이 달라진다. 이 경우 A는 B보험사로부터 손해액 700만원에 부보비율(500만원/1,000만원, 50%)을 감안한 350만원을 보상받는다. 또한 A가 행사할 350만원의 손해배상청구액에 대하여 역시 부보비율을 감안하여 A와 B의 취득액을 정하므로 350만원의 50%인 175만원을 각각 취득한다. 결국 A는 350만원에 175만원을 더한 525만원을 취득하고, B보험사는 175만원에 대하여 대위할 수 있다.

10 제3자에 대한 보험자대위를 설명한 것 중 틀린 것은? ▶23회

① 보험사고가 제3자의 행위로 생겨야 한다.
② 인보험에서는 전면 금지된다.
③ 보험금액을 일부만 지급한 경우에도 대위권은 발생한다.
④ 보험자가 제3자에 대한 보험계약자의 권리를 취득하는 경우도 있다.

해설 ② 인보험 중에서 상해보험에서는 당사자 간의 특약으로 청구권대위를 규정할 수 있다(99다50699 판결).
④ 타인을 위한 보험계약에서 보험계약자가 타인의 손해를 보상한 때에는 그 범위 내에서 손해를 발생시킨 제3자에게 손해배상청구(변제자대위)를 하거나 보험자에게 보험금의 지급을 청구할 수 있다. 그러므로 이 경우 보험자가 보험계약자에게 보험금을 지급했다면 보험계약자가 가지는 권리(변제자대위권)를 대위취득한다.

11 보험자대위에 관한 설명이다. 잘못된 것은? ▶23회

① 피보험자의 이중이득을 방지하는 제도이다.
② 일부보험의 경우에는 잔존물대위가 인정되지 않는다.

③ 청구권대위의 경우에는 보험금을 일부 지급한 경우에도 부분적으로 대위권을 행사할 수 있다.

④ 제3자에 대한 보험자대위를 청구권대위라고도 한다.

해설 잔존물대위는 전부 멸실, 전부 지급을 요건으로 한다. 전부보험에 국한하는 것은 아니므로 일부보험에서 전부 멸실로 보험자가 지급할 보험금액을 전부 지급하였다면 잔존물대위를 취득한다.

12 청구권대위에 관한 다음의 설명 중 옳지 않은 것? ▶36회

① 제3자의 행위로 인해 보험사고가 발생하고 이로 인하여 피보험자가 손해를 입어야 한다.

② 판례는 타인을 위한 보험계약에서의 보험계약자를 청구권대위의 객체가 되는 제3자로 본다.

③ 제3자의 행위는 불법행위뿐만 아니라 채무불이행에 의하여 손해배상의무를 부담하는 경우도 포함한다.

④ 판례는 보험계약자와 피보험자와 공동생활을 같이하는 가족을 청구권대위의 객체가 되는 제3자로 본다.

해설 ③ 제3자의 행위에는 불법행위에 의한 손해배상뿐만 아니라 채무불이행에 의한 손해배상이 포함되며, 적법행위로 인한 손해의 경우에도 보험자대위가 가능하다.
④ 법원은 동거 친족에 대한 청구권대위를 인정하지 않는다. 개정상법은 '생계를 같이하는 가족'에 대하여 원칙적으로 제3자로 볼 수 없다는 입장이다.

13 보험자대위에 관한 설명으로서 옳지 않은 것은? (다툼이 있는 경우 판례에 의함) ▶40회

① 보험자가 대위에 의하여 취득한 권리는 상법 제662조의 소멸시효가 적용되지 아니하고 개별채권의 소멸시효에 관한 규정이 적용된다.

② 상법 제682조 소정의 '제3자의 행위'란 피보험이익에 대하여 손해를 일으키는 행위를 의미하며, 제3자의 고의 · 과실은 묻지 아니한다.

③ 자동차종합보험보통약관에 "피보험자를 위하여 자동차를 운전 중인 자"도 피보험자의 개념에 포함시킨다는 규정이 있다 하더라도 자동차종합보험에 가입한 피보험자의 피용운전기사는 상법 제682조의 제3자에 해당한다.

④ 상법 제682조 소정의 '제3자의 행위'란 불법행위뿐만 아니라 채무불이행 또는 적법행위도 포함한다.

해설 확장된 피보험자를 제3자로 할 경우에는 순환논리에 따라 보험담보의 의미가 모호해진다. 그러므로 확장된 피보험자는 제3자가 될 수 없다.

[정답]
01 ④ 02 ④ 03 ① 04 ③ 05 ② 06 ④ 07 ② 08 ③ 09 ② 10 ② 11 ② 12 ④ 13 ③

CHAPTER 6

보험목적의 양도

I 의의

상법

제679조【보험목적의 양도】 ① 피보험자가 보험의 목적을 양도한 때에는 양수인은 보험계약상의 권리와 의무를 승계한 것으로 추정한다.

② 제1항의 경우에 보험목적의 양도인 또는 양수인은 보험자에 대하여 지체 없이 그 사실을 통지하여야 한다.

보험목적을 양도하면 피보험이익이 소멸하므로 보험관계가 종료되어 무보험 상태가 된다. 그러나 상법은 피보험자가 보험의 목적을 양도한 때에 양수인이 보험계약상의 권리와 의무를 승계한 것으로 추정함으로써(상법 제679조), 양수인의 양도인에 대한 관계에서 당사자의 통상의 의사를 추정하고 이것을 사회경제적 관점에서 긍정하고 있다(92다8552 판결).

그러나 상법 제679조에 위반한 법률행위는 공서양속에 반한 법률행위로서 무효로 볼 것으로는 해석되지 않으므로 보험목적의 양도와 관련한 규정은 임의규정에 해당된다(92다8552 판결). 그러므로 계약당사자 사이에 다른 약정(예 적용배제)을 하는 것도 가능하다(91다1158 판결).

Ⅱ 보험계약상 권리 · 의무의 승계추정

1. 보험계약상 권리 · 의무의 승계추정을 위한 요건

상법 제679조 제1항에 따라 권리 · 의무의 승계로 추정되려면 다음의 요건을 만족해야 한다.

가. 보험목적의 제한

物件 물건
유체물 또는 배타적으로 지배할 수 있는 자연력을 물건이라고 한다(민법 제98조). 인간은 물건과 관련된 권리의 주체이고, 물건은 그 권리의 객체이다. 하나의 물건에는 하나의 권리가 발생한다(一物一權主義).
여러 물건으로 이루어진 합성물(예 자동차)은 물권의 대상이 될 수 있다. 여러 물건의 집합물에 대하여 하나의 물권이 성립되지 않는 것이 원칙이지만, 화재보험에서는 집합된 물건도 일괄적으로 하나의 보험목적으로 할 수 있다.

보험의 목적은 동산 · 부동산 등의 물건(物件)임을 원칙으로 한다. 예외적으로 유체물과 지식재산권 등의 무체재산권을 포함할 수 있지만 이 경우라고 해도 물건은 특정 또는 개별화되어야 한다고 해석한다. 그러므로 ⅰ) 집합보험(상법 제686조, 제687조) 목적물의 일부양도에는 이 규정을 적용하지 않는다. ⅱ) 개인의 지위(의사 · 변호사 등)에서 생기는 책임보험(직업인 책임보험)에는 이 규정을 적용하지 않는다. 특정인에게 부여되는 지위를 타인에게 양도하는 것이 불가능하기 때문이다. 그러나 물건을 대상으로 하는 책임보험(e.g. 창고업자배상책임보험)에는 이 규정이 적용된다(통설). ⅲ) 선박과 자동차의 양도는 상법상 별도의 규정(상법 제703조의2, 제726조의4)을 두고 있으므로 이 규정이 적용되지 않는다.

나. 물권적 이전

物權 물권
물건에 대한 권리이다. 권리자는 물건을 배타적으로 직접 지배하게 된다(지배권). 물권에는 소유권, 점유권, 전세권, 저당권 등이 있다. 만일 하나의 물건에 여러 물권이 성립하면 먼저 성립한 권리가 우선하며, 물권과 채권이 충돌하면 물권이 우선한다.

양도란 피보험자가 보험의 목적을 타인에게 개별적으로 양도하는 것이므로 소유권이 물권변동(物權變動)에 의하여 특정 승계의 방법으로 양수인에게 실질적으로 이전되어야 한다. 그러므로 보험의 목적과 함께 권리 · 의무가 포괄적으로 승계되는 상속이나 합병에는 이 규정이 적용되지 않으며, 채권행위(매매계약)는 양도가 아니다.

권리의 물권적 이전이 있다면 승계추정과 관련한 규정이 적용된다. 이 규정을 적용하기 위하여 양도의 유상·무상 여부, 등기 이전의 여부, 채권자 승낙 여부 등의 제3자에 대한 대항요건을 갖출 필요는 없다.

다. 양도 당시의 유효한 보험관계

양도 당시에 보험계약이 체결되어 있고, 그 계약이 유효해야 한다. 그러므로 양도 당시에 그 계약이 해지·실효 기타의 사유로 보험관계가 소멸한 경우에는 권리·의무 승계의 추정은 생기지 않는다.

Ⅲ 보험목적의 양도의 효과 : 권리와 의무의 승계

1. 이전되는 권리와 의무

피보험자가 보험의 목적을 양도하면 양수인은 보험계약상의 권리·의무를 모두 승계한다. 대표적인 권리와 의무는 보험금청구권(상법 제658조), 보험료지급의무(상법 제639조 제3항), 각종 통지의무(상법 제652조, 제657조) 등이 있다.

피보험자의 지위가 양수인에게 이전되는 것은 당연하지만, 자기를 위한 보험계약에서의 보험계약자의 권리도 함께 양수인에게 이전되는지가 문제가 된다. 통설은 보험계약자의 권리가 양수인에게 이전되지 않는 경우에는 양도인이 보험계약자의 지위를 유지하게 되어 혼란이 생길 수 있으므로 양수인은 피보험자의 지위뿐만 아니라 보험계약자의 지위를 동시에 승계하는 것으로 해석한다.

보험목적의 양도 시에 양수인의 권리·의무는 승계된 것으로 추정된다(상법 제679조 제1항). 그러므로 만약에 양도인이 그 계약상의 권리·의무를 양도할 의사가 없었음을 증명(이해관계인의 반증)하였다면 추정의 효과를 부인할 수 있고, 추정의 반증이 없는 한 양수인은 보험계약상의 권리·의무를 모두 승계한다.

2. 권리 · 의무 승계와 보험료

양도 당시의 보험료의 지급에 대하여는 상법에 아무런 규정이 없다. 보험관계의 원활한 유지를 위하여 보험목적의 양도 당시의 보험료에 대해서는 양도인과 양수인이 연대책임을 진다는 견해가 통설이다(獨保 제69조 제2항 참고).

Ⅳ 보험목적양도와 통지의무

1. 양도의 통지

보험목적의 양도인 또는 양수인은 보험자에 대하여 지체 없이 그 사실을 통지하여야 한다(상법 제679조 제2항). 이 통지의무는 양도에 대한 대항요건을 구비하기 위한 것이 아니라 위험변경 · 증가의 통지의무와 같이 보험자에게 위험변경을 알리기 위한 것으로서 통지의무자가 이 의무(간접의무)를 불이행하면 일정한 불이익을 받게 될 뿐이다(간접의무, 다수설).

2. 통지의무자 등

통지의무자는 양도인 또는 양수인이다. 그러므로 둘 중 어느 한쪽에서 통지를 하면 다른 쪽은 통지의무를 부담하지 않는다.

통지의 방법에는 제한이 없다. 통지의 상대방은 보험자 또는 그의 대리인이며, 통지의 내용에는 보험의 목적을 양도하였다는 사실과 양수인을 명시하여야 한다.

3. 통지의무 위반의 효과

상법은 통지의무를 위반한 경우에 대하여 아무런 규정을 두지 않는다. 보험 험계약자의 지위를 유지하게 되어 혼란이 생길 수 있으므로 양수인은 피보험자의 지위뿐만 아니라 보험계약자의 지위를 동시에 승계하는 것으로 해석한다.

4. 권리 · 의무 이전의 추정

보험목적의 양도 시에 양수인의 권리 · 의무는 승계된 것으로 추정된다. 보험실무에서는 보험목적의 양도로 위험의 현저한 변경 · 증가가 있는 때에 상법 제652조를 적용하여 보험자가 양도사실을 안 날로 1월 내에 해지할 수 있다는 견해를 가지고 있으나 판례는 단순히 통지의무를 위반한 것만으로는 위험이 변경 · 증가된 것이 아니므로 해지권을 인정할 수 없고, 통지 위반으로 위험이 변경 · 증가된 경우에만 해지권을 행사할 수 있다는 견해이다(95다52505 판결).

이와 관련하여 학설은 통지의무 위반의 경우에 보험자가 선의로 양도인에게 보험금을 지급하더라도 양수인이 이의를 제기하지 못하고 통지의무 위반으로 보험자가 손해를 입었다면 통지의무를 위반한 자가 이를 배상하여야 한다는 견해이다.

96다6998 판결

상법 제679조의 추정은 보험목적의 양수인에게 보험승계가 없다는 것이 증명된 경우에는 번복된다고 할 것인데, 보험목적의 양수인이 그 보험목적에 대한 1차 보험계약과 피보험이익이 동일한 보험계약을 체결한 사안에서, 제1차 보험계약에 따른 보험금청구권에 질권이 설정되어 있어 보험사고가 발생할 경우에도 보험금이 그 질권자에게 귀속될 가능성이 많아 1차 보험을 승계할 이익이 거의 없고, 또한 그 양수인이 그 보험목적에 관하여 손해의 전부를 지급받을 수 있는 필요충분한 보험계약을 체결한 경우, 양수인에게는 보험승계의 의사가 없었다고 봄이 상당하고, 따라서 1차 보험은 양수인에게 승계되지 아니하였으므로 양수인이 체결한 보험이 중복보험에 해당하지 않는다.

V 선박과 자동차의 양도

선박 · 자동차의 양도에서는 상법 제679조가 적용되지 않고 별도의 특칙이 적용된다. 해상보험에서의 선박의 양도는 보험자의 동의가 없으면 보험계약이 종료되고(상법 제703조의2), 자동차보험에서의 자동차의 양도는 보험자의 승낙을 얻은 경우에 한하여 보험계약상의 권리 · 의무가 승계되도록 하고 있다(상법 제726조의4).

보험계리사 · 손해사정사 기출문제

01 보험목적의 양도에 관한 설명으로 틀린 것은? ▶24회

① 양수인은 보험계약상의 권리와 의무를 승계한 것으로 추정된다.
② 전문인배상책임보험은 보험목적의 양도에 관한 규정이 적용되지 않는다.
③ 양도는 채권행위만으로 족하고 물권행사까지 요하지 않는다.
④ 인보험은 보험목적의 양도에 관한 규정이 적용되지 않는다.

해설 ③ 양도는 소유권이 이전되는 실질적인 이전을 말한다. 그러므로 채권행위는 양도가 아니다.
④ 인보험의 보험의 목적은 사람이므로 보험목적의 양도에 관한 규정이 적용되지 않는다.

02 보험목적의 양도에 관한 다음의 설명 중 옳지 않은 것은? ▶36회

① 피보험자가 보험의 목적을 양도한 때에는 양수인은 보험계약상의 권리와 의무를 승계한 것으로 추정한다.
② 보험목적의 양도인 또는 양수인은 보험자에 대하여 지체 없이 보험목적의 양도사실을 통지하여야 한다.
③ 보험의 목적은 물권적 양도방법에 의하여 양도되어야 한다.
④ 상속이나 합병으로 인한 경우에도 상법상 승계추정규정이 적용된다.

해설 상속이나 합병의 경우에는 상법상 보험목적의 양도규정이 적용되지 않더라도 그와 관련한 권리 · 의무가 포괄적으로 이전되므로 이 규정이 적용될 여지가 없다.

03 A는 화재보험에 들어 있는 자신의 주택을 B에게 양도하고 등기까지 이전해 주었다. 다음 설명 중 틀린 것은? ▶35회

① B가 보험금청구권을 승계한 것으로 추정한다.
② 화재보험계약은 타인(B)을 위한 보험계약으로 변경된다(통설).
③ A 또는 B는 보험자에게 지체 없이 양도사실을 통지하여야 한다.
④ 위 통지의무 위반으로 인해 위험의 현저한 변경 또는 증가가 없었다면 보험자는 보험금 지급의무를 진다(판례).

해설 ② 자기를 위한 보험계약에서 보험계약자이자 동시에 피보험자인 A가 B에게 주택을 양도하였다면, B는 피보험자의 권리뿐만 아니라 보험계약자의 권리 · 의무도 승계한다. 그러므로 A의 자기를 위한 보험계약이 양도로 인하여 B를 위한 보험계약으로 바뀌는 것은 아니고 오히려 B의 자기를 위한 보험계약이 된다.
④ 법원은 보험목적의 양도의 통지의무 위반으로 위험의 현저한 변경 · 증가가 있었다면 계약을 해지 또는 면

책하도록 하는 실무약관의 내용을 전적으로 부인하는 것이 아니라 이러한 견해를 인정하되 양도로 인하여 '단순히 소유자가 바뀐 것'을 위험의 현저한 변경 · 증가로 볼 수 없다는 입장이다.

04 손해보험에 있어 보험목적의 양도에 관한 다음의 기술 중 옳지 않은 것은? ▶31회

① 자동차를 양도하는 경우 보험자의 승낙이 있어야 보험계약이 승계된다.
② 보험목적의 양도로 인해 현저히 위험이 증가하면 양도계약은 자동무효이다.
③ 선박보험에서 선박의 양도는 보험자의 동의가 없으면 보험계약이 종료된다.
④ 상법은 피보험자가 보험의 목적을 양도한 경우 통지의무를 지우고 있을 뿐 이를 게을리 한 때의 효과를 규정하지 않고 있다.

해설 ② 보험실무는 보험목적을 양도하여 위험이 현저히 변경 · 증가되었다면 상법 제652조를 유추적용하고 있다.

05 보험목적의 양도에 관한 설명 중 옳지 않은 것은? ▶32회

① 보험의 목적이 양도된 경우에 양도인 또는 양수인이 지체 없이 그 사실을 보험자에게 통지한 때에는, 보험자는 현저한 위험변경 · 증가가 있더라도 계약을 해지할 수 없다.
② 타인을 위한 보험계약에서 보험의 목적이 피보험자에 의해 양도된 경우에는 양수인이 보험계약자의 지위를 승계한 것으로는 추정되지 않는다.
③ 자동차가 양도된 경우에는 양수인에게 무보험(無保險)의 상태가 생길 수 있다.
④ 선박이 보험자의 동의 없이 양도된 경우에는 양수인은 보험계약으로 인하여 생긴 권리와 의무를 승계하지 못한다.

해설 ① 보험목적의 양도로 위험이 현저히 변경 또는 증가되었다면, 상법 제652조에서 정한 위험변경 · 증가 통지의무를 유추적용하여 계약을 해지할 수 있다(판례).
② 우리 상법은 보험의 목적이 양도된 경우 양수인이 피보험자의 지위를 승계한 것으로 추정한다고 정하고 있으나 보험계약자로서의 지위도 함께 승계한다고 정하지는 않는다. 그러나 보험목적 양도로 인한 승계추정규정의 취지상 자기를 위한 보험의 경우에는 보험계약자의 지위를 함께 승계하도록 해야 한다는 주장이 제기된다. 다만, 타인을 위한 보험계약에서는 양수인이 보험계약자의 지위를 승계한 것으로는 보지 않는다.

[정답]
01 ②　02 ④　03 ②　04 ②　05 ①

CHAPTER 7

화재보험

I 의의

화재보험계약(contract of fire insurance)이란 화재로 인하여 생길 손해의 보상을 목적으로 하는 손해보험계약을 말한다(상법 제683조). 실화책임에 관한 법률, 화재로 인한 재해보상과 보험가입에 관한 법률 등은 화재보험과 관련된 특별법이다.

II 보험사고

화재보험에서의 보험사고는 화재이다(상법 제683조). 상법에 규정은 없으나 실무상 화재란 "일반 사회통념에 의하여 화재로 인정할 수 있는 성질과 동일한 규모를 가진 화력의 연소작용에 의하여 생긴 재해"라고 한다. 그러므로 단순한 열의 작용이나 난로불의 복사열에 의한 사고, 발효, 자연발화 등에 의해 생긴 손해는 화재가 아니다.

Ⅲ 보험의 목적

상법

제685조【화재보험증권】 화재보험증권에는 제666조에 게기한 사항 외에 다음의 사항을 기재하여야 한다.

1. 건물을 보험의 목적으로 한 때에는 그 소재지, 구조와 용도
2. 동산을 보험의 목적으로 한 때에는 그 존치한 장소의 상태와 용도
3. 보험가액을 정한 때에는 그 가액

화재보험의 목적은 건물(부동산)과 동산(예 가구)이지만(상법 제685조), 건물 이외에 부동산이나 삼림, 입목, 교량 등도 화재보험의 목적이 될 수 있다. 화재보험은 보험의 목적을 보험증권에 명시하도록 하고 있다. 당사자 사이에 발생할 분쟁을 막고 도덕적 위험을 방지하기 위한 것이다.

보험의 목적이 동일하더라도 피보험이익이 다를 수도 있으며, 동일한 보험의 목적에 자기를 위한 보험과 타인을 위한 보험을 체결할 수도 있다.

2013다214529 판결

건물의 임차인이 임차건물을 보험목적으로 하여 가입한 화재보험(임차인 화재보험)과 건물의 소유자가 건물을 보험목적으로 하여 가입한 화재보험(소유자 화재보험)이 소유자를 피보험자로 하는 중복보험의 관계에 있는 경우, 임차인의 책임 있는 사유로 임차건물에 화재가 발생하여 소유자 화재보험의 보험자가 소유자에게 건물에 관한 보험금을 지급하였다면, 소유자 화재보험의 보험자로서는 임차인 화재보험의 보험자로부터 상법 제672조 제1항에 따라 중복보험 분담금을 지급받았다고 하더라도 상법 제682조에 따라 임차인에 대하여 보험자대위에 의한 청구권을 행사할 수 있고, 다만 그 범위가 소유자에게 지급한 보험금에서 임차인 화재보험의 보험자로부터 지급받은 중복보험 분담금을 공제한 금액 중 보험자대위에 의한 청구권의 상대방인 임차인의 책임비율에 따른 부담 부분으로 축소될 뿐이다.

한편 임차인 화재보험의 보험자가 위 화재에 대한 임차인의 손해배상책임을 보상하는 책임보험자의 지위도 겸하고 있다면, 소유자 화재보험의 보험자는 책임보험 직접청구권에 관한 상법 제724조 제2항에 따라 같은 금액을 임차인 화재보험의 보험자에게 청구할 수 있다. 그런데 실무약관에서 보상하지 않는 손해 중 하나로 "계약자 또는 피보험자가 소유, 점유, 임차, 사용하거나 보호, 관리, 통제하는 재물이 손해를 입음으로써 그 재물에 대하여 정당한 권리를 가지는 사람에 대한 손해에 대한 손해배상책임"을 두고 있다면 임차인 책임보험회사는 보험금지급책임을 부담하지 않는다.

Ⅳ 보험자의 보상책임

상법

제683조【화재보험자의 책임】 화재보험계약의 보험자는 화재로 인하여 생긴 손해를 보상할 책임이 있다.

제684조【소방 등의 조치로 인한 손해의 보상】 보험자는 화재의 소방 또는 손해의 감소에 필요한 조치로 인하여 생긴 손해를 보상할 책임이 있다.

1. 위험보편의 원칙과 보상의 범위

화재보험에서의 보험자는 화재의 원인을 묻지 않고(단, 그 원인이 면책사유가 아닌 이상) 화재로 인하여 생긴 손해에 대해서 보상책임을 진다(상법 제683조, 위험보편의 원칙). 예를 들어 벼락으로 인한 화재, 누전으로 인한 화재를 묻지 않고 보상책임을 진다.[01] 보상의 범위는 화재와 상당인과관계가 있는 손해에 한정되므로 화재로 인한 도난, 휴업손실 등으로 인한 손해는 보상하지 않는다.[02]

2. 면책사유

화재보험도 손해보험이므로 전쟁(상법 제660조), 목적물의 성질(상법 제678조), 고의 · 중과실(상법 제659조) 등의 법정면책사유는 역시 면책사유가 된다.

01 그 외에 파열, 벼락이 있다. 그뿐만 아니라 천재지변 면책특약을 부가하지 않는 이상 지진 등의 원인으로 인한 화재도 보상책임을 진다. 그러나 폭발에 의한 손해는 폭발담보특약을 첨부하지 않은 이상 보험자가 보상책임을 지지 않는다(92다45261, 45278 판결 : 폭발은 면책사유이다).

02 조업중단으로 인한 휴업손실 등은 화재보험이 아닌 기업휴지보험 등으로 담보하는 대상이다.

3. 보험금청구권 상실조항

화재보험약관에는 "계약자 측이 보험금청구에 관한 서류 또는 증거를 위·변조한 경우"에 보험금청구권을 상실시키는 조항을 두고 있었다. 판례는 이 조항에 대하여 신의성실원칙을 지키기 위한 조항으로서 유효하며(2006다72093 판결), 약관의 교부·설명의 대상이 아니라고 하였다(2003다15556 판결). 다만, 현재의 화재보험약관은 이 조항을 삭제하고 서류 또는 증거의 위·변조를 계약해지사유로 정하고 있다(중대사유로 인한 해지조항).

4. 소방 등의 조치로 생긴 손해

화재의 소방 또는 손해의 감소에 필요한 조치로 인하여 보험목적에 생긴 손해에 대하여는 보험자가 보상책임을 부담한다(상법 제684조). 이러한 조치로 인한 손해는 화재와 상당인과관계가 있는 손해이기 때문이다. 또한 소방 등의 조치로 인한 손해는 상법 제680조의 손해방지의무의 일종으로 해석되기도 한다.

예를 들어 불을 끄던 중에 보험목적물이 검게 오염되거나 불길을 막기 위해 보험목적물의 일부를 파손함으로 발생한 손해 또는 화재장소로부터 보험목적물을 안전한 곳으로 옮기던 중에 발생한 파손 등은 소방 등의 조치로 인한 손해에 해당하지만, 보험목적물을 화재현장으로부터 안전하게 옮겨놓은 이후에 도난당한 경우에는 상당인과관계가 있는 손해로 보지 않는다.

5. 관련문제

가. 피보험자의 손해배상청구권

피보험자의 건물에 발생한 화재가 제3자에 의한 것일 때 피보험자가 화재보험의 보험금을 수령하였음에도 불구하고 여전히 손해액이 전보되지 않았다면,

남은 손해에 대하여 제3자를 대상으로 배상책임의 이행을 청구할 수 있다(2014다46211 판결).

나. 양도담보권자의 추심권 행사

양도담보권자는 양도담보 목적물이 화재로 소실된 경우 양도담보 설정자의 화재보험금청구권에 대하여 압류 및 추심명령으로 추심권을 행사할 수 있다. 이 경우 보험회사는 양도담보권자에게 양도담보 설정자에 대한 별개의 채권을 가지고 상계로서 대항할 수 없다(2012다58609 판결).

讓渡擔保 양도담보
양도담보는 채권자를 위한 채무보증수단의 한 방법이다. 이 방법으로 채무자는 채권자에게 자신의 동산·부동산 등의 소유권을 이전하면서 금전을 빌릴 수 있으며 여전히 그 물건을 점유·이용할 수 있게 된다. 그 이후 채무의 변제기간 내에 채무를 이행하면 채무자는 소유권을 반환받는다.

V 집합보험

1. 의의

집합보험은 집합된 물건을 일괄하여 보험의 목적으로 한 것이다(상법 제686조, 제687조). 화재보험계약은 집합보험의 형태로 체결되는 것이 일반적이다.

2. 특정보험

상법

제686조【집합보험의 목적】 집합된 물건을 일괄하여 보험의 목적으로 한 때에는 피보험자의 가족과 사용인의 물건도 보험의 목적에 포함된 것으로 한다. 이 경우에는 그 보험은 그 가족 또는 사용인을 위하여서도 체결한 것으로 본다.

집합보험 중 보험의 목적이 특정되어 있는 보험을 특정보험이라고 한다. 집합된 물건을 일괄하여 보험의 목적으로 한 경우에는 피보험자의 가족과 사용인의 물건도 보험의 목적에 포함된 것으로 한다. 이 경우에는 그 보험은 그 가족 또는 사용인을 위하여도 체결한 것으로 본다(상법 제686조). 그러므로 주택의 화재보험을 체결하였다면 피보험자의 가족 또는 사용인의 물건에 관해 타인을 위한 보험계약이 성립되어 그 가족이나 사용인은 당연히 보험계약상의 이익을 받게 되는 것이다(상법 제639조 참조).

수개의 물건에 대한 화재보험(집합보험)이 체결되었는데 보험계약자가 일부 물건에 대하여 고지의무를 위반한 경우에는 그 물건에 대해서만 보험계약을 해지할 수 있다. 그러나 일부 물건에 대한 고지의무의 위반이 보험계약의 나머지 부분에 대해서도 '중요한 사항'에 해당한다면 집합보험계약 전체를 해지할 수 있다(99다8599 판결).

3. 총괄보험

상법

제687조【집합보험의 목적】 집합된 물건을 일괄하여 보험의 목적으로 한 때에는 그 목적에 속한 물건이 보험기간 중에 수시로 교체된 경우에도 보험사고의 발생 시에 현존한 물건은 보험의 목적에 포함된 것으로 한다.

집합보험 중에서 보험기간 중 보험의 목적의 교체가 예정되어 있는 보험(open policy)을 총괄보험이라고 한다. 집합된 물건을 일괄하여 보험의 목적으로 한 때에는 그 목적에 속한 물건이 보험기간 중에 수시로 교체된 경우에도 보험사고의 발생 당시에 현존한 물건은 보험의 목적에 포함된 것으로 한다(상법 제687조).

보험의 목적이었던 물건이 집합된 물건에서 완전히 분리된 때에는 그 때부터 보험의 목적에서 제외된다. 예를 들어 해당 물건이 제3자에게 판매된 경우에는 보험의 목적이 아니며, 보험목적의 양도도 아니다.

보험계리사 · 손해사정사 기출문제

01 화재보험에 관한 다음의 기술 중 옳은 것은? ▶31회

① 화재보험의 목적은 유체물인 동산에 한한다.

② 상법은 집합보험에 관한 규정을 두고 있지 않다.

③ 피보험자의 과실로 인한 화재발생 시 보험자는 면책된다.

④ 목적물이 동일하다 할지라도 피보험이익은 피보험자에 따라 다를 수 있다.

해설 ① 화재보험의 목적은 화재에 의해 손상될 수 있는 유체물이다. 따라서 동산뿐만 아니라 부동산도 화재보험의 목적이 될 수 있다. 그러므로 건물, 동산, 삼림 등도 보험의 목적이 될 수 있다.
② 상법은 집합보험에 대하여 구체적으로 규정하고 있다.
③ 화재보험도 손해보험이므로 계약자, 피보험자 등의 고의 또는 중과실로 인한 화재사고를 면책으로 한다.
④ 보험계약의 동일성 여부는 피보험이익의 동일성 유무에 따른다. 보험목적물이 동일해도 피보험이익이 다를 수 있다.

02 폭발로 건물이 일부 붕괴된 후에 화재가 발생해서 나머지 부분이 모두 타버린 경우, 화재보험자는 화재가 보험사고가 아닌 폭발을 원인으로 하여 발생했다고 하더라도, 폭발로 인한 직접적인 손해를 제외하고 화재로 인한 손해는 보상해야 한다(단, 폭발이 전쟁 등의 면책사유로 인한 경우에는 그러하지 않음). 이 경우에 해당하는 원칙은? ▶24회

① 면책약관 축소해석의 원칙 ② 위험동질의 원칙

③ 위험보편의 원칙 ④ 합리적 기대의 원칙

해설 위험보편의 원칙에 관한 설명이다.

03 화재보험에 관한 설명 중 옳은 것은? ▶26회

① 화재보험계약에서 피보험이익을 명확하게 하지 않은 경우에는 손해배상책임을 담보하는 소극적 이익을 피보험이익으로 본다.

② 동산보험의 경우 통화, 귀금속, 귀중품 등은 보험증권에 기재해야 보험의 목적으로 된다.

③ 부동산보험의 경우 미등기건물은 보험의 목적으로 될 수 있으나 건축 중인 건물은 보험의 목적으로 될 수 없다.

④ 화재의 소방 또는 손해의 감소에 필요한 조치로 생긴 손해도 보상하는데, 이는 손해방지의무자인 보험계약자 또는 피보험자의 조치로 생긴 손해만을 말한다.

해설 ① 화재보험은 적극손해를 담보하는 보험이므로 피보험이익이 명확하지 않은 경우에는 손해배상책임보험으로 보지 않는다.
② 통화, 귀금속, 귀중품 등은 그 멸실의 입증이 어렵고 도덕적 위험이 높기 때문에 보험증권에 기재한 경우에 한하여 담보한다.
③ 화재보험의 목적이 되는 건물은 등기 · 미등기, 건축 · 미완성 건축물 등을 묻지 않고 담보한다.
④ 상법 제684조에서는 '화재의 소방 또는 손해의 감소'를 위하여 필요한 조치를 하는 자를 제한하지 않는다. 그러므로 보험계약자 또는 피보험자의 조치 외에도 소방관이나 소방대원의 조치로 인하여 생긴 손해도 보상한다.

04 화재보험에 관한 설명으로 옳지 않은 것은? ▶41회

① 보험자는 화재손해 감소에 필요한 조치로 인하여 생긴 손해에 대하여는 다른 약정이 있는 경우에 한하여 보상할 책임이 있다.
② 보험자는 화재의 소방에 필요한 조치로 인하여 생긴 손해를 보상할 책임이 있다.
③ 건물을 보험의 목적으로 한 화재보험증권에는 그 소재지뿐만 아니라 그 구조와 용도도 기재하여야 한다.
④ 집합된 물건을 일괄하여 화재보험의 목적으로 한 때에는 피보험자의 사용인의 물건도 보험의 목적에 포함된 것으로 한다.

해설 화재감소에 필요한 조치로 생긴 손해는 당연히 보상하는 손해에 해당한다.

05 화재보험에서 보험자가 보상해야 하는 경우는? (단, 특약이나 특별한 사정이 없는 경우임) ▶26회

① 건물의 화재로 생긴 연기에 가구가 그을은 경우
② 화재가 발생하여 안전한 곳에 대피시켜 놓은 물건이 도난당한 경우
③ 보일러 과열로 망가진 경우
④ 가스의 폭발 자체로 물건이 멸실된 경우

해설 ① 화재로 인하여 생긴 손해이므로 보상한다.
② 화재를 피하기 위하여 물건을 옮기던 도중에 손해를 입었다면 보상하지만, 물건을 안전한 곳에 옮겨 놓은 이후에 도난을 당하였다면 화재보험이 보상하는 손해가 아니다.
③ 화재보험에서 담보하는 화재는 기본적으로 '연소작용'이 수반된다. 그러나 보일러의 과열로 인한 손해는 연소작용이 없이 복사열 등으로 인한 손해이므로 담보하지 않는다.
④ 화재보험보통약관은 폭발을 담보하지 않는다. 다만, 특별약관을 통해 담보할 수 있다.

06 집합보험에 관한 설명 중 옳은 것은? ▶29회

① 집합보험계약이 총괄보험의 형태로 체결된 경우에는 계약 성립 시에 현존한 물건은 보험의 목적에 포함된 것으로 본다.

② 집합보험의 경우에는 보험의 목적의 일부에 대해서만 위험이 현저하게 증가되더라도, 보험자는 원칙적으로 보험의 목적의 전부에 대해서 계약을 해지할 수 있다.
③ 집합보험은 화재보험 이외에 운송보험, 해상적하보험에서도 이용되고 있으므로 상법에는 손해보험통칙에 규정되어 있지만, 화재보험에서 가장 많이 이용된다.
④ 집합보험계약이 체결된 경우에는 피보험자의 가족과 사용인에 대해서는 타인을 위한 계약이 된다.

해설 ① 총괄보험은 사고발생 당시에 현존한 물건을 보험의 목적에 포함된 것으로 한다.
② 집합보험 중에서 일부에 대하여만 위험이 현저하게 증가하였다면 그 일부에 대하여만 계약을 해지할 수 있다.
③ 집합보험은 손해보험 각 칙에 규정되어 있지만, 해상 · 적하 · 단체상해보험 등에서도 집합보험의 형태로 운영된다.

07 총괄보험에 관한 설명으로 옳은 것은? ▶44회

① 보험의 목적의 전부 또는 일부가 보험기간 중에 교체될 것이 예정된 특정보험이다.
② 보험계약 체결 시 보험가액을 정하지 않는 것이 일반적이다.
③ 보험기간 중에 보험금액을 변경하지 않는 것이 원칙이다.
④ 보험사고의 발생 시에 현존하지 않는 물건도 보험의 목적에 포함될 수 있다.

해설 ① 총괄보험은 보험목적의 일부가 수시로 교체될 것이 예정되는 보험이다.
② 총괄보험은 보험목적의 교체가 예정되어 있으므로 보험가액을 미리 정하기가 어렵다.
③ 보험목적의 교체로 인하여 보험금액의 변동이 생길 수 있다.
④ 보험사고 발생 시에 현존한 물건을 보험목적에 포함시킨다.

08 화재보험에 관한 설명으로 옳지 않은 것은? ▶40회

① 화재보험자는 화재의 소방 또는 손해의 감소에 필요한 조치로 인하여 생긴 손해를 보상할 책임이 있다.
② 집합된 물건을 일괄하여 보험의 목적으로 한 때에는 그 목적에 속한 물건이 보험기간 중에 수시로 교체된 경우에도 보험계약의 체결 시에 현존한 물건은 보험의 목적에 포함된 것으로 한다.
③ 화재보험증권에는 무효와 실권의 사유를 기재하여야 한다.
④ 보험자가 보상할 손해의 범위에 관하여는 화재와 손해와의 사이에 상당인과관계가 있어야 한다는 것이 통설이다.

해설 보험계약 체결 시가 아닌 사고발생 시에 현존한 물건을 보험목적에 포함된 것으로 한다.

09 **임차인이 임차건물과 그 안에 있는 자신 소유의 시설 · 집기 등에 대한 화재보험계약을 체결하면서, 건물에 대한 피보험자를 명확히 정하지 않은 경우에 대법원 판례에 따른 설명으로 옳은 것은? (특별한 사정이 없는 경우를 전제로 함)** ▶35회

① 이 화재보험계약은 건물에 대해서는 임차인이 건물의 소유자에게 지게 되는 손해배상책임을 담보하는 자기를 위한 책임보험으로서의 성격을 지닌다.

② 이 화재보험계약은 건물에 대해서는 건물의 소유자를 피보험자로 하는 타인을 위한 책임보험으로서의 성격을 지닌다.

③ 이 화재보험계약은 건물에 대해서는 건물의 소유자를 피보험자로 하는 타인을 위한 물건보험으로서의 성격을 지닌다.

④ 임차인이 서류를 위조하여 시설 · 집기의 멸실 · 훼손에 대한 보험금을 과다하게 청구함으로 인해 이 화재보험약관상의 실권조항에 의하여 보험금청구권을 상실한 경우에는 건물과 시설 · 집기 일체에 대하여 1개의 화재보험계약이 체결된 이상 건물의 소유자도 그 건물에 대한 보험금청구권을 상실한다.

해설 ① 화재보험에서 피보험이익이 명확하지 않은 경우에는 화재로 인한 건물의 손해를 담보하는 보험으로 본다.
②, ③ 이 보험은 타인을 위한 화재보험에 해당한다.
④ 시설, 집기 중에서 보험금을 과다하게 청구한 시설 · 집기에 대해서만 청구권을 상실한다.

[정답]
01 ④ 02 ③ 03 ② 04 ① 05 ① 06 ④ 07 ② 08 ② 09 ③

CHAPTER 8

운송보험

I 의의

상법

제688조【운송보험자의 책임】 운송보험계약의 보험자는 다른 약정이 없으면 운송인이 운송물을 수령한 때로부터 수하인에게 인도할 때까지 생길 손해를 보상할 책임이 있다.

운송보험계약(contract of transport insurance)이란 육상운송 중인 화물 등의 멸실 및 손상으로 화주에게 생기는 손해를 보상하는 보험계약이다(상법 제688조). 육상(호수, 하천 포함)으로 화물을 운반하는 화주가 자기를 위한 보험의 형태로 가입하거나 그 운송물을 운송하는 운송업자가 화주를 위한 보험의 형태로 가입한다.

상법 제688조는 육상운송과 해상운송을 구분하지 않지만, 해상운송의 운송물에 관하여 생기는 손해는 해상보험의 대상이다(상법 제693조 이하).

Ⅱ 보험사고

운송보험에서 보험사고는 운송 중에 운송물에 생길 수 있는 모든 사고이다. 그러므로 화재 · 폭발 · 지진 등 각종 위험을 포함한다(전위험담보조건). 그러나 특정한 위험을 대상으로 전손만을 보상하거나(전손담보조건) 전손과 분손 모두를 보상할 수도 있다(전손 및 분손담보조건).

운송보험의 보험사고는 육상 · 하천에서의 사고로 한정한다. 항만에서의 사고는 해상운송보험계약에서 담보한다. 적하보험에서는 내륙운송 중 사고까지도 담보한다.

2012다14562 판결

운송인 甲 외국법인이 수하인 乙 주식회사와 운송계약을 체결하고, 乙 회사가 송하인 丙 주식회사에서 수입하는 귀금속을 丙 회사의 중국 공장에서 乙 회사의 서울 사무실까지 항공 및 육상으로 운송하던 중 도난사고가 육상운송구간에서 발생한 사안에서, 운송계약 당시 작성하여 송하인에게 교부한 항공화물운송장에 기재된 甲 법인의 책임제한에 관한 계약조건은 약관으로서 항공운송과 육상운송이 결합된 위 운송계약의 내용을 이룬다고 할 것이므로, 그 적용범위를 제한하는 특별한 규정이 없는 한 위 책임제한규정이 육상운송구간을 포함한 이 사건 운송계약 전반에 적용된다고 할 것이다.

Ⅲ 보험의 목적

운송보험의 목적은 운송물(상법 제688조)이며,[01] 실무에서는 흔히 화물이라고도 한다. 여객이나 운송수단은 운송보험에서의 보험의 목적이 아니다. 이들은 상해 · 책임보험이나 자동차보험 등의 보험목적이 된다.

01 제690조(운송보험증권) 운송보험증권에는 제666조에 게기한 사항 외에 다음의 사항을 기재하여야 한다. 1. 운송의 노순과 방법, 2. 운송인의 주소와 성명 또는 상호, 3. 운송물의 수령과 인도의 장소, 4. 운송기간을 정한 때에는 그 기간, 5. 보험가액을 정한 때에는 그 가액

Ⅳ 보험가액

상법
제689조【운송보험의 보험가액】 ① 운송물의 보험에 있어서는 발송한 때와 곳의 가액과 도착지까지의 운임 기타의 비용을 보험가액으로 한다.
② 운송물의 도착으로 인하여 얻을 이익은 약정이 있는 때에 한하여 보험가액 중에 산입한다.

운송보험계약의 당사자가 보험가액에 대하여 합의를 한 경우(기평가보험)에는 협정한 보험가액이 곧 보험가액이 된다(상법 제670조). 그러나 협정가액을 정하지 않았다면 상법 제671조에도 불구하고 운송물을 발송한 때와 곳에 있어서의 운송물의 가액과 도착까지의 운임 기타 비용을 보험가액으로 하고 있다(상법 제689조, 보험가액불변경주의). 또한 운송물의 도착으로 인한 희망이익에 대해 특약으로 가입한 경우에는 그 가입금액을 보험가액에 산입할 수 있다.

운송보험은 보험기간이 단기이고, 그 시기에 따라 보험가액의 변동이 적을 뿐만 아니라 손해발생의 때와 곳을 정확히 알기도 힘들다는 점에서 보험가액에 대한 특칙을 둔 것이다.

Ⅴ 보험기간

보험자는 운송인이 운송물을 수령한 때로부터 수하인에게 인도할 때까지 생길 손해를 보상하여야 한다(상법 제688조). 즉, 운송을 개시할 때부터 운송을 종료할 때까지를 보험기간으로 한다. 그러므로 운송보험의 보험기간에는 운송물을 옮기는 기간뿐만 아니라 운송물이 수하인에게 도착할 때까지 운송물을 보관하는 기간이 포함된다.

상법 제688조에도 불구하고 보험자가 운송물을 수령하였어도 최초의 보험료가 미지급되었다면 소급특약을 부가하지 않는 한 책임은 개시하지 않을 것이며(상법 제656조 단서), 운송물을 수하인에게 인도할 수 없어서 공탁 또는 경매하는 경우에는 수하인에 대한 인도에 준하여 보험기간이 종료하였다고 보아야 할 것이다(獨保 제134조 참고).

Ⅵ 보험자의 보상책임

상법

제692조【운송보조자의 고의, 중과실과 보험자의 면책】 보험사고가 송하인 또는 수하인의 고의 또는 중대한 과실로 인하여 발생한 때에는 보험자는 이로 인하여 생긴 손해를 보상할 책임이 없다.

육상운송 중 발생한 사고로 손해가 생긴 경우에는 보험자가 보험계약에 따른 손해보상책임을 진다. 그러나 운송보험에서는 일반 면책사유(상법 제659조, 제660조, 제678조) 외에도 송하인 또는 수하인(운송보조자)의 고의 · 중과실을 면책사유로 하고 있다(상법 제692조). 송하인과 수하인은 운송계약상의 권리를 가지는 자이기 때문이다(상법 제140조, 제141조 참조).

Ⅶ 운송보험계약의 변경

상법

제691조【운송의 중지나 변경과 계약효력】 보험계약은 다른 약정이 없으면 운송의 필요에 의하여 일시운송을 중지하거나 운송의 노순 또는 방법을 변경한 경우에도 그 효력을 잃지 아니한다.

다른 약정이 없는 한 운송의 필요에 의하여 일시 운송을 중지하거나 운송의 노순(路順) 또는 방법을 변경한 경우에도 그 보험계약의 효력을 잃지 않는다(상법 제691조). 운송의 노순 또는 방법을 변경하여 사고발생위험이 현저히 변경 · 증가되었다면 위험변경 · 증가 통지의무(상법 제652조)에 준하여 적용하게 될 뿐이다.

이 규정과 비교하여 해상보험의 경우에는 일시적인 운송중지나 노순변경 등의 사유가 있는 때에 보험자는 그때로부터 책임을 지지 않는다.

보험계리사 · 손해사정사 기출문제

01 운송보험에 있어서 보험가액에 대한 합의가 없으면 보험가액은 어떻게 결정되는가? ▶31회

① 발송한 때와 곳의 가액과 도착지까지의 운임 기타의 비용
② 손해가 발생한 곳에 있어서의 그 가액
③ 운송한 때와 곳에 있어서의 그 가액과 보험비용
④ 손해가 발생한 곳에 있어서의 그 가액과 희망이익

해설 운송보험은 기평가보험으로 운영되는 것이 보통이지만 만일 기평가보험으로 운영되지 않는 경우에는 상법상 보험가액불변경주의가 적용된다. 즉, 운송보험에 대하여 계약체결 시에 보험가액을 정하지 아니하였다면 운송물을 발송한 때와 곳의 가액에 도착지까지의 운임 기타 비용을 보험가액으로 한다.

02 운송보험에 관한 설명 중 옳지 않은 것은? ▶28회

① 보험자는 다른 약정이 없으면 운송인이 운송물을 수령한 때로부터 운송물이 목적지에 도착할 때까지 생길 손해를 보상할 책임이 있다.
② 운송물의 도착으로 인해 얻을 이익은 약정이 있는 때에 한하여 보험가액 중에 산입한다.
③ 보험계약은 다른 약정이 없으면 운송의 필요에 의하여 일시 운송을 중지한 경우에도 그 효력을 잃지 아니한다.
④ 보험사고가 수하인의 중대한 과실로 인하여 발생한 때에는 보험자는 이로 인하여 생긴 손해를 보상할 책임이 없다.

해설 운송보험의 보험자는 운송인이 송하인으로부터 운송물을 수령한 때부터 수하인에게 인도할 때까지 생긴 손해를 보상하는 보험이다.

03 상법상 운송보험에 관한 설명 중 옳은 것은? ▶29회

① 보험가액불변경주의에 의하여 협정된 보험가액이 보험기간 동안 적용된다.
② 보험사고는 육상운송 중에 운송물과 운송용구(運送用具)에 생길 수 있는 모든 사고이다.
③ 송하인이 운송물의 도착으로 인하여 얻을 수 있는 이익은 해상적하보험에서는 피보험이익이 될 수 있어도 운송보험에서는 피보험이익이 될 수 없다.
④ 물건보험인 경우에는 운송인의 고의 또는 중대한 과실로 인하여 보험사고가 발생하더라도 보험자는 면책되지 아니한다.

해설 ① 협정된 보험가액이 있으면 그 가액을 적용하고 협정된 보험가액이 없으면 보험가액불변경주의에 의한다.
② 운송용구에 생기는 사고는 운송보험의 담보대상이 아니다.

③ 운송보험의 경우에도 별도의 약정이 있다면 희망이익을 보험가액에 산입할 수 있다(상법 제689조 ②).
④ 운송보험은 운송물의 소유자인 화주를 위한 보험으로서 운송 중에 발생하는 위험을 담보한다. 그러므로 운송인의 고의 또는 중과실로 인하여 화주에게 손해가 발생하였다면 그 운송인이 보험계약자가 아닌 이상 타인에 의하여 화주의 물건에 손해가 생긴 경우에 해당하므로 그 손해를 보상한다.

04 운송보험에 관한 다음 설명 중 옳지 않은 것은? ▶23회

① 운송보험자는 다른 약정이 없는 한 운송인이 운송물을 수령한 때로부터 수하인에게 인도할 때까지 생긴 손해를 보상할 책임이 있다.
② 보험사고가 송하인 스스로의 중과실로 인하여 발생한 경우에도 보험자는 보험금지급책임을 면하지 못한다.
③ 다른 약정이 없는 한 운송상의 필요에 의하여 운송이 일시 중지되더라도 운송보험계약은 효력을 잃지 아니한다.
④ 운송물을 수령한 후에 보험계약이 체결된 경우 운송물수령 시로부터 보험자의 책임을 소급하여 개시시키는 당사자 사이의 약정도 효력이 있다.

해설 ① 운송보험은 운송 중의 위험을 담보한다.
② 송하인 또는 수하인은 운송인에게 운임비용 등을 지불하는 자로서 운송물에 대한 일정한 권리를 갖는다. 우리 상법은 송하인 또는 수하인의 고의 · 중과실이 보험계약당사자의 고의 · 중과실과 유사하다고 보고 이들의 고의 · 중과실사고를 면책사유로 두고 있다.
③ 운송의 일시 중지는 운송보험계약의 효력에 영향이 없다.
④ 당사자 간에 약정이 있다면 운송보험도 소급보험이 가능하다.

05 운송보험에 관한 설명으로 옳지 않은 것은? ▶40회

① 운송보험계약의 보험기간은 운송인이 운송물을 수령한 때로부터 수하인에게 인도될 때까지이나.
② 운송보험증권은 요식증권이기 때문에 상법에 규정된 기재사항의 일부를 기재하지 않으면 보험계약은 무효이다.
③ 운송보험계약 중 보험계약자나 피보험자의 고의 또는 중대한 과실로 위험이 현저하게 변경 · 증가되었음이 입증된 때에는 보험자는 계약을 해지할 수 있다.
④ 운송보험계약은 다른 약정이 없으면 운송의 필요에 의하여 일시 운송을 중지하거나 운송의 노순 또는 방법을 변경하더라도 보험계약은 유효하다.

해설 상법은 보험증권 기재사항을 정하고 있으므로 요식증권에 해당한다고 볼 수 있다. 그러나 어음 · 수표와 같이 엄격한 요식증권은 아니다. 운송보험이라고 해서 보험증권이 엄격한 요식증권이 되는 것은 아니므로 그 일부를 기재하지 않았다고 해서 보험계약이 무효로 되는 것은 아니다.

[정답]
01 ① 02 ① 03 ④ 04 ② 05 ②

CHAPTER 9

해상보험

I 해상보험의 의의와 특성

1. 의의

상법

제693조【해상보험자의 책임】 해상보험계약의 보험자는 해상사업에 관한 사고로 인하여 생길 손해를 보상할 책임이 있다.

해상보험계약(contract of marine insurance)이란 '해상사업에 관한 사고'로 인하여 생기는 손해의 보상을 목적으로 하는 손해보험계약이다(상법 제693조). 1991년 상법개정 이전에는 '항해에 관한 사고'로 규정하였으나 현재의 정의로 개정됨에 따라 해상사업에 부수하는 육상위험까지 담보할 수 있게 되었다. 영국해상보험법(Marine Insurance Act, 이하 MIA라 한다)에서도 해상항해에 부수되는 육상 또는 내수(內水)면에서의 위험 또는 손해를 해상보험으로 담보하도록 정하고 있다.

2. 특성

가. 기업보험

해상보험은 해운업자나 무역업자들이 이용하는 보험으로서 기업보험으로서의 성질을 가지고 있다. 그러므로 당사자들의 사적자치의 원칙이 존중되며, 보험계약자 불이익변경금지의 원칙이 적용되지 않는다(상법 제663조 단서). 또한 약관규제법의 일부 조항이 배제된다(약관규제법 제15조, 동법 시행령 2조).

나. 해상보험의 국제화

해상보험 실무에서는 영국의 런던보험자협회(ILU: Institute of London Underwriters)가 작성한 해상보험에 관한 증권 및 협회약관들이 사용되고 있다. 이 증권 및 약관에는 "영국법을 준거법으로 한다"는 조항(준거법조항)이 삽입되어 있으며, 판례는 이 조항을 유효한 것으로 보고 있다(90다카25314 판결 등). 그러므로 해상보험에 있어서는 우리 상법보다는 영국해상보험법이 우선적인 법원이 된다.

다. 최대선의계약

해상보험계약은 최대선의(utmost good faith)에 근거한 계약이므로 최대신의를 위반한 경우 그 계약은 해제될 수 있다(MIA 제17조). 영국 해상보험법상 최대선의의무는 보험계약의 체결, 이행, 사고발생 후 보험금청구의 모든 단계에서 적용되며, 특히 계약의 체결단계에서 가장 엄격하게 요구된다(2017다272103 판결).

영국 해상보험법의 고지의무(MIA 제18조 내지 제20조)는 이러한 최대선의에서 파생된 것으로서 우리 상법상의 고지의무보다 더 엄격하게 적용되며,[01] 사기

---

01 우리 상법과 영국해상법의 고지의무의 차이는 대체로 다음과 같다.

i) MIA는 고지의무에 있어서 고의 · 중과실을 요건으로 하지 않는다. 불고지 · 부실고지만으로도 위반이 된다. 이에 비하여 우리 상법은 고의 · 중과실의 주관적 요건을 필요로 한다.

적인 보험금청구의 경우에도 최대선의의무 위반을 이유로 계약을 취소할 수 있다(2004다22711 판결).

2004다22711 판결

영국해상보험법 제17조에 규정된 최대선의의 의무는 같은 법 제18조 및 제20조에 규정된 피보험자의 고지의무 및 부실표시금지의무보다 넓은 개념의 것으로서 보험계약이 체결된 이후 또는 사고발생 이후라 할지라도 적용되는 것이다.

그러므로 영국 협회선박기간보험약관(Institute Time Clauses－Hulls, 1983)이 적용되는 선박보험계약의 피보험자가 선박의 매수가액 등 선박의 실제 가치에 관한 정보를 제대로 고지하지 아니하였을 뿐만 아니라 사고발생 이후 보험금을 청구함에 있어서 선박의 매수가액에 관한 사실을 허위로 주장하고 나아가 위조된 선박검사증서를 행사함으로써 사고발생 이후 사기적인 방법으로 보험금을 청구하는 경우에 있어서도 보험자는 최대선의의 의무 위반을 이유로 보험계약을 취소할 수 있다.

---

ii) MIA는 계약해제권이 부여되므로 계약해제에 따라 보험계약이 소급적으로 실효된다. 우리 상법상에서의 계약해지에 의한 효과와 차이가 있다.

iii) MIA에서의 해제권 행사기간에 대하여는 '합리적인 기간'으로 해석할 뿐 일률적으로 정하지 않는다. 이에 비하여 우리 상법은 제척기간(3년, 1개월)을 두고 있다.

iv) MIA에서는 고지의무 위반과 사고발생 사이에 인과관계가 없더라도 보험계약 해제와 함께 보험금지급책임을 면한다(팬애틀랜틱사건). 우리 상법에서는 인과관계가 없으면 보험금지급의무를 부담한다.

v) MIA는 고지의무의 대상이 되는 중요한 사항의 판단주체를 신중한 보험자를 기준으로 한다. 우리 상법은 객관적 보험자를 기준으로 한다고 해석한다.

vi) MIA에서 고지의무 위반에 따른 면책을 주장하기 위해서는 그 위반과 보험계약체결 사이의 인과관계(위반이 없었다면 동일조건으로 계약을 체결하지 않았을 것)를 추가적으로 요한다. 우리 상법에서는 그러한 요건이 없다.

Ⅱ 해상보험계약의 종류와 특징

1. 해상보험의 보험의 목적과 피보험이익

가. 선박보험

상법

제696조【선박보험의 보험가액과 보험목적】 ① 선박의 보험에 있어서는 보험자의 책임이 개시될 때의 선박가액을 보험가액으로 한다.

② 제1항의 경우에는 선박의 속구, 연료, 양식 기타 항해에 필요한 모든 물건은 보험의 목적에 포함된 것으로 한다.

선박보험은 선박을 보험의 목적으로 한 해상보험으로서 원칙적으로 선박의 소유자로서의 피보험이익에 관한 보험이다(상법 제696조 참조). 그 외에 담보권자의 이익, 선박임차인의 사용이익도 포함된다. 선박보험의 대상은 해상법상의 선박 이외에 선박의 속구, 연료, 약식 기타 항해에 필요한 모든 물건은 선박의 종물(從物)로서 보험의 목적에 포함된다(상법 제696조 제2항).

나. 적하보험

상법

제697조【적하보험의 보험가액】 적하의 보험에 있어서는 선적한 때와 곳의 적하의 가액과 선적 및 보험에 관한 비용을 보험가액으로 한다.

적하보험은 선박이 운송 중인 적하를 보험의 목적으로 하고 그 소유자로서의 피보험이익에 관한 해상보험이다(상법 제697조). 특별한 약정이 없으면 하물의 선적에 착수한 시점부터 적하가 되어 보험의 목적이 되지만(상법 제699조 제2항), 선적 착수 후에 해상보험계약이 체결된 경우에는 계약이 성립한 때로부터 보험기간이 개시된다(상법 제699조 제3항). 그리고 적하보험계약의 체결 당시 선박이 확정되지 않았을 경우 선박미확정의 적하예정보험을 체결할 수 있다(상법 제704조).

다. 운임보험

운임보험은 운송인이 운송의 대가로 받는 운임을 보험목적으로 하고 이 권리에 대하여 가지는 피보험이익에 관한 보험이다(상법 제706조 제1호). 여기서 운임은 운임관련 총비용(總運賃)을 대상으로 한다고 본다.

라. 희망이익보험

> **상법**
> **제698조【희망이익보험의 보험가액】** 적하의 도착으로 인하여 얻을 이익 또는 보수의 보험에 있어서는 계약으로 보험가액을 정하지 아니한 때에는 보험금액을 보험가액으로 한 것으로 추정한다.

희망이익보험은 도착지에 적하가 안전하게 도착함으로써 얻을 이익 또는 보수를 보험의 목적으로 하고 그 주체로서의 피보험이익에 관한 보험이다(상법 제698조). 희망이익보험계약에서 보험가액을 정하지 않은 경우 보험금액을 보험가액으로 추정한다(상법 제698조, 보험가액불변경주의).

도착지에서의 적하의 가액이 출발지의 가액보다 높을 경우가 일반적이므로 그 매도차익이 희망이익이 되거나 운송이 완료됨으로써 대리상이나 중개인, 위탁매매인, 운송주선인 등이 받을 수수료 등의 보수도 희망이익이 된다. 실무상 희망이익보험만 단독으로 계약하는 경우는 드물고 적하보험에서 적하가액의 일정비율을 가산하는 특약의 형태로 운용된다.

마. 선비(船費)보험

선비보험(disbursement insurance)은 선박의 의장 등 선박운항을 위해 지급하였던 비용을 보험의 목적으로 하고 그 비용에 대하여 가지는 피보험이익에 관한 보험이다. 상법에서는 이 보험을 별도로 규정하지 않는다.

일반적으로 선비는 총운임에 포함되므로 운임보험에 포함되는 것이다. 그러나 선비만을 따로 보험대상으로 할 수 있으며, 이 경우 운임보험이 있다면 중복보험의 대상이 된다.

바. 불가동(不稼動)손해보험

선박이 해난사고로 손상을 입어 가동불능으로 된 경우에 선주 및 선체용선자가 불가동기간 중 지급하여야 할 선박경상비 또는 운임 기타 용선료의 손실을 전보하는 보험이다. 운임보험 및 선비보험의 특수형태이다.

사. 선주상호보험

선주상호보험(Protection and Indemnity : P&I보험)은 선박소유자뿐만 아니라 선박임차인이나 용선자, 그리고 선박운항자 등이 선박의 운항과 관련하여 발생하는 각종의 손해배상책임을 피보험이익으로 하는 상호보험을 말한다(선주책임상호보험조합법 제3조 참조, 英 P&I Club). 운송화물에 대한 책임, 선원이나 여객의 사상 · 질병, 해상오염으로 인한 손해 및 제거비용, 선박충돌로 인한 배상책임 및 기타 시설물 손해에 대한 책임 등이 담보된다.

2. 보험가액

가. 기평가보험

기평가보험이란 보험계약 체결 당시에 미리 보험가액을 약정한 것으로서 해상보험은 실무상 거의 기평가보험으로 이용된다. 영국해상보험법상 사전에 약정된 보험가액은 사기에 의한 것이 아닌 한 보험자와 피보험자 사이에서는 확정적인 것이 된다(MIA 제27조 제3항).

나. 미평가보험 : 보험가액불변경주의

상법

제696조【선박보험의 보험가액과 보험목적】 ① 선박의 보험에 있어서는 보험자의 책임이 개시될 때의 선박가액을 보험가액으로 한다.

제697조【적하보험의 보험가액】 적하의 보험에 있어서는 선적한 때와 곳의 적하의 가액과 선적 및 보험에 관한 비용을 보험가액으로 한다.

제698조【희망이익보험의 보험가액】 적하의 도착으로 인하여 얻을 이익 또는 보수의 보험에 있어서는 계약으로 보험가액을 정하지 아니한 때에는 보험금액을 보험가액으로 한 것으로 추정한다.

미평가보험이란 보험계약 체결 당시에 보험금액은 약정되어 있으나 보험가액에 관하여는 아직 약정하지 않은 보험이다. 일반적인 손해보험에서는 미평가보험을 원칙으로 하고 미평가보험의 경우 사고가 발생한 때와 곳의 가액에 의하여 손해액을 평가하게 되는데(제671조, 제676조), 이런 경우 해상보험에서는 초과 · 일부보험의 문제가 흔히 발생할 수 있고 보험가액의 평가에 관한 분쟁도 예상되기 때문에 그 특성상 해상보험에서 미평가보험방식을 적용할 때에는 보험가액불변경주의에 의한다.

그러므로 미평가보험의 경우 선박보험에서는 책임이 개시된 때(상법 제696조, MIA 제16조), 적하보험에서는 선적한 때와 곳(상법 제697조), 희망이익보험에서는 보험금액(상법 제698조)이 곧 보험가액으로 평가된다.

3. 확정보험과 예정보험

가. 확정보험

확정보험은 보험계약내용의 전부가 보험계약을 맺을 때 확정되어 있는 보험을 말한다.

나. 예정보험

상법

제704조【선박미확정의 적하예정보험】 ① 보험계약의 체결 당시에 하물을 적재할 선박을 지정하지 아니한 경우에 보험계약자 또는 피보험자가 그 하물이 선적되었음을 안 때에는 지체 없이 보험자에 대하여 그 선박의 명칭, 국적과 하물의 종류, 수량과 가액의 통지를 발송하여야 한다.

② 제1항의 통지를 해태한 때에는 보험자는 그 사실을 안 날부터 1월 내에 계약을 해지할 수 있다.

예정보험(open policy 혹은 floating insurance)은 보험계약내용의 전부 또는 일부가 보험계약을 맺을 당시에 확정되지 않은 보험이다. 예정보험은 보험계약의 내용이 확정되기를 기다리기가 부적당하거나 불편한 경우에 유용하며, 계속직 거래관계에 있는 사업자 간에 주로 이용된다. 예를 들어 예정보험을 통해 적하보험에서 운송할 선박이 확정될 때까지 대기하는 동안의 위험을 담보받을 수 있다.

예정보험계약은 보험계약의 예약이 아니라 독립한 보험계약이며, 보험계약자는 미확정 부분이 확정되면 보험자에게 그 확정된 부분을 통지해야 한다. 그러므로 선박미확정의 예정보험에서 그 하물이 선적되었음을 안 때에는 지체 없이 보험자에 대하여 그 선박의 명칭, 국적과 하물의 종류, 수량과 가액의 통지를 하여야 한다. 이 확정통지를 게을리한 경우 보험자는 그 사실을 안 날로부터 1월 내에 보험계약을 해지할 수 있다(상법 제704조).

Ⅲ 해상보험증권

1. 기재사항

상법

제695조【해상보험증권】 해상보험증권에는 제666조에 게기한 사항 외에 다음의 사항을 기재하여야 한다.

1. 선박을 보험에 붙인 경우에는 그 선박의 명칭, 국적과 종류 및 항해의 범위
2. 적하를 보험에 붙인 경우에는 선박의 명칭, 국적과 종류, 선적항, 양륙항 및 출하지와 도착지를 정한 때에는 그 지명
3. 보험가액을 정한 때에는 그 가액

해상보험증권은 상법 제666조 외에 ⅰ) 보험가액을 정한 때에는 그 가액, ⅱ) 선박보험의 경우에는 그 선박의 명칭, 국적과 종류 및 항해의 범위, ⅲ) 적하보험의 경우에는 선박의 명칭, 국적과 종류, 선적항, 양륙항 및 출하지와 도착지를 정한 때에는 그 지명을 기재하여야 한다.

2. 해상보험증권의 법적 성질

해상보험증권도 보험증권의 일반적인 성질을 모두 지니고 있으나 그 중 선하증권과 같이 유통되는 지시식 무기명식의 적하보험증권에 대하여는 유가증권성을 인정하는 견해가 지배적이다.

Ⅳ 보험자의 보상책임

1. 담보위험, 보험사고

해상보험의 보험사고의 범위는 '해상에서 생기는 모든 사고'이다(상법 제693조, 포괄책임주의). 그러므로 침몰 · 충돌 등의 해상고유의 사고뿐만 아니라 화재 · 도난 · 폭발 · 선원의 불법행위 · 하역 중의 사고 등 모두가 포함된다. 다만 항해 중 여객 또는 선원의 생명 · 신체에 관련한 사고는 약관에서 따로 담보하지 않는 이상 해상사업에 관한 사고로 보지 않는다.

2. 보험기간

상법

제699조【해상보험의 보험기간의 개시】 ① 항해단위로 선박을 보험에 붙인 경우에는 보험기간은 하물 또는 저하의 선적에 착수한 때에 개시한다.

② 적하를 보험에 붙인 경우에는 보험기간은 하물의 선적에 착수한 때에 개시한다. 그러나 출하지를 정한 경우에는 그 곳에서 운송에 착수한 때에 개시한다.

③ 하물 또는 저하의 선적에 착수한 후에 제1항 또는 제2항의 규정에 의한 보험계약이 체결된 경우에는 보험기간은 계약이 성립한 때에 개시한다.

제700조【해상보험의 보험기간의 종료】 보험기간은 제699조 제1항의 경우에는 도착항에서 하물 또는 저하를 양륙한 때에, 동조 제2항의 경우에는 양륙항 또는 도착지에서 하물을 인도한 때에 종료한다. 그러나 불가항력으로 인하지 아니하고 양륙이 지연된 때에는 그 양륙이 보통 종료될 때에 종료된 것으로 한다.

가. 기간보험

선박보험은 기간보험 또는 혼합보험의 형태로 운영된다. 기간보험의 경우에는 보험계약 일반원리에 따라 책임개시를 적용하지만 항해보험의 경우에는 특정장소 '로부터(from)'라는 조건에 따라 당해 선박이 항해를 위하여 출항할 때 비로소 보험기간이 개시되며, 다른 곳에서 출항한 경우에는 책임지지 않는다(상법 제701조 제1항, MIA 제43조). 만약에 특정장소 '에서 및 부터(at and from)'라는 조건이 부가되었다면 선박이 특정장소에 있거나 도착하는 즉시 보험기간이 개시된다.

선박보험에서는 선박이 보험증권에서 약정한 목적항에 안전하게 도착하는 때에 보험기간이 종료하고 화물을 보험의 목적으로 한 경우에는 인도한 때로부터 보험기간이 종료한다. 선박이 항해를 변경하거나(상법 제701조 제3항) 발항 또는 항해의 부당한 지연이 있는 때(상법 제702조), 그리고 선박이 정당한 사유 없이 항로를 이탈한 경우에는(상법 제701조의2) 보험자의 책임이 종료한다.

나. 항해보험

적하보험은 항해보험의 형태로 운영되는 것이 일반적이다. 적하보험은 하물을 선적에 착수한 때 또는 출하지에서 운송에 착수한 때에 보험기간이 개시되고(상법 제699조 ①). 도착지에서 하물을 인도한 때에 보험기간이 종료한다(상법 제700조).

3. 법정면책사유

상법

제706조【해상보험자의 면책사유】 보험자는 다음의 손해와 비용을 보상할 책임이 없다.

1. 선박 또는 운임을 보험에 붙인 경우에는 발항 당시 안전하게 항해를 하기에 필요한 준비를 하지 아니하거나 필요한 서류를 비치하지 아니함으로 인하여 생긴 손해
2. 적하를 보험에 붙인 경우에는 용선자, 송하인 또는 수하인의 고의 또는 중대한 과실로 인하여 생긴 손해
3. 도선료, 입항료, 등대료, 검역료, 기타 선박 또는 적하에 관한 항해 중의 통상비용

해상보험의 보험자는 손해보험의 일반적인 면책사유(상법 제659조, 제660조, 제678조) 외에 추가적인 면책사유를 두고 있다.

가. 감항능력의 흠결로 인한 손해

선박 또는 운임보험의 경우 발항 당시 안전하게 항해하기 위하여 필요한 준비를 하지 않았거나(상법 제794조), 필요한 서류를 비치하지 않음으로 인하여 생긴 손해(상법 제706조 제1호)[02]에 대해서는 면책한다.

이 경우 감항능력 흠결에 대한 보험계약자 또는 피보험자의 과실 유무는 묻지 않는다. 감항능력 흠결과 손해 사이의 인과관계에 대해서는 보험자가 입증하며(2000다21062 판결), 인과관계가 없다면 보험자가 책임을 부담해야 한다.

나. 적하보험에서의 관리자의 고의 · 중과실

적하보험에서 용선자 · 송하인 또는 수하인은 보험의 목적인 적하를 관리하는 지위에 있는 자로서 이들의 고의 · 중과실사고는 면책사유가 된다(상법 제706조 제2호, 제692조). 이들은 보험계약자 등은 아니지만 용선자와 송하인은 물건운송계약의 당사자이고, 수하인은 운송물수령권자로서 중요한 역할을 하므로 이들의 고의 · 중과실을 면책요건으로 한 것이다. 희망이익보험은 적하보험과 결합하여 체결되는 것이 보통이므로 희망이익보험에서도 이 규정이 적용된다.

다. 항해 중의 통상비용

도선료, 입항료, 등대료, 검역료 기타 선박 또는 적하에 관한 항해 중의 통상비용(상법 제706조 제3호)은 항해에 관하여 당연히 지출되는 예상비용으로서 우연한 사고로 인한 손해로 보지 않으므로 면책사유가 된다.

02 필요 서류를 비치하지 아니하여 선박이 압류 또는 포획되거나 운임을 받지 못하게 되는 등의 손해를 말한다.

4. 해상보험에서의 위험의 변경

상법상 위험의 변경 · 증가는 보험계약을 변경 또는 소멸시키는 효과가 있다(상법 제652조, 제653조 참조 : 보험료의 증액 또는 계약해지, 인관관계에 따른 면책). 해상보험에서도 이 규정을 적용하지만 해상위험의 특성상 위험의 변경 · 증가를 증명하는 것이 어려운 것이 현실이다. 그러므로 해상보험편에서는 위험의 변경 · 증가에 준하는 것으로 볼 수 있는 다음의 사유에는 해상보험자의 책임을 면하거나 계약이 소멸하는 규정을 두고 있다.

가. 항해변경의 효과

상법

제701조【항해변경의 효과】 ① 선박이 보험계약에서 정하여진 발항항이 아닌 다른 항에서 출항한 때에는 보험자는 책임을 지지 아니한다.

② 선박이 보험계약에서 정하여진 도착항이 아닌 다른 항을 향하여 출항한 때에도 제1항의 경우와 같다.

③ 보험자의 책임이 개시된 후에 보험계약에서 정하여진 도착항이 변경된 경우에는 보험자는 그 항해의 변경이 결정된 때부터 책임을 지지 아니한다.

선박이 보험계약에서 정하여진 발항(發航)항이 아닌 다른 항에서 출항한 때에는 보험자는 책임을 지지 아니하며, 선박이 보험계약에서 정하여진 도착항이 아닌 다른 항을 향하여 출항한 때에도 같다(상법 제701조 본문). 이러한 변경은 위험의 중대한 변경이기 때문에 면책사유가 된 것이다.

보험자의 책임이 개시된 후에 보험계약에서 정하여진 도착항이 변경된 경우에는 보험자는 그 항해의 변경이 결정된 때부터 책임을 지지 않는다(상법 제701조 본문).

나. 이로(離路)

상법

제701조의2【이로】 선박이 정당한 사유 없이 보험계약에서 정하여진 항로를 이탈한 경우에는 보험자는 그때부터 책임을 지지 아니한다. 선박이 손해발생 전에 원항로로 돌아온 경우에도 같다.

선박이 정당한 사유 없이 보험계약에서 정하여진 선로를 이탈한 경우에는 보험자는 그때부터 책임을 지지 않는다. 선박이 손해발생 전에 원항로로 돌아온 경우에도 같다(상법 제701조의2 본문). 만약에 불가항력이나 인명구조 등의 정당한 사유로 선로를 이탈한 경우에 해당한다면 보험자의 책임을 면할 수 없다.

다. 발항 또는 항해지연의 효과

상법

제702조【발항 또는 항해의 지연의 효과】 피보험자가 정당한 사유 없이 발항 또는 항해를 지연한 때에는 보험자는 발항 또는 항해를 지체한 이후의 사고에 대하여 책임을 지지 아니한다.

피보험자가 정당한 사유 없이 발항 또는 항해를 지연한 때에는 보험자는 발항 또는 항해를 지체한 이후의 사고에 대하여 책임을 지지 않는다(상법 제702조 본문). 해상보험은 시기와 기간에 의해서도 위험률이 변동되기 때문이다. 한편 항구폐쇄, 불가항력 등 정당한 사유로 인한 경우에 보험자는 보상책임을 면하지 못한다.

라. 선박변경의 효과

상법

제703조【선박변경의 효과】 적하를 보험에 붙인 경우에 보험계약자 또는 피보험자의 책임 있는 사유로 인하여 선박을 변경한 때에는 그 변경 후의 사고에 대하여 책임을 지지 아니한다.

적하를 보험에 붙인 경우에 보험계약자 또는 피보험자의 책임 있는 사유로 인하여 선박을 변경한 때에는 그 변경 후의 사고에 대하여 책임을 지지 않는다(상법 제703조 본문). 예를 들어 항해 중 사고로 선박이 항해불능이 되어 적하를 다른 선박으로 옮겨 운송한 경우에는 피보험자의 책임 있는 사유로 볼 수 없으므로 보험자는 보상책임을 면하지 못한다. 여기서의 귀책사유의 입증책임은 보험자에게 있다.

마. 선박의 양도 등의 효과

상법

제703조의2【선박의 양도 등의 효과】 선박을 보험에 붙인 경우에 다음의 사유가 있을 때에는 보험계약은 종료한다. 그러나 보험자의 동의가 있는 때에는 그러하지 아니하다.

1. 선박을 양도할 때
2. 선박의 선급을 변경한 때
3. 선박을 새로운 관리로 옮긴 때

선박보험에 한하여 i) 선박을 양도할 때, ii) 선박의 선급을 변경한 때, iii) 선박을 새로운 관리로 옮긴 때에 그 보험계약은 종료한다. 그러나 보험자의 동의가 있는 때에는 보험계약이 종료하지 않는다(상법 제703조의2). 이 규정은 선박보험에만 적용하는 것이므로 적하보험, 운임보험 등에는 적용하지 않는다.

5. 손해보상책임의 범위 : 전손(全損)

가. 의의

전손이란 피보험이익의 전부가 멸실 또는 그 본래의 용법에 따른 경제적 가치가 소멸한 것을 말한다. 그러므로 잔존물이 어느 정도의 금전적 가치를 지니더라도 전손으로 볼 수 있다. 전손에는 현실전손(actual total loss)과 추정전손(constructive total loss)이 있다.

전손의 경우에는 보험가액의 한도 내에서 보험금액 전액이 보험자가 보상할 손해액이 된다. 보험자는 그 외에도 손해사정비용(상법 제676조 제2항), 손해방지비용(상법 제680조 제1항) 등을 보상해야 한다.

나. 현실전손

> 상법
>
> 제711조【선박의 행방불명】 ① 선박의 존부가 2월간 분명하지 아니한 때에는 그 선박의 행방이 불명한 것으로 한다.
>
> ② 제1항의 경우에는 전손으로 추정한다.

영국해상보험법상 보험목적이 파괴되거나 보험목적이 훼손되어 더 이상 부보된 종류의 물건이라고 할 수 없는 경우, 피보험자가 보험목적의 점유를 박탈당하여 회복할 수 없는 경우 현실전손에 해당한다(MIA 제57조 제1항).

우리 상법은 선박이 2개월간 행방불명이면 현실전손으로 추정한다(상법 제711조). 영국해상보험법에서도 선박이 행방불명되고 상당기간 그 소식을 모르는 경우에는 현실전손으로 추정한다(MIA 제58조).

다. 추정전손

영국해상보험법은 보험목적의 현실전손이 불가피하거나 보험목적의 가액을 초과하는 비용을 지출하여야 하는 경우를 추정전손이라고 한다(MIA 제60조 제1항). 추정전손의 경우 현실전손을 피할 수 없으므로 보험목적의 위부가 인정된다.

보험위부란 추정전손을 현실전손으로 취급하기 위하여 보험자에게 피보험자의 권리를 위부하고 전손보험금을 청구하는 제도이다. 피보험자의 위부통지와 보험자의 위부승인에 의하여 보험자는 보험목적의 잔존물에 대한 피보험자의 이익과 권리를 승계할 권리를 가지며(MIA 제62조 제3항), 피보험자는 전손에 따른 보험금을 지급받는다. 우리 상법도 영국해상보험법과 마찬가지로 추정전손에 대한 보험위부제도를 두고 있다.

6. 손해보상책임의 범위 : 분손(分損)

보험사고로 피보험이익의 일부가 멸실한 것을 분손이라고 한다. 상법은 분손의 경우에 손해보상방식에 대하여 규정하고 있다.

가. 선박의 분손

상법

제707조의2【선박의 일부 손해의 보상】 ① 선박의 일부가 훼손되어 그 훼손된 부분의 전부를 수선한 경우에는 보험자는 수선에 따른 비용을 1회의 사고에 대하여 보험금액을 한도로 보상할 책임이 있다.
② 선박의 일부가 훼손되어 그 훼손된 부분의 일부를 수선한 경우에는 보험자는 수선에 따른 비용과 수선을 하지 아니함으로써 생긴 감가액을 보상할 책임이 있다.
③ 선박의 일부가 훼손되었으나 이를 수선하지 아니한 경우에는 보험자는 그로 인한 감가액을 보상할 책임이 있다.

선박의 일부가 훼손되어 그 훼손된 부분의 전부를 수선한 경우에는 보험자는 수선에 따른 비용을 1회의 사고에 대하여 보험금액을 한도로 보상할 책임이 있다(상법 제707조의2 제1항 본문). 보험기간 중 수회의 사고가 발생하면 각각 이

기준에 의하며, 이 경우에는 각 보상액의 합계가 보험금액을 초과할 수 있다.

선박의 일부가 훼손되어 그 훼손된 부분의 일부를 수선한 경우에는 보험자는 수선에 따른 비용과 수선을 하지 아니함으로써 생긴 감가액을 보상할 책임이 있고(상법 제707조의2 제2항 본문), 선박의 일부가 훼손되었으나 이를 수선하지 아니한 경우에는 보험자는 그로 인한 감가액을 보상할 책임이 있다(상법 제707조의2 제3항 본문).

나. 적하의 분손

상법

제708조【적하의 일부 손해의 보상】 보험의 목적인 적하가 훼손되어 양륙항에 도착한 때에는 보험자는 그 훼손된 상태의 가액과 훼손되지 아니한 상태의 가액과의 비율에 따라 보험가액의 일부에 대한 손해를 보상할 책임이 있다.

보험의 목적인 적하가 훼손되어 양륙항에 도착한 때에는 보험자는 그 훼손된 상태의 가액과 훼손되지 아니한 상태의 가액과의 비율에 따라 보험가액의 일부에 대한 손해를 보상할 책임이 있다(상법 제708조 본문). 상법에 규정하지는 않으나 적하의 일부 멸실로 수량이나 중량이 감소된 경우에도 동일하게 적용하여야 할 것이다. 한편, 일부보험의 경우라면 보험자는 보험금액의 보험가액에 대한 비율에 따라 보상책임을 진다(상법 제674조).

다. 적하의 매각

상법

제709조【적하매각으로 인한 손해의 보상】 ① 항해 도중에 불가항력으로 보험의 목적인 적하를 매각한 때에는 보험자는 그 대금에서 운임 기타 필요한 비용을 공제한 금액과 보험가액과의 차액을 보상하여야 한다.

② 제1항의 경우에 매수인이 대금을 지급하지 아니한 때에는 보험자는 그 금액을 지급하여야 한다. 보험자가 그 금액을 지급한 때에는 피보험자의 매수인에 대한 권리를 취득한다.

항해 도중에 불가항력으로 보험의 목적인 적하를 매각한 때에는 적하의 훼손과 동일하게 취급한다. 그러므로 보험자는 그 대금에서 운임 기타 필요한 비용을 공제한 금액과 보험가액과의 차액을 보상하여야 한다(상법 제709조 제1항 본문).

만약에 매각에 따른 매수인이 대금을 지급하지 아니하였다면 보험자는 그 금액을 지급하고 피보험자의 매수인에 대한 권리를 취득한다(상법 제709조 제2항).

7. 해상보험에서 보상하는 특별한 비용

가. 공동해손

상법

제694조【공동해손분담액의 보상】 보험자는 피보험자가 지급할 공동해손의 분담액을 보상할 책임이 있다. 그러나 보험의 목적의 공동해손분담가액이 보험가액을 초과할 때에는 그 초과액에 대한 분담액은 보상하지 아니한다.

공동해손이란 선박과 적하의 공동위험을 면하기 위하여 선장이 선박이나 적하에 대한 처분을 하면서 생긴 희생 또는 비용을 말한다. 선박이나 적하 자체의 희생을 공동해손희생이라고 하고, 공동위험을 피하기 위하여 지출한 비용을 공동해손비용이라고 하는데, 보험자는 담보위험을 피하기 위한 공동해손손해를 보상할 책임이 있다(MIA 제66조 제4항, 상법 제694조). 그러나 보험의 목적의 공동해손분담가액이 보험가액을 초과할 때에는 그 초과액에 대한 분담액은 보상하지 않는다(상법 제694조 후단).

나. 구조료

상법

제694조의2【구조료의 보상】 보험자는 피보험자가 보험사고로 인하여 발생하는 손해를 방지하기 위하여 지급할 구조료를 보상할 책임이 있다. 그러나 보험의 목적물의 구조료분담가액이 보험가액을 초과할 때에는 그 초과액에 대한 분담액은 보상하지 아니한다.

구조료란 구조계약이 없이 구조한 구조자가 받을 보수를 말한다. 구조계약이 있는 경우에는 공동해손비용이나 특별비용(손해방지비용)으로 보상한다. 보험자는 담보위험으로 인한 손해를 방지하기 위하여 발생한 구조료를 보상할 책임이 있다(MIA 제65조 제1항, 상법 제694조의2). 그러나 보험의 목적물의 구조료분담가액이 보험가액을 초과할 때에는 그 초과액에 대한 분담액은 보상하지 않는다(상법 제694조의2 후단).

다. 특별비용

상법

제694조의3【특별비용의 보상】 보험자는 보험의 목적의 안전이나 보존을 위하여 지급할 특별비용을 보험금액의 한도 내에서 보상할 책임이 있다.

특별비용은 피보험자가 담보위험으로 인하여 보험목적에 발생할 손해를 방지하거나 경감하기 위하여 지출하는 비용을 말한다. 보험자는 보험계약상의 보상과는 별도로 이러한 특별비용을 지급할 책임을 진다(MIA 제78조 제1항). 상법에서는 특별비용의 보상을 규정하면서 그 보상한도를 보험금액으로 제한한다(상법 제694조의3). 이 규정은 손해방지비용(상법 제680조)에 대한 특칙으로 해석된다.

V 인과관계

영국해상보험법상 보험자는 보험증권에서 달리 약정하지 않는 한 담보위험과 손해 사이에 근인관계(proximate causation)가 있는 경우에 보험금지급책임을 진다(MIA 제55조 제1항).

여러 가지 원인이 경합하여 손해를 발생시킨 경우 그 여러 원인 중 근인으로 인정되는 원인이 담보위험인 경우에 보험자가 책임을 진다는 의미이다. 여기서 근인이란 시간적으로 가까운 원인(proximate cause in time)이 아니라 효과면에서 손해의 발생에 영향을 미치는 가장 지배적인 원인(proximate cause in efficiency)을 말하며, 어떤 원인이 효과면에서 가장 지배적인가 하는 점은 상식에 비추어 판단하여야 한다.

2002다59528 판결

영국해상보험법 제55조 제1항에 의하면 손해가 담보위험을 근인(proximate cause)으로 하는지 여부가 보험자의 책임 유무를 결정하는 기준이 되는바, 여기서 근인이라 함은 손해와 가장 시간적으로 근접하는 원인(proximate in time)을 말하는 것이 아니라 손해의 발생에 있어서 가장 효과적인 원인(proximate in efficiency)을 말한다고 할 것이다.

그러므로 피보험자가 소유하는 선박의 선수부에 화재가 발생하였을 때 선장과 모든 선원들이 화재를 진압하지 아니하고 선박을 떠난 과실은 인정되나, 그와 같은 정도의 화재만으로는 선박이 침몰될 수 없는 상황에서 선장 등이 화재진압을 하지 아니한 채 퇴선한 행위가 '기관실에의 침수' 또는 다른 원인에 의한 선박침몰의 근인이 되었다고 볼 수는 없다는 원심의 판단은 영국해상보험법상 근인의 해석적용에 관한 법령 위반 등의 위법이 있다고 할 수 없다.

보험계리사 · 손해사정사 기출문제

01 해상보험의 피보험이익에 관한 설명으로 옳지 않은 것은? (다툼이 있는 경우 판례에 의함) ▶45회

① 선박보험에 있어 피보험이익은 선박소유자의 이익 외에 담보권자의 이익, 선박임차인의 사용이익도 포함되므로 선박임차인도 추가보험의 보험계약자 및 피보험자가 될 수 있다.
② 적하보험은 선박에 의하여 운송되는 화물에 대한 소유자 이익을 피보험이익으로 한다.
③ 운임보험은 운송인이 해상위험으로 인해 받을 수 없게 된 운임을 피보험이익으로 한다.
④ 선비보험은 선박의 운항에 필요한 비용, 즉 도선료, 입항료, 등대료 등의 비용을 피보험이익으로 한다.

해설 선비보험은 선박에 발생한 보험사고로 인하여 선주가 입게 되는 비용손해에 대한 것이다. 선박의 사용비용이 대표적이다. 그러나 도선료 등은 선박운행 중의 통상의 비용으로서 원칙적으로 해상보험의 담보되는 비용이 아니다.

02 해상보험에서 보험가액에 관한 설명 중 틀린 것은? ▶34회

① 선박보험의 보험가액은 보험계약체결 시의 선박가액이다.
② 선박보험의 경우 연료도 보험의 목적에 포함된 것으로 한다.
③ 적하보험의 보험가액은 선적한 때와 곳의 적하의 가액과 선적 및 보험에 관한 비용이다.
④ 희망이익보험의 보험가액은 특별한 정함이 없는 한 보험금액인 것으로 추정된다.

해설 선박보험은 보험자의 책임이 개시될 때의 선박가액을 보험가액으로 한다.

03 보험가액에 대한 우리 상법의 태도로 옳지 않은 것은? ▶38회

① 운송보험과 해상보험의 경우에는 일정시점에서의 보험가액을 전(全) 보험기간에 걸쳐 고정된 보험가액으로 정하는 보험가액불변경주의에 따른다.
② 운송물의 보험에 있어서 운송물의 도착으로 인하여 얻을 이익은 당사자 간 약정이 있는 때에 한하여 보험가액 중에 산입한다.
③ 당사자 간에 보험가액을 정하지 아니한 때에는 사고발생 시의 가액을 보험가액으로 한다.
④ 해상보험계약상 그 운송물의 도착으로 얻을 희망이익보험의 경우 미평가보험에 있어서는 보험금액을 보험가액으로 정한 것으로 본다.

해설 ① 운송보험과 해상보험은 당사자 간에 기평가보험의 약정이 없는 이상 상법상 보험가액불변경주의에 의한다.

② 상법 제689조 제2항
③ 미평가보험은 운송 · 해상보험이 아닌 이상 사고발생 시의 가액을 보험가액으로 하는 것이 원칙이다.
④ 희망이익보험에서 보험가액을 정하지 않은 경우에는 보험금액을 보험가액으로 한 것으로 추정한다.

04 선박미확정의 적하예정보험에 관한 설명으로 틀린 것은? ▶35회

① 법적 성질은 보험계약의 예약이다.
② 보험계약의 체결 당시에 하물(荷物)을 적재할 선박을 지정하지 않은 보험을 말한다.
③ 보험계약자는 하물(荷物)이 선적되었음을 안 때에는 지체 없이 보험자에게 선박의 명칭 등을 통지하여야 한다.
④ 위 통지를 게을리한 때에는 보험자는 그 사실을 안 날부터 1월 내에 계약을 해지할 수 있다.

해설 예정보험계약은 보험계약의 예약이 아닌 독립된 보험계약이다.

05 해상보험증권의 기재사항에 해당하지 않는 것은? ▶38회

① 보험사고의 성질
② 무효와 실권의 사유
③ 운송기간을 정한 때에는 그 기간
④ 적하보험에 있어서는 선박의 명칭 · 국적과 종류, 선적항, 양륙항

해설 운송기간은 운송보험증권의 기재사항이다.

06 해상보험에서의 항해보험의 보험기간에 관한 설명 중 옳지 않은 것은? ▶28회

① 선박보험의 보험기간은 원칙적으로 하물(荷物) 또는 저하(底荷)의 선적에 착수한 때에 개시하고, 도착항에서 하물 또는 저하를 양륙(揚陸)한 때에 종료한다.
② 적하보험의 보험기간은 원칙적으로 하물(荷物)의 선적에 착수한 때에 개시하고, 양륙항 또는 도착지에서 하물을 인도한 때에 종료한다.
③ 불가항력으로 인하여 양륙이 지연된 때에는 그 양륙이 보통 종료될 때에 종료된 것으로 한다.
④ 하물 또는 저하의 선적에 착수한 후에 선박보험 또는 적하보험계약이 체결된 경우에는 보험기간은 계약이 성립한 때에 개시한다.

해설 불가항력으로 인하여 양륙이 지연될 때에는 보험기간이 종료되지 않는다.

07 해상보험의 면책사유로서의 감항능력주의의무 위반에 관한 설명으로 틀린 것은? ▶33회

① 상법은 이 의무 위반을 적하보험에서는 면책사유로 규정하지 않고 있다.

② 이 의무 위반과 손해발생 사이에 인과관계가 없으면 보험자는 그 손해에 대해서 면책되지 못한다.

③ 이 의무 위반으로 인한 운송물의 손해에 관한 보험의 이익을 운송인에게 양도하는 약정은 유효하다.

④ 이 의무는 선박의 발항 당시에 이행되어야 하는 의무이다.

해설 ① 감항능력규정은 선박보험과 운임보험에 적용된다. 적하보험에서는 적용되지 않는다.
② 감항능력의 흠결을 이유로 면책하려면 그 흠결과 손해 사이의 인과관계가 있어야 한다. 다만, 계약당사자 간의 특약으로 인과관계가 없이도 감항능력 위반만으로 면책되는 취지의 약관을 둔 경우에도 그 약관은 유효하다(93다53078 판결).
③ 제794조부터 제798조까지의 규정에 반하여 운송인의 의무 또는 책임을 경감 또는 면제하는 당사자 사이의 특약은 효력이 없다. 운송물에 관한 보험의 이익을 운송인에게 양도하는 약정 또는 이와 유사한 약정도 또한 같다(상법 제799조, 운송인의 책임경감금지).

08 상법상 선박보험의 경우 보험자의 동의가 없으면 보험계약이 종료하는 사유가 아닌 것은? ▶29회 · 38회

① 선박의 국적이 변경된 때
② 선박을 새로운 관리로 옮긴 때
③ 선박을 양도한 때
④ 선박의 선급을 변경한 때

해설 선박보험에서 선박의 양도, 선박의 선급변경, 선박을 새로운 관리로 옮긴 때에는 계약의 종료사유가 된다. 그러나 보험자의 동의가 있다면 그러하지 아니하다(제703조의2).

09 상법상 해상보험의 면책사유에 관한 설명으로 옳지 않은 것은? ▶43회

① 선박이 보험계약에서 정하여진 발항항이 아닌 다른 항에서 출항한 때에는 보험자는 책임을 지지 아니한다.

② 선박이 보험계약에서 정하여진 도착항이 아닌 다른 항을 향하여 출항한 때에는 보험자는 책임을 지지 아니한다.

③ 선박이 정당한 사유 없이 보험계약에서 정하여진 항로를 이탈한 경우에는 보험자는 그때부터 책임을 지지 아니한다. 다만, 선박이 손해발생 전에 원항로로 돌아온 경우에는 그러하지 아니하다.

④ 피보험자가 정당한 사유 없이 발항 또는 항해를 지연한 때에는 보험자는 발항 또는 항해를 지체한 이후의 사고에 대하여 책임을 지지 아니한다.

해설 해상보험은 최대선의원칙에 의하므로 항로변경 이후에 원항로로 돌아온 경우에도 보험자는 책임을 부담하지 않는다.

10 해상보험자의 면책에 관한 설명 중 틀린 것은? ▶25회

① 선박이 정당한 사유 없이 보험계약에서 정하여진 항로를 이탈한 경우에는 보험자는 그때부터 책임을 지지 아니한다.

② 피보험자가 정당한 사유 없이 발항 또는 항해를 지연한 때에는 보험자는 발항 또는 항해를 지체한 이후의 사고에 대하여 책임을 지지 아니한다.

③ 선박이 보험계약에서 정하여진 발항항이 아닌 다른 항에서 출항한 때에는 보험자는 책임을 지지 아니한다.

④ 보험자의 책임이 개시된 후 보험계약에서 정하여진 도착항이 변경된 경우에는 보험자는 출항 시로부터 책임을 지지 아니한다.

해설 ①, ②, ③ 선박보험에서 항로이탈, 항해지연, 노순변경, 출항지의 변경 등은 모두 보험자의 면책사유이다.
④ 보험계약에서 정하여진 도착항이 출항 이후에 변경되었다면, 보험자는 항해변경이 결정된 때로부터 책임을 지지 않는다.

11 해상보험계약상 보험자의 면책사유에 관한 설명으로 옳지 않은 것은? ▶40회

① 선박 또는 운임을 보험에 붙인 경우에는 발항 당시 안전하게 항해를 하기에 필요한 준비를 하지 아니하거나 필요한 서류를 비치하지 않음으로 생긴 손해

② 적하를 보험에 붙인 경우에는 용선자, 송하인 또는 수하인의 고의 또는 중대한 과실로 생긴 손해

③ 적하보험에서 운송인의 감항능력주의의무 위반으로 생긴 손해

④ 보험약관상 공제소손해면책약관이 규정되어 있다면 보험사고로 인하여 생긴 손해가 보험가액의 일정한 비율 또는 일정한 금액 이하인 소손해

해설 감항능력 위반은 적하보험의 담보사유이다.

12 다음은 해상보험에서의 사정변경(事情變更)에 의한 보험관계의 변경과 소멸에 관한 설명이다. 틀린 것은? ▶27회

① 선박이 보험계약에서 정하여진 발항항이 아닌 다른 항에서 출항한 때에는 보험자는 책임을 지지 아니한다.

② 선박이 정당한 사유 없이 보험계약에서 정하여진 항로를 이탈한 경우에는 보험자는 그때부터 책임을 지지 아니하나, 선박이 손해발생 전에 원항로로 돌아온 경우에는 그러하지 아니하다.

③ 피보험자가 정당한 사유 없이 발항 또는 항해를 지연한 때에는 보험자는 발항 또는 항해를 지체한 이후의 사고에 대하여 책임을 지지 아니한다.

④ 적하를 보험에 붙인 경우에 보험계약자 또는 피보험자의 책임 있는 사유로 인하여 선박을 변경한 때에는 보험자는 그 변경 후의 사고에 대하여 책임을 지지 아니한다.

해설 선박이 정당한 사유 없이 항로를 이탈했다면 손해발생 이전에 원항로로 돌아왔다고 해도 보험자는 책임을 지지 않는다.

13 선박 또는 적하의 훼손에 대한 해상보험자의 보상책임에 관한 설명 중 옳지 않은 것은? ▶28회

① 선박의 일부가 훼손되어 그 훼손된 부분의 전부를 수선한 경우에는 보험자는 수선에 따른 비용을 1회의 사고에 대하여 보험금액을 한도로 보상할 책임이 있다.

② 선박의 일부가 훼손되어 그 훼손된 부분의 일부를 수선한 경우에는 보험자는 수선에 따른 비용과 수선을 하지 아니함으로써 생긴 감가액을 보상할 책임이 있다.

③ 선박의 일부가 훼손되었으나 이를 수선하지 아니한 경우에는 보험자는 보상책임을 면한다.

④ 보험의 목적인 적하가 훼손되어 양륙항에 도착한 때에는 보험자는 그 훼손된 상태의 가액과 훼손되지 아니한 상태의 가액과의 비율에 따라 보험가액의 일부에 대한 손해를 보상할 책임이 있다.

해설 선박 일부가 훼손되었으나 이를 수선하지 않은 경우에는 보험자는 그로 인한 감가액을 보상한다.

14 피보험자가 지출하는 금액으로서 상법상 해상보험자가 보상책임을 지지 않는 것은? ▶25회

① 공동해손분담액

② 도선료, 입항료, 등대료, 검역료 등 항해 중의 통상비용

③ 보험사고로 인하여 발생하는 손해를 방시하기 위한 구조료

④ 보험의 목적의 안전이나 보존을 위한 특별비용

해설 공동해손비용, 구조료, 특별비용은 해상보험에서 보상하는 비용에 해당하지만, 항해 중의 통상비용은 보상하지 않는다.

15 해상보험자의 보상책임에 관한 설명 중 옳은 것은? ▶32회

① 보험자는 보험의 목적의 안전이나 보존을 위하여 지급할 특별비용을 보험금액의 한도 내에서 보상할 책임이 있다.

② 보험자는 보험의 목적의 공동해손분담가액이 보험금액을 초과할 때에는 그 초과액에 대한 분담액은 보상하지 아니한다.

③ 보험자는 보험의 목적의 구조료분담가액이 보험금액을 초과할 때에는 그 초과액에 대한

분담액은 보상하지 아니한다.

④ 선박의 존부가 2월간 분명하지 아니한 때에는 보험위부의 원인이 된다.

해설 ① 해상보험에서 특별비용은 보험금액의 한도 내에서 보상한다.
② 보험목적의 공동해손분담가액이 보험가액을 초과하면 그 초과액에 대하여 보상하지 않는다.
③ 구조료분담가액이 보험가액을 초과하면 그 초과액에 대하여 보상하지 않는다.
④ 선박의 존부가 2개월간 분명하지 않을 때에는 현실전손으로 추정한다.

16 해상보험계약에 대한 설명으로 틀린 것은? ▶35회

① 선박의 보험에 있어서는 보험자의 책임이 개시될 때의 선박가액을 보험가액으로 하며, 선박의 속구, 연료, 양식 기타 항해에 필요한 모든 물건은 보험의 목적에 포함된 것으로 한다.

② 항해단위로 선박을 보험에 붙인 경우에는 보험기간은 하물 또는 저하의 선적에 착수한 때에 개시한다.

③ 항해도중에 불가항력으로 보험의 목적인 적하를 매각한 때에는 보험자는 그 대금에서 운임 기타 필요한 비용을 공제한 금액과 보험금액과의 차액을 보상하여야 한다.

④ 선박의 존부가 2월간 분명하지 아니한 때에는 그 선박의 행방이 불명한 것으로 하여 전손으로 추정한다.

해설 항해도중에 불가항력으로 적하를 매각한 때에는 그 대금에서 운임 기타 비용을 공제한 금액과 보험가액과의 차액을 보상하여야 한다.

[정답]

01 ④ 02 ① 03 ④ 04 ① 05 ③ 06 ③ 07 ③ 08 ① 09 ③ 10 ④ 11 ③ 12 ② 13 ③
14 ② 15 ① 16 ③

CHAPTER 10

해상보험 : 보험위부

I 의의

우리 상법에서의 보험위부(abandonment)란 보험의 목적이 전부 멸실한 것과 동일한 일정한 경우(추정전손)에 피보험자가 보험의 목적에 관한 자기의 모든 권리를 보험자에게 양도하고 보험자에 대하여 보험금액의 전부를 청구하는 것을 말한다(상법 제710조, 제718조). 즉, 해상보험에서 추정전손으로 여겨지는 경우 손해발생사실이나 손해액 산정절차를 생략하고 보험관계를 신속 · 간편하게 처리하도록 하는 법률상의 규정이다.

보험위부는 피보험자의 일방적인 의사표시에 의하는 불요식의 단독행위이며, 법이 정한 요건과 절차를 갖추면 보험자의 승낙이 없어도 그 법적 효과가 발생하는 형성권이다.

Ⅱ 성립요건

1. 실질적 요건(위부의 원인)

상법

제710조【보험위부의 원인】 다음의 경우에는 피보험자는 보험의 목적을 보험자에게 위부하고 보험금액의 전부를 청구할 수 있다.

1. 피보험자가 보험사고로 인하여 자기의 선박 또는 적하의 점유를 상실하여 이를 회복할 가능성이 없거나 회복하기 위한 비용이 회복하였을 때의 가액을 초과하리라고 예상될 경우
2. 선박이 보험사고로 인하여 심하게 훼손되어 이를 수선하기 위한 비용이 수선하였을 때의 가액을 초과하리라고 예상될 경우
3. 적하가 보험사고로 인하여 심하게 훼손되어서 이를 수선하기 위한 비용과 그 적하를 목적지까지 운송하기 위한 비용과의 합계액이 도착하는 때의 적하의 가액을 초과하리라고 예상될 경우

제712조【대선에 의한 운송의 계속과 위부권의 소멸】 제710조 제2호의 경우에 선장이 지체 없이 다른 선박으로 적하의 운송을 계속한 때에는 피보험자는 그 적하를 위부할 수 없다.

가. 선박 · 적하의 점유상실 및 회복비용초과

피보험자가 보험사고로 인하여 자기의 선박 또는 적하의 점유를 상실하여 이를 회복할 가능성이 없거나 회복하기 위한 비용이 회복하였을 때의 가액을 초과하리라고 예상되는 경우에 위부할 수 있다(상법 제701조 제1호). 여기서 선박이나 적하의 점유 상실원인을 묻지 않으므로 포획이나 압수 등이 피보험자의 고의 · 중과실에 의한 경우가 아닌 한 점유상실에 포함된다고 해석한다.

나. 선박의 수선불능

선박이 보험사고로 인하여 심하게 훼손되어 이를 수선하기 위한 비용이 수

선하였을 때의 가액을 초과하리라고 예상되는 경우 그 선박을 위부할 수 있다(상법 제710조 제2호). 수선비용은 선박이 구조를 통해 감항능력을 갖춘 선박으로 회복하는 데 드는 합리적인 모든 비용을 말하며, 단일사고를 기준으로 한다. 수선하였을 때의 가액을 초과하는 경우에만 인정하므로 수선비용이 선박가액보다 적게 소요된다면 위부할 수 없다.

선박이 수선불능으로 된 경우에 원칙적으로 적하를 함께 위부할 수 있다. 그러나 선장이 지체 없이 다른 선박으로 적하의 운송을 계속한 경우에는 위부할 수 없다(상법 제712조).

다. 적하의 수선불능

적하가 보험사고로 인하여 심하게 훼손되어서 이를 수선하기 위한 비용과 그 적하를 목적지까지 운송하기 위한 비용과의 합계액이 도착하는 때의 적하의 가액을 초과하리라고 예상되는 경우 그 적하를 위부할 수 있다(상법 제710조 제3호). 선박 충돌이나 좌초로 인하여 적하를 수선하거나 다른 선박으로 운송하는 비용이 과다한 경우에도 보험위부를 인정한 것이다.

2. 형식적 요건(위부의 절차)

가. 위부의 통지

상법
제713조【위부의 통지】 ① 피보험자가 위부를 하고자 할 때에는 상당한 기간 내에 보험자에 대하여 그 통지를 발송하여야 한다.

피보험자가 위부를 하고자 할 때에는 상당한 기간 내에 보험자에 대하여 그 통지를 하여야 한다(상법 제713조). 통지방식에 제한이 없으므로 서면 · 구두를 불문하지만 통지가 보험자에게 도달된 다음에는 위부를 철회할 수 없다(형성권의 특성).

여기서 상당한 기간이란 피보험자가 위부의 원인이 있음을 안 때로부터 위부의 원인을 증명하고, 위부권을 행사할 수 있는 합리적인 기간을 말한다.

나. 위부권 행사의 요건

상법

제714조【위부권행사의 요건】 ① 위부는 무조건이어야 한다.

② 위부는 보험의 목적의 전부에 대하여 이를 하여야 한다. 그러나 위부의 원인이 그 일부에 대하여 생긴 때에는 그 부분에 대하여서만 이를 할 수 있다.

③ 보험가액의 일부를 보험에 붙인 경우에는 위부는 보험금액의 보험가액에 대한 비율에 따라서만 이를 할 수 있다.

위부제도는 당사자 간의 법률관계를 신속 · 간편하게 처리하는 제도로서 위부에 조건이나 기한을 붙일 수 없다(상법 제714조 제1항). 또한 위부는 보험의 목적 전부에 대하여 하여야 한다(상법 제714조 제2항). 그러나 위부의 원인이 보험의 목적의 일부에 대하여 생긴 때에는 그 부분에 대하여만 위부할 수 있다(상법 제714조 제2항 단서).

보험가액의 일부를 보험에 붙인 경우(일부보험)에는 위부는 보험금액의 보험가액에 대한 비율에 따라서만 할 수 있으므로(상법 제714조 제3항) 일부보험에서 위부의 대상이 되고 있는 보험의 목적에 대하여 피보험자가 위부권을 행사하게 되면 보험자와 피보험자가 공유자가 된다.

다. 다른 보험계약 등의 통지

상법

제715조【다른 보험계약 등에 관한 통지】 ① 피보험자가 위부를 함에 있어서는 보험자에 대하여 보험의 목적에 관한 다른 보험계약과 그 부담에 속한 채무의 유무와 그 종류 및 내용을 통지하여야 한다.

② 보험자는 제1항의 통지를 받을 때까지 보험금액의 지급을 거부할 수 있다.
③ 보금액의 지급에 관한 기간의 약정이 있는 때에는 그 기간은 제1항의 통지를 받은 날로부터 기산한다.

피보험자가 위부를 함에 있어서는 보험자에 대하여 보험의 목적에 관한 다른 보험계약과 그 부담에 속한 채무의 유무와 그 종류 및 내용을 통지하여야 한다(상법 제715조 제1항). 이 통지의무는 중복보험의 유무를 알리고 담보물권자의 권리행사에 대비하기 위하여 요구되는 것이다.

보험자는 이 통지를 받을 때까지 보험금액의 지급을 거부할 수 있고, 보험금액의 지급에 관한 기간의 약정이 있는 때에는 그 기간은 이 통지를 받은 날로부터 기산한다(상법 제715조 제2항, 제3항).

Ⅲ 위부의 승인과 불승인

1. 위부

상법
제716조【위부의 승인】 보험자가 위부를 승인한 후에는 그 위부에 대하여 이의를 하지 못한다.

위부의 승인은 위부의 요건이 아니라 위부의 원인에 대한 증명을 더 이상 요구하지 않겠다는 행위이다. 그러므로 보험자가 위부를 승인한 후에는 그 위부에 대하여 이의를 하지 못하고(상법 제716조), 피보험자는 위부의 원인을 증명하지 않아도 보험금을 청구할 수 있다.

2. 위부의 불승인

상법

제717조【위부의 불승인】 보험자가 위부를 승인하지 아니한 때에는 피보험자는 위부의 원인을 증명하지 아니하면 보험금액의 지급을 청구하지 못한다.

보험자가 위부를 승인하지 아니한 때에 피보험자가 위부의 원인을 증명하지 아니하면 보험금액의 지급을 청구하지 못한다(상법 제717조). 이 경우 피보험자는 구체적인 증거를 제시하여 그 위부원인을 증명하고 위부에 따른 권리를 행사할 수 있다. 이러한 특성을 근거로 보험자가 위부에 이의 · 불승인이 있을 경우에 피보험자의 위부원인의 증명을 정지조건으로 하여 위부의 효과가 발생한다고 해석하기도 한다.

2011다81190 판결

영국해상보험법(Marine Insurance Act, 1906)상 위부는 보험의 목적이 전부 손실된 것과 같이 볼 수 있는 일정한 사정이 발생한 경우 피보험자가 보험금액 전부를 보상받기 위한 전제조건으로서 피보험자가 보험의 목적에 잔존하는 자기의 일체의 이익을 보험자에게 이전하는 것으로, 이에 대한 위부의 승인은 보험자의 행위에 의하여 묵시적으로도 인정될 수 있으나, 보험자의 묵시적 승인은 증거에 의하여 명백히 증명되어야 한다. 그리고 영국해상보험법의 법리와 관습에 의하면, 위부의 통지를 받은 보험자가 구조작업에 착수했다고 해서 이것이 위부의 승인으로 해석되지 않으며 반대로 피보험자가 구조작업에 착수했다고 해서 위부의 포기로 해석되지 않는다.

그러므로 갑보험회사와 을주식회사가 을회사 소유의 선박에 관하여 영국해상보험법의 법리와 관습이 반영된 협회선박기간보험약관(Institute Time Clauses-Hulls, 1983)을 적용하는 선박보험계약을 체결하였는데, 선박이 침몰하는 사고가 발생하여 갑회사가 을회사의 위부통지를 거절하고 을회사에 추정전손보험금을 지급한 후 을회사를 대위하여 선박에 관한 구조작업을 진행한 사안에서, 갑회사가 위 선박의 위부승인에 대하여 명백히 거절의사를 표시한 점 등 제반 사정에 비추어 갑회사가 구조작업을 진행한 것이 영국해상보험법상 위부의 묵시적 승인으로 간주될 수 없다고 본 원심판단은 정당하다.

Ⅳ 위부의 효과

> 상법
> 第718條【위부의 효과】 ① 보험자는 위부로 인하여 그 보험의 목적에 관한 피보험자의 모든 권리를 취득한다.
> ② 피보험자가 위부를 한 때에는 보험의 목적에 관한 모든 서류를 보험자에게 교부하여야 한다.

1. 보험자의 권리 · 의무

가. 권리의 취득

보험자는 위부로 인하여 피보험자가 보험의 목적에 관하여 가지는 모든 권리를 취득한다(상법 제718조 제1항). 일부보험의 경우에는 그 비율에 따라 권리를 취득한다(상법 제714조 제3항). 이때 권리취득의 시기는 보험위부의 의사표시가 보험자에게 도달한 때로 보는 견해가 지배적이다(민법 제111조, 도달주의). 즉 보험자대위와는 달리 보험금지급 이전이라고 해도 보험자가 그 권리를 취득한다.

보험자가 취득하는 권리는 모든 권리이므로 보험목적물이 현존하거나 잔존물이 있는 때에는 그 소유권을 취득하고, 제3자에 대하여 가지는 권리도 취득한다.

나. 의무의 부담

보험자는 위부의 효과로 발생하는 피보험자의 보험금청구권(상법 제710조)에 대한 보험금지급의무를 진다. 보험금액의 지급의무는 해상보험의 일반적인 경우와 같이 기평가보험이라면 협정가액(상법 제670조), 미평가보험의 경우에는 보험가액불변경주의(상법 제696내지 698조)에 따르며, 일부보험은 그 규정(상법

제714조 제3항)에 따라 산정한 보험가액을 한도로 한다.

다른 특약이 없는 한 피보험자가 위부를 함에 있어서 보험자에게 다른 보험계약의 유무 등을 통지한 때로부터 기산하여(상법 제715조 참조) 10일 안에 피보험자에게 보험금액을 지급하여야 한다(상법 제658조).

한편, 보험목적에 부수하는 공법 · 사법상의 부담도 보험자가 부담하는지 여부가 문제가 되는데 보험자가 보험목적에 대한 권리를 포기한다면 그 의무도 면하는 것으로 하여야 할 것이다. 실무상으로는 보험자가 지급할 보험금액에서 이를 공제하도록 하고 있으므로 그 부담을 피보험자가 부담하도록 한다(선박보험약관 제21조).

2. 피보험자의 권리와 의무

가. 피보험자의 권리

피보험자가 보험의 목적을 위부한 때에는 보험금액의 전부를 청구할 수 있으며(상법 제710조), 위부의 원인이 보험의 목적의 일부에 대하여 생긴 경우에 그 부분에 대한 보험금액의 전부를 청구할 수 있다(상법 제714조 제2항 단서).

나. 피보험자의 의무

피보험자가 위부를 한 때에는 보험의 목적에 관한 모든 서류를 보험자에게 교부하여야 한다(상법 제718조 제2항). 이 규정은 보험자의 권리행사를 용이하게 하는 규정이며, 피보험자는 보험금액의 수령 여부와 관계없이 이 의무를 부담하여야 한다.

위부의 경우에도 피보험자는 보험계약상으로 손해방지의무를 지게 되며, 그 비용을 청구할 수 있다(상법 제680조).

V 잔존물대위와 보험위부

잔존물대위는 해상보험에서 인정되는 보험위부와 유사하다. 그러나 잔존물대위는 보험의 목적에 현실전손이 있는 경우에 피보험자의 손해를 보상한 보험자에게 법률상 당연히 잔존물에 관한 권리를 이전시키는 제도이지만, 보험위부는 보험의 목적이 전부 멸실되는 것과 동일하게 여겨지는 추정전손이 있는 경우에 피보험자의 특별한 의사표시에 의하여 보험의 목적에 대한 권리를 보험자에게 이전시키고 보험금을 청구하는 제도이므로 그 성질이 다르다.

보험계리사 · 손해사정사 기출문제

01 다음 중 상법상 보험위부의 원인에 속하지 않는 것은? ▸27회

① 선박의 존부가 2년간 분명하지 아니한 때

② 선박 또는 적하가 회수불능인 때

③ 선박의 수선비용이 과다할 때

④ 적하의 수선비용이 과다할 때

해설 선박의 존부가 2년간 분명하지 않았다면, 전손으로 처리될 것이다. 한편 우리 상법은 선박의 존부가 2개월만 분명하지 않더라도 선박의 행방이 불명한 것으로 보고 전손으로 추정한다(제711조). 전손으로 추정되므로 보험위부가 적용될 여지가 없다.

02 보험위부의 요건에 관한 설명 중 틀린 것은? ▸26회

① 위부는 보험의 목적 전부에 대해서 행하는 것이 원칙이다.

② 위부는 무조건이어야 하고 기한도 붙일 수 없다.

③ 위부의 원인이 보험의 목적의 일부에 대해 생긴 때에도 보험목적 전부에 대하여 위부하여야 한다.

④ 보험가액의 일부를 보험에 붙인 경우에는 위부는 보험금액의 보험가액에 대한 비율에 따라서만 이를 할 수 있다.

해설 위부의 원인이 보험목적의 일부에 대하여 생겼다면, 보험목적 일부에 대한 위부도 가능하다.

03 보험위부에 관한 설명으로 옳지 않은 것은? ▸40회

① 보험위부가 이루어지면 보험자는 그 보험의 목적에 관한 피보험자의 모든 권리를 취득하며, 일부보험의 경우에도 같다.

② 위부에 대한 보험자의 승인은 입증상의 문제일 뿐 위부의 요건이 아니다.

③ 선박이 보험사고로 인하여 심하게 훼손되어 이를 수선할 경우에 그 비용이 보험가액을 초과하리라고 예상될 때에는 피보험자는 보험의 목적을 보험자에게 위부하고 보험금액의 전부를 청구할 수 있다.

④ 위부는 어떤 조건이나 기한을 정할 수 없다.

해설 일부보험에서도 보험위부가 가능하다. 그러나 일부보험에서 보험자는 피보험자가 가지는 권리 중에 일부에 대해서만 권리를 취득한다.

04 보험위부에 관한 설명으로 옳은 것은? ▶33회

① 피보험자는 보험금을 지급받지 않는 한 보험자에게 보험의 목적에 관한 다른 보험계약과 그 부담에 속한 채무의 유무와 그 종류 및 내용을 통지할 의무를 지지 않는다.

② 보험금의 지급기간은 보험자가 위부를 승인한 날로부터 기산한다.

③ 위부의 원인이 보험목적의 일부에 대하여 생긴 경우 피보험자는 그 부분에 대해서만 위부를 하더라도 그 부분에 대한 보험금액의 전부의 지급을 청구할 수 있다.

④ 보험자가 위부를 승인하지 아니한 때에는 피보험자는 보험금의 지급을 청구하지 못한다.

해설 ① 피보험자는 위부를 함에 있어서 타보험계약에 대한 통지의무를 부담한다.
② 위부로 인한 보험금의 지급기간은 별도의 약정이 없는 한 타보험계약 등에 관한 통지를 받은 날로부터 기산한다(제715조). 한편, 보험자가 보험목적에 대하여 권리를 취득하는 시기는 위부의 의사표시가 보험자에게 도달한 때로 보는 견해가 지배적이다(민법 제111조). 이 견해에 의하면 보험자는 보험금을 지급하지 않았음에도 불구하고 보험목적에 대한 권리를 취득하게 된다.
③ 위부의 원인이 보험목적의 일부에 대하여 생긴 때에도 위부가 가능하다.
④ 보험자가 위부를 승인하지 아니하였더라도 피보험자가 위부의 원인을 증명하였다면 보험금의 지급을 청구할 수 있다(제717조 반대해석).

05 잔존물대위와 보험위부의 비교에 관한 설명으로 옳지 않은 것은? ▶41회

① 잔존물대위의 경우 보험의 목적 전부가 멸실된 경우 보험금액의 전부를 피보험자에게 지급한 보험자가 보험목적에 대한 피보험자의 권리를 취득한다.

② 잔존물대위의 경우 보험의 목적이 물리적으로 멸실하거나 또는 본래의 경제적 가치를 상실할 정도로 훼손된 경우에도 전손으로 볼 수 있다.

③ 보험위부의 경우 선박의 존부가 1개월간 분명하지 않은 때 그 선박의 행방이 불명한 것으로 하고 이를 전손으로 추정한다.

④ 보험위부에서 보험자가 위부를 승인하지 아니한 때에 피보험자는 위부의 원인을 증명하지 아니하면 보험금액의 지급을 청구하지 못한다.

해설 선박이 1개월 이상 실종된 상태는 보험위부가 아닌 보험금지급사유에 해당한다.

06 보험위부와 잔존물대위의 비교에 관한 설명 중 틀린 것은? ▶29회

① 보험위부는 의사표시에 의하여 권리가 이전되나, 잔존물대위는 요건이 구비되면 당연히 권리가 이전된다.

② 보험위부는 목적물에 대한 권리이전의 의사표시와 더불어 보험금청구권이 발생하는 데 비해, 잔존물대위는 보험금이 전부 지급된 후에야 목적물에 대한 권리가 인정된다.

③ 선박의 행방불명의 경우 전손으로 추정할 수 없으므로 잔존물대위는 할 수 없고 보험위

부만이 가능하다.

④ 보험위부는 위부된 목적물의 가액이 지급한 보험금보다 큰 경우에도 인정되지만, 잔존물대위는 지급한 보험금을 한도로 인정된다.

해설 ① 위부는 의사표시에 의하는 형성권이지만, 잔존물대위는 상법에서 정한 권리로서 의사표시 없이도 요건만 만족하면 당연히 행사할 수 있는 권리이다.

② 보험위부는 일부에 대하여도 가능하고, 의사표시에 의하여 보험금청구권을 행사할 수 있으나, 잔존물대위는 요건을 만족하여야 잔존물에 대한 권리가 인정된다. 잔존물대위의 요건은 보험목적의 전부 멸실, 보험금 등의 전부 지급이다.

③ 선박이 2개월간 행방불명이 되면 현실전손으로 추정한다. 따라서 보험위부의 대상이 아니다. 오히려 피보험자에게 보험금청구권이 발생하고, 보험자는 잔존물대위가 가능하다.

[정답]

01 ① 02 ③ 03 ① 04 ③ 05 ③ 06 ③

CHAPTER 11

책임보험

I 책임보험의 의의

상법

제719조【책임보험자의 책임】 책임보험계약의 보험자는 피보험자가 보험기간 중의 사고로 인하여 제3자에게 배상할 책임을 진 경우에 이를 보상할 책임이 있다.

책임보험계약(contract of liability insurance)이란 피보험자가 보험기간 중의 사고로 인하여 제3자에게 배상할 책임을 진 경우에 그 책임이행에 따라 생기는 손해를 보상할 것을 목적으로 하는 보험계약이다(상법 제719조). 책임보험은 피보험자가 타인에게 가한 손해를 자기 재산으로 배상하는 책임을 담보하므로 특정 물건에 대한 손해를 보상하는 보험(물건보험)이 아니라 재산보험에 속하는 것으로 본다. 또한 피보험자가 손해배상을 하게 됨으로써 입은 간접손해를 보상하는 점에서 소극보험에 해당한다.

賠償 배상
가해자의 불법행위에 의해 초래된 피해자의 손실을 원상회복하는 것이다. 일반적인 배상책임은 과실책임 · 자기책임주의에 의한다.

책임보험은 피보험자(가해자)의 위험부담을 보험자에게 전가시킴으로써 피보험자의 재산손해를 방지하는 기능과 함께 제3자(피해자)를 구제하는 기능을 한다. 이러한 점에서 볼 때 책임보험은 사회보험으로서의 성격과 제3자를 위한 보험으로서의 성격이 있다.

Ⅱ 책임보험의 목적과 보험가액

1. 보험의 목적

일반손해보험에서의 보험의 목적은 피보험자와 이해관계가 있는 사고발생의 객체(특정물. 特定物)를 말하지만, 책임보험에서의 손해는 피보험자의 채무부담 · 재산감소라는 형태로 나타나므로 그 보험의 목적은 피보험자의 전재산이라고 보는 견해가 일반적이다.[01] 이에 비하여 피보험자가 제3자에 대해 부담하는 배상책임(소극재산)이 곧 보험의 목적이라는 견해도 있다.

피보험자가 제3자의 청구를 방어하기 위하여 지출한 재판상 또는 재판 외의 필요비용은 이에 따라 손해배상책임을 지지 않게 되더라도 보험의 목적에 포함된다(다수설). 그러므로 피보험자는 보험자에게 그 비용을 청구할 수 있다(상법 제720조 제1항).

2. 피보험이익

책임보험에서도 피보험자가 제3자에게 대하여 재산적 급여의 책임을 부담하지 않음으로써 가지는 경제적인 이익이 있으므로 이를 피보험이익이라고 보는 견해가 있고(긍정설, 다수설), 책임보험에서 부담하는 배상책임이 피보험자의 전재산을 초과하게 되는 경우에는 그 경제적 이익에 대한 논의가 무의미하다는 점에서 이를 부정하는 견해가 있다(부정설).

한편, 동일한 사고에 대하여 배상책임을 지는 피보험자가 복수로 존재하는 경우에는 피보험이익도 개별적으로 독립하여 존재한다(2012다1177 판결).

01 영업책임보험에서 피보험자는 자신의 책임뿐만 아니라 영업상의 보조자(대리인 또는 영업사용인)의 책임도 보험의 목적에 포함시킴으로써(상법 제721조) 보험자의 책임을 확장시키기도 한다.

3. 보험가액

책임보험에서 사고발생 시 손해액이 불확정적이므로 피보험이익의 금전평가(보험가액의 평가)는 원칙적으로 불가능하다. 그러므로 초과 · 일부보험이 적용될 여지가 없으며, 손해보상은 보험금액과 손해액의 범위에서 결정된다.

그러나 다수의 배상책임보험에 가입함으로써 피보험자가 수령하게 되는 보험금액의 합이 손해액을 초과하는 경우에는 보험가액의 개념이 없음에도 불구하고 중복보험규정이 준용된다(상법 제725조의2).

Ⅲ 책임보험계약의 효과 : 보험자의 손해보상

1. 법률상 배상책임

책임보험의 보험자는 피보험자가 제3자에게 부담하는 배상책임을 보상한다(상법 제719조). 상법에서는 '제3자에게 배상할 책임'을 제한하지 않았으므로 법률상(legal) 책임 외에도 계약상 책임도 포함된다고 해석할 수 있으나 실무상 책임보험에서의 배상책임은 사법관계에서의 책임(민사책임)으로서 법률상 배상책임을 그 한도로 하는 것이 일반적이다.

법률상 배상책임은 불법행위책임과 채무불이행책임으로 구분할 수 있다. 그러므로 피보험자가 고의 또는 과실로 인한 위법행위로 타인의 권리나 이익을 침해하여 손해를 입힌 경우 그 손해를 배상할 책임이 있으며(민법 제750조), 피보험자가 채무를 불이행한 경우에 채권자에 대하여 그 손해를 배상할 책임을 진다(민법 제390조).[02] 법률상 배상책임은 원칙적으로 본인책임주의(민법 제750

02 채무불이행책임의 요건으로 논의되는 것은 책임능력 있는 가해자의 고의 · 과실(주관적 요건)과 채무불이행의 위법성(객관적 요건, 소극적 요건)이며, 손해배상청구권을 전제로 할 때는 손해발생 및 인과관계를 그 객관적 요건으로 한다. 불법행위책임의 경우에도 책임능력 있는 가해

조)에 의하지만, 타인의 행위로 인한 경우에도 법률에 규정이 있다면(전가책임, 민법 제756조의 사용자배상책임) 법률상배상책임의 범위에 속한다(상법 제721조, 민법 제756조의 사용자배상책임을 인정한 것임).

2. 보험사고

보험자가 책임보험계약에 의하여 손해를 보상하기 위해서는 보험기간 중에 보험사고가 발생하여야 하는데(상법 제719조) 책임보험에서는 무엇을 보험사고로 볼 것인지에 대한 견해의 대립이 있다. 학설은 i) 피보험자가 제3자에 대하여 배상책임을 지게 되는 원인이 되는 사고가 발생한 것을 보험사고로 보는 견해(손해사고설, 다수설)와 ii) 피보험자가 제3자로부터 현실적인 배상청구를 받은 것을 보험사고로 보는 견해(손해배상청구설) 그리고 iii) 법률상의 배상책임을 부담하게 되는 것을 보험사고로 보는 견해(법률상 책임발생설)로 나뉜다.

이와 관련하여 실무상 책임보험은 손해사고(보험기간 내의 사고발생)를 담보기준(coverage trigger)으로 삼는 손해사고기준증권(occurrence-basis policy)과 손해배상청구(보험기간 중 제기된 배상청구)를 담보기준으로 삼는 배상청구기준증권(claim-made basis policy)의 형태로 운영되는 것이 일반적이다.

자의 고의 · 과실(주관적 요건)과 가해행위의 위법성, 그리고 손해발생 및 인과관계(객관적 요건)를 공통으로 한다. 그러나 채무불이행책임과 불법행위책임의 성립요건에 따라 입증책임이 다르다. i) 고의 · 과실요건은 불법행위의 적극적 성립요건으로서 피해자가 입증하는 데 반하여, 채무불이행의 경우에는 채무자가 자신에게 고의 · 과실이 없음을 입증해야 한다. ii) 책임능력은 채무불이행과 불법행위에서 모두 채무자 또는 가해자가 책임능력이 없음을 입증해야 한다. iii) 위법성의 입증책임도 채무자나 가해자가 위법성이 없음을 증명하여야 한다. iv) 손해발생에 관하여는 손해를 입었다고 주장하는 채권자 또는 피해자가 손해를 입증하여야 한다. v) 채무불이행이나 불법행위와 손해와의 인과관계(상당인과관계)는 채권자 또는 피해자가 입증하여야 한다.

3. 손해보상액의 범위

가. 법률상 손해배상책임액

상법

제723조【피보험자의 변제 등의 통지와 보험금액의 지급】 ① 피보험자가 제3자에 대하여 변제, 승인, 화해 또는 재판으로 인하여 채무가 확정된 때에는 지체 없이 보험자에게 그 통지를 발송하여야 한다.

보험자는 피보험자가 제3자에 대하여 변제 · 승인 · 화해 또는 재판으로 인하여 확정된 채무(상법 제723조 제1항)를 보상한다. 여기서 손해배상책임액은 피해자가 입은 '통상의 손해(민법 제393조)'를 기초로 한다. 통상의 손해는 재산적 손해(적극손해, 소극손해)와 정신적 손해(위자료)로 구분하며, 최종적인 배상책임액을 정하기 위해서는 피해자의 과실과 손익을 고려한다(과실상계, 손익상계). 불법행위에서의 과실상계는 공평이나 신의칙을 반영하는 것으로서 과실의 인정이나 그 비율을 정하는 것은 사실상의 전권사항에 속한다(2016다202299 판결).

만약에 법원의 확정판결에 의하여 지연손해금이 주어진 경우에는 보험자는 그 부분에 대해서도 지급할 의무가 있다(94다17888 판결).

나. 방어비용

상법

제720조【피보험자가 지출한 방어비용의 부담】 ① 피보험자가 제3자의 청구를 방어하기 위하여 지출한 재판상 또는 재판 외의 필요비용은 보험의 목적에 포함된 것으로 한다. 피보험자는 보험자에 대하여 그 비용의 선급을 청구할 수 있다.

② 피보험자가 담보의 제공 또는 공탁으로써 재판의 집행을 면할 수 있는 경우에는 보험자에 대하여 보험금액의 한도 내에서 그 담보의 제공 또는 공탁을 청구할 수 있다.

③ 제1항 또는 제2항의 행위가 보험자의 지시에 의한 것인 경우에는 그 금액에 손해액을 가산한 금액이 보험금액을 초과하는 때에도 보험자가 이를 부담하여야 한다.

(1) 방어비용의 의의 · 성격

상법은 피보험자가 지출한 방어비용을 보상하는 손해액에 포함하고 있다(상법 제720조 제1항). 여기서 방어비용은 피해자가 보험사고로 인적 · 물적 손해를 입고 피보험자를 상대로 손해배상청구를 한 경우에 그 방어를 위하여 지출한 재판상 또는 재판 외의 필요비용을 말한다. 그러므로 방어비용으로 인정되려면 손해배상청구를 필수요건으로 한다. 그러나 반드시 재판상 청구일 것을 요건으로 하는 것은 아니며(94다27076, 2002다22106 판결) 방어비용 지출에 있어서 보험자의 사전 동의가 반드시 필요한 것도 아니다(2002다22106 판결).

법률상 책임발생설의 입장에서 볼 때 방어비용은 보험사고발생 이전에 지출되는 비용임에도 불구하고 법정책적으로 인정된 규정이라고 해석한다. 방어비용의 성격에 대해서는 손해방지비용(상법 제680조)과 같다는 다수견해(손해방지비용설)와 책임보험의 부수적 채무라는 견해(부수적 채무설)가 있으나 방어비용은 손해방지비용과 다르고 책임보험의 본질적 내용을 구성하는 보험급여의 일종이라는 것이 법원의 견해이다(보험급여설, 2005다21531 판결).

(2) 방어비용을 부담하는 자

방어비용을 부담하는 자는 보험자이므로 이와 관련한 의무를 방어의무라고 한다. 실무약관에서는 "보험자가 합의 · 절충 · 중재 또는 소송에 대한 협조 또는 대행할 수 있다"고 하면서 방어의무와 관련한 조항을 두고 있다. 이 조항에 의하면 보험자는 포괄대리권이 있는 자에 해당하여 보험자의 합의 · 승인의 효력이 피보험자에게도 미친다(92다3328 판결).

(3) 방어비용의 보상

피보험자가 담보의 제공이나 공탁으로 재판집행을 면할 수 있다면 보험금액의 한도 내에서 보험자에게 방어비용을 청구할 수 있으며, 방어비용과 담보의 제공, 공탁비용이 보험자의 지시에 의한 경우에는 보험금액을 초과하여도 이를 보상하여야 한다(상법 제720조).

4. 보험금지급시기

상법

제723조【피보험자의 변제 등의 통지와 보험금액의 지급】 ② 보험자는 특별한 기간의 약정이 없으면 전항의 통지를 받은 날로부터 10일 내에 보험금액을 지급하여야 한다.

보험자는 특별한 기간의 약정이 없으면 피보험자로부터 제3자에 대한 변제, 승인, 화해 또는 재판으로 인하여 채무가 확정되었다는 통지를 받은 날로부터 10일 내에 보험금액을 지급하여야 한다(상법 제723조 제2항). 그러나 피보험자가 제3자에게 배상을 하기 전에는 보험금을 지급할 수 없도록 함으로써(상법 제724조 제1항) 피해자를 위한 보호규정을 두고 있다.

5. 보험금청구권의 소멸시효

책임보험에서의 보험금청구권의 소멸시효는 약관에서 책임보험의 보험금청구권의 발생시기나 발생요건에 관하여 달리 정한 경우 등 특별한 다른 사정이 없는 한 원칙적으로 피보험자의 제3자에 대한 법률상의 손해배상책임이 상법 제723조 제1항이 규정하고 있는 변제, 승인, 화해 또는 재판의 방법 등에 의하여 확정됨으로써 그 보험금청구권을 행사할 수 있는 때로부터 진행된다고 봄이 상당할 것이다(2002다30206, 2005다77305 판결 등).

Ⅳ 책임보험계약의 효과 : 피보험자의 의무

1. 배상청구사실 통지의무

상법

제722조【피보험자의 배상청구사실 통지의무】 ① 피보험자가 제3자로부터 배상청구를 받았을 때에는 지체 없이 보험자에게 그 통지를 발송하여야 한다.

② 피보험자가 제1항의 통지를 게을리하여 손해가 증가된 경우 보험자는 그 증가된 손해를 보상할 책임이 없다. 그러나 피보험자가 제657조 제1항의 통지를 발송한 경우에는 그러하지 아니하다. [전문개정 2014.3.11.]

피보험자가 제3자로부터 손배배상의 청구를 받은 경우에는 지체 없이 보험자에게 그 통지를 발송하여야 한다(배상청구사실 통지의무, 상법 제722조 제1항). 이 의무는 손해방지의무의 일종으로 해석할 수 있다.

개정 이전의 상법은 배상청구사실 통지의무 위반의 효과에 대한 언급이 없었으나 개정된 상법에서는 이 통지를 게을리하여 증가된 손해에 대하여는 책임을 지지 않도록 정하였다(상법 제722조 제2항).

개정상법은 배상청구사실 통지의무가 일반보험계약의 사고발생 통지의무(상법 제657조)와 유사한 성격이 있다는 점을 반영하여 피보험자가 사고발생 통지의무를 이행하였다면 배상청구사실 통지의무를 이행하지 않더라도 별도의 불이익을 받지 않도록 정하고 있다.

94다2145 판결

피보험자의 소송통지의무를 규정한 자동차보험보통약관 제50조의 취지는, 소송을 제기당한 피보험자가 소송에 적절히 대응하지 않아 부적정한 손해배상액을 명하는 판결을 받은 후 그 판결금액을 보험회사에게 청구할 수 있다고 한다면 이는 실손해를 전보한다는 자동차보험의 본래의 취지에 반하고 보험회사로 하여금 부당한 불이익을 입게 하는 것이므로 그와 같은 폐해를 피하고 후일의 분쟁을 방지하기 위하여 소송이 제기된 때에는 그 소송에서 적정한

배상액이 정해지도록 보험회사에게 직접, 간접으로 소송에 관여할 기회를 주기 위한 것이다.

만약 피보험자가 보험회사에게 피해자 등으로부터 소송을 제기당한 사실을 통지하여 보험회사로 하여금 소송에 실질적으로 관여할 수 있도록 하였거나 소송에서 피해자의 사고 당시의 수입액에 관한 자료를 제출하였다면 판결에서 피해자의 수익상실로 인한 손해액이 과다하게 인용되는 것을 방지할 수 있었음에도 이를 게을리한 사정이 있다면, 자동차보험보통약관 제50조의 취지로 보아 피보험자의 의무해태로 인하여 적정 손해액 이상으로 판결에서 인용된 손해액에 대하여는 보험회사에게 보상의무가 없다고 봄이 상당하다.

2. 채무확정통지의무와 보험자에 대한 협력의무

상법

제723조【피보험자의 변제 등의 통지와 보험금액의 지급】 ① 피보험자가 제3자에 대하여 변제, 승인, 화해 또는 재판으로 인하여 채무가 확정된 때에는 지체 없이 보험자에게 그 통지를 발송하여야 한다.

③ 피보험자가 보험자의 동의 없이 제3자에 대하여 변제, 승인 또는 화해를 한 경우에는 보험자가 그 책임을 면하게 되는 합의가 있는 때에도 그 행위가 현저하게 부당한 것이 아니면 보험자는 보상할 책임을 면하지 못한다.

피보험자가 손해배상채무를 승인(변제 · 승인 · 화해)할 때에는 보험자에게 통지(채무확정통지의무)하여야 하고 이 경우 보험자의 사전 협의 또는 동의가 필요하다(상법 제723조 제1항, 통설). 만일 피보험자가 보험자와 동의하지 않고 제3자에 대한 변제, 승인 또는 화해를 했더라도 그 행위가 현저히 부당한 것이 아니라면 보험자는 보상책임을 부담해야 한다(상법 제723조 제3항).

채무확정통지의무는 피해자인 제3자를 보호하고 피보험자와 제3자와의 법률관계가 원활하도록 요구하는 의무이고 보험자의 손해보상의무에는 별도로 영향을 미치지 않는 간접의무의 일종이다. 이 의무를 위반한 경우에 대해서는 상법상 별다른 언급이 없다.

V 보험자와 제3자와의 관계

1. 의의

책임보험에서 피해자는 보험계약과 무관한 제3자이므로 원칙적으로 보험자와 아무런 관련이 없다. 그러나 책임보험에서 지급되는 보험금은 결국 피해자를 구제하는 데 사용되므로 피해자를 보호하는 규정을 둘 필요가 있다.

그러므로 보험자는 피보험자가 책임을 질 사고로 인하여 생긴 손해에 대하여 제3자가 배상받기 전에는 보험금을 지급하지 못하며(상법 제724조 제1항), 제3자는 피보험자가 책임을 질 사고로 입은 손해에 대하여 보험금액의 한도 내에서 보험자에게 직접 보상을 청구할 수 있다(상법 제724조 제2항).

2. 피보험자에 대한 보험금지급의 제한

상법

제724조【보험자와 제3자와의 관계】 ① 보험자는 피보험자가 책임을 질 사고로 인하여 생긴 손해에 대하여 제3자가 그 배상을 받기 전에는 보험금액의 전부 또는 일부를 피보험자에게 지급하지 못한다.

보험자는 피해자(제3자)가 그 배상을 받기 전에는 보험금액의 전부 또는 일부를 피보험자에게 지급하지 못한다(지급거절규정). 이 규정은 피해자를 보호하기 위한 것이다. 그러므로 피해자가 손해배상을 받기 전에 보험자가 피보험자에게 보험금을 지급하여 피해자의 권리를 침해하게 된 경우에는 보험자가 그 책임을 져야 한다.

이와 관련하여 판례는 피보험자의 제3자에 대한 채무가 확정되었다면, 피보험자가 피해자에게 아직 손해배상금을 지급하지 않았어도 보험자는 피보험자의 보험금청구를 거절할 수는 없다는 견해이다(95다24807, 94다17888 판결).

3. 피해자(제3자)의 직접청구권

가. 의의

상법

제724조【보험자와 제3자와의 관계】 ② 제3자는 피보험자가 책임을 질 사고로 입은 손해에 대하여 보험금액의 한도 내에서 보험자에게 직접 보상을 청구할 수 있다. 그러나 보험자는 피보험자가 그 사고에 관하여 가지는 항변으로써 제3자에게 대항할 수 있다.

③ 보험자가 제2항의 규정에 의한 청구를 받은 때에는 지체 없이 피보험자에게 이를 통지하여야 한다.

④ 제2항의 경우에 피보험자는 보험자의 요구가 있을 때에는 필요한 서류 · 증거의 제출, 증언 또는 증인의 출석에 협조하여야 한다.

피해자직접청구권이란 책임보험에서의 피해자(제3자)가 피보험자를 통하지 않고서도 보험자에게 직접 손해의 보상을 청구할 수 있는 권리이다. 이 규정은 피보험자가 보험금을 다른 곳에 유용하는 것을 방지하고, 피해자를 보호하기 위한 규정으로서 개정상법(1993. 1. 1. 시행)을 통해 편입되었다. 피해자는 직접청구권을 통해 가해자의 불이행 및 무자력 등에도 불구하고 손해배상청구권을 확보할 수 있다.

나. 법적 성질

직접청구권의 법적 성질에 대해서는 손해배상청구권설과 보험금청구권설로 견해가 나뉜다.

(1) 손해배상청구권설

이 견해는 보험계약관계가 없는 피해자가 보험금청구권을 갖지 못한다는 것을 전제로 한다. 이 견해에 의하면 피보험자와 서로 연대채무관계에 있는 보험자가 손해배상채무를 중첩적으로 인수한 것으로 보고 피해자는 직접청구권을 통해 연대채무자인 보험자에 대하여 가해자인 피보험자에 대한 손해배상청구권을 행사한다.

(2) 보험금청구권설

이 견해는 보험자에게 손해사고에 대한 귀책사유가 없고, 보험자가 보험계약을 통해 피보험자의 손해의 보상을 약정한 것일 뿐 피보험자의 채무를 인수한 것으로 볼 수 없다는 것을 근거로 한다. 이 견해에 의하면 책임보험계약에서의 피해자가 법의 규정에 따라 피보험자가 책임을 질 사고로 입은 손해의 보상, 즉 보험금을 직접청구하는 것으로 본다(일부 견해, 93다3622 판결 : 피해자 직접청구권은 보험금청구권과 같은 소멸시효로 완성한다).

(3) 판례의 견해

최근의 판례는 손해배상청구권설의 입장에서 직접청구권의 법적 성질을 이해하고 있다(97다17544, 2010다53754 판결 등).

2010다53754 판결

상법 제724조 제2항에 의하여 피해자에게 인정되는 직접청구권의 법적 성질은 보험자가 피보험자의 피해자에 대한 손해배상채무를 중첩적으로 인수한 결과 피해자가 보험자에 대하여 가지게 된 손해배상청구권이고, 중첩적 채무인수에서 인수인이 채무자의 부탁으로 인수한 경우 채무자와 인수인은 주관적 공동관계가 있는 연대채무관계에 있는바, 보험자의 채무인수는 피보험자의 부탁(보험계약이나 공제계약)에 따라 이루어지는 것이므로 보험자의 손해배상채무와 피보험자의 손해배상채무는 연대채무관계에 있다.

다. 직접청구권의 행사

(1) 피해자(제3자)의 손해발생 및 보험금액

직접청구권을 행사하려면 보험기간 중에 피보험자가 책임을 질 사고로 손해가 발생하였어야 한다(상법 제724조 제2항). 여기서 사고란 보험자가 담보하는 위험에서 생긴 사고를 말한다.

직접청구권의 법적 성질이 손해배상청구권이라고 해도 보험자가 부담하는 손해배상채무는 보험계약을 전제로 하므로 직접청구권의 행사는 보험자의 책임 한도액의 범위 내에서만 인정되어야 한다(2012다86895, 86901 판결). 그러므로 무한배상책임보험에서는 피해자에게 생긴 모든 손해에 대한 직접청구권을 행사할 수 있으며, 유한배상책임보험에서는 그 보험금액의 한도 내에서 직접청구권의 행사가 가능하다. 다만 보험약관에서 두고 있는 보험금지급기준이 보험자의 책임한도액을 정한 것이 아니라 보험금지급기준에 불과한 경우에는 보험자는 이 조항을 이유로 직접청구권에 대항할 수는 없다(2018다300708 판결).

2018다245702 판결, 2018다300708 판결

피해자직접청구권은 피해자가 보험자에 대하여 가지는 손해배상청구권이다. 그러나 이러한 피해자의 직접청구권에 따라 보험사가 부담하는 손해배상채무는 보험계약을 전제로 하는 것으로서 보험계약에 따른 보험자의 책임 한도액의 범위 내에서 인정되어야 한다.

교통사고 피해차량의 소유자인 甲이 가해차량의 보험자인 乙 보험회사를 상대로 차량의 교환가치 감소에 따른 손해에 관해 상법상 직접청구권을 행사하였으나, 乙 회사가 자동차종합보험약관의 대물배상 지급기준에 '자동차 시세 하락의 손해'에 대해서는 수리비용이 사고 직전 자동차 거래가액의 20%를 초과하는 경우에만 일정액을 지급하는 것으로 규정하고 있다는 이유로 이를 거절한 사례에서 위 약관조항은 보험자의 책임 한도액을 정한 것이 아니라 보험금 지급기준에 불과하여 乙 회사가 보상하여야 할 손해액을 산정하면서 법원이 약관조항에서 정한 지급기준에 구속될 것은 아니므로, 乙 회사는 甲에게 상법 제724조 제2항에 따라 교환가치 감소의 손해를 배상할 의무가 있다고 하였다.

(2) 피보험자에 대한 통지와 협조의무

보험자가 피해자인 제3자로부터 직접적인 청구를 받은 때에는 지체 없이 이를 피보험자에게 통지하여야 한다(상법 제724조 제3항). 피보험자의 보험금청구권에 영향을 미칠 뿐만 아니라 보험금지급과정에서 피보험자의 협조가 필요하기 때문이다. 또한 피보험자는 보험자의 요구가 있을 때에는 필요한 서류, 증거의 제출, 증언 또는 증인의 출석에 협조하여야 한다(상법 제724조 제4항).

(3) 보험자의 항변권

직접청구권은 법에 의하여 인정된 독립된 권리이지만 책임보험계약에 바탕을 두고 있다. 그러므로 보험자는 보험계약자 또는 피보험자에 대한 보험계약상의 항변사유(e.g. 보험금액한도)로 피해자에게 대항할 수 있다.

피해자는 가해자인 피보험자에 대한 손해배상청구권을 전제로 하여 직접청구권을 가지는 것이므로, 보험자는 피보험자가 그 사고에 관하여 가지는 항변으로써 제3자에게 대항할 수도 있다(상법 제724조 제2항 단서).

(4) 소멸시효

시효는 그 권리를 행사할 수 있는 때로부터 진행하므로(민법 제166조 제1항), 손해배상청구권설에 의하면 민법 제766조[03]를 따른다. 즉, '불법행위가 있었던 때' 또는 '손해 및 가해자를 안 날'로부터 소멸시효가 기산한다. 이에 비하여 보험금청구권설에 의하면 보험금청구권의 일반적인 시효기산점을 따를 것이므로 '보험사고가 확정된 때'를 시효기산점으로 한다.

기존의 판례는 손해배상청구권설의 견해하에서도 그 소멸시효만은 보험금청구권과 같이 2년(상법개정 전)의 기간으로 소멸한다고 하였으나(92다2530 판결) 최근에는 그 법적 성질을 손해배상청구권으로 보면서 민법 제766조에 따른 소멸시효를 적용하고 있다(2003다6774 판결, 손해 및 가해자를 안 날로 3년).

03 민법 제766조(손해배상청구권의 소멸시효) ① 불법행위로 인한 손해배상의 청구권은 피해자나 그 법정대리인이 그 손해 및 가해자를 안 날로부터 3년간 이를 행사하지 아니하면 시효로 인하여 소멸한다. ② 불법행위를 한 날로부터 10년을 경과한 때에도 전항과 같다.

라. 직접청구권과 손해배상청구권, 보험금청구권과의 관계

피해자는 직접청구권과 손해배상청구권을 임의로 선택하여 행사할 수 있다(2003다1878 판결). 그러나 피해자가 이중으로 이득을 취하는 것은 허용할 수 없으므로 그 중 하나의 청구권을 행사하여 이행된 때에는 두 청구권은 그 범위 내에서 동시에 소멸한다(청구권 경합의 한 경우로 본다).

피해자의 직접청구권과 피보험자의 보험금청구권은 병존하고 있으나 판례는 상법의 직접청구권규정이 피보험자의 보험금청구권에 우선함을 선언하는 규정이라고 보고 있다(94다28093 판결, 상법 제724조 제1항 취지).[04]

마. 보험자대위

책임보험에서 피해자가 가지는 직접청구권도 보험자대위의 대상이 된다(96다19765, 99다3143 판결). 그러므로 공동불법행위자의 보험자 중 일부가 피해자의 손해배상금을 보험금으로 모두 지급함으로써 공동으로 면책되었다면, 그 손해배상금을 지급한 보험자가 다른 공동불법행위자의 보험자에게 직접 구상권을 행사할 수 있다(98다44956 판결).

04 대법원 94다28093 판결. 이 판결은 자동차보험에서의 피보험자가 피해자에게 손해배상금을 지급하지 않은 상태에서 판결에 의해 확정된 손해배상금을 보험금으로 청구한 사례이다. 이 판례의 결과로 이후 보험약관은 "보험회사는 손해배상청구권자가 손해배상을 받기 전에는 보험금의 전부 또는 일부를 피보험자에게 지급하지 않으며, 피보험자가 손해배상청구권자에게 지급한 손해배상액을 초과하여 피보험자에게 지급하지 않습니다. 피보험자의 보험금청구가 손해배상청구권자의 직접청구와 경합하는 때에는 보험회사는 손해배상청구권자에게 우선하여 보험금을 지급합니다"라는 조항을 두게 되었다.

Ⅵ 상법상 책임보험의 종류

1. 의의

배상책임보험은 임의 · 의무배상책임보험(예 사용자배상책임보험 vs 근로자재해보상보험), 개인 · 영업 · 전문직배상책임보험(예 일상생활배상책임보험 vs 영업배상책임보험 vs 임원배상책임보험), 대인 · 대물배상책임보험(예 근재보험 vs 자동차배상책임보험) 등으로 구분할 수 있다.

상법은 이 중에서 영업배상책임보험과 보관자책임보험에 대하여 규정하고 있으며, 책임보험의 일종인 재보험에 대해서도 언급하고 있다.

2. 영업책임보험

상법

제721조【영업책임보험의 목적】 피보험자가 경영하는 사업에 관한 책임을 보험의 목적으로 한 때에는 피보험자의 대리인 또는 그 사업감독자의 제3자에 대한 책임도 보험의 목적에 포함된 것으로 한다.

영업배상책임보험은 사업주인 피보험자가 자신의 사업에서 발생하는 손해배상책임위험을 담보하는 보험이다. 시설소유 · 관리자배상책임보험, 도급업자배상책임보험, 생산물배상책임보험 등 다수의 보험이 영업배상책임보험으로 운영된다.

배상책임보험은 피보험자가 자기를 위한 보험계약으로 체결되는 것이 일반적이지만 상법은 영업배상책임보험에서 피보험자의 대리인 또는 그 사업감독자(예 피용자)가 제3자에게 지는 책임(민법 제756조 사용자책임에 기초한다)에 대해서도 명시적으로 보험목적의 범위를 확대하고 있다(상법 제721조).

3. 보관자책임보험

상법
제725조【보관자의 책임보험】 임차인 기타 타인의 물건을 보관하는 자가 그 지급할 손해배상을 위하여 그 물건을 보험에 붙인 경우에는 그 물건의 소유자는 보험자에 대하여 직접 그 손해의 보상을 청구할 수 있다.

보관자책임보험은 피보험자가 임차, 사용, 보호, 관리, 통제하는 재산에 피해를 입혔을 때(계약불이행책임의 일종이다) 그 재산의 권리를 가진 자에게 손해액을 보상하는 보험으로서 피해자와 보험가액을 특정할 수 있는 배상책임보험이다.

보관자책임보험은 보관자가 자기를 위하여 가입하는 것이지만 상법은 피해를 입은 물건의 소유자가 보험자에 대하여 직접적으로 손해보상을 청구할 수 있도록 하였다(상법 제725조). 그러나 이 규정은 상법 제724조(보험자와 제3자와의 관계)에서 이미 인정하는 권리에 대하여 주의적으로 언급한 것에 불과하다.

4. 재보험

상법
제661조【재보험】 보험자는 보험사고로 인하여 부담할 책임에 대하여 다른 보험자와 재보험계약을 체결할 수 있다. 이 재보험계약은 원보험계약의 효력에 영향을 미치지 아니한다.
제726조【재보험에의 준용】 이 절(節)의 규정은 그 성질에 반하지 아니하는 범위에서 재보험계약에 준용한다. [전문개정 2014.3.11.]

가. 의의

재보험계약(contract of reinsurance)이란 어느 보험자(원보험자, original

insurer)가 인수한 보험계약상의 책임의 전부 또는 일부를 다른 보험자(재보험자, reinsurer)에게 인수시키는 보험계약으로서(상법 제661조), 원보험(原保險, 主保險)의 효력에 영향을 미치지 않는 별개의 보험이다(상법 제661조 단서). 재보험계약은 그 조건이 복잡하고 요율의 결정방식도 다양하므로 고도의 전문성과 기술성을 요하며, 기업보험의 일종으로서 위험이 국제적으로 분산된다는 특징이 있다.

나. 법적 성질

재보험계약은 원보험자와 재보험자의 계약으로 체결된다. 이러한 점에서 재보험을 위험의 분산과 이익의 분배를 목적으로 하는 조합계약으로 보는 견해가 있으나 재보험계약은 원보험계약(예 인보험, 손해보험)과 상관없이 책임보험계약으로 분류된다(상법 제726조).

기존의 상법 제726조는 "이 절의 규정은 재보험계약에 준용한다"고 정하고 있었으나 제720조(피보험자가 지출한 방어비용의 지출), 제724조 제2항(제3자의 직접청구권) 등 재보험계약의 성질상 준용하지 않는 규정이 있을 수 있으므로 개정상법은 '재보험계약의 성질에 상반되지 아니하는 범위'에서 책임보험에 관한 규정을 준용하도록 하였다.

다. 재보험계약의 독립성

재보험계약은 원보험계약과 구별되는 별도의 독립된 계약으로서 원보험계약의 효력에 영향을 미치지 않는다(상법 제661조). 그러므로 원보험자는 원보험료의 미납을 이유로 재보험료의 지급을 거절할 수 없으며, 재보험자가 원보험계약자에게 직접 보험료를 청구할 수도 없다. 또한 원보험계약의 피보험자가 원보험사에게 보상을 받지 못하더라도 재보험회사에 대하여 보험금을 직접청구할 수 없다.

라. 재보험계약의 상관습

재보험계약에서는 재보험자가 원보험자의 언더라이팅, 손해사정, 청구권대위 등을 따르는 실무관행(운명추종조항 : follow the fortune clause)이 있으며, 우리 법원에서도 재보험계약에서의 청구권대위에 대한 상관습을 인정하고 있다(2012다10386 판결).

商慣習 상관습
상거래에서 통상적으로 승인되고 있는 거듭되는 관행이다. 상관습법과는 달리 법령으로서의 효력은 갖지 못하지만, 법률행위 당사자의 의사에 대한 해석기준은 될 수 있다.

2012다10386 판결

보험자가 피보험자에게 보험금을 지급하면 보험자대위의 법리에 따라 피보험자가 보험사고의 발생에 책임이 있는 제3자에 대하여 가지는 권리는 지급한 보험금의 한도에서 보험자에게 당연히 이전되고(상법 제682조), 이는 재보험자가 원보험자에게 재보험금을 지급한 경우에도 마찬가지이다. 따라서 재보험관계에서 재보험자가 원보험자에게 재보험금을 지급하면 원보험자가 취득한 제3자에 대한 권리는 지급한 재보험금의 한도에서 다시 재보험자에게 이전된다.

그리고 재보험자가 보험자대위에 의하여 취득한 제3자에 대한 권리의 행사는 재보험자가 이를 직접 하지 아니하고 원보험자가 재보험자의 수탁자의 지위에서 자기 명의로 권리를 행사하여 그로써 회수한 금액을 재보험자에게 재보험금의 비율에 따라 교부하는 방식에 의하여 이루어지는 것이 상관습이다. 따라서 재보험자가 원보험자에게 재보험금을 지급함으로써 보험자대위에 의하여 원보험자가 제3자에 대하여 가지는 권리를 취득한 경우에 원보험자가 제3자와 기업개선약정을 체결하여 제3자가 원보험자에게 주식을 발행하여 주고 원보험자의 신주인수대금채무와 제3자의 채무를 같은 금액만큼 소멸시키기로 하는 내용의 상계계약 방식에 의하여 출자전환을 함으로써 재보험자가 취득한 제3자에 대한 채권을 소멸시키고 출자전환주식을 취득하였다면, 이는 원보험자가 재보험자의 수탁자의 지위에서 재보험자가 취득한 제3자에 대한 권리를 행사한 것이라 할 것이므로, 재보험자의 보험자대위에 의한 권리는 원보험자가 제3자에 대한 권리행사의 결과로 취득한 출자전환주식에 대하여도 미친다. 그리고 이러한 법리 및 상관습은 재재보험관계에서도 마찬가지로 적용된다.

Ⅶ 수개의 책임보험

상법

제725조의2【수개의 책임보험】 피보험자가 동일한 사고로 제3자에게 배상책임을 짐으로써 입은 손해를 보상하는 수개의 책임보험계약이 동시 또는 순차로 체결된 경우에 그 보험금액의 총액이 피보험자의 제3자에 대한 손해배상액을 초과하는 때에는 제672조와 제673조의 규정을 준용한다.

피보험자가 동일한 사고로 제3자에게 배상책임을 짐으로써 입은 손해를 보상하는 수개의 책임보험계약이 동시 또는 순차로 체결된 경우에 그 보험금액의 총액이 피보험자의 제3자에 대한 손해배상액을 초과하는 때에는 중복보험규정(상법 제672조, 제673조)을 준용한다(상법 제725조의2).

그러므로 이 경우의 보험금총액이 손해배상액을 초과하게 되면 보험자는 보험금액의 한도 내에서 보험금액비율에 따른 연대책임을 지고, 보험계약자는 각 보험자에게 대하여 각 보험계약의 내용을 통지하여야 한다. 그리고 보험계약자의 보험자 1인에 대한 권리포기는 다른 보험자의 권리 · 의무에 영향을 미치지 않는다.

보험계리사 · 손해사정사 기출문제

01 보험을 적극보험과 소극보험으로 나눌 때 후자에 속하는 보험은? ▶23회

① 화재보험 ② 상해보험
③ 책임보험 ④ 해상보험

해설 화재보험, 상해보험, 해상보험은 피보험자에게 발생한 손해를 보상하는 보험이지만, 배상책임보험은 피보험자가 아닌 제3자의 손해를 보상하므로 소극보험이라고 한다.

02 상법상 책임보험에 관한 설명으로 옳지 않은 것은? ▶43회

① 책임보험계약은 금전으로 산정할 수 있는 이익을 보험계약의 목적으로 하고 있다.
② 피보험자가 경영하는 사업에 관한 책임을 보험의 목적으로 한 때에는 피보험자의 대리인 또는 그 사업 감독자의 제3자에 대한 책임도 보험의 목적에 포함된 것으로 한다.
③ 책임보험의 피보험자는 제3자로부터 배상청구를 받았을 때에는 지체 없이 보험자에게 그 통지를 발송하여야 한다.
④ 책임보험계약은 피보험자가 보험기간 중의 사고로 인하여 제3자에게 배상할 책임을 그 보험가액으로 한다.

해설 책임보험의 피보험이익은 피보험자의 전재산으로 하고 있지만 책임보험에서는 원칙적으로 보험가액의 개념을 인정하지 않는다.

03 책임보험에 관한 설명으로 옳은 것은? (다툼이 있는 경우 판례에 의함) ▶44회

① 책임보험에서 배상청구가 보험기간 내에 발생하면 배상청구의 원인인 사고가 보험기간 개시 전에 발생하더라도 보험자의 책임을 인정하는 배상청구기준 약관은 유효하다.
② 책임보험계약에서는 보험가액을 정할 수 없으므로 수개의 책임보험계약이 동시 또는 순차적으로 체결된 경우에 그 보험금액의 총액이 피보험자의 제3자에 대한 손해배상액을 초과한 경우라도 중복보험의 법리를 적용할 수 없다.
③ 보험사고에 관한 학설 중 손해사고설에 따르면 제3자에 대해 책임지는 원인사고를 보험사고로 보기 때문에 피보험자가 제3자로부터 배상청구를 받을 때에는 보험자에게 통지를 발송할 필요가 없다.
④ 책임보험의 목적은 피보험자의 제3자에 대한 손해배상책임에 한하므로 제3자의 청구를 막기 위한 방어 비용은 보험의 목적에 포함되지 않는다.

해설 ② 수개의 책임보험규정에 의하여 중복보험의 법리를 적용한다. ③ 손해사고설에 의한 경우에도 배상청구사실통지의무를 부담한다. ④ 책임보험에서 방어비용은 보험의 목적에 포함된 것으로 한다.

04 보관자의 책임보험에 대한 설명으로 옳지 않은 것은? ▶44회

① 임차인 기타 타인의 물건을 보관하는 자가 그 지급할 손해배상을 위하여 그 물건을 보험에 붙인 경우를 말한다.

② 보관자가 보험계약자가 되고 소유자를 피보험자로 하는 계약이다.

③ 물건의 소유자는 보험자에 대하여 직접 그 손해의 보상을 청구할 수 있다.

④ 보관자책임보험은 자기를 위한 보험계약이다.

해설 ①④ 보관자책임보험의 보험계약자와 피보험자는 그 물건을 보관하는 자이다. 그러므로 자기를 위한 보험계약이다. 보관하는 물건을 대상으로 보험에 가입하기 때문에 실무상 보관자책임보험약관에서는 초과 · 중복보험과 관련된 규정이 적용될 수 있다. ③ 물건의 소유자는 책임보험의 피해자로서 피해자직접청구권을 행사할 수 있다.

05 '청구기준(claims-made basis)'의 책임보험에 관한 설명으로 옳은 것은? ▶33회

① 책임보험의 보험사고에 관하여 손해사고설과 부합한다.

② 책임보험의 보험사고에 관하여 책임부담설(채무확정설)과 부합한다.

③ 보험기간 이후의 손해배상수준의 상승을 고려할 필요가 없게 된다.

④ 손해사고의 발생 후 즉시 피해자의 손해배상청구가 있는 경우에 유용한 보상방식이다.

해설 ① 손해사고설에 부합하는 것은 손해사고기준증권이다.
② 청구기준증권은 배상청구설에 부합한다.
③ 청구기준증권에 의하면 보험기간에 청구된 손해를 기초로 보상하게 되므로 보험기간 이후에 손해배상액수준이 상승되는 경우가 적다.
④ 청구기준증권은 사고와 손해가 비교적 장기간인 경우에 적합한 담보방식이다. 사고발생 즉시 손해가 발생하여 손해배상청구가 이뤄지는 경우에는 손해사고기준증권이 적합하다.

06 책임보험에서의 보험자의 방어의무에 관한 설명 중 옳지 않은 것은? ▶28회

① 상법의 규정에 의하면 피보험자가 제3자의 청구를 방어하기 위하여 지출한 재판상 또는 재판 외의 필요비와 유익비는 보험의 목적에 포함된 것으로 한다.

② 보험자가 제3자의 손해배상청구의 원인이 막연히 면책사유에 해당한다는 이유로 소송수행을 하지 아니하는 경우에도 방어의무를 위반하는 것이 된다.

③ 피보험자가 보험자의 지시에 의하지 아니하고 방어행위를 한 경우에는 보험자는 보험금액의 한도 내에서 방어비용과 손해액을 부담한다.

④ 보험자가 방어의무를 게을리함으로 인해 피보험자의 손해배상액이 가중된 경우에는 보

험자는 그 가중된 손해액을 보상할 책임을 진다.

해설 ① 책임보험에서 제3자의 청구를 방어하기 위한 비용을 방어비용이라고 하는데 보험의 목적에 포함되는 것으로 한다. 이때 필요비용이라면 모두 방어비용이 된다. 유익할 것을 요건으로 하지 않는다.
② 막연한 이유로 소송수행을 게을리하여 손해가 확대된 경우에는 방어의무를 위반한 것이 된다.
③ 방어의무가 손해방지의무와 구분되는 큰 특징은 보험자의 지시 여부에 따라 효과가 다르다는 것이다. 방어비용의 경우 방어비용의 지출이 보험자의 지시에 의한 것인 경우에는 그 금액에 손해액을 가산한 금액이 보험금액을 초과하는 때에도 보험자가 이를 부담하여야 하지만, 손해방지비용의 경우에는 보험자의 지시 여부를 불문하고 손해방지에 필요 또는 유익하였던 비용과 보상액이 보험금액을 초과한 경우라도 보험자가 이를 부담한다.

07 상법상 방어비용에 관한 설명으로 옳지 않은 것은? (다툼이 있는 경우 판례에 의함) ▶40회

① 피보험자가 제3자의 청구를 방어하기 위하여 지출한 재판상 또는 재판 외의 필요비용 및 필요 또는 유익하였던 비용은 보험의 목적에 포함된 것으로 한다.
② 피보험자는 보험자에 대하여 그 비용의 선급을 청구할 수 있다.
③ 피보험자가 담보의 제공 또는 공탁으로써 재판의 집행을 면할 수 있는 경우에는 보험자에 대하여 보험금액의 한도 내에서 그 담보의 제공 또는 공탁을 청구할 수 있다.
④ 피보험자가 지급한 소송비용, 변호사비용, 중재, 화해 또는 조정에 관한 비용을 보험자의 사전동의 없이 지급한 경우에 피보험자의 방어비용으로 볼 수 없다는 약관조항은 상법 제663조에 의하여 무효이다.

해설 필요비용요건만을 갖추면 된다. 유익한 비용이어야 하는 것은 아니다. '필요하거나 유익한 비용'을 요건으로 하는 것은 손해방지비용이다.

08 책임보험자의 손해보상의 범위에 속하지 않는 것은? ▶31회

① 피보험자의 제3자에 대한 변제, 승인
② 피보험자의 상실된 희망이익
③ 피보험자가 지출한 담보의 제공 또는 공탁비용
④ 방어하기 위하여 지출한 재판 외의 필요비용

해설 책임보험은 피해자(제3자)의 손해배상을 기초로 하므로 피보험자의 상실이익은 손해보상의 범위에 속하지 않는다.

09 약관에서 책임보험의 보험금청구권의 발생시기나 발생요건에 관하여 달리 정한 경우 등 특별한 다른 사정이 없는 한, 원칙적으로 책임보험의 보험금청구권의 소멸시효는 대법원 판례에 따르면 언제인가? ▶37회

① 제3자가 손해를 입은 사고가 발생한 때
② 피보험자가 제3자로부터 그 책임에 관하여 재판상 또는 재판 외의 배상청구를 받은 때
③ 피보험자의 제3자에 대한 법률상의 손해배상책임이 변제, 승인, 화해 또는 재판의 방법 등에 의하여 확정된 때
④ 피보험자가 피해자에게 배상의무를 현실적으로 이행한 때

해설 손해배상채무가 확정된 때부터 소멸시효가 진행한다.

10 다음은 책임보험에 있어서 피보험자의 변제 등의 통지와 보험금액의 지급에 관한 기술이다. 옳지 않은 것은? ▶38회

① 피보험자가 제3자에 대해 재판으로 채무가 확정된 경우 법원이 보험자에게 통지한다.
② 보험자는 특별한 기간의 약정이 없으면 채무확정 통지수령일로부터 10일 내에 보험금액을 지급하여야 한다.
③ 피보험자가 제3자에 대하여 소송상 화해를 하여 채무가 확정된 때에는 지체 없이 보험자에게 그 통지를 발송하여야 한다.
④ 피보험자가 보험자의 동의 없이 제3자에 대하여 변제, 승인 또는 화해를 한 경우에는 보험자가 그 책임을 면하게 되는 합의가 있는 때에도 그 행위가 현저하게 부당한 것이 아니면 보험자는 보상할 책임을 면하지 못한다.

해설 ① 채무확정 통지의무는 피보험자가 보험자에게 이행하는 의무이다. 법원이 부담하는 의무가 아니다.
② 피보험자가 채무확정의 통지를 한 경우 보험자는 그 통지를 수령한 날로부터 10일 이내에 보험금액을 지급해야 한다.
③ 소송상의 화해 또한 채무의 확정이므로 피보험자가 채무확정 통지의무를 부담한다.
④ 피보험자가 보험자의 동의 없이 변제, 승인, 화해를 했다는 이유만으로는 보험자의 보상책임을 면할 수 없다.

11 책임보험에 있어 피보험자의 변제 등의 통지와 보험금액의 지급에 관한 설명으로 옳지 않은 것은? ▶40회

① 피보험자가 제3자에 대하여 변제, 승인, 화해 또는 재판으로 인하여 채무를 이행한 때에는 지체 없이 보험자에게 그 통지를 발송하여야 한다.
② 피보험자가 보험자의 동의 없이 독자적으로 제3자에 대하여 변제, 승인 또는 화해를 한 경우에 그 행위가 현저하게 부당한 것이 아니면 보험자는 면책되지 아니한다.
③ 보험자는 특별한 기간의 약정이 없으면, 피보험자가 제3자와의 채무확정을 통지받은 날로부터 10일 이내에 보험금액을 지급하여야 한다.
④ 보험자는 피보험자가 제3자와 채무확정 시 보험금액의 지급에 관하여 약정기간이 있는

경우에는 그 기간 내에 보험금액을 지급하여야 한다.

해설 채무확정에 대한 통지이다. 채무이행에 대한 통지가 아니다.

12 책임보험에서의 피해자 직접청구권에 관한 설명으로 옳지 않은 것은? (다툼이 있는 경우 판례에 의함) ▶42회

① 직접청구권의 법적성질에 관하여 최근 대법원은 보험자가 피보험자의 피해자에 대한 손해배상채무를 병존적으로 인수한 것으로 본다.
② 보험자는 피보험자가 사고에 대하여 가지는 항변사유로써 제3자(피해자)에게 대항할 수 있다.
③ 보험자가 피보험자에 대해 보험금을 지급하면 피해자의 직접청구권은 발생하지 아니하므로 보험자가 피보험자와의 관계에서 보험금 상당액을 집행공탁하였다면 피해자의 직접청구권은 소멸된다.
④ 공동불법행위자의 보험자 중 일부가 피해자의 손해배상금을 보험금으로 모두 지급함으로써 공동으로 면책되었다면 그 손해배상금을 지급한 보험자가 다른 공동 불법행위자의 보험자에게 직접 구상권을 행사할 수 있다.

해설 피해자직접청구권이 보험금청구권에 우선하기 때문에 보험자가 피보험자에게 보험금을 지급하였다고 해도 제3자가 피보험자로부터 배상을 받기 전에는 그 보험금의 지급을 가지고 대항할 수 없다. 게다가 여기서의 집행공탁은 피보험자에 대한 집행공탁의 성질을 가질 뿐이다. 그러므로 보험자는 집행공탁으로서 직접청구권을 가지는 제3자에게 대항할 수 없다(2014다207672 판결).

13 책임보험에서 제3자의 직접청구권에 관한 설명으로 틀린 것은? ▶35회

① 피보험자의 보험금청구권과 경합하는 경우 이에 우선한다.
② 법적 성질에 대해서는 보험금청구권설이 최근 판례의 입장이다.
③ 보험자는 피보험자에게 대항할 수 있는 항변으로 제3자에게 대항할 수 있다.
④ 제3자로부터 직접청구를 받은 보험자는 지체 없이 피보험자에게 통지하여야 한다.

해설 피해자 직접청구권의 법적 성질에 대해서는 손해배상청구권설이 최근 판례의 입장이다. 한편, 피해자 직접청구권은 피해자를 보호하기 위한 제도이므로 피보험자의 보험금청구권에 우선한다.

14 책임보험에서 피해자 직접청구권에 대한 설명으로 옳지 않은 것은? ▶39회

① 제3자가 보험자에게 직접 보상을 청구한 경우에 보험자는 피보험자가 그 사고에 관하여 가지는 항변으로써 제3자에게 대항할 수 없다.
② 보험자는 피보험자가 책임을 질 사고로 인하여 생긴 손해에 대하여 제3자가 그 배상을 받

기 전에는 보험금액의 전부 또는 일부를 피보험자에게 지급하지 못한다.

③ 보험자가 피해자로부터 보상청구를 받은 때에는 지체 없이 피보험자에게 이를 통지하여야 한다.

④ 피보험자는 보험자의 요구가 있을 때에는 필요한 서류 · 증거의 제출, 증언 또는 증인의 출석에 협조할 의무가 있다.

해설 보험자는 피보험자와 함께 연대하여 손해배상책임을 부담하는 것이므로 피해자 과실에 대한 항변과 같이 피보험자가 피해자에 대하여 가지는 항변사유가 있다면 보험자가 그 사유를 가지고 피해자에게 대항할 수 있다.

15 책임보험에 관한 설명 중 틀린 것은? ▶34회

① 피보험자가 보험자의 동의 없이 제3자에 대하여 변제, 승인 또는 화해를 한 경우에는 보험자가 그 책임을 면하게 되는 합의가 있는 때에도 그 행위가 현저하게 부당한 것이 아니면 보험자는 보상할 책임을 면하지 못한다.

② 보험자는 피보험자가 책임을 질 사고로 인하여 생긴 손해에 대하여 제3자가 그 배상을 받기 전에는 보험금액의 전부 또는 일부를 피보험자에게 지급하지 못한다.

③ 보험자는 특별한 기간의 약정이 없으면 피보험자의 채무확정의 통지를 받은 날로부터 1월 내에 보험금액을 지급하여야 한다.

④ 피해자의 직접청구권의 법적 성질에 관하여 최근 판례는 손해배상청구권설을 취한다.

해설 ① 피보험자가 보험자의 동의 없이 합의하였더라도 그 행위가 현저하게 부당하지 않다면 보험자가 이를 보상하여야 한다(제723조 ③). 예를 들어 피보험자가 손해배상청구를 받아 그 소송에서 손해배상의 청구를 받고 항소하지 않은 채 이를 확정시킨 경우, 그 행위가 '현저하게 부당한 경우'로 평가되지 않은 이상 보험자는 이에 따른 책임보험금의 보상책임이 있다(대법원 99다72293 판결).
② 책임보험은 궁극적으로 제3자를 보호하기 위한 보험이므로 우리 상법은 제3자를 보호하는 규정을 두고 있다. 즉, 보험자는 피보험자가 책임을 질 사고로 인하여 생긴 손해에 대하여 제3자가 그 배상을 받기 전에는 보험금액의 전부 또는 일부를 피보험자에게 지급하지 못한다(제724조).
③ 피보험자가 제3자에 대하여 변제, 승인, 화해 또는 재판으로 인하여 채무가 확정된 때에는 지체 없이 보험자에게 그 통지를 발송하여야 하며, 특별한 기간의 약정이 없는 한 보험자는 통지를 받은 날로부터 10일 내에 보험금액을 지급하여야 한다(제723조).

16 책임보험에 있어 제3자가 보험자에 대하여 직접청구권을 행사하는 경우에 대한 설명으로 옳은 것은? ▶35회

① 책임보험은 피해자구제수단이므로 보험자는 피보험자가 그 사고에 관하여 가지는 항변으로써 제3자에게 대항하지 못한다.

② 보험자는 그가 보험사고발생 전에 보험계약자 또는 피보험자에 대하여 갖고 있던 항변사유로써 피해자에게 대항할 수 없다.

③ 보험자가 제3자로부터 직접청구를 받은 때에는 지체 없이 보험계약자 또는 피보험자에게 이를 통지하여야 한다.

④ 보험자가 자신의 피해자에 대한 반대채권을 스스로 행사하여 상계를 한 경우에는 그 상계로 인한 손해배상채권의 소멸의 효력은 피보험자에게도 미친다.

해설 ① 보험자는 피보험자가 그 사고에 대하여 가지는 항변으로 제3자에게 대항할 수 있다.
② 보험자는 보험계약자 또는 피보험자에 대한 항변으로 제3자에게 대항할 수 있다. 다만, 학설은 보험사고발생 이전의 항변사유로만 대항할 수 있으며, 보험사고발생 이후의 항변사유로는 대항할 수 없다는 견해이다.
③ 보험자가 직접청구를 받은 때에는 피보험자에게 이를 통지하여야 한다.
④ 피해자 직접청구권에 의하여 보험자는 피보험자와 손해배상채무를 병존적으로 인수한 것이므로 보험자가 행한 손해배상채권 소멸의 효력은 피보험자에게도 영향을 미친다.

17 책임보험에 관한 설명 중 옳은 것은? ▶30회

① 피보험자의 협조의무는 상법상의 의무가 아니라 약관상의 의무일 뿐이다.

② 물건보관자의 책임보험은 초과보험이 성립될 수 있다.

③ 피보험자가 보험자에게 제3자에 대한 채무가 변제, 승인, 화해 또는 재판으로 인하여 확정되었음을 통지한 때에는 보험자는 특별한 기간의 약정이 없으면 지체 없이 보험금을 지급해야 한다.

④ 영업책임보험은 원칙적으로 피보험자의 영업으로 인한 제3자에 대한 책임만을 담보하고, 피보험자의 대리인이나 사업감독자의 제3자에 대한 책임은 담보하지 않는다.

해설 ① 피보험자의 협조의무는 상법에서 정한 법정의무이다.
② 보관자책임보험은 그 보관물의 가액이 손해배상액이 된다. 만일 보험가입금액이 보관물의 가액을 초과하는 경우에는 초과보험이 될 수도 있다.
③ 보험자는 그 통지를 받은 날로부터 10일 내에 보험금을 지급하여야 한다.
④ 피보험자의 대리인이나 사업감독자가 그 사업과 관련하여 제3자에게 손해를 입힌 경우에는 민법 제756조 사용자책임에 의하여 책임을 부담하게 되므로 상법은 영업배상책임보험에서 이들의 책임도 보험의 목적에 포함하고 있다(상법 제721조).

18 재보험에 관한 설명 중 틀린 것은? ▶29회

① 재보험계약은 원보험계약의 효력에 영향을 미친다.

② 재보험은 사적 자치의 원칙이 존중된다.

③ 재보험에서도 보험자대위권이 인정된다.

④ 재보험에는 상법의 책임보험에 관한 규정이 준용된다.

해설 재보험은 원보험과 독립된 계약이므로 원보험과 재보험은 서로 영향을 미칠 수 없다. 예를 들어 원보험계약의 피보험자가 재보험자에게 직접적으로 보험금을 청구할 수 없다.

19 재보험에 관한 다음의 설명 중 옳지 않은 것은? ▸42회

① 원보험자는 손해보험계약이든 인보험계약이든 보험계약자의 동의없이 다른 보험자와 재보험계약을 체결할 수 있다.

② 원보험자는 인수위험에 대하여 일정액을 초과하는 부분에 대하여 재보험에 부보할 수도 있고, 일정비율로 부보할 수도 있다.

③ 재보험자는 원보험료 미지급을 이유로 재보험금의 지급을 거절할 수 있다.

④ 재보험자가 보험자대위에 의하여 취득한 제3자에 대한 권리행사는 재보험자가 이를 직접 행사하지 아니하고 원보험자가 수탁자의 지위에서 자기명의로 권리를 행사하여 그 회수한 금액을 재보험자에게 재보험금 비율에 따라 교부하는 방식에 의하여 이루어지는 것이 상관습이다.

해설 재보험과 원보험은 서로 독립적이므로 재보험자가 원보험료의 미지급을 이유로 재보험금의 지급을 거절할 수는 없다.

20 재보험에 관한 설명으로 옳지 않은 것은? (다툼이 있는 경우 판례에 의함) ▸43회

① 원보험계약과 재보험계약은 법률상 독립된 별개의 계약이므로 재보험계약은 원보험계약의 효력에 영향을 미치지 아니한다.

② 책임보험에 관한 규정은 그 성질에 반하지 아니하는 범위 내에서 재보험계약에 준용한다.

③ 재보험자가 원보험자에게 재보험금을 지급하면 그 지급한 금액의 범위 내에서 원보험자의 보험자대위권이 재보험자에 이전한다.

④ 보험자대위에 의하여 취득한 제3자에 대한 권리는 재보험자가 이를 직접 자기 명의로 그 권리를 행사하며 이를 통하여 회수한 금액을 원보험자와 비율에 따라 교부하는 방식으로 이루어지는 것이 상관습이다.

해설 재보험계약에는 원보험자가 보험자대위를 하고 추후에 재보험자가 이를 회수하는 방식의 상관습이 있다. 일반적으로 이러한 방식을 운명추종의 원칙이라고 한다.

[정답]

01 ③ 02 ④ 03 ① 04 ② 05 ③ 06 ① 07 ① 08 ② 09 ③ 10 ① 11 ① 12 ③ 13 ②
14 ① 15 ③ 16 ④ 17 ② 18 ① 19 ③ 20 ④

CHAPTER 12

자동차보험

I 의의

상법

제726조의2【자동차보험자의 책임】 자동차보험계약의 보험자는 피보험자가 자동차를 소유, 사용 또는 관리하는 동안에 발생한 사고로 인하여 생긴 손해를 보상할 책임이 있다.

자동차보험계약(contract of car insurance)이란 피보험자가 자동차를 소유 · 사용 · 관리하는 동안에 발생한 사고로 인하여 생길 손해의 보상을 목적으로 하는 손해보험계약이다(상법 제726조의2). 상법은 손해보험방식의 자동차보험에 대해서 규정하고 있으나 실무에서는 피보험자 자신의 차량손해, 신체손해, 피해자의 재산 · 신체상 손해에 대한 배상책임을 포괄하는 '자동차종합보험'으로 운영되고 있다.

자동차는 소유자뿐만 아니라 그 가족 · 친구 · 피용자 등 복수의 사람에 의하여 운행되는 것이 일반적이므로 자동차보험의 피보험자는 기명피보험자 · 승낙피보험자 · 허락피보험자 등으로 그 범위가 확대되는 특성이 있다.

자동차종합보험의 피보험자

i) 기명피보험자의 피용운전사 · 운행보조자(90다10063, 2000다33331 판결), 기명피보험자인 회사를 위하여 피보험차량을 운전하는 피용자(2005다31637 판결)도 피보험자이다.

ii) 다만, 승낙피보험자로부터 구체적 · 개별적인 승낙을 받고 그 승낙피보험자를 위하여 자동차 운전을 하였다고 하더라도, 그것이 기명피보험자의 의사에 명백히 반하는 것으로 볼 수 있는 경우에는 그 운전자를 운전피보험자에 해당한다고 볼 수는 없다. 따라서 그러한 운전자가 피보험자동차를 운전하던 중 일으킨 사고로 인한 손해에 대해서 보험금을 지급한 보험자는 상법 제682조에 따라 기명피보험자를 대위하여 운전자를 상대로 손해배상청구를 할 수 있다(2012다116123 판결).

iii) 기명피보험자로부터 운전사와 함께 차량을 임차한 임차인은 피보험자이다(94다4813, 2000다33089 판결).

iv) 피보험차량의 소유자로부터 주차관리를 위탁받아 관리 중인 자는 피보험자이다(2001다44659 판결).

v) 경찰서 소속 관용차량에 대한 자동차종합보험계약상의 기명피보험자가 'ㅇㅇ경찰서장'으로 표시되어 있는 경우 그 기명피보험자는 국가이며, 경찰서 경비과장이 경찰서장의 승낙을 받아 자동차를 운전하다가 사고가 발생한 경우 기명피보험자의 승낙을 얻어 자동차를 사용 또는 관리 중인 자에 해당하는 피보험자이다(91다12356 판결).

vi) 보험차량의 매수인이 매매대금을 모두 지급하고 차량을 인도받아 그 명의로 소유권이전등록까지 마친 경우에는 매수인을 자동차종합보험약관에 규정된 "기명피보험자의 승낙을 얻어 자동차를 사용 또는 관리 중인 자"에 해당한다고 볼 수 없다(91다14796 판결).

vii) 보험약관상 피보험자동차를 운행할 자격이 없는 운전가능연령 미달자에게 자동차를 빌려 준 경우에는 그 대여 당시 다른 연령 미달자가 승낙피보험자의 지시 또는 승낙을 받아 그 자동차를 운전하는 것을 승인할 의도가 있었음을 추단할 수 있는 직접적 또는 간접적 표현이 있는 때에 해당한다고 보아야 한다(99다40548 판결).

viii) 운전자가 자신의 임무에 위배하여 운전무자격자나 운전미숙자에게 자동차의 사용행위를 위탁한 경우 그 타인은 운전보조자에 해당할 수는 있으나 운전자에는 해당하지 않는다. 그러나 그 타인이 자신의 업무와 관계없이 별도의 대가를 받지 않고 운전행위를 도운 것에 불과하다면 특별한 사정이 없는 한 운전의 보조에 종사한 자에도 해당하지 않는다(2014다236830, 236847 판결).

Ⅱ 종류

1. 자동차배상책임보험

피보험자동차의 사고로 인하여 피보험자가 제3자에게 책임을 지게 됨으로써 발생하는 손해의 보상을 목적으로 하는 책임보험이다. 대인 · 대물배상책임보험으로 나눈다. 자동차배상책임에 관하여는 특별법인 자동차손해배상보험법(이하, 자배법이라 한다)이 적용된다. 자동차배상책임보험은 강제보험으로서 자배법에서 정한 보험금액을 초과한 부분은 자동차종합보험으로 보상한다.[01]

2. 자기차량손해보험

충돌 · 접촉 · 추락 · 전복 · 도난 기타 유사한 사고로 인하여 피보험자동차 자체에 생긴 손해의 보상을 목적으로 하는 재물보험이다. 여기서의 자동차란 자동차관리법상의 자동차와 건설기계관리법상의 일부 건설기계를 말한다(자배법 제2조 제1호). 피보험이익의 주체는 피보험자동차의 소유자 · 사용권한이 있는 자(用權子)로서 약관에서는 보험증권에 기재된 피보험자(기명피보험자)를 말한다.

3. 자기신체사고보험

피보험자동차의 사고로 피보험자의 생명이나 신체를 보험의 목적으로 하고

01 자배법에서 정한 보험금액의 한도는 대인배상의 경우 사망 1.5억원 · 부상 3천만원 · 후유장해 1억원 이내이고, 대물배상의 경우에는 1사고당 1천만원 이내이다. 자배법상의 대인보험을 대인배상 Ⅰ이라고 하며, 이를 초과하는 부분을 담보하는 자동차종합보험을 대인배상 Ⅱ라고 하는데, 대인배상 Ⅱ는 무한책임을 부담한다.

사망 · 부상 · 후유장해를 담보하는 보험으로서 인보험의 일종인 상해보험에 해당한다(2003다29463 판결). 이 보험에서의 피보험자는 약관에 의하여 가족 · 피용자 등으로 확대된다.

4. 무보험자동차에 의한 상해보험

피보험자가 보유불명자동차 혹은 무보험자동차에 의하여 생긴 사고로 상해를 입은 경우에 가해자를 상대로 손해배상청구권을 행사할 수 없게 됨으로써 입은 손해를 보상하는 보험이다.

이 보험은 손해보험 성격의 상해보험에 해당한다. 그러므로 만약에 피보험자의 손해가 제3자의 행위로 인하여 생긴 경우에 보험자가 무보험자동차 상해담보특약에 따라 보험금을 지급하였다면 약관에 보험자대위에 관한 약정이 있는 때에 한하여(상법 제729조 단서) 피보험자의 권리를 해하지 아니하는 범위 안에서 피보험자의 배상의무자에 대한 손해배상청구권을 대위하여 행사할 수 있다(2013다27343 판결).

Ⅲ 자동차보험증권의 기재사항

자동차보험증권에는 상법 제666조에서 정한 사항 외에도 ⅰ) 자동차소유자와 그 밖의 보유자의 성명과 생년월일 또는 상호, ⅱ) 피보험자동차의 등록번호, 차대번호, 차형년식과 기계장치, ⅲ) 차량가액을 정한 때에는 그 가액을 기재하여야 한다.

Ⅳ 자동차보험의 손해보상

1. 보험사고

자동차배상책임보험의 보험사고는 피보험자동차의 사고로 인한 법률상 손해배상책임의 발생을 말하며, 자기차량손해보험의 보험사고는 차량 및 그 부속품과 부속 기계장치의 멸실 · 훼손 · 도난 등 차량 자체에 관하여 생기는 모든 사고를 말한다. 자기신체사고보험은 피보험자동차의 사고로 입은 피보험자의 상해 · 사망을 보험사고로 한다.

2. 면책사유

상법은 자동차보험의 면책사유를 따로 규정하지 않으므로 상법상 일반적인 면책사유(상법 제659조, 제660조, 제678조)가 그대로 적용된다. 약관에서는 고의 · 전쟁 · 무면허운전 · 음주운전 · 근로기준법에 의해 재해보상을 받는 손해 등으로 구체화하여 적용하고 있다.

자동차보험 면책사유와 관련하여 판례는 상해보험(자기신체사고보험)에서의 무면허 운전 중 사고와 안전띠 미착용 사고를 중과실로 해석하여 보험자가 책임을 면할 수 없다고 하였고, 배상책임보험(대인배상 Ⅱ)에서 산업재해보상보험법에 의한 보상범위를 넘어서는 손해를 면책하도록 하는 조항을 무효라고 하였다.

3. 손해보상범위

자동차보험계약의 보험자는 피보험자가 자동차를 소유, 사용 또는 관리하는 동안에 발생한 사고로 인하여 생긴 손해를 보상할 책임이 있다(상법 제726조의

2). 구체적인 손해보상의 범위는 약관에 따라 규정한다. 즉, 합의금, 법원판결 금액, 수리비, 약정보험금 등이 보험금으로 지급될 수 있다.

V 자동차의 양도

상법

제726조의4【자동차의 양도】 ① 피보험자가 보험기간 중에 자동차를 양도한 때에는 양수인은 보험자의 승낙을 얻은 경우에 한하여 보험계약으로 인하여 생긴 권리와 의무를 승계한다.

② 보험자가 양수인으로부터 양수사실을 통지받은 때에는 지체 없이 낙부를 통지하여야 하고 통지받은 날부터 10일 내에 낙부의 통지가 없을 때에는 승낙한 것으로 본다.

차량보험뿐만 아니라 책임보험에서도 피보험자는 자동차사고와 매우 밀접한 영향을 가지고 있다. 그러므로 피보험자가 보험기간 중에 자동차를 양도(예 소유권의 이전)한 때에는 양수인은 보험자의 승낙을 얻은 경우에 한하여 보험계약으로 인하여 생긴 권리와 의무를 승계한다(상법 제726조의4 제1항). 만일 그 승낙을 받지 않고 자동차를 운행한 자는 보호를 받지 못한다.

보험자가 양수인으로부터 양수사실을 통지받은 때에는 지체 없이 낙부를 통지하여야 하고 통지받은 날부터 10일 내에 낙부의 통지가 없을 때에는 승낙한 것으로 본다(상법 제726조의4 제2항).

보험계리사 · 손해사정사 기출문제

01 자동차보험에 대한 설명으로 옳지 않은 것은? ▶40회

① 대물배상책임보험이란 피보험자가 자동차의 사고로 타인의 재화에 손해를 일으켜 제3자에게 배상책임을 짐으로써 입은 손해를 보험자가 보상하는 책임보험이고, 여기에는 자동차에 싣고 있는 물건 또는 운송 중인 물건에 생긴 손해도 포함된다.

② 대인배상책임보험이란 자동차의 운행 또는 소유 · 사용 · 관리 중에 있는 제3자에게 사망 또는 상해를 입힌 사고로 말미암아 피보험자가 제3자에게 배상책임을 짐으로써 입은 손해를 보험자가 보상하는 책임보험이다.

③ 자동차보험계약이라 함은 피보험자가 자동차를 소유, 사용 또는 관리하는 동안에 발생한 사고로 인하여 생길 손해의 보상을 목적으로 하는 손해보험계약이다.

④ 무보험자동차상해보험은 자동차보험의 대인배상 II에 가입되지 아니하거나, 대인배상 II에 의하여 보호되지 아니하는 자동차사고로 손해를 입은 피보험자를 보호하기 위한 보험이다.

해설 자동차에 싣고 있는 물건이나 운송 중인 물건에 관한 책임은 적재물배상책임 등의 별도의 배상책임보험에서 담보한다.

02 자동차종합보험과 관련된 판례의 입장이 아닌 것은? ▶38회

① 보험자는 기명피보험자의 승낙을 얻은 자가 일으킨 사고에 대하여 보상책임을 부담하지 않는다.

② 경찰서 경비과장은 기명피보험자인 국가의 승낙을 얻어 자동차를 사용 또는 관리 중인 자에 해당하므로 그가 일으킨 사고에 대하여 보험자는 보상책임이 있다.

③ 기명피보험자인 매도인이 승낙을 받은 매수인으로부터 다시 자동차 사용승낙을 받은 경우는 승낙피보험자에 해당한다고 볼 수 없다.

④ 21세 이상 한정운전 특별약관부 자동차보험의 기명피보험자인 렌터카회사의 영업소장이 자동차면허가 없는 자를 임차인으로 하여 자동차를 대여하여준 경우, 위 약관 소정의 도난 운전에 대한 기명피보험자의 묵시적 승인이 있으므로, 보험자는 보험금지급책임이 있다.

해설 ① 자배법을 기초로 한 자동차보험의 가장 큰 특징 중의 하나는 피보험자의 범위가 다양하게 확장된다는 점이다. 만일 기명피보험자(보험증권상의 피보험자)의 승낙을 얻은 자가 자동차를 운행 중에 사고가 발생한 경우에는 자동차보험의 보험자가 보험금지급책임을 부담한다.

② 91다12356판결
③ 이 사례에서의 매도인은 자동차 양도에 따라 자동차의 운행이익이나 지배권을 상실하여 피보험자로서의 지위를 상실한 것이다(91다14796 판결). 매수인은 자동차의 새로운 소유자가 되므로 보험자의 승낙을 얻었다면 보험계약상의 이익을 승계할 수 있다.
④ 연령한정특약에 가입된 기명피보험자가 타인에게 피보험자동차의 운전을 허락하는 경우에는 운전자의 연령이 운전가능연령에 해당한다고 믿을 만한 특별한 사정이 없는 한 운전자의 연령을 확인할 의무가 있으며, 만일 확인을 게을리하여 연령미달자에게 자동차를 빌려준 경우 승낙피보험자의 승인뿐만 아니라 기명피보험자의 묵시적인 승인의 의도도 있었던 때에 해당한다(2002다31391 판결). 그러므로 이러한 경우의 연령미달자의 운전으로 사고가 발생한 경우에 보험자는 보험금지급책임을 부담한다.

03 다음은 자동차보험에 관한 기술이다. 옳지 않은 것은? ▶38회

① 자동차보험계약의 보험자는 피보험자가 자동차를 관리 중 발생한 사고도 손해보상해야 한다.
② 차량가액은 자동차보험증권에 기재할 절대적 기재사항이다.
③ 피보험자가 보험기간 중 자동차를 양도한 때에는 양수인은 보험자의 승낙을 얻은 경우에 한하여 보험계약으로 인하여 생긴 권리와 의무를 승계한다.
④ 보험자가 양수인으로부터 양수사실을 통지받은 때에는 지체 없이 낙부를 통지하여야 한다.

해설 ① 자동차손해배상보장법에 의하면 자동차를 운행하는 자가 그 운행으로 타인을 사망 · 부상케 한 경우에 그 손해배상책임을 부담한다고 하면서 '운행'이란 사람 또는 물건의 운송 여부와 관계없이 자동차를 그 용법에 따라 사용하거나 관리하는 것을 말한다고 정하고 있다. 그러므로 사용뿐만 아니라 관리 중 발생한 사고도 자동차보험의 담보대상이 된다.
② 상법에 의하면 차량가액을 정한 때에 한하여 그 가액을 기재한다. 그러므로 차량가액을 정하지 않았다면 기재하지 않아도 된다.
③ 자동차보험에서 보험목적의 양도 시에는 보험자의 승낙이 있어야만 양수인이 그 계약상의 권리 · 의무를 승계할 수 있다.
④ 보험자는 보험목적의 양도통지에 따른 낙부통지의무를 부담한다. 보험자는 통지를 받은 때에 지체 없이 낙부통지해야 하며, 만일 통지받은 날로부터 10일이 지나도록 낙부의 통지를 하지 않을 경우에는 승낙한 것으로 간주한다.

04 자동차보험에 관한 대법원 판례의 견해가 아닌 것은? ▶28회

① 보험자가 자동차보험계약의 만기예고통지를 하지 아니하였다고 하여 바로 보험계약자에게 손해배상책임을 부담한다고 보기 어렵다.
② 자기차량손해보험에서는 음주운전 면책약관은 유효하다.
③ 승낙피보험자의 행위에 의하여 사고가 발생한 경우 보험자는 그 승낙피보험자에 대해서 보험자대위권을 행사할 수 없다.
④ 피보험차량을 타인이 피보험자의 승낙 없이 피보험자와는 전혀 알지 못하는 제3자에게

빌려주어 그 제3자가 사고를 일으킨 경우에도 가족운전한정특별약관이 적용된다.

해설 ① 자동차보험손해배상보장법에서 보험회사는 자동차보유자가 가입되어 있는 보험이 있는 경우 자동차보유자에게 그 계약이 끝난다는 사실을 알려야 한다고 규정하고 있다. 이 규정은 보험만기를 도과하는 것을 방지하기 위한 공익적 목적의 규정이다. 따라서 보험회사가 만기예고통지를 하지 않아도 보험계약기간이 지나면 계약이 소멸하여 자동차보험의 미가입상태가 된다. 또한 보험자의 만기예고통지의 불이행을 이유로 보험자가 손해배상책임을 부담하는 것은 아니다.

② 자기차량손해보험은 손해보험이므로 피보험자 등의 고의, 중과실을 면책으로 한다. 대법원에 의하면 음주운전은 중과실에 해당하므로 이를 면책하는 것은 유효하다.

③ 보험자대위의 법리에 의하여 보험자가 제3자에 대한 보험계약자 또는 피보험자의 권리를 행사하기 위해서는 손해가 제3자의 행위로 인하여 생긴 경우라야 하고, 이 경우 제3자라고 함은 피보험자 이외의 자가 되어야 할 것이므로, 자동차책임보험약관이 기명피보험자 외에 기명피보험자의 승낙을 얻어 자동차를 사용 또는 관리 중인 자, 이러한 각 피보험자를 위하여 피보험자동차를 운전 중인 자(운전보조자 포함) 등도 피보험자로 정하고 있다면, 이러한 승낙피보험자 등의 행위로 인하여 보험사고가 발생한 경우 보험자가 보험자대위의 법리에 의하여 그 권리를 취득할 수 없다(대법원 2001. 11. 27. 선고 2001다44659 판결).

④ 차량을 타인이 피보험자가 전혀 모르는 제3자에게 빌려주었다면, 피보험자의 명시적 또는 묵시적 승인이 없이 무단으로 이루어진 것이므로 해당 약관에서 면책사유로 정한 '피보험자동차를 도난당하였을 경우'에 해당하게 될 것이다. 따라서 보험자는 보험금지급책임을 부담하지 않는다.

05 자동차의 양도에 따른 보험관계의 승계에 관한 설명 중 옳은 것은? ▶37회

① 상법에 의하면 보험자가 자동차의 양수사실을 통지받고 그 양수에 대한 낙부(諾否)의 통지를 게을리하면 그의 승낙이 의제되므로, 양수의 사실이 보험자에게 통지된 자동차의 경우에는 무보험(無保險)상태가 생겨나지 않는다.

② 자동차손해배상보장법에 의하면 자동차의 양도일부터 자동차소유권 이전등록 신청기간이 끝나는 날 또는 그 전에 양수인이 새로운 책임보험 등의 계약을 체결한 날까지의 기간에 대해서는, 자동차의 양수인이 그 기간에 해당하는 의무보험의 보험료를 양도인에게 지급하기 전이라도 의무보험에 관한 양도인의 권리 · 의무를 승계한다.

③ 최근의 대법원 판례에 따르면 甲이 자동차를 乙에게 양도하고, 乙이 자동차소유권 이전등록 신청기간 내에 이전등록을 하지 않고 자동차를 다시 丙에게 양도한 경우에는, 丙은 乙에게 부여된 자동차소유권 이전등록 신청기간 중에서 乙이 이전등록을 하지 않고 경과한 기간을 뺀 나머지 기간 동안만 자동차손해배상보장법에 따라 甲이 가입한 의무보험에 관한 권리 · 의무를 승계할 수 있다.

④ 최근의 대법원 판례에 따르면 자동차의 양도인이 가입한 A보험회사가, 양수인이 새로 B보험회사의 자동차보험에 가입한 사실을 모르고 그 자동차가 무보험차로 된 것으로 오인하여, 그 자동차 양도 후의 사고로 인한 피해자에게 자동차손해배상보장사업에 따른 금액을 지급한 경우라도, 피해자의 B보험회사에 대한 책임보험금청구권이 시효로 소멸된 경우에는 A보험회사는 B보험회사에 대하여 구상권을 행사할 수 없다.

해설 ① 양수인이 보험자에게 양수사실을 통지하였다고 해도 보험자가 낙부통지의 기한 이내에 승낙하지 않았다면 무보험상태가 된다.

② 자동차손해배상보장법 제26조에서는 의무보험에 가입된 자동차가 양도된 경우 그 소유권 이전등록 신청기간(예 : 15일)이 끝나는 날까지의 기간 또는 새로운 책임보험계약을 체결한 날까지의 기간에 대해서는 상법 제726조의4에서 정한 사항에도 불구하고 자동차 양수인이 해당 의무보험의 계약에 관한 양도인의 권리 · 의무를 승계한다.

③ 개인용 자동차보험 특별약관에서 보험회사는 피보험자동차가 양도된 날로부터 15일째 되는 날의 24시까지 그 자동차를 '대인배상 I '의 피보험자동차로 간주하고 양수인을 보험계약자 및 기명피보험자로 본다고 규정한 경우, 위 특별약관에서 정한 '자동차의 양도'에 자동차에 대한 사실상의 운행지배를 취득한 양수인이 자동차관리법 제12조의 규정에 따른 자동차소유권 이전등록을 하지 아니한 채 다시 제3자에게 이를 양도하고 현실적으로 자동차 점유를 이전함으로써 운행지배를 상실한 경우도 포함된다. 그러므로 丙은 乙에게 부여된 자동차소유권 이전등록 신청기간 동안 甲이 가입한 의무보험에 관한 권리 · 의무를 승계한다(2010다60769 판결).

④ 채무자가 아닌 자가 착오로 인하여 타인의 채무를 변제한 경우에 채권자가 시효로 그 채권을 잃은 때에는 변제자는 그 반환을 청구할 수 없고, 채무자에 대하여 구상권을 행사할 수 있다(민법 제746조). 그러므로 A보험회사는 채무자인 B보험회사에 대하여 구상권을 행사할 수 있다(2010다60769 판결).

[정답]

01 ① 02 ① 03 ② 04 ④ 05 ②

CHAPTER 13

보증보험

I 보증보험의 의의

1. 의의 · 기능

상법

제726조의5【보증보험자의 책임】 보증보험계약의 보험자는 보험계약자가 피보험자에게 계약상의 채무불이행 또는 법령상의 의무불이행으로 입힌 손해를 보상할 책임이 있다. [본조신설 2014.3.11.]

보증보험(guarantee insurance)은 채무자인 보험계약자가 채권자인 피보험자에게 계약상의 채무불이행 또는 법령상의 의무불이행으로 손해를 입힌 경우에 보험자가 그 손해를 보상하는 것을 목적으로 하는 보험이다(상법 제726조의5). 기존에는 보험업법(제4조 제1항 제1호 라목)에서만 보증보험을 규정하고 있었으나 개정상법(제4편 제2장 제7절 보증보험)은 보증보험에 관한 권리 · 의무관계의 명확성을 제고하기 위하여 관련규정을 신설하였다.

채권자는 보증보험을 통해 채무이행을 보장받을 수 있고, 채무자는 보증보험계약을 통해 신용을 높일 수 있다. 다만 보증보험은 채무자에 의하여 계약이 체결되므로 채무불이행과 관련한 위험의 역선택 · 고의사고의 가능성이 높고,

보험사고 발생 여부가 경기변동에 민감하게 보험사고가 발생한다는 특성이 있다.

2. 보증보험의 종류

보증보험의 종류에는 계약상의 채무불이행을 담보하는 이행보증보험(각종 계약의 이행에 필요한 보증)과 법령상 의무불이행을 담보하는 인허가보증보험 · 납세보증보험 · 공탁보증보험 등이 있다.[01]

Ⅱ 법적 성질

1. 민법상 보증으로서의 성격

가. 민법의 준용

상법

제726조의7【준용규정】 보증보험계약에 관하여는 그 성질에 반하지 아니하는 범위에서 보증채무에 관한「민법」의 규정을 준용한다. [본조신설 2014.3.11.]

보증보험은 형식적으로는 채무자의 채무불이행을 보험사고로 하는 보험계약이지만 실질적으로는 보증의 성격을 가지고 보증계약과 같은 효과를 목적으로

01 그 외에도 신원보증보험(취업 및 교육훈련에 필요한 보증), 보석보증보험(법령상 각종 의무이행에 필요한 보증), 생활안정자금보증보험(금융기관 대출에 필요한 보증), 모기지신용보험(금융기관 대출에 필요한 보증), 개인금융신용보험(금융기관 대출에 필요한 보증), 상업신용보험(기업의 자금조달 및 판매에 필요한 보증), 쇼핑몰보증보험(전자상거래에 따른 소비자의 피해보호에 필요한 보증) 등이 있다.

한다(2004다20265 판결). 그러므로 보증에 관한 민법의 규정을 적용한다(2011다62144 판결, 상법 제726조의7).

나. 채무의 독립성

민법상 보증인은 주채무자가 이행하지 아니하는 채무를 이행할 의무가 있다(민법 제428조). 여기서 보증인이 이행하는 의무(보증채무)는 주채무와는 독립된 채무(독립성)로서 주채무 자체의 이행을 내용으로 하는 것이 아니라 주채무와 동일한 내용의 급부를 행할 것을 보증인 자기의 채무(채무내용의 동일성)로 하는 것이다.

다. 부종성

보증보험계약은 주채무를 전제로 한다. 그러므로 주채무가 무효 · 취소로 성립하지 않는 경우 보증채무도 성립하지 않으며(2011다62144 판결), 주채무가 소멸하면 보증채무도 소멸한다(2004다20265 판결).

보증인은 주채무자가 가지는 항변권을 가지고 채권자에게 대항할 수 있고(민법 제433조 제1항), 주채무의 시효중단은 보증채무에 대해서도 효력이 있다(민법 제440조, 2011다62090 판결). 만일 주채무자에 대한 채권이 이전하면 보증인에 대한 채권도 함께 이전한다. 그러므로 보증보험이 담보하는 채권이 양도되면 보험금청구권도 그에 수반하여 채권양수인에게 함께 이전된다(98다53707, 2000다70156 판결).

2011다62144 판결

보증보험에는 민법의 보증에 관한 규정, 특히 보증인의 구상권에 관한 민법 제441조 이하의 규정이 준용되고, 보증채무자가 주채무를 소멸시키는 행위는 주채무의 존재를 전제로 하므로, 보증인의 출연행위 당시 주채무가 성립되지 아니하였거나 타인의 면책행위로 이미 소멸되었거나 유효하게 존속하고 있다가 그 후 소급적으로 소멸한 경우에는 보증채무자의 주채무변제는 비채변제가 되어 채권자와 사이에 부당이득반환의 문제를 남길 뿐이고 주채무자에 대한 구상권을 발생시키지 않는다.

甲이 乙주식회사 소유의 부동산에 관하여 가압류신청을 하면서 丙주식회사와 부당 가압류로 인한 乙회사의 甲에 대한 손해배상채권을 담보하기 위한 공탁보증보험계약을 체결하였는데, 甲이 가압류결정의 본안소송에서 패소하자 乙회사가 甲을 상대로 가압류로 인한 손해배상청구소송을 제기하여 공시송달절차에 의하여 제1심에서 승소판결을 선고받고 판결이 형식적으로 확정되자 丙회사가 보험금을 지급하였으나, 그 후 甲이 추완항소를 제기하여 제1심판결을 취소하고 乙회사의 청구를 기각하는 판결이 선고되어 확정된 사안에서, 丙회사의 甲에 대한 구상금청구를 인용한 원심판결에 법리오해의 위법이 있다.

2. 보험으로서의 성격

가. 손해보험

보증보험의 보험자는 채무자인 보험계약자의 채무불이행을 보험사고로 하여 채권자인 피보험자가 입은 재산상 손해를 보상하므로 손해보험의 일종이다(상법 제665조, 제726조의5). 그러나 채무불이행이 채무자의 고의 · 중과실에 비롯될 수도 있다는 점에서 보험계약자의 고의를 면책으로 하고 있는 일반적인 손해보험과는 차이가 있다.

나. 배상책임보험과의 유사점

보증보험은 보험계약자의 채무불이행에 따른 배상책임을 보험자가 부담하는 것이므로 책임보험과 유사한 성격을 가진다(상법 제719조, 2012다67559 판결). 다만 보증보험에서의 보험의 목적은 해당 채권이라는 점, 보증보험에서의 배상책임은 피보험자에 대한 배상이라는 점, 책임의 발생원인이 계약 및 법령상의 채무불이행으로 제한된다는 점에서 차이가 있다.

다. 타인을 위한 보험

보증보험은 보험계약자인 채무자가 채권자인 피보험자를 위하여 체결하는 계약이므로 타인을 위한 보험이다(상법 제639조). 그러므로 채권자는 당연히 보증보험계약의 이익을 받으며(상법 제639조 ①), 채무자는 채권자의 동의 없이 보증보험계약을 임의로 해지할 수 없다(상법 제649조 ①, 보증보험약관).

보증보험은 실질적으로 채권자의 보호보다는 채무자가 인적 · 물적 담보의 제공을 대신하여 보험에 가입하는 것이 대부분이므로 자기를 위한 보험으로서의 성격도 가지고 있다. 이러한 점에서 보증보험을 타인을 위한 보험과 자기를 위한 보험이 결합된 형태로 보기도 한다.

Ⅲ 민법상 보증과 보증보험의 차이점

1. 계약당사자

민법상 보증계약의 당사자는 보증인과 채권자이다. 그러나 보증보험계약의 당사자는 보험자(보증인)와 보험계약자(채무자)이다. 보증보험계약에서 채권자는 피보험자로서의 지위를 갖는다.

2. 최고 · 검색의 항변권

민법상 보증인은 주채무자가 이행이 없을 경우에 보충적으로 이행책임을 부담한다(민법 제428조 제1항, 보충성). 그러므로 채권자가 주채무자에게 이행을 청구하지 않고 곧바로 보증인에게 채무의 이행을 청구하면 보증인이 주채무자의 변제자력 · 집행용이성을 입증하여 먼저 주채무자에 청구할 것(최고의 항변권)과 주채무자의 재산에 대하여 집행할 것(검색의 항변권)을 항변할 수 있다(민법 제437조).

그러나 보증보험은 상행위에 해당하므로 주채무자와 보증인(보증보험자)은 연대하여 변제할 책임을 진다(상법 제57조 제2항, 연대보증). 그러므로 보증보험자는 채권자에 대하여 최고 · 검색의 항변권을 행사할 수 없다.

Ⅳ 적용 제외

상법

제726조의6【적용 제외】 ① 보증보험계약에 관하여는 제639조 제2항 단서를 적용하지 아니한다.

② 보증보험계약에 관하여는 보험계약자의 사기, 고의 또는 중대한 과실이 있는 경우에도 이에 대하여 피보험자에게 책임이 있는 사유가 없으면 제651조, 제652조, 제653조 및 제659조 제1항을 적용하지 아니한다. [본조신설 2014.3.11.]

1. 상법 제639조 제2항 단서

보증보험은 채무자를 계약자로 하고 채권자를 피보험자로 하는 타인을 위한 보험이므로 상법 제639조가 적용된다. 그러나 보증보험의 보험사고는 보험계약자의 채무불이행에서 비롯된 것이고, 보증보험의 보험자가 피보험자(채권자)에게 보험금을 지급하면 피보험자의 이익을 해치지 않는 범위 내에서는 채무자에게 구상권을 행사할 수 있으므로 상법 제639조 제2항의 단서[02]를 적용할 여지가 없다.

2. 상법 제651조 내지 제653조

보증보험계약의 채권자(피보험자)는 보증보험계약의 채권담보적 기능을 신뢰하여 새로운 이해관계를 갖게 된 것이므로 피보험자의 신뢰를 보호할 필요가 있다. 그러므로 보험자가 보험계약자의 사기를 이유로 보증보험계약을 취소하

02 상법 제639조 ②제1항의 경우에는 그 타인은 당연히 그 계약의 이익을 받는다. 그러나 손해보험계약의 경우에 보험계약자가 그 타인에게 보험사고의 발생으로 생긴 손해의 배상을 한 때에는 보험계약자는 그 타인의 권리를 해하지 아니하는 범위 안에서 보험자에게 보험금액의 지급을 청구할 수 있다.

더라도 그 취소로 피보험자에게 대항할 수 없다(99다13737 판결).

같은 취지에서 보험자가 보험계약자의 고지의무 위반(상법 제651조), 위험의 현저한 변경 · 증가 통지의무 위반(상법 제652조), 위험유지의무 위반(상법 제653조)을 이유로 계약을 해지한 경우에도 그 해지로 피보험자에게 대항할 수는 없으므로 개정상법은 이 규정들의 적용을 배제하였다. 그러나 이 조항은 보험계약자의 사기 또는 고의 · 중과실이 있는 경우에 적용되는 것이므로 피보험자의 사기(예 공모, 묵인) 또는 고의 · 중과실을 이유로 보험자가 해지 및 면책(상법 제655조)을 주장하는 것은 가능하다.

99다13737 판결 등

일반적으로 타인을 위한 보험계약에서 보험계약자의 사기를 이유로 보험자가 보험계약을 취소하는 경우 보험사고가 발생하더라도 피보험자는 보험금청구권을 취득할 수 없는 것과는 달리, 보증보험계약의 경우 보험자가 이미 보증보험증권을 교부하여 피보험자가 그 보증보험증권을 수령한 후 이에 터잡아 새로운 계약을 체결하거나 이미 체결한 계약에 따른 의무를 이행하는 등으로 보증보험계약의 채권담보적 기능을 신뢰하여 새로운 이해관계를 가지게 되었다면 그와 같은 피보험자의 신뢰를 보호할 필요가 있으므로, 주채무자에 해당하는 보험계약자가 보증보험계약을 체결함에 있어서 보험자를 기망하였다는 이유로 보험자가 보증보험계약 체결의 의사표시를 취소하였다 하더라도, 이미 그 보증보험계약의 피보험자인 채권자가 보증보험계약의 채권담보적 기능을 신뢰하여 새로운 이해관계를 가지게 되었다면, 피보험자가 그와 같은 기망행위가 있었음을 알았거나 알 수 있었던 경우이거나, 혹은 피보험자가 보험계약 체결에 소요되는 서류심사에 있어서 필요한 주의의무를 다하지 아니한 과실이 있었던 탓으로 보험자가 보증책임을 이행한 후 구상권을 확보할 수 없게 되었다는 등의 특별한 사정이 없는 한 그 취소를 가지고 피보험자에게 대항할 수 없다(99다13737 판결).

그러나 피보험자가 그와 같은 기망행위가 있었음을 알았거나 알 수 있었다는 등의 특별한 사정이 있는 때에는, 보험자가 보험계약자의 기망을 이유로 한 취소를 가지고 피보험자에게 대항할 수 있다(2000다19281 판결).

3. 상법 제659조 제1항

상법 보험편 통칙에서는 보험사고가 보험계약자, 피보험자, 수익자의 고의 또는 중과실로 인하여 생긴 때에 보험자의 책임을 면하도록 하고 있다(상법 제

659조 제1항). 그러나 보증보험은 채무자(보험계약자)의 채무불이행이 고의 · 과실인 경우에도 그로 인한 손해를 담보하는 보증의 역할을 하므로 채무자(계약자)의 사기 · 고의 등을 채권자(피보험자)가 알았거나 공모한 경우를 제외하고는 채무자의 고의 · 중과실을 이유로 보험자의 책임을 면할 수 없다(94다10511 판결).

그러나 이 조항은 보험계약자의 사기 또는 고의 · 중과실과 관련한 것이므로 피보험자의 사기 또는 고의 · 중과실로 인하여 사고가 발생한 경우에는 보험자가 면책을 주장할 수 있다.

V 보증보험계약의 효과

1. 계약의 요소

보증보험의 계약당사자는 보험자와 보험계약자(채무자)이며 채권자가 피보험자가 된다. 보증보험의 목적은 계약상 또는 법률상의 의무불이행으로 인한 채권자의 채권이다(보증보험의 주계약). 보증보험계약의 체결 당시에 확정된 채권 · 채무계약이 보증보험의 대상이 되는 것은 당연하며, 장래에 체결될 계약에 대해서도 보증보험을 체결할 수 있다(민법 제428조 제2항, 98다49104 판결).

2. 보증보험자의 손해보상책임

보험자는 보험기간 중에 발생한 보험계약자(채무자)의 계약상 또는 법률상의 의무불이행이라는 보험사고가 발생한 때에 피보험자(채권자)에게 발생한 손해를 보상한다(상법 제726조의5). 보험자가 보상하는 손해는 보험가입금액을 한도로 하며, 실무상 보증보험약관에서는 약정된 금액을 보장하는 경우도 있다.

보증인은 주채무자의 채권에 의한 상계로 채권자에게 대항할 수 있으므로(민법 제434조) 보증보험자는 보험계약자에 대한 채권을 상계한 이후의 차액에 대해서만 보험금지급책임을 부담한다(2000다16251 판결). 만일 피보험자(채권자)의 채권이 타인에게 양도된 경우에는 피보험자의 보험금청구권도 함께 이전된다(98다53707, 2000다70156 판결).

3. 보증보험자의 구상권

가. 보험계약자에 대한 구상권

보증보험자가 보험금을 지급한 때에는 보험계약자에 대하여 구상권을 가지며, 피보험자의 이익을 해치지 아니하는 범위 안에서 피보험자가 보험계약자에 대하여 가지는 권리를 대위한다(이행보증보험약관 제14조, 구상권약정). 구상권의 법적 성질은 민법상 수탁보증인의 구상권(민법 제441조)[03]이다. 이 구상권을 보험자대위의 일종이라고 보는 견해도 있으나 보증보험자가 보험금을 지급하게 되면 채무불이행에 따른 손해배상책임이 소멸하고 보험계약자는 원칙적으로 제3자가 아니므로 상법상 보험자대위규정(상법 제682조)으로 해석되기는 어렵다.

구상권은 보증보험자가 주채무를 변제한 경우에 적용되는 것이다. 그러므로 주채무가 성립되지 않은 상태에서 보증인이 채권자에게 보험금을 지급한 경우에는 계약자에게 구상권을 행사할 수는 없고 채권자에게 부당이득의 반환을 청구할 수 있을 뿐이다(2003다43858 판결).

나. 주계약상의 다른 보증인에 대한 구상권

동일한 주채무에 관하여 수인이 보증채무를 부담하는 경우를 공동보증이라

03 민법 제441조(수탁보증인의 구상권) ①주채무자의 부탁으로 보증인이 된 자가 과실 없이 변제 기타의 출재로 주채무를 소멸하게 한 때에는 주채무자에 대하여 구상권이 있다.

고 한다. 공동보증인 중에서 1인이 보증채무를 이행하여 다른 보증인들을 면책시킨 경우 그 보증인은 다른 보증인에게 구상권을 행사할 수 있다(민법 제448조).

보증보험계약과 주계약에 부종하는 보증계약의 법률규정 등이 상이하여 보증보험자를 주계약상의 보증인과 동일한 지위에 있는 공동보증인으로 보기 어려우므로 공동보증인 사이의 구상권(민법 제488조)이 당연히 준용되는 것은 아니라는 것이 기존의 견해(2000다55089, 99다45628 판결)였으며, 보증보험자도 주계약상의 보증인과 공동보증인의 관계에 있으므로 민법 제488조에 의하여 구상권을 행사할 수 있다는 것이 최근의 견해(2011다109586 판결)이다.

2011다109586 판결

보증보험회사인 甲이 ○○아파트 건설공사 원사업자인 乙주식회사로부터 일부 공사를 도급받은 丙주식회사와 피보험자를 乙회사로 하는 선급금 보증보험계약을 체결하였는데, 丙회사 부도로 도급공사가 중단되자 乙회사에 보험금을 지급한 후 도급계약서에 수급인의 보증인으로 기명·날인한 丁주식회사를 상대로 구상권을 행사한 사안에서, 甲회사는 丁회사에 구상권을 행사할 수 있는데도, 이와 달리 본 원심판결에 법리오해의 위법이 있다.

Ⅵ 다른 보험과의 비교

1. 신용보험

신용보험(credit insurance)이란 채무자의 채무불이행으로 인한 손해를 보상받기 위하여 채권자가 보험계약자·피보험자가 되어 보험에 가입하는 보험이다. 담보력이 부족한 개인이나 중소기업과의 상거래(신용거래, 외상)에서 채권회수를 위한 위험을 줄이고자 금융기관 등에서 주로 가입하는 보험을 말한다.

신용보험은 보증보험과 유사한 성격을 가지고 있으나, 채권자의 자기를 위한 보험이고 대수의 법칙을 적용하여 보험료를 산출할 수 있다. 이에 비하여 보증보험은 채무자가 채권자를 위하여 가입하는 보험(타인을 위한 보험)이며 보험료는 단순한 취급수수료의 형태이다.

2. 책임보험

책임보험은 가해자(또는 채무자)가 타인(또는 채권자)에게 손해를 입혀 손해배상책임을 부담하게 되는 위험을 담보하고자 가해자(또는 채무자)가 자기를 위하여 가입하는 보험이다. 그러므로 타인을 위한 보험인 보증보험과 차이가 있다.

또한 배상책임보험은 채무불이행책임뿐만 아니라 불법행위책임(제3자에 대한 책임)을 담보할 수 있지만 보증보험은 채무불이행책임(계약상 또는 법률상 책임)을 담보한다는 차이가 있다.

보험계리사 · 손해사정사 기출문제

01 보증보험에 관한 설명 중 틀린 것은? ▶27회

① 상법에는 보증보험에 관한 아무런 규정이 없다.
② 보증보험과 신용보험은 채무자의 신용을 뒷받침하는 것으로 모두 타인을 위한 보험계약의 구조를 취하고 있다.
③ 그 법적 성질은 보증성과 함께 보험성을 가지는 특수성이 인정된다.
④ 보험금을 지급한 보험자는 보증인과 마찬가지로 보험계약자에게 구상권을 가진다고 보는 것이 판례와 학설의 다수 견해이다.

해설 ① 개정 이전의 상법에서는 보증보험에 관한 규정을 두지 않고 보험업법에서 손해보험 종목의 하나로 규정하고 있었으나 개정상법(2015년 시행)은 보증보험과 관련한 규정을 두고 있다.
② 보증보험은 계약자(채무자)와 피보험자(채권자)가 서로 다른 타인을 위한 보험이지만, 신용보험은 계약자(채권자)와 피보험자(채권자)가 서로 같은 자기를 위한 보험이다.
③ 보증보험은 민법상의 보증의 성격과 보험의 성격을 함께 가진다.
④ 보증보험은 민법상 보증의 성격을 가지므로 민법과 마찬가지로 보증인(보험자)이 주채무자(보험계약자)에 대하여 구상권을 갖는다.

02 보증보험에 관하여 적용 또는 준용되는 규정이 아닌 것은? ▶39회

① 상법상 책임보험계약상 피해자의 직접청구권
② 민법상 주채무자에 대한 보험자의 구상권
③ 보험자가 행사할 민법상 변제자대위권
④ 민법상 보증인과 주채무자 간 상계권

해설 ① 보증보험의 피해자는 채권자인 피보험자이므로 피해자 직접청구권이 아닌 피보험자의 보험금청구권을 행사한다.

03 보증보험계약에 대한 설명으로 옳지 않은 것은? ▶40회

① 보증보험계약의 경우에 보험계약자가 그 타인에게 보험사고의 발생으로 생긴 손해의 배상을 한 때에는 보험계약자는 그 타인의 권리를 해하지 아니하는 범위 안에서 보험자에게 보험금액의 지급을 청구할 수 있다.
② 보증보험계약의 보험자는 보험계약자가 피보험자에게 계약상의 채무불이행 또는 법령상의 의무불이행으로 입힌 손해를 보상할 책임이 있다.

③ 보증보험계약은 그 성질에 반하지 아니하는 한 보증채무에 관한 「민법」의 규정을 준용한다.

④ 보증보험계약은 보험계약자에게 사기, 고의 또는 중대한 과실이 있는 경우에도 이에 대하여 피보험자에게 책임 있는 사유가 아닌 한 보험자는 보험금액의 지급책임을 면하지 못한다.

해설 보증보험에서는 타인을 위한 보험의 일부 규정이 적용되지 않는다. 타인의 손해를 배상한 피보험자가 보험자에게 그 보증보험금의 지급을 청구하는 것은 부당하기 때문이다.

04 보증보험에 관한 설명 중 옳지 않은 것은? ▶32회

① 대법원 판례에 의하면 '보험자'와 '보험계약자의 다른 보증인' 간의 구상에 대하여는 민법상의 공동보증인 간의 구상권에 관한 규정이 적용된다.

② 대법원 판례에 의하면 보험계약자가 보험자를 기망하고, 이에 피보험자가 공모하였거나 그 기망의 사실을 알면서도 묵인한 상태에서 보험계약이 체결된 것이 아닌 경우에는 보험자는 보험계약을 취소하거나 해지할 수 없다.

③ 보험계약자가 고의로 보험사고를 야기한 경우라도 피보험자가 공모한 바가 없었으면 보험자는 보험금지급책임을 진다.

④ 보험계약자는 피보험자와의 채무관계가 소멸하지 않은 경우에는 임의로 보험계약을 해지할 수 없다.

해설 ① 보증보험자와 주채무자의 다른 보증인과의 관계가 항상 공동보증인이 되는 것은 아니다. 기존의 판례는 이들이 공동보증인이 아니라고 하였고, 최근의 판례는 이들이 공동보증인이 될 수 있다고 하고 있으므로 견해의 차이를 보인다.
② 판례에 의하면 보증보험은 그 성질이 보증이므로 채권자의 지위를 보호할 필요가 있다고 보고 있다. 그러므로 피보험자 측의 사기 · 고의 등이 아닌 이상 보험자가 보험계약자의 사기 · 고의 또는 중과실을 이유로 임의로 계약을 해지할 수 없다.
③ 보증보험은 그 성질이 보증과 같으므로 채무자의 채무불이행의 원인을 묻지 않고 담보한다. 그러므로 채무자가 고의로 채무불이행을 한 경우에도 보험자는 보험금지급책임을 부담한다.
④ 보증보험은 타인을 위한 보험계약이므로 보험계약자의 임의해지가 제한된다.

05 보증보험에 관한 설명으로 옳지 않은 것은? (다툼이 있는 경우 판례에 의함) ▶41회

① 보증보험은 보험계약자의 계약상의 채무불이행 또는 법령상의 의무불이행으로 인하여 피보험자가 입은 손해를 담보하기 위한 보험이다.

② 보증보험은 손해보험계약의 일종이다.

③ 이행보증보험의 보험자는 민법 제434조를 준용하여 보험계약자의 채권에 의한 상계로 피보험자에게 대항할 수 있고, 그 상계로 피보험자의 보험계약자에 대한 채권이 소멸되

는 만큼 보험자의 피보험자에 대한 보험금 지급채무도 소멸된다.

④ 이행보증보험계약에 의하여 보험자가 피보험자에게 담보하는 채무이행의 내용은 채권자와 채무자 사이에서 체결된 주계약에 의하여 정하여지고 이러한 주계약을 전제로 이행보증보험계약이 성립되므로, 그 주계약은 반드시 이행보증보험계약을 체결할 당시 확정적으로 유효하게 성립되어 있어야 한다.

해설 보증보험은 주계약에 종속되는 부종성의 성격을 가진다. 그러나 보증보험계약의 체결 시에 주채무가 반드시 확정될 필요는 없고 장차 체결될 주계약을 전제로 하여 보증보험계약을 체결할 수는 있다.

06 책임보험, 보증보험, 신용보험에 관한 설명으로 틀린 것은? ▶33회

① 신용보험은 자기를 위한 보험 또는 타인을 위한 보험의 형태를 취한다.

② 보증보험은 채무자가 보험계약자가 되고 채권자가 피보험자가 된다.

③ 책임보험은 채무자(손해배상의무자)가 피보험자가 되고 채권자(손해배상청구권자)는 제3자가 된다.

④ 신용보험과 보증보험은 계약체결 시에 채권자가 특정되어 있는 반면, 책임보험은 계약체결 시에 채권자가 특정되어 있지 않다.

해설 ① 신용보험은 채권자인 계약자가 자신을 피보험자로 하는 보험으로서 항상 자기를 위한 보험이다.
④ 신용보험과 보증보험은 계약체결 시에 채무자, 채무자가 이미 정해져 있으나 책임보험은 채권자(손해배상청구권자)가 불특정되어 있다.

[정답]

01 ① ②　02 ①　03 ①　04 ①　05 ④　06 ①

PART

3 · 인보험계약

제1장 | 인보험의 기초

제2장 | 타인의 생명보험

제3장 | 타인을 위한 생명보험

제4장 | 상해 · 질병보험

CHAPTER 1 인보험의 기초

I 인보험의 의의 · 특성

1. 의의

상법

제727조【인보험자의 책임】 ① 인보험계약의 보험자는 피보험자의 생명이나 신체에 관하여 보험사고가 발생할 경우에 보험계약으로 정하는 바에 따라 보험금이나 그 밖의 급여를 지급할 책임이 있다. 〈개정 2014.3.11.〉
② 제1항의 보험금은 당사자 간의 약정에 따라 분할하여 지급할 수 있다. 〈신설 2014.3.11.〉[제목개정 2014.3.11.]

인보험계약(contract of person insurance)이란 보험자가 보험계약자로부터 보험료를 받고 피보험자의 생명이나 신체에 관한 보험사고가 발생할 경우에 보험계약으로 정하는 바에 따라 보험금이나 그 밖의 기타의 급여를 지급하기로 하는 보험계약이다(상법 제727조 제1항). 인보험의 보험금은 일시지급 또는 분할지급이 가능하다(상법 제727조 제2항).[01]

01 개정상법에서 상법 제727조 제2항을 신설한 것은 구상법 제735조의2(연금보험) 규정과 관련되어 있다. 현행 보험업법상 생명보험업과 손해보험업을 겸업할 수 없는데 생명보험회사는 기존

상법상 인보험의 종류는 생명보험과 상해보험 그리고 질병보험(2014년 개정 신설)이 있다. 보험업법상 상해 · 질병 · 간병보험으로 구분되는 제3보험은 상법상 인보험규정의 대부분이 적용된다.

2. 특성

가. 보험의 목적과 보험사고

인보험의 목적은 사람이고, 사람의 생명이나 신체에 관한 사고를 보험사고로 정하는 점에서 물건 · 재산에 생기는 사고를 보험사고로 하는 손해보험과는 다르다.

인보험 보험사고의 하나인 상해나 질병은 손해보험의 보험사고와 마찬가지로 그 발생 여부, 시기 등이 모두 불확정적이지만, 사망을 보험사고로 하는 생명보험은 그 발생시기만 확정되지 않았다는 점에서 손해보험의 보험사고와 차이가 있다.

나. 정액(正額) · 부정액(不正額)보험

인보험은 보험사고가 발생하면 계약에서 정한 일정한 보험금액을 지급하는 정액보험인 점에서 손해보험과 차이가 있다. 이런 점에서 인보험은 우연적 손실보험(contingency insurance)[02]의 하나이다. 그러나 인보험의 일종인 상해 · 질병보험에서는 손해발생액을 보상하는 부정액보험(예 실손의료보험)의 형태로

의 연금보험규정을 이유로 연금보험(분할지급)상품은 생명보험회사 고유의 상품이라고 주장하고 손해보험회사는 분할지급방식의 연금보험상품을 판매하고 있다는 이유로 구상법 제735조의2 조항의 삭제를 주장하였다. 이에 따라 2015년 시행되는 개정상법은 연금보험규정을 삭제하고 분할지급과 관련한 내용을 인보험 통칙에서 규정하게 된 것이다.

02 보험을 우연적 손실보험(contingency insurance)과 손해보상보험(indemnity insurance)으로 구분할 수 있다. 우연적 손실보험은 보험에 가입한 사건이 발생한 경우 미리 정해둔 금액을 지급하는 보험으로서 생명 · 질병 · 상해보험이 이에 속한다. 손해보상보험은 보험에 가입한 사고의 직접 결과로 입게 되는 경제적 손실에 대하여 보상하는 손해보상계약으로서 손해보험 · 보증보험 · 신용보험 등이 이에 해당한다.

도 운영된다.

다. 피보험이익

상법은 손해보험에서만 피보험이익을 규정하고 있고, 인보험에서는 피보험이익의 개념을 인정하지 않는다. 사람의 생명 또는 신체에 대하여 보험사고가 발생할 경우의 손해액의 정도나 평가를 위한 기준을 정하기 곤란하기 때문이다. 인보험에서의 피보험이익의 유무는 계약의 성립과 효력에 영향을 미치지 않지만, 인보험의 악용을 막기 위해 고의사고를 면책(상법 제732조의2)하거나 타인의 생명보험에서의 동의규정(상법 제731조), 피보험자의 제한규정(상법 제732조)을 두고 있다.

영미(英美)에서는 인보험의 경우에도 보험계약의 유효요건으로 피보험이익의 개념을 인정하고 있다. 우리나라에서도 도덕적 위험의 방지를 위하여 이를 도입하자는 견해가 있다.

라. 보험자대위

상법

제729조【제3자에 대한 보험대위의 금지】 보험자는 보험사고로 인하여 생긴 보험계약자 또는 보험수익사의 제3자에 대한 권리를 대위하여 행사하지 못한다. 그러나 상해보험계약의 경우에 당사자 간에 다른 약정이 있는 때에는 보험자는 피보험자의 권리를 해하지 아니하는 범위 안에서 그 권리를 대위하여 행사할 수 있다.

손해보험에서는 이득금지원칙의 실현을 위하여 보험자대위제도를 인정하고 있으나, 인보험은 정액보험이고 보험수익자를 보호할 필요가 있으므로 보험자대위(청구권대위)를 원칙적으로 금지한다(상법 제729조 본문).

그러나 상해보험에서 실제발생한 의료비 · 치료비 등을 지급하는 경우에는 손해보상과 다르지 않아 보험자대위를 부정할 이유가 없으므로 상법은 상해보험의 경우에 당사자 간 약정이 있는 경우에 한하여 대위권행사를 가능하게 하였다(상법 제729조 단서).

실무상 일반적인 상해보험은 대위규정을 두고 있지 않으나(2003다35215 판결) 손해보험형 상해보험인 무보험자동차 상해보험약관에서는 청구권대위규정을 두고 있다(2002다61958, 99다50699 판결).

마. 면책사유 : 중과실사고의 담보

손해보험은 보험계약자나 피보험자의 고의 · 중과실로 인한 보험사고를 면책하도록 규정하고 있지만(상법 제659조), 인보험에 있어서는 보험계약자 등의 중과실로 보험사고가 발생하더라도 보험자가 책임을 지도록 하고 있다(상법 제732조의2, 상법 제739조). 유족 등의 보험수익자를 보호하기 위한 정책적 고려의 결과이다.

3. 인보험증권의 기재사항

> 상법
>
> 제728조【인보험증권】 인보험증권에는 제666조에 게기한 사항 외에 다음의 사항을 기재하여야 한다.
>
> 1. 보험계약의 종류
> 2. 피보험자의 주소 · 성명 및 생년월일
> 3. 보험수익자를 정한 때에는 그 주소 · 성명 및 생년월일

인보험증권에는 손해보험증권의 일반적 기재사항(제666조) 외에도 i) 보험계약의 종류, ii) 피보험자의 주소 · 성명 및 생년월일, iii) 보험수익자를 정한 때에는 그 주소 · 성명 및 생년월일을 함께 기재하여야 한다(상법 제728조).

Ⅱ 생명보험

1. 의의

상법
제730조【생명보험자의 책임】 생명보험계약의 보험자는 피보험자의 사망, 생존, 사망과 생존에 관한 보험사고가 발생할 경우에 약정한 보험금을 지급할 책임이 있다. [제목개정 2014.3.11.]

생명보험계약(contract of life insurance)이란 보험자가 보험계약자로부터 보험료를 받고 피보험자의 사망, 생존, 사망과 생존에 관한 보험사고가 발생할 경우에 약정한 보험금을 지급하기로 하는 보험계약이다(상법 제730조).

기존의 상법은 양로보험(상법 제735조)과 연금보험(상법 제735조의2)을 별도로 규정하고 있었으나 이를 별도로 규정할 실익이 없으므로 상법 제730조의 인보험자의 책임에서 함께 규정하고 있다. 여기서 사망을 보험사고로 하는 보험은 실무상 종신보험, 정기보험으로 구분하며, 생존을 보험사고로 하는 보험은 연금·퇴직보험, 교육보험 등이 있다. 생존과 사망을 보험사고로 하는 보험은 보험기간 중에는 사망을 담보하고 보험기간 종료 후에 보험금액을 지급하기로 약정하는 양로보험을 말한다.

2. 종류

가. 보험사고에 따른 분류

피보험자의 사망을 보험사고로 하는 것을 사망보험이라고 하며, 일정한 시기까지 피보험자의 생존을 보험사고로 하는 것을 생존보험(예 연금, 퇴직보험), 이들이 혼합된 것을 생사혼합보험(예 양로보험)이라고 한다(상법 제730조).

나. 보험금지급방식에 따른 분류

보험사고가 발생한 때에 보험금액의 전부를 일시에 지급하는 보험(자금보험, 일시금보험)과 보험금을 연금으로 분할하여 지급하는 보험(연금보험, 구상법 제735조의2)으로 구분한다(상법 제727조 제2항).

다. 피보험자의 수에 따른 분류

피보험자가 1인인 보험을 단생보험(單生保險, 개인보험)이라고 하며, 피보험자가 복수인 보험을 연생보험(連生保險)이라고 한다. 한편, 회사나 공장 등 단체의 구성원 전부 또는 일부를 일괄하여 피보험자로 한 것을 단체보험이라고 한다(상법 제735조의3 제1항).

라. 계약자와 피보험자 · 수익자와의 관계에 따른 분류

보험계약자와 피보험자가 동일한 경우를 '자기의 생명보험'이라고 하며, 보험계약자가 타인을 피보험자로 한 경우를 '타인의 생명보험'이라고 한다(상법 제731조). 또한 보험계약자와 보험수익자가 동일한 경우를 '자기를 위한 생명보험'이라고 하며, 다른 경우를 '타인을 위한 생명보험'이라고 한다.

마. 신체검사 유무에 따른 분류

보험계약의 체결에 있어서 피보험자의 신체검사를 필요로 하는 경우를 유진사보험(有診査保險)이라고 하며, 신체검사를 하지 않는 경우를 무진사보험(無診査保險)이라고 한다. 건강상태를 기초로 위험률을 산정하는 생명보험의 특성상 유진사보험의 형태로 운영되지만, 보험금액이 낮거나 위험률이 적은(어린이 등) 경우에는 무진사보험으로 운영되기도 한다.

Ⅲ 생명보험계약의 주요사항

1. 사망보험금청구권의 법적 성질

생명보험에서의 수익자가 '상속인'이라고 추상적으로 기재된 경우에 보험금청구권의 의미는 상속재산이 아니라 상속인의 고유재산이다(고유재산설 : 통설, 2001다65755, 2000다64502 판결).[03] 보험계약자가 보험수익자의 지정권을 행사하기 전에 보험사고가 발생하여 상법 제733조에 의하여 피보험자의 상속인이 보험수익자가 되는 경우에도 마찬가지다(2003다29463 판결).

이와 비교하여 계약자가 피보험자를 수익자로 지정한 생명보험계약에서 피보험자가 사망하게 되면 피보험자의 상속인이 보험수익자가 되는데 이 경우의 보험금청구권은 상속재산이라는 견해(2000다38848 판결)가 있다.[04]

2. 면책사유

가. 고의사고

생명보험도 보험계약법 제1장 통칙이 적용되므로 보험사고가 계약자 또는

03 이들 판결에서는 수익자를 '상속인'으로 지정할 경우에 보험금청구권이 일단 피보험자에게 귀속되어 상속재산을 형성하였다가 상속인에게 이전되는 것이 아니라, 장래에 발생할 수익자를 특정하는 방법으로서의 표시라고 해석함이 타당하다는 것이다. 따라서 보험금청구권은 상속인의 고유재산이지만, 상속세 과세대상으로서의 상속재산에는 해당하는 것으로 본다(간주상속재산, 상속상속세 및 증여세법 제8조).

04 그러나 피보험자를 보험수익자로 지정하더라도 결국은 피보험자의 상속인에게 보험금청구권이 귀속되는 것이 당연하므로 오히려 보험사고발생 시 피보험자의 상속인을 보험수익자로 하고자 하는 묵시의 의사가 있는 것으로 이해할 수 있다는 점, 상법 제733조 제4항에서 보험계약자가 보험수익자의 지정권을 행사하기 전에 보험사고가 생긴 경우에는 피보험자의 상속인을 보험수익자로 보고 있는 점에 비추어 볼 때, 피보험자의 상속인이 보험금청구권을 취득하는 경우에도 상법의 규정에 의하여 원시취득하는 것으로 보고 사망한 피보험자(보험수익자)의 지위와는 상관없이 상속인 그 자신의 고유한 권리가 된다고 보는 고유재산설이 타당한 것으로 보인다.

피보험자나 보험수익자의 고의로 인하여 생긴 때에는 보험자가 보험금지급책임을 면한다(상법 제659조 제1항, 2005다49713 판결).[05]

보험사고의 원인이 다수인 경우에 보험자가 피보험자 등의 고의를 이유로 면책하기 위해서는 고의가 보험사고발생에 결정적인 원인(2003다26075 판결)이어야 하며, 당초부터 오로지 보험사고를 가장하여 보험금을 취득할 목적으로 생명보험계약을 체결할 경우에는 사회질서에 위반되는 법률행위로서 무효이다(99다49064 판결).

사망보험에서 피보험자의 자살(自殺)은 고의사고에 해당하지만 피보험자가 정신질환 등으로 자유로운 의사결정을 할 수 없는 상태에서 사망하게 된 경우(自死)는 고의사고로 보지 않고 보험자가 사망보험금의 지급책임을 부담한다(2005다49713 판결). 그러므로 부부싸움 중 극도의 흥분상태에서 베란다에서 뛰어내린 경우(2005다49713 판결)와 술에 심하게 취하여 베란다에서 뛰어내린 경우(2007다76696 판결)에는 피보험자의 고의로 인한 사고가 아니므로 보험자가 보험금지급책임을 진다.[06]

2005다49713 판결 등

상법 제659조 제1항은 보험사고가 보험계약자 또는 피보험자나 보험수익자의 고의 또는 중대한 과실로 인하여 생긴 때에는 보험자는 보험금액을 지급할 책임이 없다고 규정하고, 상법 제732조의2는 사망을 보험사고로 한 보험계약에서 사고가 보험계약자 또는 피보험자나 보험수익자의 중대한 과실로 인하여 생긴 경우에도 보험자는 보험금액을 지급할 책임을 면하지 못한다고 규정하고 있으므로 위 규정에 따르면 사망을 보험사고로 하는 보험계약에 있어서도 피보험자 등의 고의로 인하여 사고가 생긴 경우에 보험자는 보험금을 지급할 책임이 없다고 할 것인바, 이는 피보험자가 고의에 의하여 보험사고를 일으키는 것은 보험계약상의 신의성실의 원칙에 반할 뿐만 아니라, 그러한 경우에도 보험금이 지급된다고 한다면 보험계

05 그러나 실무상 생명보험약관에서는 보험계약일로부터 2년이 경과한 생명보험계약에 대해서는 피보험자의 고의로 인한 사고에도 불구하고 보험금지급책임을 부담하도록 하고 있다.

06 이와 관련하여 실무약관은 "피보험자가 심신상실 등으로 자유로운 의사결정을 할 수 없는 상태에서 자신을 해친 경우"를 보험금지급사유로 명시하고 있다. 만일 계약자가 피보험자를 대상으로 종신보험 1억원, 재해사망특약 1억원, 질병사망특약 1억원을 가입하였고 피보험자가 위와 같이 사망한 경우에 보험자는 일반사망보험금(종신보험) 1억원과 재해사망보험금(상해사망보험) 1억원을 보험수익자에게 지급하여야 한다.

약이 보험금 취득 등 부당한 목적에 이용될 가능성이 있기 때문이다.

상법 제659조 제1항 및 제732조의2의 입법 취지에 비추어 볼 때, 사망을 보험사고로 하는 보험계약에 있어서 자살을 보험자의 면책사유로 규정하고 있는 경우, 그 자살은 사망자가 자기의 생명을 끊는다는 것을 의식하고 그것을 목적으로 의도적으로 자기의 생명을 절단하여 사망의 결과를 발생케 한 행위를 의미하고, 피보험자가 정신질환 등으로 자유로운 의사결정을 할 수 없는 상태에서 사망의 결과를 발생케 한 경우까지 포함하는 것이라고 할 수 없을 뿐만 아니라, 그러한 경우 사망의 결과를 발생케 한 직접적인 원인행위가 외래의 요인에 의한 것이라면 그 보험사고는 피보험자의 고의에 의하지 않은 우발적인 사고로서 재해에 해당한다.

그러므로 부부싸움 중 극도의 흥분되고 불안한 정신적 공황상태에서 베란다 밖으로 몸을 던져 사망한 경우, 위 사고는 자유로운 의사결정이 제한된 상태에서 망인이 추락함으로써 사망의 결과가 발생하게 된 우발적인 사고로서 보험약관상 보험자의 면책사유인 '고의로 자신을 해친 경우'에 해당하지 않는다(2005다49713 판결). 또한 보험계약의 피보험자가 술에 취한 나머지 판단능력이 극히 저하된 상태에서 신병을 비관하는 넋두리를 하고 베란다에서 뛰어내린다는 등의 객기를 부리다가 마침내 음주로 인한 병적인 명정으로 인하여 심신을 상실한 나머지 자유로운 의사결정을 할 수 없는 상태에서 충동적으로 베란다에서 뛰어내려 사망한 사안에서, 이는 우발적인 외래의 사고로서 보험약관에서 재해의 하나로 규정한 '추락'에 해당하여 사망보험금의 지급대상이 된다(2007다76696 판결).

나. 다수의 수익자 중 일부 수익자의 고의사고

상법

제732조의2【중과실로 인한 보험사고 등】 ② 둘 이상의 보험수익자 중 일부가 고의로 피보험자를 사망하게 한 경우 보험자는 다른 보험수익자에 대한 보험금지급책임을 면하지 못한다. [전문개정 2014.3.11.]

인보험의 보험수익자가 다수인 경우 그 중에 일부에 의하여 보험사고가 발생하였다면 보험사고의 우연성(상법 제644조)을 만족하지 않으므로 보험자의 보험금지급책임은 발생하지 않는다(상법 제659조 제1항). 그러나 개정상법은 둘 이상의 보험수익자 중 일부가 피보험자를 사망하게 한 경우 보험자가 다른 보험수익자에 대한 보험금지급책임만은 부담하도록 정하였다.

이 조항은 악의의 수익자에 대해서만 면책을 적용하고 선의의 수익자는 보호하기 위한 것으로서 기존의 생명보험 · 제3보험 표준약관에서 정하던 것을

상법으로 인정한 것이다.[07]

다. 중과실사고

상법

제732조의2【중과실로 인한 보험사고 등】 ① 사망을 보험사고로 한 보험계약에서는 사고가 보험계약자 또는 피보험자나 보험수익자의 중대한 과실로 인하여 발생한 경우에도 보험자는 보험금을 지급할 책임을 면하지 못한다.

생명보험은 보험계약자 등의 중과실로 인한 사고가 발생한 경우에도 보험금을 지급하도록 규정하고 있으며(상법 제732조의2), 이 규정은 상해보험과 질병보험에도 준용된다(상법 제739조, 제739조의3).

그러므로 생명보험약관에서 고의뿐만 아니라 중과실로 해석되는 행위까지도 면책하도록 정한 경우에 그 조항은 무효이며(2009다38438 판결), 자동차상해보험에서 중대한 과실로 해석되는 음주 · 무면허사고(89다카1759 판결)를 면책하도록 정한 약관조항도 무효이다(98다26910, 97다27039 판결).

2009다38438 판결

상법 제732조의2, 제739조, 제663조의 규정에 의하면, 사망이나 상해를 보험사고로 하는 인보험에 있어서는 당해 보험계약의 면책약관이 보험사고가 전체적으로 보아 고의로 평가되는 행위로 인한 경우뿐만 아니라 과실(중대한 과실 포함)로 평가되는 행위로 인한 경우까지 보상하지 아니한다는 취지의 면책약관은 과실로 평가되는 행위로 인한 사고에 관한 한 무효라고 보아야 한다. 그러므로 종신보험의 재해사망특약에서 한국표준질병 · 사인분류(KCD)상 S00~Y84에 해당하는 우발적인 외래의 사고를 보장대상이 되는 재해로 규정한 다음 그 중 고의적 자해(X60~X84)를 보험금을 지급하지 아니하는 재해로 규정한 사안에서, 피보험자가 의도적인 자해에 의한 중독 또는 손상으로 인하여 사망함으로써 피보험자의 사인이 위 고의

07 이 규정으로 인하여 보험자는 고의사고를 발생시킨 보험수익자에 대하여만 책임을 면한다. 예를 들어 甲을 피보험자로 하고 보험수익자를 '법정상속인'으로 정한 사망보험계약(3.5억원)에서 甲의 가족으로는 배우자 乙, 아들 丙, 딸 丁이 있다고 할 때 딸 丁이 아버지인 甲을 살해하였다면, 보험자는 딸 丁에 대한 보험금 1억원에 대하여는 보험금지급책임이 없고, 배우자 乙에 대한 1.5억원, 아들 丙에 대한 1억원의 보험금지급책임을 부담할 뿐이다.

적 자해로 분류되더라도 피보험자에게 사망에 대한 고의가 없었던 경우에는 보험사고가 전체적으로 보아 고의로 평가되는 행위로 인한 사고가 아니므로 그 경우에 관한 한 면책약관은 무효이다.

그러므로 평소 부탄가스를 흡인한 경험이 있던 피보험자가 술에 취한 상태에서 스스로 부탄가스를 흡인하다가 사망한 사례에서 그 사인이 KCD상 X67(기타 가스 및 휘발성 물질에 의한 자의의 중독 및 노출)에 해당한다 하더라도 피보험자가 사망이라는 결과를 의도하지 않았다면 그 사망이 전체적으로 보아 고의로 평가되는 행위로 인한 것이라 할 수 없다.

3. 생명보험에서의 무효

상법은 보험계약의 일반적인 무효사유 외에도 생명보험에서의 무효규정을 별도로 규정하고 있다.

가. 동의 없는 타인의 생명보험

계약의 체결 시에 피보험자의 서면 동의 없는 타인의 생명보험은 단체보험이 아닌 한 무효이다(상법 제731조).

나. 15세 미만자 등의 사망보험

상법

제732조【15세 미만자 등에 대한 계약의 금지】 15세 미만자, 심신상실자 또는 심신박약자의 사망을 보험사고로 한 보험계약은 무효로 한다. 그러나 심신박약자가 보험계약을 체결하거나 제735조의3에 따른 단체보험의 피보험자가 될 때에 의사능력이 있는 경우에는 그러하지 아니하다. 〈개정 1991.12.31., 2014.3.11.〉

(1) 의의

상법은 15세 미만자, 심신상실자 또는 심신박약자의 사망을 보험사고로 한 보험계약을 무효로 한다(상법 제732조). 정신능력, 판단능력, 의사결정능력이 완전하지 않는 자를 보호하고 생명보험의 악용과 도박화를 막기 위한 규정이다. 여기서 '사망을 보험사고로 한 보험'은 사망보험에 국한하지 않으므로 이 규정은 종신 · 정기보험과 같은 순수한 사망보험뿐만 아니라 상해로 인한 사망을 담보하는 상해사망보험, 질병으로 인한 사망을 담보하는 질병사망보험에도 적용된다.

만일 15세 미만자의 사망보험계약에 사망담보 이외의 상해후유장해, 입원일당 등의 특약이 있는 경우에는 사망을 보험사고로 하는 부분만 무효이다(2011다9068 판결).

(2) 15세 미만자

이 규정에서 말하는 15세 미만자를 정할 때에는 보험계약의 체결 당시를 기준으로 하며, 보험약관상 '보험나이'규정이 있다고 해도 '실제 만 나이'를 기준으로 한다. 15세 미만자의 사망을 보험사고로 한 보험은 그 계약이 성립한 때부터 확정적 무효가 되므로, 보험계약자가 그 사실을 모르면서 보험료를 계속 지급한 상태에서 피보험자가 15세 이상으로 된 이후 보험사고가 발생하였다고 해도 보험자의 보험금지급책임은 발생하지 않는다.

(3) 심신상실자, 심신박약자

상법은 심신상실자와 심신박약자에 대하여 정의하지 않는다. 이들을 구별할 때에는 '사물을 변별할 능력이나 의사결정능력'을 기준으로 판단하고(2002나784 판결) 민법상 한정치산 · 금치산선고(구민법) 또는 피성년후견인 · 피한정후견인(민법 제15조, 제16조)이 되었다는 사실만으로 당연히 심신상실 · 박약자가 되는 것은 아니다.

(4) 의사능력이 있는 심신박약자

기존의 상법은 심신상실 · 박약자의 보험계약을 무효로 하고 있었으므로 정신장애인은 그 장애의 정도와 관계없이 생명보험계약을 체결할 수 없었다. 그러나 개정상법은 심신박약자 본인이 직접 보험계약을 체결할 때 또는 단체보험의 피보험자가 될 때에 의사능력이 있다고 인정되면 생명보험계약의 피보험자가 될 수 있도록 하였다(상법 제732조 단서).

개정상법을 통해 경제활동을 통하여 가족을 부양하거나 생계를 보조하는 심신박약자가 생명보험계약에 가입할 수 있게 됨으로써 그 유족의 생활안정을 도울 수 있게 된 것이다.

4. 보험료적립금의 반환

상법

제736조【보험적립금반환의무 등】 ① 제649조, 제650조, 제651조 및 제652조 내지 제655조의 규정에 의하여 보험계약이 해지된 때, 제659조와 제660조의 규정에 의하여 보험금액의 지급책임이 면제된 때에는 보험자는 보험수익자를 위하여 적립한 금액을 보험계약자에게 지급하여야 한다. 그러나 다른 약정이 없으면 제659조 제1항의 보험사고가 보험계약자에 의하여 생긴 경우에는 그러하지 아니하다. ② 삭제

가. 의의

일반적인 보험계약이 해지되면 미경과보험료를 반환한다(상법 제649조 제3항). 그러나 생명보험은 장기계약으로서 위험의 보장 외에도 장기간 납입한 보험료적립금을 운용하여 보험계약자에게 돌려주는 저축으로서의 기능을 하는 경우가 흔하므로 생명보험계약이 해지되거나 면책된 때에는 보험수익자를 위하여 적립한 금액(예 책임준비금 또는 해지환급금)을 반환한다.

나. 지급사유

상법상 보험료적립금 반환의 대상이 되는 경우는 보험계약자의 임의해지(제649조), 초회보험료의 미납으로 인한 해제 · 계속보험료 미납으로 인한 해지(제650조), 고지의무 · 위험변경통지의무 · 위험유지의무 위반으로 인한 해지(제

651조 내지 제653조) 그리고 면책사유(제659조, 660조)에 해당하는 보험사고로 보험자가 면책된 경우이다.

그러나 약관에 다른 약정이 없는 한 보험사고가 보험계약자의 고의 · 중과실에 의하여 생긴 경우(상법 659조)에는 보험자가 보험료적립금의 반환의무를 부담하지 않는다. 그러나 피보험자, 보험수익자의 고의 · 중과실로 인한 사고일 경우에는 여전히 보험료적립금반환의무를 부담한다.[08]

다. 지급대상과 소멸시효

보험료적립금은 보험계약자에게 지급하여야 한다. 보험계약자가 가지는 보험료적립금청구권의 소멸시효는 3년이다(상법 제662조).

라. 해지환급금(보험료적립금)의 압류가능 여부

보험계약의 해지환급금채권은 조건부 권리이지만 금전지급을 목적으로 하는 재산적 권리이므로 압류 및 추심명령의 대상이 된다(2007다26165 판결). 그러므로 판례는 그 해지환급금이 압류금지재산이 아닌 이상 채권자의 신청에 따른 강제집행 및 담보권실행으로 채무자의 해지환급금을 압류할 수 있으며, 국세 및 지방세 체납처분절차에 따라 해지환급금을 압류할 수도 있다(민사집행법 제246조, 국세징수법 제31조).

그러나 이 경우 보험수익자가 계약의 해지를 피할 수 없게 되어 불이익한 처지에 놓일 수 있으므로 생명보험 · 제3보험약관은 보험수익자가 강제집행으로 해지된 계약을 부활할 수 있도록 정하고 있다.

08 이 조항에도 불구하고 현재의 생명보험약관은 계약자 · 피보험자 · 수익자의 고의로 사고가 발생한 경우 모두 해지환급금을 지급하도록 정하고 있다.

5. 관련문제 : 보험계약대출

생명보험 · 제3보험약관에서는 보험계약자가 해지환급금의 범위 내에서 대출을 받을 수 있도록 정하고 있다(보험계약대출, 약관대출). 이 대출의 법적 성질에 대하여 학설은 민법상 금전소비대차의 일종이라는 견해와 보험금 또는 해지환급금의 선급금이라는 견해로 나뉘고 있으나 법원에 의하면 이 대출은 보험금 또는 해지환급금의 선급금에 해당한다(2005다15598 전원합의체 판결, 다수의견의 견해).

보험계리사 · 손해사정사 기출문제

01 생명보험이 정액보험으로 되는 이유로서 가장 옳은 설명은? ▸25회

① 사망은 발생 여부는 확실해도 발생시기가 불확실하기 때문이다.
② 자살한 경우 그 고의를 입증하기가 어렵기 때문이다.
③ 사망으로 인한 손해액을 산정하기가 어렵기 때문이다.
④ 사망자의 유족을 보호하기 위해서이다.

해설 생명보험은 피보험자의 사망으로 인하여 발생하는 이해관계자의 경제적 이해관계를 객관적으로 측정하기 어렵다. 뿐만 아니라 인간의 존엄성에 비추어 볼 때 피보험자의 경제적인 가치의 감소를 산정하는 것이 쉽지 않다.

02 상법상 인보험에 대해서는 피보험이익이 인정되지 않는다는 견해의 근거가 되는 것은? ▸32회

① 피보험이익은 금전산정가능성이 있어야 하기 때문이다.
② 피보험이익은 보험계약의 동일성을 구별하는 기준이 되어야 하기 때문이다.
③ 피보험이익은 보험계약 체결 당시 확정되지 아니하여도 되기 때문이다.
④ 피보험이익은 주관적인 면이 있기 때문이다.

해설 ① 사람의 가치를 금전적으로 산정하는 것이 어렵기 때문이다.
④ 사람의 가치에 대한 평가는 사람마다 다를 수 있으나 피보험이익은 객관적으로 측정가능한 이익만을 대상으로 하므로 인보험에서는 피보험이익을 인정할 수 없다.

03 손해보험과 인보험 양쪽에 모두 존재하는 것은? ▸36회

① 피해자의 직접청구권　　② 보험수익자
③ 타인의 보험　　④ 부정액보험(不定額保險)

해설 ① 피해자직접청구권은 배상책임보험에서만 인정된다.
② 보험수익자의 개념은 인보험에서만 인정된다.
③ 타인의 보험은 생명보험에서만 인정하는 개념이다. 타인의 생명보험이란 보험계약자와 피보험자가 서로 다른 생명보험계약을 말한다.
④ 부정액보험이란 계약 당시에 정하여진 금액을 보험금으로 지급하는 것이 아니라 손해액에 따라 보험금액이 달라지는 보험으로서 손해보험의 개념이지만 인보험 중에서 상해의료비보험 등은 부정액보험에 해당한다.

04 인보험에 대한 설명 중 옳은 것은? (다툼이 있는 경우 판례에 의함) ▶36회

① 인보험계약의 보험사고는 사람에 대하여 발생하는 우연한 사고이며 사고발생의 객체는 사람이며 그 보험에 붙여진 자가 보험수익자이다.

② 상법에는 인보험계약의 하부에 생명보험과 질병보험을 귀속시키고 있다.

③ 인보험계약에서는 계약에서 정하는 바에 따라 보험금액은 연금식으로 지급하는 것만이 인정된다.

④ 인보험계약에 의하여 담보되는 보험사고의 우발성과 외래성 및 상해 또는 사망이라는 결과 사이의 인과관계에 관해서는 보험금청구자에게 그 증명책임이 있다.

해설 ① 인보험의 사고도 상법 제644조가 적용되는 우연한 사고이다. 다만 사고발생의 객체는 사람으로서 그 보험에 붙여진 자를 피보험자라고 한다.
② 현행 상법은 제4편 제3장에서 인보험에 대하여 다루면서 제2절 생명보험, 제3절 상해보험, 제4절 질병보험을 하부에 두고 있다.
③ 인보험의 보험금지급방식은 연금방식으로도 지급이 가능하다.
④ 보험사고와 사망 사이의 인과관계의 입증은 보험계약자 측(보험수익자)에서 부담한다.

05 당연 무효인 보험계약은? ▶36회

① 심신박약자의 생사혼합보험계약

② 심신상실자를 피보험자로 한 생존보험계약

③ 13세 미성년자를 피보험자로 하는 상해보험계약

④ 17세의 미성년자가 법정대리인의 동의를 얻지 아니하고 자신의 사망을 보험사고로 하여 직접 체결한 보험계약

해설 ① 심신박약자의 생사혼합보험은 사망을 보험사고로 하고 있으므로 무효이다. 다만, 현행상법상 계약체결 시에 심신박약자에게 의사능력이 있는 경우에는 무효가 아니며, 생사혼합보험 중에서 생존을 담보로 하는 부분은 유효이므로 문제상의 오류가 있다.
② 심신상실자의 생존보험은 사망을 보험사고로 하지 않으므로 유효이다.
③ 13세 미성년자를 피보험자로 하는 상해보험은 유효이다. 다만, '상해로 인한 사망'을 담보하는 상해사망보험은 무효이다.
④ 미성년자가 법정대리인의 동의 없이 법률행위를 한 경우에 그 행위는 취소할 수 있다(민법 제5조). 이 사례에서는 17세 이상의 미성년자이므로 상법상 무효사유에 해당하지 않는다.

06 생명보험 또는 상해보험에 관한 대법원 판례의 견해가 아닌 것은? ▶28회

① 피보험자가 보험사고 발생 시 심신미약의 상태에 있었다면 피보험자의 고의로 인한 사고에 해당하지 않는다.

② 타인의 상해보험에서 피보험자의 서면동의는 계약체결 시까지 이루어져야 하고, 계약체결 후의 서면추인은 인정되지 않는다.

③ 당초부터 오로지 보험사고를 가장하여 보험금을 취득할 목적으로 체결한 생명보험계약의 효력은 무효이다.

④ 심신박약자이기는 하지만 법원으로부터 한정치산선고를 받지 아니한 자를 피보험자로 하는 사망보험계약은 유효하다.

해설 ① 심신미약이란 시비(是非)를 구별하고 그에 따라 행동하는 능력이 상당히 감퇴되어 있는 상태로서 민법상의 심신박약과 크게 다르지 않다. 또한 고의란 어떠한 행위를 했을 때 어떠한 결과가 발생하는지 알면서 이를 감행하거나 용인하는 행위에 해당한다. 피보험자가 심신미약상태에서 한 행위는 행위의 결과를 인식하면서 행한 것으로 볼 수 없으므로 보험자는 피보험자의 고의면책을 적용할 수 없다.

② 타인의 생명보험에서 서면동의를 정하고 있는 규정은 강행법규로서 계약체결 시까지 이뤄져야 하며, 계약 이후에 추인할 수 없다.

③ 처음부터 보험금을 부당편취할 목적으로 체결한 생명보험계약은 공서양속에 반하는 행위로서, 민법 103조에 위배되는 무효인 행위이다.

④ 법원으로부터 한정치산, 금치산의 선고를 받지 않은 자라고 해도 상법상 정하고 있는 심신박약, 심신상실자에 해당할 수 있다.

07 인보험에 관한 설명으로 옳지 않은 것은? (다툼이 있는 경우 판례에 의함) ▸40회

① 보험계약의 체결 시에 보험자가 특정 약관조항에 대한 설명의무를 위반하여 해당 약관조항이 배제되고 나머지 부분으로 계약이 존속하게 된 경우에 보험계약의 내용은 나머지 부분의 보험약관에 대한 해석을 통하여 확정되어야 하고, 만일 보험계약자가 확정된 보험계약의 내용과 다른 내용을 보험계약의 내용으로 주장하려면 보험자와의 사이에 다른 내용을 보험계약의 내용으로 하는 합의가 있었다는 사실을 증명해야 한다.

② 피보험자가 사고로 추간판탈출증을 입고, 그 외에 신경계 장애인 경추척수증 및 경추척수증의 파생 장해인 우측 팔, 우측 손가락, 좌측 손가락의 각 운동장해를 입은 사건에서, 위 사고로 인한 피보험자의 후유장해지급률은 우측 팔, 우측 손가락 및 좌측 손가락 운동장해의 합산지급률과 신경계 장해인 경추척수증의 지급률 중 더 높은 지급률을 구한 다음, 그 지급률에 추간판탈출증의 지급률을 합하여 산정해야 한다.

③ 생명보험계약을 체결한 보험계약자이자 피보험자가 계약의 책임개시일로부터 2년 후 자살 후 보험수익자가 재해사망특약에 기한 보험금지급청구를 한 경우, 보험자가 특약에 기한 재해사망보험금 지급의무가 있음에도 지급을 거절하였다면, 보험수익자의 재해사망보험금청구권이 시효의 완성으로 소멸하였더라도 보험자의 소멸시효 항변은 권리남용에 해당한다.

④ 보험금을 지급하지 않는 경우의 하나로 "피보험자가 고의로 자신을 해친 경우. 그러나 피보험자가 정신질환상태에서 자신을 해친 경우와 계약의 책임개시일로부터 2년이 경과된 후에 자살하거나 자신을 해침으로써 제1급의 장해상태가 되었을 때는 그러하지 아니하다"라고 규정한 약관조항과 관련하여, 위 조항은 고의에 의한 자살 또는 자해는 원칙적

으로 재해사망특약의 보험사고인 재해에 해당하지 않지만, 예외적으로 단서에 정하는 요건에 해당하면 이를 보험사고에 포함시켜 보험금지급사유로 본다는 것이다.

해설 시효완성의 주장은 신의성실원칙에 반하는 특별한 사정이 없는 이상 권리남용에 해당하지 않는다.

08 다음 중 피보험자의 자격제한에 대한 설명으로 옳지 않은 것은? ▶38회

① 손해보험의 피보험자는 보험의 목적에 대하여 피보험이익을 가지는 자라면 자연인이든 법인이든 관계없다.

② 사망보험에서는 자기의 사망보험인 경우에도 피보험자가 15세 미만자, 심신상실자인 경우 효력이 없다.

③ 사망보험계약 체결 당시 피보험자가 15세 미만이었다면, 비록 보험사고발생 시에 15세 이상이었다 할지라도 보험계약은 무효이다.

④ 상법상의 준용규정에 따라 사망보험에 있어서의 피보험자에 대한 자격제한은 상해보험의 경우에도 해당된다.

해설 ① 손해보험의 피보험자는 피보험이익만 있다면 원칙적으로 제한이 없다.
② 15세 미만자, 심신상실자, 심신박약자의 사망보험은 어떠한 경우에도 무효이다.
③ 15세 미만자의 사망담보무효는 계약체결 시를 기준으로 하므로 사고발생 시에 15세 이상이 되었더라도 여전히 무효이다.
④ 상해보험은 15세 미만자 등의 사망담보무효규정이 적용되지 않는다. 다만, 상해사망보험은 그 본질이 상해보험이 아닌 사망보험에 해당하므로 여전히 무효규정이 적용된다.

09 甲은 배우자 乙을 피보험자로, '상속인'을 보험수익자로 하여 보험자 丙과 생명보험계약을 체결하였다. 그 후 甲은 乙을 살해하였다. 이 경우에 관한 설명 중 옳은 것은? (다툼이 있는 경우 판례에 의함) ▶43회

① 甲이 보험수익자를 '상속인'과 같이 추상적으로 지정하는 경우에는 보험수익자의 보험금청구권은 상속재산이나, 상속인 중 일부를 구체적으로 성명을 특정하여 지정하는 경우에는 고유재산이 된다.

② 丙은 甲을 포함한 모든 상속인에게 보험금전액을 지급하여야 한다.

③ 丙은 지급보험금의 범위 내에서 甲에 대하여 보험대위를 행사할 수 있다.

④ 丙은 甲을 제외한 나머지 상속인에 대한 보험금지급책임을 면하지 못한다.

해설 보험금청구권은 원칙적으로 고유재산이므로 보험수익자 중에 일부의 고의에 의하여 보험사고가 발생한 경우에 보험자는 선의의 보험수익자에 대한 보험금지급책임을 여전히 부담한다.

10 **다음은 생명보험계약 보험자에게 부과한 의무의 내용이다. 상법이 규정하고 있는 의무에 해당하지 않는 것은?** ▶31회

① 보험금액지급의무
② 보험증권교부의무
③ 보험증권대부의무
④ 보험료적립금반환의무

해설 상법에서는 보험증권대부의무(또는 보험계약대출)에 대한 언급이 없고, 이 의무는 생명보험 · 제3보험약관에서 정하는 의무일 뿐이다.

11 **대법원 전원합의체의 약관대출에 대한 설명으로 옳은 것은?** ▶40회

① 대출금에 대하여 이자계산이 이루어지고 보험기간 내에 변제가 이루어지므로 특수한 금전소비대차계약이다.
② 대출금의 경제적 실질은 보험자가 장차 지급하여야 할 보험금이나 해약환급금을 미리 지급하는 것이므로 선급에 해당한다.
③ 보험계약자를 대상으로 이루어지지만 모든 보험계약자가 약관대출을 실행하는 것은 아니므로 보험계약과는 별개의 독립된 계약이다.
④ 상법의 규정보다 엄격한 대출 및 상환조건을 약관에서 정하는 경우 보험계약자에게 불이익변경이 될 수 있다.

해설 보험계약대출조항은 보험계약과 별개의 독립된 계약이 아니다. 그 법적 성질은 해약환급금을 미리 지급하는 선급금과 같은 성격이므로 상계가 아니다.

[정답]
01 ③ 02 ④ 03 ④ 04 ② ④ 05 ① 06 ④ 07③ 08 ④ 09 ④ 10 ③ 11 ②

CHAPTER 2

타인의 생명보험

I 의의

상법

제731조【타인의 생명의 보험】 ① 타인의 사망을 보험사고로 하는 보험계약에는 보험계약 체결 시에 그 타인의 서면에 의한 동의를 얻어야 한다.

② 보험계약으로 인하여 생긴 권리를 피보험자가 아닌 자에게 양도하는 경우에도 제1항과 같다

타인의 생명보험계약이란 보험계약자가 타인을 피보험자로 하여 체결하는 사망보험계약을 말한다. 보험계약자와 피보험자가 동일한 자기의 생명보험과 구별된다.

제3자가 타인의 동의를 받지 않고 타인을 보험계약자 및 피보험자로 하여 체결한 생명보험계약은 보험계약자 명의에도 불구하고 실질적으로는 타인의 생명보험계약에 해당한다(2009다74007 판결).

Ⅱ 타인의 생명보험계약의 제한

타인의 생명보험을 제한 없이 인정할 경우에는 보험이해관계자가 보험금을 목적으로 피보험자를 살해할 우려가 있다. 그러므로 타인의 생명보험의 경우에는 피보험자의 서면동의가 필요하고, 동의 없이 체결된 사망보험계약은 무효이다(동의주의, 상법 제731조 제1항).

타인의 생명보험에서 동의주의를 취한 상법의 입법취지는 도박보험의 위험성과 피보험자 살해의 위험성 외에도 피해자의 동의를 얻지 않고 타인의 사망을 사행계약상의 조건으로 삼는 데서 오는 공서양속 침해의 위험성을 배제하기 위한 것이다(98다24563 판결).

Ⅲ 피보험자의 서면동의

1. 동의가 필요한 경우

타인의 생명보험에 있어서 피보험자의 동의가 있어야 하는 경우는 다음과 같다.

가. 보험계약의 체결

보험계약자가 타인의 사망을 보험사고로 하는 보험계약을 체결할 경우에는 피보험자의 서면에 의한 동의를 얻어야 한다(상법 제731조 제1항). 생존보험을 제외한 생사혼합보험에서도 이 규정을 준용한다. 생존보험에서 동의를 필요로 하지 않는 이유는 생존보험의 납입한 보험료의 총액과 보험금액의 차이가 크지 않으므로 보험이 도박·투기로 악용될 우려가 적기 때문이다.

그러나 사망보험 또는 생사혼합보험이라고 해도 단체보험의 경우에는 동의가 없어도 계약이 유효하다(상법 제735조의3 제1항).

나. 보험계약으로 생긴 권리의 양도

피보험자의 동의를 얻어 성립된 보험계약상의 권리, 즉 보험수익자의 권리를 피보험자가 아닌 제3자에게 양도하는 경우에도 피보험자의 동의가 필요하다(상법 제731조 제2항). 보험수익자의 변경과 다름없기 때문이다.

다. 보험수익자의 지정 · 변경

타인의 생명보험계약이 성립한 후 보험수익자를 새롭게 지정 · 변경하는 경우에도 피보험자의 동의가 필요하다(상법 제734조 제2항). 그러나 피보험자를 보험수익자로 지정 · 변경하는 경우에는 피보험자의 동의가 필요 없다고 해석된다.

2. 피보험자의 동의

가. 동의의 성질

피보험자의 동의는 그 보험계약에 이의가 없다는 것을 나타내는 의사표시로서 그 법적 성질은 준법률행위(準法律行爲)이다. 동의는 당사자 간의 특약으로도 배제할 수 없는 강행법으로서의 성질이 있으며, 계약의 성립요건이 아니라 효력발생요건이 된다.

나. 동의의 상대방

피보험자의 동의는 상대방이 있는 일방적인 의사표시로서 계약당사자의 어느 쪽에 표시하든 상관이 없다. 그러므로 피보험자의 동의는 보험계약자나 보험자에게 도달하면 효력이 발생한다.

다. 동의의 방식

상법

시행령 제44조의2【타인의 생명의 보험】 법 제731조 제1항에 따른 본인 확인 및 위조·변조 방지에 대한 신뢰성을 갖춘 전자문서는 다음 각 호의 요건을 모두 갖춘 전자문서로 한다.

1. 전자문서에 보험금지급사유, 보험금액, 보험계약자와 보험수익자의 신원, 보험기간이 적혀 있을 것
2. 전자문서에 법 제731조 제1항에 따른 전자서명(이하 "전자서명"이라 한다)을 하기 전에 전자서명을 할 사람을 직접 만나서 전자서명을 하는 사람이 보험계약에 동의하는 본인임을 확인하는 절차를 거쳐 작성될 것
3. 전자문서에 전자서명을 한 후에 그 전자서명을 한 사람이 보험계약에 동의한 본인임을 확인할 수 있도록 지문정보를 이용하는 등 법무부장관이 고시하는 요건을 갖추어 작성될 것
4. 전자문서 및 전자서명의 위조·변조 여부를 확인할 수 있을 것

피보험자의 동의는 서면으로 하여야 한다(상법 제731조 제1항). 여기서 서면의 범위에는 전자서명 또는 공인전자서명과 전자문서가 포함된다.

서면동의는 각 계약에서 개별적으로 하여야 하며 장래에 체결될 모든 사망보험에 대하여 동의하는 포괄적 동의 또는 묵시적이거나 추상적 동의는 인정되지 않는다(2000다24451, 2004다56677 판결). 서면동의의 대리 또는 대행이 가능한지에 대한 견해가 나뉘는데, 법원은 서면동의의 대리·대행이 유효하다고 하였다(2006다69141 판결).

라. 동의의 시기

동의의 시기(時期)는 상법상 보험계약 체결 당시이다(상법 제731조 제1항, 2004다56677 판결). 그러므로 타인의 생명보험인 경우에 피보험자의 동의는 늦어도 보험계약의 성립 당시(보험자의 승낙)까지는 이루어져야 하고, 그때까지 동의를 얻지 않았으면 그 보험계약은 효력이 없다(확정적 무효).

그 외에 보험계약으로 생긴 권리의 양도와 보험수익자의 지정 · 변경의 경우에도 그 행위가 있을 때에 피보험자의 서면동의가 있어야 한다.

마. 동의의 철회

(1) 일반적인 견해

피보험자의 동의는 보험계약의 성립 전이라면 철회할 수 있다고 본다. 그러나 동의에 의하여 계약의 효력이 생긴 때에는 임의로 철회할 수 없고, 보험계약자 및 보험수익자의 동의가 있어야 철회할 수 있다고 해석한다(다수설).

동의라는 의사표시 자체에 흠결이 있는 경우에는 민법의 일반원칙(무효, 취소)을 적용한다.

(2) 철회의 인정

학설의 견해에도 불구하고 실무약관은 피보험자의 서면동의 철회를 규정하고 있으므로 약관규정에 의하여 피보험자는 보험기간 중 언제든지 서면동의를 철회할 수 있다. 판례는 서면동의의 철회를 규정하지 않은 기존의 약관(2010년 4월 1일 이전)이라고 해도 피보험자가 서면동의를 할 때 기초로 한 사정에 중대한 변경이 있다면 피보험자는 그 서면동의를 철회할 수 있다고 보았다(2011다101520 판결, 사정변경원칙의 반영).

2011다101520 판결

상법 제731조, 제734조 제2항의 취지에 비추어 보면, 보험계약자가 피보험자의 서면동의를 얻어 타인의 사망을 보험사고로 하는 보험계약을 체결함으로써 보험계약의 효력이 생긴 경우, 피보험자의 동의 철회에 관하여 보험약관에 아무런 규정이 없고 계약당사자 사이에 별도의 합의가 없었다고 하더라도, 피보험자가 서면동의를 할 때 기초로 한 사정에 중대한 변경이 있는 경우에는 보험계약자 또는 보험수익자의 동의나 승낙 여부에 관계없이 피보험자는 그 동의를 철회할 수 있다. 그리고 피보험자가 서면동의를 할 때 기초로 한 사정에 중대한 변경이 있는지는 보험계약자 또는 피보험자가 보험계약을 체결하거나 서면동의를 하게 된 동기나 경위, 보험계약이나 서면동의를 통하여 달성하려는 목적, 보험계약 체결을 전후로 한 보험계약자 또는 보험수익자와 피보험자 사이의 관계, 보험계약자 또는 보험수익자가 고의로 피보험자를 해치려고 하는 등으로 피보험자의 보험계약자 또는 보험수익자에 대한 신뢰가 깨졌는지 등의 제반 사정을 종합하여 사회통념에 비추어 개별적 · 구체적으로 판단하여야 한다.

갑주식회사가 임직원으로 재직하던 을 등이 재직 중 보험사고를 당할 경우 유가족에게 지급할 위로금 등을 마련하기 위하여 을 등을 피보험자로 한 보험계약을 체결하고 을 등이 보험계약 체결에 동의한 사안에서, 을 등이 갑 회사에 계속 재직한다는 점은 보험계약에 대한 동의의 전제가 되는 사정이므로 을 등이 갑 회사에서 퇴직함으로써 보험계약의 전제가 되는 사정에 중대한 변경이 생긴 이상 을 등은 보험계약에 대한 동의를 철회할 수 있다.

바. 동의와 능력

피보험자가 15세 미만자 · 심신상실자 · 심신박약자에 해당하는 경우에는 동의 여부와는 관계없이 그 사망보험계약 자체를 무효로 하고 있는데(상법 제732조), 이러한 경우 이들의 자주적인 동의를 기대할 수 없고, 대리인에 의한 동의도 입법취지에 부합하지 않기 때문이다.

만일 피보험자가 15세 이상인 미성년자의 경우라면, 동의를 함에 있어서 부모 등의 법정대리인의 동의를 얻어야 하고, 대리인의 동의가 없는 계약은 취소할 수 있다(민법 제5조). 그러나 부모 등의 법정대리인이 해당 계약의 수익자가 되는 경우에는 윤리적 문제가 발생할 수 있으므로 법원에서 선임한 특별대리인을 통해서 계약을 체결해야 할 것이다(민법 제921조).

Ⅳ 동의 없는 계약의 효력

1. 확정적 무효

追認 추인
불완전한 법률행위를 이후에 유효하게 하는 의사표시이다. 일반적으로 무효행위의 추인은 인정되지 않으며, 강행법규 위반으로 무효가 된 경우 그 행위의 추인은 절대적으로 인정되지 않는다.

피보험자의 서면동의가 없는 계약은 확정적으로 무효이고, 이미 무효가 된 보험계약을 추인하였다고 해도 그 보험계약은 유효로 될 수 없다(2004다56677 판결). 상법 제731조 제1항은 강행규정으로서 이를 위반하고 체결한 계약은 보험자, 피보험자, 기타 이해관계인 등 모든 사람들에 대한 관계에서 무효이다. 그러므로 이 규정이 피보험자를 위한 편면적 강행규정이므로 피보험자 측에서만 무효를 주장할 수 있다는 주장은 근거가 없다(2005다11602 판결).

2. 신의성실원칙과의 관계

피보험자의 동의 없는 계약을 근거로 보험자가 보험료를 징수하고도 보험사고발생 후에 동의가 없음을 이유로 무효를 주장하는 것은 신의성실 또는 금반언의 원칙에 반하는지 여부가 문제가 된다. 판례는 동의를 요하는 강행법규의 입법취지를 고려하여 신의성실 또는 금반언에 위배되는 것으로 볼 수 없다고 하였다(2004다56677, 96다37084 판결).

3. 설명의무와 보험법법상 손해배상책임

가. 설명의무의 대상

타인의 생명보험계약을 체결할 때 보험모집인보험설계사는 보험계약자에게 피보험자의 서면동의 등의 요건에 관하여 구체적이고 상세하게 설명하여 보험계약자로 하여금 그 요건을 구비할 수 있는 기회를 주어 유효한 보험계약이 성립하도록 조치할 주의의무가 있다(2007다76696 판결 등).

나. 설명의무 위반의 효과

보험설계사가 위와 같은 설명을 하지 않아서 서면동의요건의 흠결로 보험계약이 무효가 되고 그 결과 보험사고의 발생에도 불구하고 보험계약자가 보험금을 지급받지 못하게 되었다면 보험자는 보험업법 제102조 제1항에 기초하여 보험계약자에게 그 보험금 상당액의 손해를 배상할 의무를 진다(2007다76696 판결 등). 이 경우 보험계약자의 과실비율을 감안하여 보험자의 손해배상액을 감면할 수 있다(2005다11602 판결).

V 단체보험과 동의

상법

제735조의3【단체보험】 ① 단체가 규약에 따라 구성원의 전부 또는 일부를 피보험자로 하는 생명보험계약을 체결하는 경우에는 제731조를 적용하지 아니한다.

② 제1항의 보험계약이 체결된 때에는 보험자는 보험계약자에 대하여서만 보험증권을 교부한다.

③ 제1항의 보험계약에서 보험계약자가 피보험자 또는 그 상속인이 아닌 자를 보험수익자로 지정할 때에는 단체의 규약에서 명시적으로 정하는 경우 외에는 그 피보험자의 서면동의를 받아야 한다. 〈신설 2014.3.11.〉

1. 단체보험의 제731조 배제

단체보험은 상법 제731조를 적용하지 않고 개별적인 피보험자의 동의 없이도 계약을 체결할 수 있다(상법 제735조의3 제1항). 일반적으로 단체보험은 단체구성원의 이익을 위하여 체결되므로 도박이나 투기의 위험이 적기 때문이다.

2. 단체보험

단체보험계약이란 어느 단체가 그 규약에 따라 구성원의 전부 또는 일부를 피보험자로 하여 체결한 보험계약이므로(상법 제735조의3 제1항), 규약에 따라 보험계약이 체결되었는지 여부가 계약의 유·무효의 판단기준이 된다. 그러므로 '규약'의 요건을 갖추지 않음에도 불구하고 서면동의 없는 단체보험은 무효이며(2003다60259 판결), 이 경우 사용자가 피보험자에게 지급할 퇴직금의 적립을 위하여 체결하였다고 해서 사정이 달라지지는 않는다(91다47109 판결).

3. 보험증권의 교부

단체보험계약이 체결되면 보험자는 보험계약자에 대하여만 보험증권을 교부한다(상법 제735조의3 제1항).

4. 피보험자가 아닌 자를 보험수익자로 지정한 경우

단체보험의 경우에도 보험계약자가 피보험자 또는 피보험자의 상속인이 아닌 자를 보험수익자로 할 수 있다(예 자기를 위한 단체보험, 98다59613 판결). 단체보험의 활성화 · 단체구성권들의 복리증진 등의 이익에 기여하기 때문이기도 하다(98헌가6 판결).

그러나 이러한 경우 단체보험이 악용되어 그 피보험자의 생명에 가해가 발생할 위험을 배제할 수가 없으므로 개정상법은 단체규약에서 명시적으로 자기를 위한 단체보험의 서면동의를 배제하지 않은 이상 그 피보험자의 서면동의를 받도록 하였다(상법 제735조의3 제3항 신설).

보험계리사 · 손해사정사 기출문제

01 다음 중 피보험자의 동의를 필요로 하는 경우는? ▶27회

① 타인의 사망을 보험사고로 하는 보험계약에서 보험기간 중 보험계약자가 보험수익자를 변경하는 경우

② 15세 미만자의 사망을 보험사고로 하는 보험계약을 체결하는 경우

③ 보험계약자가 자신을 피보험자로 하는 사망보험계약을 체결하면서 자기 이외의 제3자를 보험수익자로 지정하는 경우

④ 타인의 사망을 보험사고로 하는 보험계약에서 보험계약으로 인하여 생긴 권리를 피보험자에게 양도하는 경우

해설 ① 타인의 사망보험은 보험계약 체결 시에 그 타인의 동의를 요건으로 하고 있으나, 계약 이후에 수익자가 변경하는 경우에도 피보험자의 동의가 필요하다.
② 15세 미만자의 사망을 보험사고로 하는 보험계약은 동의 여부와 관련 없이 무효이다.
③ 보험계약자와 피보험자가 동일한 사망보험계약은 자기의 생명보험으로서, 보험계약의 체결에 대하여 잘 알 뿐만 아니라(이미 동의하였다) 생명침해 등의 도덕적 위험의 우려가 적으므로 별도로 동의가 필요 없다. 한편, 제3자를 수익자로 하였으므로 자기의 생명보험인 동시에 타인을 위한 생명보험이 된다.
④ 타인의 생명보험에서 보험계약으로 인하여 생긴 권리(보험청구권을 말한다)를 피보험자에게 양도하였으므로 별도로 피보험자의 서면동의가 필요 없다.

02 타인의 사망을 보험사고로 하는 보험계약에서 타인의 동의서면에 포함되는 전자문서의 요건으로서 옳지 않은 것은? ▶43회

① 전자문서에 보험금지급사유, 보험금액, 보험수익자의 신원, 보험기간이 적혀 있을 것

② 전자서명을 하기 전에 전자서명을 할 사람을 직접 만나서 전자서명을 하는 사람이 보험계약에 동의하는 본인임을 확인하는 절차를 거쳐 작성될 것

③ 전자문서 및 전자서명의 위조 · 변조 여부를 확인할 수 있을 것

④ 전자문서에 전자서명을 한 후에 그 전자서명을 한 사람이 보험계약에 동의한 본인임을 확인할 수 있도록 공인전자서명 등 금융위원장이 고시하는 요건을 갖추어 작성될 것

해설 법무부장관이 고시하는 요건을 갖추어야 한다.

03 타인의 사망보험에 관한 설명으로 옳지 않은 것은? (다툼이 있는 경우 판례에 의함) ▶41회

① 타인의 사망을 보험사고로 하는 보험계약에 있어서 보험설계사가 보험계약자에게 피보험

자인 타인의 서면동의를 얻어야 하는 사실에 대한 설명의무를 위반하여 보험계약이 무효로 된 경우, 보험회사는 보험업법 제102조 제1항에 따라 보험계약자에게 보험금 상당액의 손해배상책임을 부담한다.

② 보험계약자가 보험계약 체결 당시 보험계약청약서 및 약관의 내용을 검토하여 피보험자의 서면동의를 받았어야 할 주의의무를 게을리하였다면 과실상계가 적용될 수 있다.

③ 피보험자의 서면동의 없이 체결된 타인의 사망을 보험사고로 하는 보험계약은 무효이다. 그러나 피보험자의 추인으로 보험계약이 유효로 될 여지는 있다.

④ 타인의 사망을 보험사고로 하는 보험계약에서 요구되는 피보험자인 타인의 동의에 포괄적 동의, 묵시적 동의 및 추정적인 동의는 제외된다.

해설 타인의 생명보험에서 서면동의 없는 계약은 확정적으로 무효이다. 만일 피보험자가 추인하게 되면 무효인 계약이 유효가 되는 것은 아니다.

04 타인의 사망보험계약에서 피보험자의 동의에 관한 설명으로 틀린 것은? ▸35회

①보험계약의 성립요건이다(통설).

② 피보험자의 동의를 요구하는 상법 제731조는 강행규정이다(판례).

③ 보험금청구권을 피보험자가 아닌 자에게 양도하는 경우에도 필요하다.

④ 피보험자는 보험계약의 성립 전에는 언제든지 자신의 동의를 철회할 수 있다.

해설 타인의 생명보험에서 서면동의는 보험계약의 효력발생요건이다.

05 甲은 보험계약자이자 보험수익자로서, 그의 부인인 乙을 피보험자로 하는 사망보험계약을 보험회사와 체결하였다. 그런데 그 계약체결과정에서 보험회사의 보험설계사인 丙이 乙의 서면에 의한 동의가 필요함을 설명하지 아니하였고, 오히려 그 동의가 없다고 하더라도 당해 계약에 아무런 문제가 없다고 하였다. 그 후 乙이 사망하여 甲이 보험금을 청구하였으나, 보험회사는 "피보험자의 서면동의가 없는 사망보험계약은 무효로 한다"는 약관조항을 들어서 보험금지급을 거절하고 지급된 보험료만을 반환하였다. 이 경우 대법원 판례에 의할 때 옳은 설명은?

▸29회

① 甲은 신의칙을 이유로 이 보험계약의 유효를 주장할 수 있다.

② 甲은 보험약관의 설명의무 위반을 이유로 이 약관조항을 적용할 수 없음을 주장할 수 있다.

③ 이 보험계약은 무효이므로 甲은 보험금을 청구할 수 없다.

④ 이 보험계약은 무효이므로 甲은 보험회사에 대하여 丙의 불법행위를 이유로 손해배상을 청구할 수 없다.

해설 이 계약은 타인의 생명보험이면서 동시에 계약자 자기를 위한 생명보험이 된다. 이 경우 피보험자 乙의 서면동의가 있어야만 보험계약이 유효하게 된다. 이 사례에서 보험설계사 丙이 서면동의가 없이도 계약이 유효함을 주장하였다고 하여 보험계약자는 보험자 측의 신의성실 위반을 주장할 수도 있어 보이지만, 강행법규 위반인 행위에 대하여 신의성실 위반이 있는 경우에는 민법상 신의성실 위반을 적용하지 않고 강행법규 위반만을 인정하는 것이 판례의 견해이다. 상대방의 신의성실을 이유로 강행법규를 적용할 수 없게 된다면, 법률에서 그 행위를 강행적으로 규제하는 취지를 달성할 수 없기 때문이다. 한편, 이 사례는 보험업법 제102조가 적용될 수 있다. 보험설계사 丙의 행위는 보험모집행위로 보험계약자 측에 손해를 입힌 경우에 해당하므로 보험자는 보험업법 제102조에 근거하여 甲에게 손해배상책임을 부담하여야 한다.

06 타인의 생명보험에서 타인의 서면동의에 관한 설명 중 옳은 것은? ▶30회

① 대법원 판례에 의하면 타인으로부터 특정한 보험계약에 대하여 동의할 권한을 구체적 · 개별적으로 수여받은 자가 그 타인을 대리 또는 대행하여 서면동의를 한 경우에는 그 타인의 서면동의로서의 효력이 있다.

② 대법원 판례에 의하면 보험설계사가 "타인의 서면동의를 얻지 아니하면 계약이 무효가 된다"는 취지의 약관조항을 설명하지 아니한 경우에는 그 약관조항이 적용될 수 없으므로, 타인의 서면동의를 얻지 아니하고 계약을 체결했다고 하더라도 보험자는 그 계약에 의한 보험금지급책임을 지게 된다.

③ 15세 이상의 미성년자가 타인이 되는 경우에는 민법의 행위무능력에 관한 규정에 따라 법정대리인이 서면동의를 대리할 수 있다는 것이 통설이다.

④ 아내가 남편의 위임을 받아 남편의 사망을 보험사고로 하는 계약을 대리하여 체결하는 경우에도 별도로 남편의 서면동의를 얻어야 한다.

해설 ① 판례에 의하면 서면동의의 대리행위가 가능하다.
② 보험설계사가 설명의무를 위반한 경우에 서면동의 없이 체결된 계약은 무효로 되고 보험자는 보험업법 제102조에 의하여 손해배상책임을 부담한다.
③ 15세 이상의 미성년자가 타인이 되는 경우라고 해도 법정대리인의 동의를 얻어 서면동의를 할 수 있다.
④ 여기서 아내는 남편의 대리인에 불과할 뿐이다. 이 계약의 보험계약자는 남편이고 피보험자도 남편(자기의 생명보험계약)이므로 남편의 서면동의는 불필요하다.

07 타인의 사망보험계약에 대한 설명으로 옳은 것은? (다툼이 있는 경우 판례에 의함) ▶39회

① 피보험자가 보험계약 체결 시 서면동의를 하면서 앞으로 1주일 이내에 체결되는 사망보험계약에 한하여 동의한다고 기재한 경우, 그 기간 내의 사망보험계약에 대하여는 따로 동의가 필요 없다.

② 청약 시 피보험자가 휴대전화를 걸어와 동의한 후 보험계약 체결 다음날에 건강진단서를 제출하는 등 동의의사를 확실히 확인할 수 있는 때에는 동의로 인정된다.

③ 보험설계사가 서면동의에 대하여 설명하지 아니하여, 서면동의 없이 체결된 계약이라면

동의요건은 계약의 내용에 편입되지 않으므로 보험사고발생 시에 보험금을 지급하여야 한다.

④ 피보험자는 그가 동의할 때 기초로 한 사정에 중대한 변경이 있는 경우에는 보험계약자가 승낙하지 않는 때에도 동의를 철회할 수 있다.

해설 ① 장래에 체결될 계약에 대한 포괄적 동의는 인정되지 않는다.
② 서면방식의 동의만 인정된다.
③ 보험설계사가 서면동의에 대하여 설명하지 않았다고 해도 여전히 상법을 위배한 것이므로 보험계약은 무효이다. 그러나 이 경우 보험업법 제102조가 적용되어 보험자가 계약자 측에게 손해배상책임을 부담한다.
④ 판례는 서면동의 당시의 사정이 이후에 중대하게 변경되었다면 서면동의의 철회를 인정하고 있다.

08 단체생명보험계약의 체결에 피보험자의 동의를 요하지 않게 한 이유로 부적당한 설명은? ▸24회

① 도덕적 위험이 생길 소지가 적기 때문이다.
② 단체의 규약에 의하여 체결하기 때문이다.
③ 단체의 구성원의 후생복지를 도모하기 위해 체결하기 때문이다.
④ 단체에서 실시한 신체검사서의 제출로 고지의무의 이행에 갈음하기 때문이다.

해설 단체보험계약은 일반적으로 별도의 고지의무를 이행하지 않는다. 만일 신체검사서를 제출하여 고지의무의 이행으로 갈음하였다고 해도 이러한 사유가 단체보험에서 서면동의가 필요 없는 이유가 되는 것은 아니다.

09 단체생명보험에 관한 설명 중 틀린 것은? ▸25회

① 타인의 생명보험계약이다.
② 보험자는 보험계약자에 대해서만 보험증권을 교부한다.
③ 피보험자의 서면에 의한 동의를 요하지 않는다.
④ 대법원 판례에 의하면 보험계약자는 보험수익자가 되지 못한다.

해설 대법원 판례에 의하면 단체생명보험의 경우에도 자기를 위한 보험으로 체결이 가능하다. 그러므로 단체가 자기명의로 자기를 피보험자로 하는 계약을 체결할 수 있다.

10 단체생명보험에 관한 설명 중 옳은 것은? ▸36회

① 판례에 의하면 취업규칙이나 단체협약에 있는 근로자의 재해부조에 관한 일반적 규정으로도 단체보험의 유효요건인 '규약'이 존재하는 것으로 볼 수 있다.

② 판례에 의하면 단체보험계약을 체결한 자가 스스로 단체보험의 유효요건인 규약이나 구성원의 서면동의가 결여되어 그 단체보험계약이 무효라고 주장하는 것은 신의성실의 원칙에 반한다.

③ 단체보험에서 피보험자가 보험사고 이외의 사고로 사망하거나 퇴직 등으로 단체의 구성원으로서 자격을 상실하면 그에 대한 단체보험계약에 의한 보호는 종료된다.

④ 단체의 구성원이 보험료를 분담하는 경우에는 그 구성원에게도 보험증권을 발행하여야 한다.

해설 ① 취업규칙이나 단체협약의 일반적인 규정만으로는 상법 제735조의2에서 말하는 규약의 요건을 갖추었다고 보기 어렵다.
② 타인의 생명보험에서 서면동의 없는 계약은 강행법규에 의하여 무효로 된다. 만일 신의성실원칙 위반을 이유로 계약을 유효하게 한다면 강행법규의 실질적인 효력이 의문시되므로 신의성실원칙을 적용할 수 없다.
③ 단체보험은 그 단체에 구성원으로 있는 것을 조건으로 하므로 피보험자가 퇴직하거나 사망하게 되어 단체의 구성원이 되지 않는 경우에는 단체보험계약의 보호는 종료된다. 다만, 피보험자가 퇴직 후에 해당 단체보험계약을 승계하여 보험료를 계속적으로 납입한다면 더 이상 단체보험이 아닌 자기의 생명보험계약으로서 보호받을 수 있다.
④ 단체보험의 경우에는 보험계약자에게만 보험증권을 교부하면 된다.

11 단체보험에 있어 피보험자의 동의에 관한 설명으로 옳지 않은 것은? (다툼이 있는 경우 판례에 의함) ▶41회

① 단체가 구성원의 전부 또는 일부를 피보험자로 하는 생명보험계약을 체결함에 있어서, 상법 제735조의3에서 규정하고 있는 '규약'을 구비하지 못한 경우, 피보험자의 서면동의가 있었던 시점부터 보험계약으로서의 효력이 발생한다.

② 타인의 사망을 보험사고로 하는 단체보험계약에 있어서, 보험계약의 유효요건으로서 피보험자가 서면으로 동의의 의사를 표시하거나 그에 갈음하는 규약의 작성에 동의하여야 하는 종기는 보험계약의 체결 시까지이다.

③ 상법 제735조의3에서 규정하고 있는 규약이나 상법 제731조에서 규정하고 있는 서면동의 없이 단체보험계약을 체결한 자가 그 보험계약의 무효를 주장하는 것은 신의칙 또는 금반언의 원칙에 반한다.

④ 상법 제735조의3에서 단체보험의 유효요건으로 요구하는 '규약'의 의미는 단체협약, 취업규칙, 정관 등 그 형식을 막론하고 단체보험의 가입에 관한 단체내부의 협정에 해당하는 것으로서, 반드시 당해 보험가입과 관련한 상세한 사항까지 규정하고 있을 필요는 없다.

해설 우리 판례는 일관되게 강행규정의 무효를 주장하는 것이 신의성실원칙에 반하는 것은 아니라고 하고 있다.

12 단체보험에 관한 다음 설명 중 옳지 않은 것은? (다툼이 있는 경우 판례에 의함) ▶38회

① 단체보험계약이 체결된 때 보험자는 보험계약자에 대하여서만 보험증권을 교부한다.

② 단체보험계약에서 보험계약자가 피보험자 또는 그 상속인이 아닌 자를 보험수익자로 지

정할 때에는 단체의 규약에서 명시적으로 정하는 경우 외에는 그 피보험자의 서면 동의를 받아야 한다.

③ 상법 제735조의3에서 단체보험의 유효요건으로 요구하는 '규약'은 취업규칙이나 단체협약에 근로자의 채용 및 해고, 재해부조 등에 관한 일반적 규정으로 이해된다.

④ 규약을 구비하지 못한 단체보험의 유효요건으로서의 피보험자의 동의의 방식은 강행법규인 상법 제731조가 정하는 대로 서면에 의한 동의만이 허용될 뿐이다.

해설 단체보험에서의 '규약'이 되려면 보험가입에 관하여 대표자가 구성원을 위하여 일괄하여 계약을 체결할 수 있다는 취지를 담고 있는 것이면 충분하다. 그러나 단체협약에 일반적 규정을 두고 있다는 것만으로는 상법에서 요구하는 '규약'이라고 할 수 없다.

[정답]

01 ① 02 ④ 03 ③ 04 ① 05 ③ 06 ① 07 ④ 08 ④ 09 ④ 10 ③ 11 ③ 12 ③

CHAPTER 3

타인을 위한 생명보험

I 의의

상법

제733조【보험수익자의 지정 또는 변경의 권리】 ① 보험계약자는 보험수익자를 지정 또는 변경할 권리가 있다.

② 보험계약자가 제1항의 지정권을 행사하지 아니하고 사망한 때에는 피보험자를 보험수익자로 하고 보험계약자가 제1항의 변경권을 행사하지 아니하고 사망한 때에는 보험수익자의 권리가 확정된다. 그러나 보험계약자가 사망한 경우에는 그 승계인이 제1항의 권리를 행사할 수 있다는 약정이 있는 때에는 그러하지 아니하다.

③ 보험수익자가 보험존속 중에 사망한 때에는 보험계약자는 다시 보험수익자를 지정할 수 있다. 이 경우에 보험계약자가 지정권을 행사하지 아니하고 사망한 때에는 보험수익자의 상속인을 보험수익자로 한다.

④ 보험계약자가 제2항과 제3항의 지정권을 행사하기 전에 보험사고가 생긴 경우에는 피보험자 또는 보험수익자의 상속인을 보험수익자로 한다.

제734조【보험수익자지정권 등의 통지】 ① 보험계약자가 계약체결 후에 보험수익자를 지정 또는 변경할 때에는 보험자에 대하여 그 통지를 하지 아니하면 이로써 보험자에게 대항하지 못한다.

② 제731조 제1항의 규정은 제1항의 지정 또는 변경에 준용한다.

1. 타인을 위한 생명보험

타인을 위한 생명보험계약이란 보험계약자가 타인을 보험수익자로 한 생명보험계약으로서 타인을 위한 보험계약(상법 제639조)의 일종이다. 이 경우 보험계약자는 보험수익자를 지정하여야 한다. 만일 보험계약자가 보험수익자를 '상속인'이라고 기재하였다면, 그 상속인이란 피보험자의 법정상속인(민법)을 의미하며 보험금청구권의 비율도 상속분에 의한 것으로 해석한다(2015다236820 판결).

相續人 상속인
피상속인의 사망으로 상속재산을 물려받는 사람을 말한다. 직계비속 · 직계존속 · 형제자매 · 4촌 이내 방계혈족의 순서로 상속되며, 피상속인의 배우자는 직계존속 · 비속과 함께 공동상속한다.

2. 보험수익자의 권리

타인을 위한 생명보험에서의 보험수익자는 당연히 보험계약상의 이익을 받으므로(상법 제639조 제2항) 보험사고발생을 조건으로 보험금청구권을 가지게 된다. 그러나 보험계약자에게 보험수익자의 지정 · 변경권이 있으므로 그 한도에서 보험수익자의 지위에 변동이 생길 수 있다.

Ⅱ 보험계약자의 보험수익자 지정 · 변경

1. 의의

생명보험의 보험계약자는 보험수익자를 지정 또는 변경할 권리가 있다(상법 제733조 제1항). 생명보험계약은 보통 장기간에 걸치므로 보험계약자의 사정변경에 따라 보험수익자를 지정 · 변경할 필요를 인정한 것이다. 그러므로 보험계약자가 자기를 위한 보험계약을 체결한 후에 다시 제3자를 보험수익자로 하는 것도 가능하다.

보험수익자를 지정 · 변경하는 방법은 제한이 없으므로 서면 · 구두를 불문한다.

2. 성질

보험수익자의 지정 · 변경권은 상법에서 인정한 고유권한으로서 보험계약자가 보험자의 동의를 받지 않고 자유로이 행사할 수 있는 형성권이며, 상대방의 수령이 불필요한 단독행위이다.

3. 보험수익자 지정 · 변경권

가. 지정 · 변경권의 행사

보험계약자가 보험수익자를 지정하는 경우에 그 지정한 시점에 보험수익자가 반드시 특정되어야 하는 것은 아니고 보험사고발생 당시에 특정될 수 있는 것으로 충분하다. 보험계약자는 특정인(특정인의 이름, 명칭)을 보험수익자로 지정하거나 불특정인을 지정(예 배우자, 상속인 등)할 수 있다(2005다55817 판결).

보험계약자는 보험수익자를 1인 또는 수인으로 지정할 수 있으며, 수인의 보험수익자의 몫을 지정할 수 있다. 만일 수인의 보험수익자를 지정하면서 그 몫을 정하지 않은 경우에는 균등한 비율에 따라 권리를 가진다고 해석한다. 그러나 보험수익자를 '상속인'으로 정한 경우라면 민법의 상속비율에 따른다.

2005다55817 판결

타인을 위한 상해보험에서 보험수익자는 그 지정행위시점에 반드시 특정되어 있어야 하는 것은 아니고 보험사고발생 시에 특정될 수 있으면 충분하므로, 보험계약자는 이름 등을 통하여 특정인을 보험수익자로 지정할 수 있음은 물론 '배우자' 또는 '상속인'과 같이 보험금을 수익할 자의 지위나 자격 등을 통하여 불특정인을 보험수익자로 지정할 수도 있고, 후자와 같이 보험수익자를 추상적 또는 유동적으로 지정한 경우에 보험계약자의 의사를 합리적으로 추측하여 보험사고발생 시 보험수익자를 특정할 수 있다면 그러한 지정행위는 유효하다.

그러므로 보험계약자가 상해보험의 수익자를 '상속인'이라고 기재한 사안에서, 이는 자신이 상해를 입은 결과로 사망할 경우 그 상속인이 될 사람들을 상해 시의 수익자로 지정할 의사였다고 볼 수 있으므로 그 수익자 지정행위는 유효하다.

나. 보험계약자의 사망

(1) 보험계약자의 사망과 보험수익자의 권리확정

보험계약자가 지정권을 행사하지 아니하고 사망한 때에는 피보험자를 보험수익자로 하고, 보험계약자가 수익자를 지정한 후에 변경권을 행사하지 아니하고 사망한 때에는 보험수익자의 권리가 확정된다(상법 제733조 제2항). 그러므로 보험계약자의 사망으로 승계인[01]이 된 자는 기존 수익자의 확정된 권리를 침해하지 못한다(수익자를 재지정 · 변경할 수 없다).

다만 보험계약자가 사망한 경우에는 그 승계인이 지정 · 변경권을 행사한다는 특약이 있는 경우에는 승계인이 수익자를 지정 · 변경할 수 있다(상법 제733조 제2항 단서).[02]

(2) 보험수익자 사망 이후 보험계약자의 사망

본래 지정된 보험수익자가 보험이 유지되는 중에 사망한 경우에는 보험계약자에게 재지정권이 있다. 이 경우에 보험계약자가 지정권을 행사하지 아니하고 사망한 때에는 보험수익자의 상속인을 보험수익자로 한다(상법 제733조 제3항).

01 통상적으로 계약자의 승계인은 계약자의 권리의무를 포괄적으로 승계하는 자, 즉 상속인이다.

02 생명보험 · 제3보험 표준약관에서는 상법 제733조 제2항의 단서조항을 반영하고자 청약서상에서 '보험수익자 지정 · 변경과 관련한 약정 여부를 선택'하도록 하였다.

다. 지정 · 변경권 행사 이전의 보험사고발생

보험계약자가 보험수익자를 지정하거나 변경하는 권리를 행사하기 이전에 보험사고가 발생한 경우에는 그 권리를 행사할 수 없으므로(상법 제733조 제4항) 피보험자 또는 보험수익자의 지위가 그대로 인정된다. 그러므로 보험수익자를 미지정한 경우에는 피보험자가 보험수익자가 되며, 본래 수익자를 지정하였으나 그 보험수익자가 사망한 경우에는 사망한 보험수익자의 상속인이 보험수익자가 된다(상법 제733조 제4항).

4. 지정 · 변경의 통지

보험계약자가 계약체결 후에 보험수익자를 지정 또는 변경할 때에는 보험자에게 그 통지를 하지 아니하면 보험자에게 대항하지 못한다(상법 제734조 제1항).

5. 타인의 생명보험의 지정 · 변경

타인을 위한 보험이면서 동시에 타인의 생명보험계약인 경우, 보험계약자가 보험수익자를 변경하려면 피보험자를 보험수익자로 하는 경우 외에는 그 타인의 서면에 의한 동의를 얻어야 한다(상법 제734조 제2항, 제731조 제1항).

보험계리사 · 손해사정사 기출문제

01 타인을 위한 생명보험계약에 관한 다음 설명 중 옳은 것은? ▶23회

① 보험수익자가 될 자의 동의가 있어야 계약이 유효하다.

② 보험료지급의무는 보험계약자가 부담함이 원칙이다.

③ 타인을 위한 생명보험이란 피보험자가 자기 이외의 제3자를 보험수익자로 한 생명보험을 의미한다.

④ 보험수익자는 수익의 의사표시를 해야 보험금청구권을 취득한다.

해설 ① 타인을 위한 생명보험의 유효요건에 보험수익자의 동의는 필요 없다.
② 보험계약자가 원칙적으로 보험료납입의무를 부담한다. 다만 상법 제639조 제3항에 의하여 계약자가 파산선고 또는 보험료를 지급지체한 경우에 보험수익자가 예외적으로 보험료납입의무를 진다.
③ 보험계약자가 타인을 보험수익자로 체결하는 계약을 말한다.
④ 타인을 위한 생명보험도 타인을 위한 보험의 일종이다. 그러므로 타인의 수익의 의사표시 없이도 그 타인은 당연히 그 계약상의 이익을 받는다(상법 제639조 제2항).

02 생명보험에서 보험수익자, 보험계약자, 피보험자의 순서로 사망하고, 보험계약자가 사망하기 전에 보험수익자를 재지정하지 않는 경우에는 피보험자의 사망(보험사고의 발생)으로 인한 보험금청구권은 상법상 누구에게 귀속되는가? ▶25회

① 국가 ② 보험계약자의 상속인

③ 피보험자의 상속인 ④ 보험수익자의 상속인

해설 지정된 수익자가 사망하여 보험계약자에게 수익자 재지정권이 발생하였으나 보험계약자가 미처 지정하지 못한 상태에서 사망하였으므로 기존의 보험수익자의 상속인의 지위가 확정되었다. 따라서 피보험자의 사망으로 보험금을 청구하는 자는 보험수익자의 상속인이다.

03 甲은 보험회사와 자신을 피보험자로 하는 사망보험계약을 체결하였다. 보험계약 당시 甲은 보험수익자란에 단순히 '법정상속인'으로만 기재하였다. 甲에게는 배우자 乙과 미성년의 자녀 丙이 있다. 다음의 각 경우 상법에 따른 보험수익자의 결정방법으로 틀린 것은? (다툼이 있는 경우 판례에 따름) ▶38회

① 甲은 자신의 사망 전에는 언제라도 보험수익자를 특정인으로 지정하거나 변경할 수 있다.

② 甲이 乙과 이혼하였으나 보험수익자를 변경하지 않고 있던 중 사망하였다면, 보험계약

체결 시 보험수익자의 지위가 확정되므로 보험자는 乙과 丙을 보험수익자로 보고 보험금 지급 사무를 처리하여야 한다.

③ 그 후 甲은 보험자에게 통지하고 乙을 보험수익자로 특정하였으나, 보험기간 중에 甲과 乙이 비행기사고로 동시에 사망한 경우라면 보험수익자의 상속인인 丙이 보험수익자가 된다.

④ 그 후 甲이 보험수익자를 제3자로 지정하였으나 이를 보험자에게 통지하지 않았다면, 甲의 법정상속인을 보험수익자로 보고 보험금을 지급한 보험자에게 대항하지 못한다.

해설 보험수익자의 지위는 피보험자가 사망할 때에 확정된다. 그러므로 피보험자의 사망 전에 이혼한 배우자 乙은 더 이상 법정상속인이 아니고 피보험자의 사망 당시에 미성년자인 자녀 丙이 유일한 보험수익자가 된다. 한편, 자녀 丙은 미성년자이므로 丙의 미성년후견인(일반적으로 乙)이 보험금청구권을 행사한다.

04 보험수익자의 지정 · 변경에 관한 설명 중 옳지 않은 것은? ▶28회

① 대법원 판례에 의하면 피보험자의 상속인을 보험수익자로 지정한 생명보험계약에서 피보험자가 사망함으로 인해 그 상속인이 가지게 되는 보험금청구권은 상속재산에 속한다.

② 보험계약자가 보험수익자의 변경권을 행사하지 아니하고 사망한 때에는 보험수익자의 권리가 확정된다.

③ 보험수익자가 보험존속 중에 사망한 때에는 보험계약자는 다시 보험수익자를 지정할 수 있다.

④ 보험계약자가 보험수익자를 지정하기 전에 보험사고가 생긴 경우에는 피보험자의 상속인이 보험수익자가 된다.

해설 ① 피보험자의 상속인이 가지는 보험금청구권은 그 상속인의 고유재산이다.
④ 보험계약자가 수익자를 지정하기 전에 보험사고가 생긴 때에 기존수익자가 있었다면 그 기존수익자의 상속인, 기존에 지정한 수익자가 없었다면 피보험자가 상속인이 된다(상법 제733조 ②).

05 A(보험계약자)는 B를 피보험자로 지정하여 생명보험계약을 체결하면서 C를 보험수익자로 지정하였다. A는 B를 피보험자로 지정한 데에 대해서도, C를 보험수익자로 지정한 데에 대해서도 모두 B의 서면동의를 얻었다. 그 계약체결 후 C가 사망하여 A는 B의 서면동의를 얻어 보험수익자를 D로 다시 지정하였으나 그 사실을 보험자에게 통지하지 아니하였다. 그 후 B도 사망하였다. 이 경우에 보험자에 대한 관계에서 누가 보험금청구권자가 되는가? ▶33회

① A
② B의 상속인
③ C의 상속인
④ D

해설 계약자(A)와 피보험자(B)가 서로 다른 타인의 생명보험계약이므로 계약체결 시에 피보험자(B)의 서면동의가 있어야 하는데, 위 사례에 따르면 이 계약은 유효하게 체결되었다. 그 이후 수익자(C)가 사망하였으므로 피보

험자(B)가 사망하기 이전이라면 보험계약자(A)는 보험수익자를 새로이 지정할 수 있다. 위 사례에서 보험계약자(A)는 새로이 피보험자(B)의 서면동의를 얻어 유효하게 수익자를 D로 변경 · 지정하였다. 따라서 새로운 보험수익자가 D가 되는 데에는 문제가 없고, 그 이후 피보험자(B)가 사망하였으므로 새로운 보험수익자 D가 보험금청구권을 갖는다. 다만, 보험계약자(A)는 이 사실을 보험자에게 통지하지 않았으므로 보험수익자(D)는 보험자에게 대항할 수 없게 되었다. 이 문제에서 '보험자에 대한 관계에서'라고 조건을 두었으므로 보험자와의 관계에서서는 상법 제733조를 적용한 기존 수익자(C)의 상속인이 보험수익자가 된다. 보험자는 수익자의 변경사실을 통지받지 않았기 때문이다. 그러나 진정한 수익자는 D이다. 따라서 보험자는 보험금을 기존 수익자(C)의 상속인에게 지급함으로써 책임을 면하고, 진정한 수익자 D가 기존 수익자(C)의 상속인에 대하여 부당이득반환청구 등을 행사할 수 있게 된다.

[정답]

01 ② 02 ④ 03 ② 04 ① ④ 05 ③

CHAPTER 4 상해 · 질병보험

I 의상해보험

1. 의의

상법

제737조【상해보험자의 책임】 상해보험계약의 보험자는 신체의 상해에 관한 보험사고가 생길 경우에 보험금액 기타의 급여를 할 책임이 있다.

상해보험계약(contract of personal accident insurance)이란 보험자가 피보험자의 신체에 상해를 입었을 때에 보험금액 기타의 급여를 할 것을 약정하는 보험계약이다(상법 제737조). 상해보험은 보험업법(보험업법 제2조 제4호)상 제3보험에 속하는 것으로서, 보험금의 지급방식에서 정액보험과 부정액보험의 성격을 함께 가지고 있다.

상해보험은 i) 보험의 객체(목적)가 신체이고, ii) 보험사고가 불확정적이며, iii) 보험금지급방식에서 정액 · 부정액의 방식이 가능하므로 인보험이면서도 손해보험의 성격을 가진다. 이러한 점에서 중간보험(gray zone insurance)으로 구분하기도 한다.

2. 보험증권의 기재사항

상법
제738조【상해보험증권】 상해보험의 경우에 피보험자와 보험계약자가 동일인이 아닐 때에는 그 보험증권기재사항 중 제728조 제2호에 게기한 사항에 갈음하여 피보험자의 직무 또는 직위만을 기재할 수 있다.

상해보험증권의 기재사항은 인보험증권의 기재사항(상법 제728조)과 같다. 그러나 보험계약자와 피보험자가 동일인이 아닌 때에는 인보험증권의 기재사항인 '피보험자의 주소 · 성명 및 생년월일'에 갈음(대신)하여 '피보험자의 직무 또는 직위'만을 기재할 수 있다. 피보험자의 교체가 수시로 이뤄지는 직장단위의 단체보험에 있어서의 현실을 고려함과 동시에 피보험자를 보호하기 위한 것이다.

3. 생명보험에 관한 규정의 준용

상법
제739조【준용규정】 상해보험에 관하여는 제732조를 제외하고 생명보험에 관한 규정을 준용한다.

가. 생명보험의 준용

상해보험은 생명보험의 규정을 준용한다(상법 제739조). 그러므로 상해보험의 계약자는 보험수익자의 지정 · 변경권을 가지고(상법 제733조), 상해보험의 보험자는 생명보험과 마찬가지로 중과실로 인한 사고를 담보하며(상법 제732조의2), 보험료적립금의 반환의무(상법 제736조)도 부담한다.

나. 준용하지 않는 사항

상해보험에 관해서는 15세 미만자 · 심신상실자 · 심신박약자를 피보험자로 하는 것을 금지하는 상법 제732조의 규정을 준용하지 않는다. 그러므로 15세 미만자 등의 상해를 보험사고로 하는 계약은 유효이다. 예를 들어 15세 미만자 등의 상해후유장해보험, 상해실손의료보험, 상해입원일당보험계약 등은 유효하다.

그러나 15세 미만자 · 심신상실자 · 심신박약자의 상해사망보험계약은 무효이다. 상법 제732조에서 규정하는 사망보험은 사망의 원인을 묻지 않으므로 상해사망이든 질병사망이든 모두 사망보험에 해당하기 때문이다. 즉, 상해로 인한 생명침해(사망)의 경우에 상법 제732조가 배제되는 것은 아니다.[01]

4. 손해보험에 관한 규정의 적용

가. 청구권대위

상해보험계약에서 당사자 간에 다른 약정이 있는 경우에 한하여 보험자는 피보험자의 권리를 해하지 아니하는 범위 안에서 그 권리를 대위하여 행사할 수 있다(상법 제729조). 이 규정은 손해보험의 성격을 가지는 상해보험에서 이득금지의 원칙을 실현할 수 있도록 한 것으로서, 실무상으로는 무보험자동차 상해보험약관에서 청구권대위규정을 두고 있다(2002다61958, 99다50699 판결).

01 이러한 취지에서 실무상 어린이보험의 상해사망 · 질병사망특약은 만15세 이상 피보험자에 한하여 적용되고 있다. 15세 미만자의 사망 시에 보험금의 명목으로 소액이 지급되는 경우도 있으나 이것은 해지환급금의 일종이거나 장례비용 보조성격의 위로금에 불과하다. 한편, 자동차 상해보험에서 피보험자가 상해의 결과 사망에 이른 때에 지급되는 사망보험금은 그 성질상 생명보험이 아닌 상해보험에 속한다는 판결(2003다29463 판결)이 있었으나 이는 타인을 위한 상해보험의 체결 여부와 상법 제733조의 수익자 지정과 관련한 쟁점에서 도출된 것에 불과하다. 그러므로 15세 미만자 등을 보호하고 보험의 악용을 막고자 하는 상법 제732조의 취지를 고려해본다면 상해사망보험에서도 상법 제732조를 적용해야 한다.

나. 중복보험규정의 적용

손해보험성격의 상해보험에는 중복보험규정이 준용될 수 있다. 그러므로 무보험자동차 상해담보특약이 체결되고 그 보험금액의 총액이 피보험자가 입은 손해액을 초과하는 때에는 중복보험에 관한 법리가 적용된다(2006다25356 판결).

5. 보험사고

가. 의의

상해보험의 보험사고는 피보험자 신체의 상해이다(상법 제737조). 판례는 "상해란 외부로부터의 우연한 돌발적 사고로 인한 신체의 손상을 말한다(2001다27579 판결)"라고 정의하면서, 외래성, 우연성, 급격성을 상해사고의 3요소로 인정하고 있다.

나. 외래의 사고

상해보험에서 외래의 사고(external peril)란 상해 또는 사망의 원인이 피보험자의 신체적 결함, 즉 질병이나 체질적 요인 등에 기인한 것이 아닌 외부적 요인에 의해 초래된 모든 것을 의미하고(98다28114 판결), 신체의 내부적 원인에 기인한 것은 제외한다(분쟁조정 제2005-26호).

그러므로 추락(2010다6857 판결)은 물론 익사(98다16043 판결)도 외래의 사고이며, 만취로 인한 사고(2010다12241 판결)도 외래의 사고이다.

다. 우연한 사고

(1) 우연성

상해 여부를 판단할 때의 우연한 사고(accidental peril)란 피보험자의 고의에 의한 것(의도한 것)이 아닌 뜻하지 않은 사고(예측할 수 없는 사고)로서 흔히 말하는 '사고'는 피보험자의 고의에 의한 것이 아닌 이상 비록 타인의 고의에 의한 것이라고 해도 우연성을 만족하는 것이 일반적이다.[02]

판례는 상해보험 보험사고의 요건 중 '우연한 사고'라 함은 사고가 피보험자가 예측할 수 없는 원인에 의하여 발생하는 것으로서, 고의에 의한 것이 아니고 예견치 않았는데 우연히 발생하고 통상적인 과정으로는 기대할 수 없는 결과를 가져오는 사고를 의미하는 것이며, 이러한 사고의 우연성에 관해서는 보험금청구자에게 그 입증책임이 있다는 견해이다(2001다55499, 2003다35215 판결 등).

(2) 음주사고와 우연성

술에 취한 상태에서 발생한 사고와 관련한 다수의 판례가 있다. 판례는 술에 취하여 자다가 구토로 인한 구토물이 기도를 막음으로써 사망한 경우에는 보험약관상의 급격성과 우연성이 충족된다고 보고 있으며(98다28114 판결), 술에 취한 상태에서 출입이 금지된 지하철역 승강장 선로로 내려가 전동열차에 부딪혀 사망한 경우에 비록 피보험자에게 판단능력을 상실 내지 미약하게 할 정도로 과음을 한 중과실이 있음에도 불구하고 우연성을 인정하고 있다(2010다12241 판결). 이에 더하여 술에 취한 피보험자가 타고 있던 택시에서 내려서 다리 아래로 뛰어내려 사망한 경우에도 기억 및 판단 등의 능력이 미약한 상태에서 아무런 사고작용 없이 단순히 반사적으로 반응하다가 급기야 명정상태(酩酊狀態, 알코올에 의한 마취작용이 발휘된 상태)에서 목적성을 상실한 나머지 충동적으로 다리 아래로 뛰어내려 익사한 것으로 보고 피보험자가 예견하지 못한 우발적인 사고에 해당한다고 보고 있다(98다16043 판결).

02 예를 들어 건축현장의 근로자가 실수로 목재를 넘어뜨려 상해를 입은 경우, 피보험자의 입장에서 볼 때 발생원인은 우연한 것이며 다른 사람이 피보험자를 다치게 하려고 고의로 목재를 넘어뜨린 경우에도 그것은 피보험자 입장에서 보면 우연한 사고이다. 그러나 피보험자가 다른 사람의 이러한 행위를 미리 알 수 있었던 경우는 우연성이 없으며, 따라서 그 결과도 당연히 예상할 수 있었기 때문에 우연한 사고가 아니다.

라. 급격한 사고

상해보험에서 말하는 급격한 사고(violent peril)란 '돌발적 사고'를 말한다. '돌발적 사고'라는 개념에는 시간적으로 급박한 상태라는 의미가 포함된다. 그러나 급격성은 반드시 사고가 시간적으로 갑작스럽게 일어난 것만을 의미하는 것이 아니고, 피보험자가 예견하지 아니하였거나 예견할 수 없었던 순간에 사고가 생긴 것을 말한다(2003나37183 판결).

예를 들어 약물복용의 부작용으로 인한 상해는 약물복용의 효과가 계속 누적됨으로써 어느 시점에 나타나는 것이 일반적인데, 판례는 부작용을 예상할 수 없었던 사람의 입장에서는 급격하게 상해가 생긴 것으로 보아야 하므로 약물복용의 부작용으로 입은 상해는 보험계약에서 정한 보험사고인 '우연한 외래 사고'에 해당한다고 보고 있다(2003나37183 판결).

마. 상해보험사고와 인과관계

(1) 사회적 · 법적 인과관계

민사분쟁에서의 인과관계는 의학적 · 자연과학적 인과관계가 아니라 사회적 · 법적 인과관계이고, 그 인과관계는 반드시 의학적 · 자연과학적으로 명백히 입증되어야 하는 것은 아니다(69다1130, 77다686, 94누7935 판결 등 참조). 상해보험약관상의 상해의 직접 결과로 사망한 때, 후유장해가 발생하였을 때 등에 대한 의미도 이와 같은 견지에서 이해되어야 한다(99다67147 판결).

(2) 인과관계의 입증책임

상해보험금의 청구권자는 상해보험약관에서 담보하는 사고로 손해(예를 들어 상해로 인한 사망)가 발생하였음을 입증하여야 한다. 그러므로 피보험자 등은 보험사고의 요건인 우연성을 입증할 책임이 있을 뿐만 아니라(2003다35215 판결) 외래적인 사고와 상해 또는 상해로 인한 사망 사이의 인과관계에 대한 입증책임도 부담하여야 한다(2010다12241 판결).

2010다12241 판결

보험약관에서 정한 보험사고의 요건인 '급격하고도 우연한 외래의 사고' 중 '외래의 사고'라는 것은 상해 또는 사망의 원인이 피보험자의 신체적 결함, 즉 질병이나 체질적 요인 등에 기인한 것이 아닌 외부적 요인에 의해 초래된 모든 것을 의미하고, 이러한 사고의 외래성 및 상해 또는 사망이라는 결과와 사이의 인과관계에 관하여는 보험금청구자에게 그 증명책임이 있다.

민사분쟁에서의 인과관계는 의학적 · 자연과학적 인과관계가 아니라 사회적 · 법적 인과관계이므로 그 인과관계가 반드시 의학적 · 자연과학적으로 명백히 증명되어야 하는 것은 아니고, 보험약관에 정한 '우발적인 외래의 사고'로 인하여 사망하였는지를 판단함에 있어서도 마찬가지이나, 문제된 사고와 사망이라는 결과 사이에는 상당한 인과관계가 있어야 한다.

그러므로 피보험자가 원룸에서 에어컨을 켜고 자다 사망한 사안에서, 사고의 외래성 및 인과관계에 관한 법리와 한국배상의학회에 대한 사실조회 결과에서 알 수 있는 최근의 의학적 연구와 실험 결과에 비추어 볼 때, 문과 창문이 닫힌 채 방안에 에어컨이 켜져 있었고 실내온도가 차가웠다는 사정만으로 망인의 사망 종류 및 사인을 알 수 없다는 검안 의사의 의견과 달리 망인의 사망원인이 '에어컨에 의한 저체온증'이라거나 '망인이 에어컨을 켜 둔 채 잠이 든 것'과 망인의 '사망' 사이에 상당한 인과관계가 있다고 볼 수 없다.

사망원인이 분명하지 않아 사망원인을 둘러싼 다툼이 생길 것으로 예견되는 경우에 망인의 유족이 보험회사 등 상대방에게 사망과 관련한 법적 책임을 묻기 위해서는 먼저 부검을 통해 사망원인을 명확하게 밝히는 것이 가장 기본적인 증명과정 중의 하나가 되어야 한다. 그런데 의사의 사체 검안만으로 망인의 사망원인을 밝힐 수 없었음에도 유족의 반대로 부검이 이루어지지 않은 경우, 우리나라에서 유족들이 죽은 자에 대한 예우 등 여러 가지 이유로 부검을 꺼리는 경향이 있긴 하나, 그렇다고 하여 사망원인을 밝히려는 증명책임을 다하지 못한 유족에게 부검을 통해 사망원인이 명확히 밝혀진 경우보다 더 유리하게 사망원인을 추정할 수는 없으므로, 부검을 하지 않음으로써 생긴 불이익은 유족들이 감수하여야 한다.

6. 면책사유

가. 면책사유의 제한 : 중과실사고의 담보

상해보험은 생명보험과 마찬가지로 보험계약자, 피보험자 또는 보험수익자의 중대한 과실로 보험사고가 발생한 경우에도 보험금을 지급한다(상법 제739조, 제732조의2). 이 규정은 상법 제659조에 대한 특칙이며 강행규정(상법 제663조)이다.

과거 상해보험약관에서는 무면허운전 · 음주운전을 면책사유로 규정하고 있었는데, 대법원은 음주 · 무면허운전 면책조항이 고의로 인한 경우뿐만 아니라 과실(중과실)로 평가되는 행위까지 포함하는 취지라면, 과실로 평가되는 행위로 인한 사고에 관한 한 면책약관은 무효로 보아야 한다는 견해이다(한정적 무효설, 98다35730, 96다4909 판결 등).

나. 관련 문제 : 외과적 수술, 그 밖의 의료처치

기존의 약관에서는 외과적 수술, 그 밖의 의료처치 면책조항을 두고 있었다. 판례는 겨드랑이 액취제거술을 받다가 급성심부전증으로 사망한 사례에서 의료처치 면책조항은 상해보험의 성질상 당연한 것이므로 상해사망보험금지급책임을 면한다고 하였다(80다1109 판결).

이와 비교하여 피보험자가 복막암 진단으로 개복수술을 받았으나 그 과정에서 의료과실로 인한 감염으로 폐렴이 발생하여 사망한 사례에서 비록 감염이라는 의료과실이 피보험자가 예측할 수 없는 우연한 사고의 결과이긴 하지만 부담보위험인 복막암(질병)의 치료가 상당한 원인이 되어 사망한 것이므로 상해보험의 지급책임은 발생하지 않는다고 하였다(2008다78491 판결).

7. 보험금의 지급

가. 정액 · 부정액보험

상해보험은 그 종류에 따라 구체적인 손해액과 관계없이 약정에 따른 보험금을 지급하거나(정액보험, 예 사망 · 수술보험), 상해 정도에 따라 등급을 두고 일정한 기준에 따라 보험금을 지급하거나(준정액보험, 예 후유장해 · 입원일당보험), 상해에서 발생한 구체적인 손해액을 보상하는 방법(부정액보험, 예 실손의료보험)이 가능하다.

나. 기왕증의 감액

상해보험약관에 기왕증의 감액에 대한 내용(한정지급조항)이 없다면 기왕증을 감액할 수 없다(2000다18752 판결). 그러나 약관에 기왕증을 감액하는 내용이 있는 경우에는 정액 · 부정액지급방식을 불문하고 보험금을 감액할 수 있으며, 상해사망금의 경우에도 감액이 가능하다(2002다564 판결).

다. 안전띠 미착용 감액조항

상해보험의 일종인 자동차보험 자기신체사고특약에서는 안전띠 미착용으로 인하여 사고가 발생 시 10~20%에 상당하는 금액을 공제하는 조항(감액약관조항)을 두고 있다. 이 조항은 '공제'라는 표현에도 불구하고 사실상 일부 면책약관에 해당하는데, 안전띠를 미착용한 것이 보험사고의 발생원인으로서 중과실이 될 수는 있으나 고의에 의한 것이 아니므로 이 조항은 상법 제732조의2(중과실로 인한 보험사고)와 제739조(상해보험 준용규정)에 반하므로 무효이다(2012다204808 판결).

2012다204808 판결

상법 제732조의2, 제739조, 제663조의 규정에 의하면 사망이나 상해를 보험사고로 하는 인보험에 관하여는 보험사고가 고의로 인하여 발생한 것이 아니라면 비록 중대한 과실에 의하여 생긴 것이라 하더라도 보험금을 지급할 의무가 있다고 할 것인바, 위 조항들의 입법 취지 등에 비추어 보면, 피보험자의 사망이나 상해를 보험사고로 하는 보험계약에서는 보험사고발생의 원인에 피보험자에게 과실이 존재하는 경우뿐만 아니라 보험사고발생 시의 상황에 있어 피보험자에게 안전띠 미착용 등 법령 위반의 사유가 존재하는 경우를 보험자의 면책사유(일부 면책사유)로 약관에 정한 경우에도 그러한 법령 위반행위가 보험사고의 발생원인으로서 고의에 의한 것이라고 평가될 정도에 이르지 아니하는 한 위 상법규정들에 반하여 무효이다.

라. 관련문제 : 주계약을 준용하는 재해사망특약의 해석

사망의 원인을 묻지 않고 '피보험자가 사망한 경우(다만 자살면책, 2년이 경과된 후에는 자살면책을 제한)'를 보험금지급사유로 하는 주계약(종신보험)에 상해사망특약을 별도로 부가하여 해당 상해사망특약에서 "특약에서 정하지 않은 사항에 대하여 주계약약관을 준용한다"는 조항(주계약 준용조항)을 둔 경우에 피보험자가 2년 경과 후 자살하였다면, 주계약에 의한 일반사망보험금의 지급사유가 될 뿐이다(2008다81633 판결).

마. 관련문제 : 재해사망특약의 면책조항 해석

재해로 인한 사망을 보험금지급사유로 규정하면서 특약의 보험금 부지급사유로서 "피보험자가 고의로 자신을 해친 경우, 그러나 피보험자가 정신질환상태에서 자신을 해친 경우와 계약의 책임개시일부터 2년이 경과된 후에 자살하거나 자신을 해침으로써 제1급의 장해상태가 되었을 때는 그러하지 아니하다"라고 규정한 경우 고의에 의한 자살은 원칙적으로 재해에 해당하지 않지만 단서조항의 요건에 의하여 보험사고에 포함시켜 재해사망보험금의 지급사유로 본다(2015다243347 판결).

Ⅱ 질병보험

1. 의의

상법

제739조의2【질병보험자의 책임】 질병보험계약의 보험자는 피보험자의 질병에 관한 보험사고가 발생할 경우 보험금이나 그 밖의 급여를 지급할 책임이 있다. [본조신설 2014.3.11.]

질병보험계약(contract of disease insurance)이란 보험자가 피보험자의 질병에 관한 보험사고가 발생할 경우 보험금이나 그 밖의 급여를 할 것을 약정하는 보험계약이다(상법 제739조의2). 보험업법(보험업법 제2조 제4호)에 따르면 질병보험은 제3보험에 속한다. 기존의 상법은 질병보험에 관한 규정을 두지 않았으나 개정상법에서는 질병보험에 관하여 규정함으로써 법률관계의 명확성을 높이고 관련 법적 분쟁을 해결할 수 있도록 하였다.

질병보험은 보험의 객체(목적)가 신체라는 점에서 생명보험과 유사하지만 보험사고가 불확정적이며 일부 질병보험(예 질병실손의료보험)에서 부정액방식이 가능하다는 점에서 손해보험의 성격도 가지고 있다(gray zone insurance).

2. 생명보험 · 상해보험규정의 준용

상법

제739조의3【질병보험에 대한 준용규정】 질병보험에 관하여는 그 성질에 반하지 아니하는 범위에서 생명보험 및 상해보험에 관한 규정을 준용한다. [본조신설 2014.3.11.]

질병보험은 그 성질에 반하지 않는 범위 내에서 생명보험과 상해보험에 관한 규정을 준용한다(상법 제739조의3). 그러므로 질병보험의 계약자는 보험수익자의 지정 · 변경권을 갖고(상법 제733조), 질병보험의 보험자는 생명 · 상해보험과 마찬가지로 중과실로 인한 사고를 담보하며(상법 제732조의2), 보험료적립금의 반환의무(상법 제736조)도 부담한다.

15세 미만자 · 심신상실자 · 심신박약자를 피보험자로 하는 질병보험계약도 유효하다(상법 제739조).

3. 보험사고

가. 보험기간 중의 진단확정

질병보험에서의 보험사고는 '피보험자의 질병'으로서 질병보험의 사고는 보험기간 중에 진단되어야 한다(2011두31178 판결). 여기서 진단은 의사로부터 진찰 또는 검사를 통하여 질병으로 확정진단(최종적 진단)을 받은 경우를 말한다. 의료실무상 질병의 진단 · 분류는 한국표준질병 · 사인분류(Korean Standard Classification of Diseases: KCD)에 의하므로 대부분의 질병보험약관은 한국표준질병 · 사인분류 중에 특정한 항목으로 분류되는 것을 기준으로 담보하고 있다.

나. 한국표준질병 · 사인분류

현재 보험약관은 제7차 개정 한국표준질병 · 사인분류표(통계청 고시 제2015-159호)에 의한다. 만일 보험계약의 체결 시에 약관에서 정한 한국표준질병 · 사인분류가 이후에 개정되어 변경사항이 발생한 경우에는 변경된 분류표에 따라 보상한다.

2012다50087 판결

甲이 乙보험회사와 체결한 보험계약의 특정질병보장특약약관에서 당뇨병 등을 '9대 질환'으로 규정하면서, "보험기간 중 피보험자가 책임개시일 이후에 9대 질환으로 진단확정되고, 9대 질환의 치료를 직접목적으로 하여 수술을 받았을 때 수술급여금을 지급한다"고 규정하고 있는데, 甲이 당뇨병 진단을 받고 당뇨합병증인 당뇨망막병증을 치료받기 위하여 레이저광응고술을 받은 사안에서, 특정질병보장특약의 보장대상인 '9대 질환 중 당뇨병'에는 한국표준질병 · 사인분류의 '당뇨병(E10–E14)'이라는 항목군에 속하는 세분류단위에 기재된 질병도 포함된다고 보아야 하고, 당뇨망막병증은 한국표준질병 · 사인분류 '당뇨병(E10–E14)'항목군의 4단위, 5단위분류에 기재되어 있고, 甲은 당뇨망막병증의 치료를 직접적인 목적으로 레이저광응고술을 받은 것이 분명하며, 특정질병보장특약약관에서 수술의 의미를 구체적으로 명확하게 제한하고 있지 않고 레이저광응고술도 넓은 의미의 수술에 포함될 여지가 충분히 있으므로, 甲이 받은 레이저광응고술은 특정질병보장특약약관에서 규정한 '9대 질환의 치료를 직접목적으로 받은 수술'에 해당한다.

4. 암보험

가. 의의 · 특징

암보험은 보험기간 중 피보험자가 암으로 진단확정된 경우에 암관련 위험을 보장하기 위하여 암진단비, 수술비, 입원비 등을 담보하는 대표적인 질병보험이다. 암보험약관은 보험계약이 체결된 날부터 90일이 지난 날의 다음 날에 보장을 개시하도록 정하고 있다(면책기간, 암보장개시일). 암보험에서 면책기간을 두는 이유는 암이라는 질병의 특성상 역선택의 위험이 높기 때문이다.

암보험의 면책기간규정은 암보험계약의 보험기간과 보험계약기간의 차이를 발생시킨다. 즉, 암보험의 보험기간은 보험계약기간보다 90일 늦게 개시한다.

나. 면책기간 중 보험사고

암보험약관은 피보험자가 면책기간 중에 암으로 진단된 경우에 해당 보험계약을 무효로 규정하고 있다. 이 약관조항은 상법 제644조의 취지에 의한 것이다(97다50091 판결).

다. 암의 진단

암보험에서 암이라 함은 한국표준질병 · 사인분류상 악성신생물로 분류되는 질병을 말하며, 암의 진단확정은 해부병리 · 임상병리 전문의사의 조직검사(또는 혈액검사)를 기초로 한다.

조직검사상 악성신생물에 해당하지 않더라도 임상학적으로 악성이라면 보험계약에서 담보하는 암에 해당하며(2002다19940 판결), 악성신생물에 비하여 상피내암으로 진단되면 적은 액수의 보험금을 지급하기로 한 경우 약관에서 규정한 상피내암의 범위를 제한해석해야 한다(2009다60305, 2010다71158 판결).

암보험 약관에서 암을 정의함에 있어서 '병리학적으로 암'으로 판정된 경우를 명시한 후 약관에서 다시 '한국표준질병 · 사인분류'를 기준으로 암을 분류하였다면 이는 암의 의미에 대하여 객관적으로 다의적으로 해석되는 경우에 해당하므로 작성자 불이익 해석의 원칙에 따라 해석한다(2017다256828 판결).

2010다71158, 2017다256828 판결

보험계약의 보험사고 내지 보험금지급액의 범위와 관련하여 이 사건 각 보험계약의 약관이 규정하는 '상피내암'은 다의적으로 해석되어 약관조항의 뜻이 명백하지 아니한 경우에 해당한다고 할 것이므로, 여기에는 약관의 규제에 관한 법률 제5조 제2항이 규정하는 작성자 불이익의 원칙을 적용하여 점막내 암종(intramucosal carcinoma)을 제외한 상피내 암종(intraepithelial carcinoma)만이 그에 해당한다고 제한해석함이 상당하다.

피보험자에게 1cm 미만의 용종이 발견되었고 그 용종에 대하여 병리학적으로는 경계성 종양에 해당하나 한국표준질병 · 사인분류에 의해 암으로 보는 해석도 가능한 사례에서 보험사고 또는 보험금지급액의 범위와 관련하여 암보험약관이 규정하는 '암'은 객관적으로 다의적으로 해석되어 약관조항의 뜻이 명백하지 아니한 경우에 해당하는 것이어서 약관의 규제에 관한 법률 제5조 제2항에서 정한 작성자 불이익의 원칙에 따라 피보험자의 용종과 같은 상세불명의 직장 유암종은 제3차 개정 한국표준질병 · 사인분류상 '소화기관의 악성 신생물'로서 보험약관에서 정한 '암'에 해당한다고 해석함이 타당하다.

보험계리사 · 손해사정사 기출문제

01 인보험에 관한 설명이다. 사망보험, 상해보험 모두에 해당 하는 경우로 옳은 것은? (다툼이 있는 경우 판례에 의함) ▶44회

① 도덕적 위험, 보험의 도박화 등에 대처하기 위하여 피보험자가 보험목적에 대하여 일정한 경제적 이익을 가질 것을 요한다.

② 보험계약자 또는 피보험자나 보험수익자의 중대한 과실로 인하여 보험사고가 발생한 경우에 보험자는 보험금지급책임이 있다.

③ 보험계약당사자 간에 보험자대위에 관한 약정이 유효하다.

④ 중복보험의 규정을 준용할 수 있다.

해설 ① 사망보험과 상해보험 모두 피보험이익을 그 요건으로 하지 않는 것이 원칙이지만, 손해를 보상하는 형태의 특정한 상해보험에서는 피보험이익을 그 요건으로 할 수도 있을 것이다. ③ 상해보험에서는 청구권대위에 대한 약정이 가능하다. ④ 손해보험형 상해보험에서는 중복보험의 규정이 준용될 수 있다.

02 무보험자동차에 의한 상해보험에 관한 설명이다. 옳지 않은 것은? (다툼이 있는 경우 판례에 의함) ▶42회

① 무보험자동차에 의한 상해보험은 상해보험으로서의 성질과 함께 손해보험으로서의 성질도 갖고 있는 손해보험형 상해보험이다.

② 무보험자동차에 의한 상해보험에서 보험금 산정기준과 방법은 보험자의 설명의무의 대상이다.

③ 무보험자동차에 의한 상해보험은 손해보험형 상해보험이므로 당사자 사이에 다른 약정이 있으면 보험자는 피보험자의 권리를 해하지 아니하는 범위 안에서 피보험자의 배상의무자에 대한 손해배상청구권을 대위 행사할 수 있다.

④ 하나의 사고에 대해 수 개의 무보험자동차에 의한 상해보험계약이 체결되고 그 보험금액의 총액이 피보험자가 입은 실손해액을 초과하는 때에는 중복보험조항이 적용된다.

해설 무보험자동차 상해보험은 손해보험형 상해보험으로서 당사자 약정에 의하여 청구권대위를 규정할 수 있으며, 법원은 중복보험 규정을 준용할 수 있다고 보고 있다. 그러나 보험금액 산정기준은 약관설명의무의 대상으로 보지 않는다.

03 보험사고의 우연성에 관한 설명으로 옳은 것은? (다툼이 있는 경우 판례에 의함) ▸43회

가. 피보험자가 술에 취한 상태에서 출입이 금지된 지하철역 승강장의 선로로 내려가 전동열차에 부딪혀 사망한 사안에서 피보험자에게 중과실이 있더라도 보험약관상의 우발적 사고에 해당한다.

나. 피보험자가 자유로운 의사결정을 할 수 없는 상태에서 자살로 사망한 경우에 그 사망은 고의에 의하지 않은 우발적 사고라고 할 수 있다.

다. 급격하고 우연한 외래의 사고를 보험사고로 하는 상해보험에 가입한 피보험자가 술에 취하여 자다가 구토로 인한 구토물이 기도를 막음으로써 사망한 경우에 보험약관상의 급격과 우연성은 충족되므로 보험자로서는 보험금을 지급할 의무가 있다.

라. 암으로 인한 사망 및 상해로 인한 사망을 보험사고로 하는 보험계약에서 "피보험자가 보험계약일 이전에 암 진단이 확정되어 있었던 경우 보험계약을 무효로 한다"는 약관조항은 피보험자가 상해로 사망한 경우에도 유효하다.

---

① 가, 다 ② 나, 라
③ 가, 나, 다 ④ 가, 나, 다, 라

해설 우리 판례는 만취의 경우의 우연성을 대체적으로 인정하는 견해이다. 그러므로 '가'와 '다'의 승강장 사고와 구토물의 역류의 사고에서도 우연성을 인정하고 있다. '나'의 피보험자가 자유로운 의사결정을 할 수 없다는 것은 자신의 행위의 결과를 예견할 수 없었던 것이므로 우연한 사고에 해당한다. '라'의 판례는 상해와 질병을 하나의 계약에서 담보할 때 적용되는 판례이다.

04 A는 술에 취한 나머지 판단능력이 극히 저하된 상태에서 신병을 비관하는 넋두리를 하고, 베란다에서 뛰어내린다는 등의 객기를 부리다가, 마침내 음주로 인한 병적(病的)인 만취로 인하여 심신을 상실한 나머지 자유로운 의사결정을 할 수 없는 상태에서 충동적으로 베란다에서 뛰어내려 사망하였다. 이 사건에서 A의 만취상태가 병적이었음을 중시한다면, 상해사고의 어떠한 요건이 결여된 것으로 볼 수 있는가? ▸33회

① 급격성 ② 우연성
③ 외래성 ④ 인과관계성

해설 A의 만취상태가 병적인 만취상태에 해당한다면 상해의 원인이 신체에 내재한 질병에서 비롯된 것이므로 상해의 3요소 중에서 외래성을 만족하지 않는다.

05 상해보험의 보험사고로 볼 수 있는 것은? ▸26회

① 외과적 수술 기타 의료처치
② 고혈압 등 신체상의 질병

③ 술에 취해 자다가 구토물이 기도를 막아 사망한 경우

④ 피보험자의 사형

해설 ① 외과적 수술 기타 의료처치는 피보험자의 동의하에 이뤄지는 행위이므로 외과적 수술 중에 발생한 의료과실이 아닌 이상 원칙적으로는 상해사고로 볼 수 없다.

② 고혈압 등 신체의 질병은 그 원인이 신체에 내재한 것이므로 상해사고로 보기 어렵다.

③ 우리 판례는 술에 취해 자다가 구토물이 기도를 막아 사망한 경우에 사고의 급격성, 우연성, 외래성을 모두 인정하면서 상해사고를 인정한 바 있다. 특히 우리 법원은 지속적으로 음주만취를 상해사고, 즉 외부적 요인으로 인정하는 입장인데, 이에 대한 비판이 제기되기도 한다.

④ 기존의 약관은 피보험자의 사형을 면책사유로 명시하였으나 최근의 약관은 이러한 조항이 없다. 그러나 피보험자의 사형은 고의적인 범죄행위에서 기인한 것이므로 우연성이 없는 사고로서 면책이며, 만일 피보험자의 사형을 담보한다고 해석한다면 이러한 보험계약은 공서양속에 반하는 계약으로서 무효(민법 제103조)로 되므로 여전히 상해보험의 보험사고로 보기 어렵다.

06 상해보험약관 및 대법원 판례에 의할 때 상해보험의 보험사고가 되지 않는 것은? ▸28회

① 고혈압으로 인해 사망한 경우

② 교통사고로 인해 수술 중 사망한 경우

③ 유독가스를 우연하게 일시에 흡입한 결과로 중독증상이 생긴 경우

④ 술에 만취하여 잠을 자던 중 구토물이 기도(氣道)로 흘러들어 질식사한 경우

해설 ① 고혈압은 피보험자의 신체에 내재하는 질병이므로 상해사고의 요소 중에서 외래성을 만족하지 않는 사고이다.

② 교통사고라는 상해사고가 원인이 되어 수술 중에 사망하였으므로 상해보험의 담보사유가 된다.

③ 유독가스의 우연한 흡입은 급격하고도 우연한 외래의 사고로서 상해사고에 해당한다.

④ 술에 만취하여 잠을 자던 중 구토물에 의하여 질식사한 경우에는 급격하고도 우연한 사고임은 물론 술에 만취된 상황은 질병이나 체질적 요인에서 초래된 것이 아닌 술을 마신 외부적 행위에 의해 초래된 것이므로 상해사고에 해당한다.

07 상해보험과 관련된 내용 중 옳지 않은 것은? (다툼이 있는 경우 판례에 의함) ▸40회

① 피보험자가 원룸에서 에어컨을 켜고 자다 사망한 경우, 최근의 의학적 연구와 실험 결과 등에 비추어 망인의 사망원인이 에어컨에 의한 저체온증이라거나 망인이 에어컨을 켜 둔 채 잠이 든 것과 사망 사이에 상당한 인과관계가 있다고 볼 수 없고, 이 경우 의사의 사체검안만으로 망인의 사망원인을 밝힐 수 없음에도 부검을 반대하여 사망의 원인을 밝히려는 증명책임을 다하지 않은 유족이 그로 인한 불이익을 감수해야 한다.

② 종합건강검진을 위하여 전신마취제인 프로포폴을 투여받고 수면내시경 검사를 받던 중 검사 시작 5분 만에 프로포폴의 호흡억제작용으로 호흡부전 및 의식불명상태가 되어 사망한 사건에서, 질병 등을 치료하기 위한 외과적 수술 등에 기한 상해가 아니라 건강검진 목적으로 수면내시경 검사를 받다가 마취제로 투여된 프로포폴의 부작용으로 사망사고

가 발생한 것으로 보아 보험자의 면책이 인정되지 않는다.

③ 지역병원에서 실시한 복부CT촬영 결과 후복막강에서 종괴가 발견되어 대학병원에 입원하여 후복막악성신생물 진단을 받아 종양절제수술을 받았다가 감염으로 인하여 상세불명의 패혈증과 폐렴을 원인으로 피보험자가 사망한 경우, 보험자가 보상하지 아니하는 질병인 암의 치료를 위한 개복수술로 인하여 증가된 감염의 위험이 현실화됨으로 발생한 것이므로, 이 사건사고발생에 병원 의료진의 의료과실이 기여하였는지 여부와는 무관하게 이 사건 보험자는 면책된다.

④ 외래의 사고라는 것은 상해 또는 사망의 원인이 피보험자의 신체적 결함, 즉 질병이나 체질적 요인 등에 기인한 것이 아닌 외부적 요인에 의해 초래된 모든 것을 의미하고, 이러한 사고의 외래성 및 상해 또는 사망이라는 결과와 사이의 인과관계에 대하여는 보험자가 증명책임을 부담해야 한다.

해설 상해보험에서 보험금을 청구하는 자는 상해발생사실과 그 상해가 담보하는 사고로 인하였다는 것을 증명해야 한다. 그러므로 상해보험에서 외래성이나 인과관계 또한 보험금청구권자가 입증책임을 부담한다.

08 **甲은 그가 상해로 사망할 경우 그의 처에게 보험금을 지급하기로 하는 보험계약을 乙보험회사와 체결하였다. 그 후 甲은 무면허이자 술을 마신 상태에서 타인의 자동차를 절취하여 운전하던 중, 다른 차와 충돌하여 상해를 입고 치료받다가 사망하였다. 이 사례에 관한 다음의 설명 중에서 현재 대법원 판례의 주된 입장과 일치하는 것은?** ▸25회

① 고도의 위험한 행위를 감행한 甲에게는 미필적 고의가 인정되므로 乙회사는 면책된다.

② 甲의 무면허 또는 음주운전은 담보위험배제사유이므로 乙회사는 면책된다.

③ 甲이 자동차의 절취, 무면허운전, 음주운전 등 범죄행위를 한 점에서 乙회사는 면책된다.

④ 교통사고의 발생 자체에는 甲의 고의가 인정되지 않으므로 乙회사는 면책될 수 없다.

해설 이 사례에서 피보험자 甲은 음주 · 무면허인 상태에서 타인의 자동차를 절취하였는데, ⅰ) 음주, 무면허는 면책사유가 될 수 있는지, ⅱ) 타인의 자동차를 절취한 것은 범죄행위로서 면책사유에 해당하는지가 쟁점이다. 우리 판례는 음주 · 무면허사고를 중과실사고로 보고 있고, 상해보험은 고의만 면책으로 할 뿐, 중과실은 담보하므로 乙회사는 보험금지급책임을 면할 수 없다. 한편, 피보험자 甲의 자동차 절취와 관련하여 범죄행위로 인한 면책을 적용하려면, 해당 범죄행위가 고의에 의한 경우로 해석할 수 있을 때에 면책으로 할 수 있는바, 보험자가 피보험자 甲이 자동차를 절취함으로써 상해사망을 의도한 것을 입증할 수 없다면, 범죄행위를 이유로 보험자의 책임을 면하게 할 수 없다.

09 **피보험자가 복막암 진단을 받고 종양절제수술을 받았다가 예기치 않은 감염으로 인하여 사망하였다. 이에 보험수익자가 상해보험금을 청구하였으나, 보험회사는 상해보험약관상의 면책조항("피보험자의 외과적 수술 또는 의료처치를 원인으로 하여 생긴 손해는 보상하지 아니한다")을 이유로 그 지급을 거절하였다. 이 사건에서 대법원 판례는 이 면책조항이 적용될 수 있다고**

판시하였다. 그 근거는? ▶35회

① 위 면책조항은 수술 등 의료처치가 행해지는 경우에는 일상생활에서보다 상해가 발생할 위험이 현저히 증가하므로 그러한 위험을 처음부터 보험보호의 대상에서 배제하려는 데 있다.

② 피보험자에 대한 수술은 상해사고로 인한 것이 아니라, 외래성이 결여된 암 등의 질병으로 인한 것이므로 그 수술로 인한 사망은 상해사고에 해당하지 아니한다.

③ 수술이 피보험자의 동의 아래 이루어진 이상 그가 의료진의 과실로 인하여 감염되어 사망했더라도 이를 우연한 사고로 볼 수 없다.

④ 피보험자가 의료진의 과실로 감염되어 사망에 이르게 된 것은 피보험자가 예측할 수 없는 우연한 사고이기는 하지만, 이 사건에서 피보험자가 수술 시로부터 사망에 이르기까지 상당한 기간이 경과되었으므로 이를 급격한 사고로 볼 수 없다.

해설 ① "외과적 수술, 그 밖의 의료처치로 인한 손해를 보상하지 아니한다. 그러나 회사가 부담하는 상해로 인한 경우에는 보상한다"는 상해보험약관 면책조항의 취지는 피보험자에 대하여 보험회사가 보상하지 아니하는 질병 등을 치료하기 위한 외과적 수술 기타 의료처치(이하 '외과적 수술 등'이라고 한다)가 행하여지는 경우, 피보험자는 일상생활에서 노출된 위험에 비하여 상해가 발생할 위험이 현저히 증가하므로 그러한 위험을 처음부터 보험보호의 대상으로부터 배제하고, 다만 보험회사가 보상하는 보험사고인 상해를 치료하기 위한 외과적 수술 등으로 인한 위험에 대해서만 보험보호를 부여하려는 데 있다. 위와 같은 면책조항의 취지에 비추어 볼 때, 특정 질병 등을 치료하기 위한 외과적 수술 등으로 인하여 증가된 위험이 현실화된 결과 상해가 발생한 경우에는 위 면책조항 본문이 적용되어 보험금지급대상이 되지 아니하고, 외과적 수술 등의 과정에서 의료과실에 의하여 상해가 발생하였는지 여부는 특별한 사정이 없는 한 위 면책조항의 적용 여부를 결정하는 데 있어서 고려할 요소가 되지 아니한다.

② 상해보험의 피보험자가 병원에서 복막암 진단을 받고 후복막강 종괴를 제거하기 위한 개복수술을 받았으나 그 과정에서 의료진의 과실로 인한 감염으로 폐렴이 발생하여 사망한 사안에서, 위 사고는 보험자가 보상하지 않는 질병인 암의 치료를 위한 개복수술로 인하여 증가된 감염의 위험이 현실화됨으로써 발생한 것이므로 그 사고발생에 의료진의 과실이 기여하였는지 여부와 무관하게 상해보험약관상 면책조항이 적용된다.

10 **상해보험이 순전한 손해보험성을 지니게 되는 경우는?** ▶24회

① 장해등급표에 의한 장해보험금을 지급하는 경우

② 의료비, 약품대 등 의료보험금을 지급하는 경우

③ 일반사망보험금을 지급하는 경우

④ 재해사망보험금을 지급하는 경우

해설 ① 후유장해보험금은 준정액보험의 일종이다.
② 의료비보험은 부정액보험에 해당한다.
③ 사망보험금은 정액보험에 해당한다.
④ 재해사망보험금은 정액보험에 해당한다.

11 상해보험약관 중에는 "피보험자의 기왕증의 영향으로 상해가 중하게 된 때에는 보험금을 감액한다"는 조항을 두고 있는 약관도 있다. 대법원 판례에 의할 때 이 약관조항에 관한 설명 중 옳은 것은? ▶29회

① 피보험자의 기왕증은 상해의 개념상 외래성과 급격성은 충족되지만 우연성이 결여되어 상해보험의 담보대상이 될 수 없으므로 이 약관조항은 유효하다.
② 피보험자의 체질 또는 소인 등이 보험사고의 발생 또는 확대에 기여한 것을 고려하여 보험금을 감액할 수 있으므로 이 약관조항은 유효하다.
③ 기왕증이 작용하여 상해가 중하게 되었더라도 일단 상해사고로 상해가 생긴 이상 상해의 결과 전부에 대한 보험금을 지급해야 하므로 이 약관조항은 무효이다.
④ 상해사고로 인한 상해의 부분과 기왕증으로 인한 상해의 부분을 구별할 수 없으므로 상해의 결과 전부에 대해서 보험자는 면책되어야 하고, 따라서 이 약관조항은 무효이다.

해설 법원에서 기왕증 감액조항을 유효한 것으로 인정하는 취지는 손해배상액을 정할 때에 기왕증을 감액하는 것을 인정하는 것과 같다.

12 상해보험에 관한 설명 중 옳지 않은 것은? ▶32회

① 질병은 외래성의 결여로 상해보험의 보험사고가 되지 아니한다.
② 상해로 인하여 질병이 생긴 경우는 그 질병도 상해보험의 보험사고가 된다.
③ 의료보험금에 대해서 이득금지의 원칙이 적용되지 않는다.
④ 상해로 인하지 아니한 피보험자의 사망이라도 생명보험에서는 보험사고가 될 수 있다.

해설 ② 상해(급격하고도 우연한 외래의 사고)의 결과 신체에 질병이 발병하였다면 상해보험의 담보사유가 된다.
③ 의료보험금(실손의료보험)은 손해보험의 성격이 강하므로 약관은 이득금지의 원칙을 적용하고 있다. 그러므로 다수의 실손의료보험을 가입한 경우에 중복보험규정을 적용한다.
④ 생명보험의 사망사고는 그 원인을 묻지 않는다. 그러므로 상해로 인한 사망, 질병으로 인한 사망, 노쇠하여 사망한 것을 묻지 않고 사망보험금을 지급한다.

13 상해보험과 질병보험에 관한 설명 중 틀린 것은? ▶37회

① 장해등급표에 따라 장해보험금을 지급하는 경우에는 상해보험은 준정액보험(準定額保險)에 해당한다.
② 원칙적으로 상해로 인한 사망은 상해보험의 보험사고에 해당하고, 질병으로 인한 사망은 질병보험의 보험사고에 해당한다.
③ 민사분쟁에서의 인과관계는 의학적 · 자연과학적 인과관계가 아니라 사회적 · 법적 인과관계이므로 그 인과관계가 반드시 의학적 · 자연과학적으로 명백히 증명되어야 하는 것은 아니다.

④ 대법원 판례에 따르면 의사의 사체 검안만으로 망인의 사망원인을 밝힐 수 없었음에도 유족의 반대로 부검이 이루어지지 않은 경우에는 사망원인을 밝히려는 증명책임을 다하지 못한 유족에게 부검을 통해 사망원인이 명확히 밝혀진 경우보다 더 유리하게 사망원인을 추정할 수는 없다.

해설 ① 후유장해보험금은 준정액보험의 일종이다.
② 개정 이전에는 질병보험이 상법에 규정되어 있지 않고 보험업법에 규정되어 있었다. 보험업법에서는 상해보험의 사망담보는 상해보험의 일종으로 보고 있지만, 질병보험의 사망담보는 질병보험으로 보지 않는다(질병보험의 사망담보는 생명보험의 일종으로 본다). 다만 현행 상법에서는 질병보험이 상법에 규정되어 있고 그 성질에 반하지 않는 한도 내에서 생명보험과 상해보험의 규정을 준용하고 있으므로 "질병사망은 질병보험의 보험사고가 아니다"라는 지문에 모호함이 있다.
③ 보험소송에서 인과관계는 사회적 · 법적 인과관계를 묻는다.
④ 상해사망의 원인에 대한 입증책임은 보험금청구권자가 부담한다. 만일 그 입증책임을 이행하지 않았다면 그렇지 않은 경우에 비하여 유리하게 적용할 수는 없다.

14 상해보험과 질병보험에 관한 설명으로 옳지 않은 것은? (다툼이 있는 경우 판례에 의함) ▸40회

① 만취상태에서 잠을 자다가 구토 중에 구토물이 기도를 막아 피보험자가 사망한 경우에 상해보험의 외래성이 인정되지 않는다.
② 상해보험에서 담보되는 위험으로서 상해는 그 사고의 원인이 피보험자 신체의 외부로부터 작용하는 것을 말하고, 신체의 질병 등과 같은 내부적 원인에 기한 것은 질병보험의 대상이 된다.
③ 피보험자가 방안에서 술에 취한 채 선풍기를 틀어놓고 자다가 사망한 경우에 주취와 선풍기를 틀고 잔 것은 모두 외래의 사고로 해석한다.
④ 질병보험에 관하여는 상해보험과 유사하다는 점을 고려하여 상해보험의 규정을 일부 준용토록 하고 있다.

해설 구토물이 기도를 막아 사망한 것은 신체에 내재한 질병에 의한 것이 아니고 그 사망의 원인이 신체 외부에서 비롯된 것이다.

15 상법은 질병보험에 관하여는 그 성질에 반하지 아니하는 범위에서 (　　)에 관한 규정을 준용한다고 규정한다. (　　)에 들어갈 용어 중 옳은 것은? ▸38회

① 생명보험　　② 상해보험
③ 생명보험 및 상해보험　　④ 손해보험 및 상해보험

해설 개정상법은 질병보험을 신설하면서 질병보험에 관하여 생명보험 및 상해보험의 규정을 준용하도록 하였다.

16 질병보험에 관한 설명으로 옳지 않은 것은? (다툼이 있는 경우 판례에 의함) ▶39회

① 상해사고를 통하여 발병한 때에는 상해보험을 통하여 보상이 가능하므로 질병보험은 상해보험의 일종이다.

② 질병보험에 관하여는 그 성질에 반하지 아니하는 범위에서 생명보험에 관한 규정을 준용한다.

③ 질병보험에 관하여는 그 성질에 반하지 아니하는 범위에서 상해보험에 관한 규정을 준용한다.

④ 질병보험의 보험사고를 계약체결 후에 발병한 경우에 한정한다는 약관조항은 유효하다.

해설 ① 상해사고의 결과 피보험자의 신체에 손해가 발생한 경우에는 보험자가 보험금지급책임을 부담하므로 상해사고의 결과로 질병이 발병한 경우에도 상해보험의 담보사유가 될 수 있다. 그러나 질병보험은 상해 이외의 피보험자의 체질적인 요인 등으로 질병이 발병한 경우에 한하여 보험자가 보험금지급책임을 지므로 상해사고를 요건으로 하는 상해보험과는 다르다.

② 역선택의 위험이 높은 질병보험의 특성상 보험계약일 이후 일정기간이 경과된 후에 보험자가 책임을 부담하는 약정은 유효하다. 이러한 약정은 상법 제644조(객관적 확정의 효과)를 근거로 한다.

17 질병보험에 관한 설명으로 옳지 않은 것은? (다툼이 있는 경우 판례에 의함) ▶41회

① 질병보험은 상법상 제3보험이다.

② 질병보험에 대하여 그 성질에 반하지 아니하는 범위에서 생명보험 및 상해보험에 관한 규정을 준용한다.

③ 신체의 질병 등과 같은 내부적 원인에 기한 것은 상해보험이 아니라 질병보험 등의 대상이 된다.

④ 질병보험계약의 보험자는 피보험자의 질병에 관한 보험사고가 발생한 경우 보험금이나 기타 급여를 지급할 책임이 있다.

해설 질병보험은 상법상 인보험에 속하며 보험업법상으로는 제3보험에 속한다.

[정답]

01 ② 02 ② 03 ④ 04 ① 05 ③ 06 ① 07 ④ 08 ④ 09 ① ② 10 ② 11 ② 12 ③
13 ② 14 ① 15 ③ 16 ① 17 ①

참고문헌 reference

양승규, 보험법, 삼지원, 2004.

이범찬 · 최준선, 상법개론, 삼영사, 1995.

최기원, 보험법, 박영사, 2002.

최준선, 보험법 · 해상법, 삼영사, 2008.

한철 · 정상근, 보험법 · 해상법, 형설출판사, 2007.

Chris Parsons, Legal Aspects of Insurance, CII, 1996.

찾아보기 index

[ㄱ]

간접의무 73, 131, 240
감항능력 위반 101, 182
강행규정 59, 146, 209
개별약정우선의 원칙 43
객관적 · 통일적 해석의 원칙 44
객관적 확정의 효과 145
갱신보험 41
계속보험료 116, 157
계약당사자 16, 343
계약법의 법원 36
계약의 부활 156
계약자의 취소권 63
계약해지 151
고유재산 361
고의 78, 79
고의 · 중과실 면책 98
고지수령권자 74
고지의무 72, 73
고지의무자 72, 73
고지의 상대방 74
공공성 4
공동불법행위자 218, 315
공동해손 227, 280
공탁보증보험 340
과실상계 305
관습법 36
구상권 344, 347
구조료 281
권리남용 104
규범설 38
근인관계 282
금반언의 원칙 381
급격한 사고 403
기간보험 271
기명피보험자 226
기술성 4
기업보험 6, 263
기업휴지보험 181
기왕증의 감액 406
기평가보험 177, 194

[ㄴ]

낙부통지의무 92
낙성계약 8, 92
납세보증보험 340

[ㄷ]

다수설 231, 302
다수의 수익자 363
단체보험 26, 382
단체보험계약 382
단체성 5
담보기준 304
담보위험제외사항 97
대체비용보험 186
대표자책임이론 99
대항요건 224
동시적용설 86
동의 없는 타인의 생명보험 365

[ㅁ]

면책 83

면책사유 97
면책약관 45, 99
면책증권 50
명시설명의무 59
무보험자동차에 의한 상해보험 332
묵비 78
물건 238
물권 238
물권적 이전 238
미성년후견인 96
미평가보험 193, 268
미필적 고의 98

[ㅂ]

방어비용 303, 305
배상 301
배상책임보험 316
배상책임보험의 청구사실 통지의무 139
배상청구기준 304
배상청구사실 통지의무 308
법원의 적용순서 36
법정면책사유 97
병존보험 205
보관자책임보험 316, 317
보증보험 164, 175, 339
보험가액 192, 257, 267, 303
보험가액불변경주의 184, 193, 268
보험계약 149
보험계약대출 369
보험계약의 목적 176
보험계약의 부활 156
보험계약자 24, 168
보험계약자의 사망 393
보험금액 301, 303
보험금의 지급기일 95
보험금지급의무 94
보험금지급책임 80
보험금청구권 25, 167, 239, 315
보험금청구권 상실조항 96
보험금청구권설 311, 312
보험금청구권자 96
보험급여설 306
보험기간 28, 257
보험대리상 17
보험료 115
보험료적립금 367
보험료지급의무 25, 118, 168, 239
보험목적의 양도 237
보험사고 26, 245, 256, 304, 401
보험설계사 20
보험수익자 25
보험위부 177, 278, 289
보험의 목적 26
보험자대위 177, 222, 315, 357
보험자의 면책사유 97, 98
보험자의 파산 149
보험자의 항변권 314
보험중개인 19
보험증권 47
보험증권의 교부 52
부가보험료 115
부실고지 78
부정액보험 356, 405
부종성 341
부합계약 11, 58
분납보험료 116
분손 223, 256, 278
분손담보조건 256
불가동(不稼動)손해보험 267
불고지 78
불법행위책임 343, 349
불요식계약 8, 92
불이익변경금지 5

[ㅅ]

사고발생 통지의무 137
사망보험금청구권 361
사정변경 100

사행계약 10
사회성 4
사회적 · 법적 인과관계 403
상관습 319
상당인과관계 182
상대설 231
상대적 강행법규성 5
상대주의 177
상법적용설 64, 86
상속인 391
상속재산 361
상해보험계약 398
상해사망보험계약 400
상호보험 3
상환증권 51
생명보험 178
생명보험계약 359
서면동의 376
선박보험 265, 271
선박의 분손 278
선비(船費)보험 267
선의계약설 72
선의성 7
성년후견인 96
소극손해 305
소급보험 27
소멸시효 102, 121, 314
소멸시효의 정지 · 중단 104
손익상계 305
손해방지비용 217, 277
손해방지의무 166, 214, 215
손해배상청구권 315
손해배상청구권설 311, 312
손해보상보험 356
손해보상의무 180
손해보험 177, 342
손해보험계약 175, 176
손해사고기준증권 304
손해사정비용 277
손해산정비용 184
수개의 책임보험 209, 319
수령권자 118
수정해석 46
순보험료 115
승낙의제 92
승낙전 사고담보 29, 93
승낙피보험자 226
신가보험 177
신구교환공제 186
신용보험 348
신의성실 43, 104, 248, 381
신의성실의 원칙 43, 104
실손보상의 원칙 185
실손보상특약 197
실손의료보험 356
심신박약자 366, 400
심신상실자 366, 400
쌍무계약 9

[ㅇ]

악의 81
안전띠 미착용 감액조항 406
암보험 410
약관규제법 37
약관의 구속력 37
양도담보 249
양도담보권 249
연대 · 비례책임 208
연대책임 316, 320
영국해상보험법 262
영업책임보험 313, 316
예정보험 269
예정보험계약 269
외래의 사고 401
우연성 27, 401
우연적 손실보험 356
우연한 사고 401
운명추종의 원칙 328

운명추종조항 231, 319
운송보험 175
운송보험계약 257
운임보험 266
위임 166
위험변경 · 증가의 통지의무 130, 135
위험보편의 원칙 247
위험유지의무 136
위험측정설 72
유가증권 51
유상계약 9
유상운송면책약관 60, 61
유예설 120
유인증권 51
윤리성 7
의사능력이 있는 심신박약자 366
의사설 38
이득금지의 원칙 185
이의약정 49
이행보증보증보험 164
이행보증보험 340
인보험 355
인허가보증보험 340
일부보험 196
일부보험의 청구권대위 230
일시납보험료 116
임의규정 237
입증책임 62
입증책임 전환조항 84

[ㅈ]

자기를 위한 계약 25
자기신체사고보험 331
자기차량손해보험 331
자동실효조항 124
자동차배상책임보험 331
자동차보험 175, 329
자동차보험계약 329
자동차보험증권 332
자연과학적 인과관계 403
작성자 불이익 해석의 원칙 43
잔존물대위 223
장래효 80
재보험 317
재보험계약 317
재보험에서의 청구권대위 231
적극손해 305
적하보험 265, 272
적하의 매각 279
적하의 분손 279
전부보험 195
전손 184, 223, 256, 277
전손담보조건 256
전위험담보조건 256
절대설 231
절대주의 177
절충설 51, 86
정액보험 356, 405
정지조건 118
제3자를 위한 계약 164
제3자의 행위 227
제척기간 79, 80
제한사유 80
제한적 소급효 80
제한적 엄격해석의 원칙 45
조건부계약 9
주관적 우연성 27
준거법 42
준정액보험 405
중과실사고 364
중대한 과실 75, 78
중복보험 202
중복보험규정 401
중요한 사항 74
중첩설 64
증거증권 49
지정 · 변경권 391, 392
지정 · 변경의 통지 394

직접청구권 311, 315
진정의무 214
질병보험 407
질병보험계약 407
집합보험 165, 249

[ㅊ]

차액설 231
채무불이행책임 343, 349
채무의 독립성 341
채무확정통지의무 309
책임보험 175, 301, 349
책임보험계약 301
철회 379
청구권대위 225, 226, 319, 400
초과보험 202
초과전보조항 209
초과 · 중복보험 197
초회보험료 116
총괄보험 250
최고 · 검색의 항변권 343
최대선의 263
최대선의계약 148, 263
최대선의원칙 11
추정전손 277
취소권 85

[ㅌ]

타보험조항 209
타인을 위한 계약 25
타인을 위한 보험 163, 165
타인을 위한 생명보험 391
타인의 생명보험 375
타인의 생명보험의 지정 · 변경 394
타인의 위임 166
탐지의무 77
통상의 손해 305
통지의무 25
통지의무자 240
특별비용 281
특정보험 249
특정한 타인을 위한 보험계약 165

[ㅍ]

포괄책임주의 271
표현대리의 원칙 19
피보험이익 176, 302, 357
피보험자 24
피보험자의 배상청구사실 통지의무 308
피보험자의 질병 409
피해자직접청구권 311

[ㅎ]

항변 167
항해보험 272
해상보험 175, 262
해상보험계약 262
해상보험의 국제화 263
해상보험증권 270
해제조건부 대물변제설 120
해지 134
해지예고부최고조항 124
해지환급금 151
해지환급금의 미반환 157
허락피보험자 329
허위진술 78
현실전손 277
협정보험가액 194
형성권 79, 203
화재보험 175, 245
화재보험계약 245
확정보험 269
확정적 고의 98
확정적 무효 380
회복비용초과 290
효력유지적 축소해석 46
희망이익보험 181, 266

[판결]

5다52505 판결 205
68다2082 판결 75
69다1130 판결 403
73다1591 판결 95, 164
75다605 판결 22
77다686 판결 403
79다1234 판결 74
80가합5524 판결 231
80다1109 판결 405
80다1643 판결 229
80다2699 판결 167
82가합5565 판결 41
83다카1940 판결 100
84다카122 판결 41, 62, 160
86가합2609 판결 75
86다카216 판결 75
87다카929 판결 179
87다카1669 판결 222
87다카2973 판결 79
88다8645 판결 64
88다카28112 판결 20
88다카33367 판결 21, 121
89다카1759 판결 364
89다카24070 판결 61
90다10063 판결 226, 330
90다10315 판결 119
90다10315 판결 119
90다카23899 판결 43, 45
90다카25314 판결 263
91다1158 판결 237
91다6351 판결 98
91다12356 판결 330
91다14796 판결 330
91다29170 판결 94
91다32503 판결 131
91다33070 판결 181
91다36642 판결 61
91다47109 판결 383
92가합1029 판결 138
92다2530 판결 314
92다3328 판결 306
92다8552 판결 237
92다13301 판결 132
92다13318 판결 132
92다28259 판결 83
92다28259 판결 84
92다45261 판결 247
92다45261 판결 61
92다52085 판결 75
93다1770 판결 229
93다3622 판결 312
93다39942 판결 61
93다52082 판결 84
94누7935 판결 403
94다2145 판결 139, 308
94다4813 판결 227, 330
94다4813 판결 226
94다10511 판결 346
94다17888 판결 305, 311
94다27076 판결 306
94다28093 판결 315
94다56852 판결 124
94다60615 판결 119
95다14800 판결 165, 179
95다24807 판결 311
95다25060 판결 120
95다25268 판결 75, 83, 132
95다33092 판결 227, 229
95다47398 판결 206
95다52505 판결 131
95다52505 판결 131, 132, 135
95다53300 판결 184
95다53546 판결 82
96다4893 판결 65
96다4909 판결 405
96다6998 판결 241
96다12009 판결 44

96다19765 판결 315
96다19765 판결 229
96다37084 판결 381
96다52492 판결 60
97다4494 판결 62
97다17544 판결 312
97다24276 판결 182
97다27039 판결 364
97다33089 판결 84
97다37609 판결 230
97다50091 판결 410
97다53380 판결 75
98다14191 판결 60
98다16043 판결 401, 402
98다24563 판결 376
98다26910 판결 364
98다28114 판결 401, 402
98다32564 판결 61, 132
98다35730 판결 405
98다43342 판결 60
98다44956 판결 315
98다48682 판결 132
98다49104 판결 52, 346
98다53707 판결 341, 347
98다59613 판결 383
98다59842 판결 60, 61, 62
98다61593 판결 230
98다62909 판결 132
98다62909 판결 19, 60, 61, 131, 133
98두9219 판결 20
98헌가6 판결 383
99다489 판결 164
99다3143 판결 229, 315
99다8599 판결 179, 203, 250
99다13737 판결 75, 345
99다33311 판결 78
99다33311 판결 132
99다33331 판결 79
99다35379 판결 124
99다37474 판결 75
99다40548 판결 330
99다45628 판결 348
99다49064 판결 144, 362
99다50699 판결 358, 400
99다50712 판결 208
99다55533 판결 60
99다66236 판결 61
99다67147 판결 403
99다67413 판결 9, 124
2000다16251 판결 347
2000다18752 판결 406
2000다19281 판결 29, 79, 345
2000다21062 판결 182, 273
2000다25002 판결 123
2000다29769 판결 179
2000다29796 판결 226
2000다30127 판결 195, 209
2000다31168 판결 103
2000다33089 판결 227, 330
2000다33331 판결 226, 330
2000다 38848 판결 361
2000다40353 판결 81
2000다55089 판결 348
2000다64502 판결 361
2000다70156 판결 341, 347
2001다6312 판결 50, 194
2001다14917 판결 60
2001다27579 판결 401
2001다36450 판결 75
2001다44659 판결 226, 227, 330
2001다49623 판결 132, 208
2001다49623 판결 75
2001다49630 판결 136, 208
2001다55499 판결 402
2001다59064 판결 146
2001다65755 판결 361
2002가단354504 판결 81
2002나784 판결 366

2002다564 판결 406
2002다19940 판결 410
2002다22016 판결 215
2002다22106 판결 217
2002다22106 판결 306
2002다30206 판결 307
2002다32547 판결 227
2002다59528 판결 282
2002다61958 판결 358, 400
2002다63312 판결 135
2002다64520 판결 50, 183
2002다64872 판결 123
2002다69419 판결 124
2003가합12087 판결 81
2003나37183 판결 403
2003다1878 판결 315
2003다6774 판결 314
2003다7302 판결 61
2003다15556 판결 61, 97, 248
2003다18494 판결 79, 132
2003다26075 판결 362
2003다27054 판결 60
2003다29463 판결 332, 361, 400
2003다35215 판결 358, 402, 403
2003다43858 판결 347
2003다60259 판결 383
2004나21069 판결 84
2004다20265 판결 341
2004다22711 판결 264
2004다26164 판결 159, 160
2004다28245 판결 60
2004다31401 판결 98
2004다36215 판결 75
2004다43824 판결 85
2004다45356 판결 22
2004다56677 판결 381
2004다56677 판결 378, 380
2004다57687 판결 205
2004다64272 판결 218
2005다10531 판결 229
2005다11602 판결 381, 382
2005다15598 판결 369
2005다21531 판결 6, 217, 306
2005다23858 판결 144
2005다28808 판결 60
2005다31637 판결 226, 330
2005다35516 판결 206
2005다38249 판결 121
2005다38713 판결 60
2005다49713 판결 362, 363
2005다55817 판결 165, 392
2005다59383 판결 103
2005다77305 판결 307
2006가단40092 판결 179
2006다19672 판결 130, 133
2006다25356 판결 401
2006다37106 판결 178
2006다39898 판결 98, 99
2006다72093 판결 97, 248
2006다80667 판결 228
2006다87453 판결 61
2007다26165 판결 368
2007다30263 판결 66
2007다57527 판결 61
2007다76696 판결 362, 363, 381
2008다17359 판결 182
2008다40847 판결 94
2008다72578 판결 98
2008다78491 판결 405
2008다81633 판결 407
2008다89514 판결 41
2009다38438 판결 364
2009다44327 판결 104
2009다48602 판결 228
2009다56603 판결 98, 138
2009다59688 판결 74
2009다60305 판결 410
2009다74007 판결 375

2009다81623 판결 29
2009다84141 판결 61
2009다91316 판결 60
2009다103349 판결 78
2009다105383 판결 176
2010다6857 판결 401
2010다12241 판결 182, 401~404
2010다25353 판결 82, 84
2010다53754 판결 312
2010다62628 판결 98, 99
2010다66835 판결 27, 146
2010다71158 판결 410, 411
2010다78135 판결 77
2010다92612 판결 103, 148
2010다93011 판결 45, 46
2011다9068 판결 366
2011다13838 판결 184
2011다41024 판결 195
2011다54631 판결 78
2011다62090 판결 341
2011다62144 판결 341
2011다81190 판결 294
2011다100312 판결 229
2011다101520 판결 379
2011다109586 판결 348
2011두31178 판결 409
2012다1177 판결 302
2012다10386 판결 231, 319
2012다14562 판결 228, 256
2012다50087 판결 409
2012다58609 판결 249
2012다62318 판결 133, 135
2012다67559 판결 342
2012다86895 판결 313
2012다88716 판결 228
2012다91590 판결 23
2012다107051 판결 60
2012다116123 판결 227, 330
2012다204808 판결 406
2013다27343 판결 332
2013다69170 판결 144
2013다214529 판결 246
2014다41469 판결 42
2014다46211 판결 249
2014다229917 판결 60
2014다232784 판결 45
2014다234827 판결 144
2014다236830 판결 330
2015다6302 판결 216
2015다6905 판결 204
2015다42599 판결 42
2015다209347 판결 215
2015다236820 판결 391
2015다243347 판결 407
2015다245145 판결 38
2015도6905 판결 204
2016다202299 판결 305
2016다218713 판결 104
2016다221023 판결 61
2016다255125 판결 144
2017다208232 판결 176
2017다208249 판결 176
2017다229536 판결 62
2017다256828 판결 411
2017다272103 판결 263
2017도1549 판결 98
2018다201610 판결 60
2018다245702 판결 313
2018다300708 판결 313
45278 판결 247
62916 판결 132
86901 판결 313
236847 판결 330

| 저자소개 |

崔詠淏

진주보건대학교 교수
경영학 박사
손해사정사

보험계약법(2023년판)

2023년 1월 10일 1판 1쇄 인쇄
2023년 1월 15일 1판 1쇄 발행

저　자 | 최영호
발행인 | 이수영
발행처 | 도서출판 청람
서울시 마포구 독막로 288(대흥동, 세양상가 109호)
전　화 | 02)3272-2601(대)~2
팩　스 | 02)3272~2603
이메일 | crbooks@daum.net
홈페이지 | http://www.crbooks.co.kr
등　록 | 2000년 8월 26일 제6-0509호

ISBN 978-89-5972-908-1 93320 [정가 28,000원]